未名社科菁华·公共管理学

典范与良政

Paradigm and Good Governance

构建中国新型政府公共管理制度

Restructuring China
Public Administration System

张国庆 等著

北京大学出版社
PEKING UNIVERSITY PRESS

图书在版编目(CIP)数据

典范与良政:构建中国新型政府公共管理制度/张国庆等著.—北京:北京大学出版社,2010.6

(未名社科菁华·公共管理学)

ISBN 978-7-301-17304-6

Ⅰ.典…　Ⅱ.张…　Ⅲ.国家行政机关—公共管理—中国—文集　Ⅳ.D630.1-53

中国版本图书馆 CIP 数据核字(2010)第 101673 号

书　　名:典范与良政——构建中国新型政府公共管理制度
著作责任者:张国庆　等著
责 任 编 辑:高桂芳(pkuggf@126.com)
标 准 书 号:ISBN 978-7-301-17304-6/D·2616
出 版 发 行:北京大学出版社
地　　址:北京市海淀区成府路 205 号　100871
网　　址:http://www.pup.cn　　电子信箱:ss@pup.pku.edu.cn
电　　话:邮购部 62752015　发行部 62750672　出版部 62754962
编辑部 62753121
印 刷 者:北京山润国际印务有限公司
650 毫米×980 毫米　16 开本　30.75 印张　552 千字
2010 年 6 月第 1 版　2010 年 6 月第 1 次印刷
定　　价:65.00 元

目　录

第三编　政策修正与国际借鉴

前　　言

承蒙北京大学出版社的出版邀请，借此机会得以较为系统地回顾和梳理过去30年来关于公共行政学理论与当代中国政府管理与改革研究的主要论文，并结集出版。

本论文集收录了我(们)自1988年以来的35篇论文，其中少部分为我与我指导的博士研究生合作研究的成果，主要反映的是我(们)对公共行政学某些传统的和前沿的，或传统与前沿共生的理论问题的观点，对当代中国政府的改革与发展以及政府公共管理的国际借鉴、公共政策的国家比较的分析、思索与批评、建议。换言之，这些论文以讨论公共行政学的理论问题为基础，以中国国家崛起和构建现代文明国家为历史视野，重点在宏观及中观的层面上研讨改革开放以来中国政府公共管理和公共政策的"应然"、"实然"或"应然"与"实然"相结合的问题，同时以经济全球化为视野，解读、研判不同国家对中国构建"良政"或"善治"政府具有重要的比较和借鉴意义的公共管理理论和公共政策选择。

典则规范简称"典范"或"范式"。典范、典范革命，或范式、范式转换是社会科学研究的基本问题之一。自1962年美国科学史家T. S. 库恩(Thomas S. Kuhn)首次从学术的角度明确提出并原则界定了"范式"的概念以来[①]，典范或范式事实上成为了社会科学研究的一种基本概念和重要理论规范，典范革命或范式转换则成为人们讨论改革、发展、进步之类问题的经常性的理论工具。人们相信，"当范式发生变化

① T. S. Kuhn, *The Structure of Scientific Revolutions*, Chicago: University of Chicago Press, 1962, Chapter I.

的时候，这个世界本身也跟着它们发生变化”[①]。

与典范相联系，制度（或模式或体制或机制）是政府公共管理的基本问题之一，公共管理典范革命则是政府通过改革实现制度创新的基本问题之一。按照新制度主义经济学的观点，制度是经济发展和经济运行中的内生变量。就社会经济过程而言，制度创新是一定的社会行为主体基于潜在的外部收益条件的改变而产生使外部收益最大内在化的获利动机及现实诉求，进而通过复杂的交互作用过程促成新的制度安排的实现。“制度创新可以在一个动态变化的过程中不断界定和明晰产权，从而形成关于创新的激励机制，降低‘搭便车’等机会主义的可能性，降低交易费用，解决制度的不均衡问题，并减少未来的不确定因素，不断实现有效率的经济组织对无效率经济组织的替换，最终促进经济的不断增长。”[②]其中，政府发动的制度创新由于实现一致性的组织成本比较低，因而在某些条件下具有明显的创新优势，换言之，没有一个明智政府的积极促进，任何经济增长都是不可能的[③]。然而，政府主导的制度创新亦存在“政策失败”的潜在风险。[④] 对外部收益条件变化的判断，取决于人们的知识构成、利益预期和价值标准的改变。这样，观念、典则（规范）和范式就不仅与制度创新密切相关，而且构成了制度创新逻辑过程不同阶段的意识形态形式：基于现实感受的观念转变构成了人们使外部收益最大内在化获利动机的有限的和浅表性的表现方式，典则改变构成了同一动机的局部的和中度的表现方式，范式转换则构成了其整体的和深度的表现方式。

社会的发展、变迁决定社会科学的范式转换，社会科学的范式转换则直接影响着政府公共管理的基本价值选择与管理模式的改变和公共政策的修正。自近代以来，由社会变迁所决定的社会科学主流范式与

---

① 〔美〕托马斯·库恩：《科学结构的革命》（金吾伦、胡新和译），北京大学出版社 2003 年版，第 101 页。

② 陈文申：《试论国家在制度创新过程中的基本功能——“诺斯悖论”的理论逻辑解析》，载《北京大学学报》（哲学社会科学版）2000 年第 1 期。

③ 〔美〕阿瑟·刘易斯：《经济增长理论》（梁小民译），上海三联书店、上海人民出版社 1994 年版，第 475—476 页。

④ 〔美〕L. E. 戴维斯、D. C. 诺斯：《制度变迁的理论：概念与原因》；《制度创新的理论：描述、类推与说明》；林毅夫：《关于制度变迁的经济学理论：诱致性变迁与强制性变迁》，参见〔美〕R. 科斯、A. 阿尔钦、D. 诺思：《财产权利与制度创新——产权学派与新制度学派译文集》，上海三联书店、上海人民出版社 1994 年版，第 266—326 页，第 371—409 页。

政府公共管理的基本模式之间一直存在着紧密的内在联系："守夜人"政府与亚当·斯密的古典经济学相一致，"罗斯福新政"则与约翰·梅纳德·凯恩斯的宏观经济学相一致。1989年"华盛顿共识"的提出，尤其是1999年11月克林顿总统签署的《金融服务现代化法案》，即《格雷姆—里奇—比利雷法案》(Gramm-Leach-Bliley Act)，事实上废止了1933年6月罗斯福总统签署的《1933年银行法》，即《格拉斯—斯蒂格尔法案》(Glass-Steagall Act)，终结了美国已经实施66年的关于银行业、证券业、保险业"分业经营、专业管理"的监管原则，标志着以"撒切尔革命"和"里根革命"为政策实践形式的新自由主义嬗变为美国的主流经济学、主导价值观和国家意识形态，进而形成了新的范式转换。

第二次世界大战以后，尤其是20世纪60年代以后，新的社会科学范式逐步兴起和发展，出现了新自由主义、公共选择理论、新制度经济学、新公共管理、第三条道路、治理理论、民营化、社群主义、第三部门等多种理论。相应地，在三大政府危机即财政危机、管理危机和信任危机的背景下，自20世纪70年代英国"撒切尔革命"开始，西方发达国家作为一个国家群体兴起了以私有化、市场化、自由化、全球化为价值取向，以创新为基调，以鼎新革故为内容的政府改革运动。改革政府或政府改革成为这个时期全球性的一种思潮、一种价值追求、一种政策选择、一种运动，甚至一种时尚。不论从什么角度观察和解析，人们都可以同意，在过去的30多年里，世界经历了一场大变革。

这场运动以新技术革命和经济全球化为背景，以批判国家干预主义和官僚制为理论基础，以调整国家与社会、政府与市场的关系为主轴，以有效解决现实的经济和社会问题为出发点，以发展经济和实现社会和谐发展为目的，以追求效率、效益、效果、效能为管理目标，绵延持续了30多年。其间，基本的价值取向在于在经济全球化的背景下实现自由市场原则的价值回归，中心问题在于"放松管制"和"撤出制高点"，重新定位政府的角色，通过政府改革进行自我解构进而塑造"企业家政府"，路径选择则在于以"电子政务"为技术依托，引入竞争机制和激励机制以至私营部门管理模式，建立公众导向和重视行政结果的绩效评价体系，重视社会管理力量多元化，推行社会合作。与此同时，大幅度改革公共管理规范和修正公共政策，修改税制、改造公营部门、改革社会福利政策等。一言以蔽之，对公共体制和公共组织进行根本性的再造，在现存的公共事业机构内建立企业化的管理机构，按照企业家精神重塑一个“企业化政府”，构成了这个时期西方国家改革政府或政府改革的基本和主要的价值诉求，以及解析和构建新型政府的新思维、新框架、新范例。①

发展与进步是战后几乎所有国家共同的公共政策议题。在这个时期，受到西方发达国家的改革理论、改革思维和改革政策的影响，以重新定义国家的作用为基本问题，试图通过全面改革以改变国家与社会、政府与市场的关系模式，实现由“国家崇拜”向“市场崇拜”的转移，构成了20世纪后半叶大多数后发展国家推进国家现代化的宏观公共政策的共同价值取向。拉丁美洲、亚洲、东欧以至非洲的许多发展中国家和转型期国家，出于追赶发达国家、实现国家现代化的目的，以及受国内矛盾的驱使，也都启动了相同或相近的各种改革，尽管改革的结果迥异。其中，拉美及北美地区的发展中国家作为“华盛顿共识”最大的“试验田”，由此遭遇了两个“失去的十年”，形成了被称为“拉美化”现象的以经济危机、政权更迭和社会失范为特征的整体性危机，并因此形成了反“华盛顿共识”其道而行的“后华盛顿共识”和“圣地亚哥共识”。②

应当看到，在那个时期，西方典范革命和政府改革运动对中国公共管理的理论研究和政策实践的影响也是显而易见的。私有化、市场化、自由化、全球化和“企业家政府”既给中国带来了生机活力，也造成了太多的前所未有的问题。与此同时，作为一个处于急剧转型期的大国，中国的历史文化传承的特质、历史变迁的轨迹与当代宪政体制的特质、现实社会的结构都是独特的，中国人对自身历史文化的认知与对现实需求的理解同样是独特的。换言之，中华民族从来就是一个有着强大精神依托的、骄傲的民族，尽管有时会出现精神的迷思和迷失。这才有了“中国模式”和“北京共识”之说。③

鉴于中国宪政体制及“政府主导型”发展模式的特征，当代中国政

---

① 参见〔美〕戴维·奥斯本、特德·盖布勒，前引书；〔美〕戴维·奥斯本、彼得·普拉斯特里克：《摒弃官僚制：政府再造的五项战略》（谭功荣等译），中国人民大学出版社2002年版。

② 参见张国庆：《公共行政学》（第三版），北京大学出版社2007年版，第二十章，第一节。

③ 庞中英：《“北京共识”：中国成为全球典范？》，载《国际先驱导报》2004年7月2日。

府管理的典则规范的更新替代与政府制度创新无疑具有关键性的意义①，而政府制度的创新，是以公共管理典则规范的更新替代为前提的。换言之，实现典则规范的更新替代是政府通过改革实现政府制度创新的基本形式，因而对中国政府制度创新具有决定性意义。新的公共管理典则规范的确立，本身就是政府制度创新的一部分和表现形式之一。中国政府公共管理典则规范的更新替代与中国政府的制度创新正是本论文集的中心视点。

当代中国政府作为国家政治上层建筑的一部分，其改革有着强烈的现实需求和深远的历史意义。概括地说，中国政府改革的现实需求和历史涵义的基点，可以理解为在信息社会、知识经济和经济全球化的条件下，在市场经济的条件下，在国家现代化的目标逐步实现且国家发展的命题转向可持续发展的条件下，进一步寻求、建立和丰富关于当代中国政府公共管理的原理，进而有序地转变政府的职能，突出政府行政管理的公共属性、时代属性以及有效性，全面提高政府的能力，使政府继续成为推动国家现代化的坚实可靠的力量。其内在的逻辑关系可以表述为：我们需要并历史性地选择了让市场来促进经济的持续增长，以增加社会财富和扩大国民福祉，我们同时需要有能力、有责任的政府不仅发展市场，而且推进社会的公平、正义，构建和谐社会，从而推进构建现代文明国家的历史进程。

与30多年前那场大讨论相联系，1978年12月中国共产党十一届三中全会重新确立了中国共产党"实事求是"的思想路线，并以此为指导重塑了执政党的政治哲学观，修正了宏观公共政策的价值基点，进而全面启动了以强国富民为方向、以改革开放为路径、以经济建设为中心、以制度创新为动力、以"四个现代化"为目标的波澜壮阔的国家现代化和民族复兴运动。中国因此已经发生、正在发生和将要发生深刻的历史性的变化。

---

① 中国政府管理可以分为政府管理（内部）与政府公共管理（外部）两个方面。前者以政府组织为管理对象，包括政府的管理理念、政府的职能定位、政府的权力配置、政府的机构设置等；后者则以社会公共事务为管理对象，以公共利益最大化为最终目标，其管理内容包括经济调节、市场监管、社会管理和公共服务等。与此相联系，政府创新包括了政府管理创新和政府公共管理创新两个相互联系的"板块"。政府管理创新是政府公共管理创新的前提和基础，后者是前者的目的，两者都以国家经济、社会的发展为最终目标。政府创新成为国家创新体系中不可或缺的重要组成部分，政府创新是推动国家发展的重要力量。

进入21世纪以来，以2002年中国共产党第十六次全国代表大会为历史分期点，中国进入了新的发展时期。2003年中国共产党十六届三中全会提出了“坚持以人为本，树立全面、协调、可持续的发展观，促进经济社会和人的全面发展”，坚持“统筹城乡发展、统筹区域发展、统筹经济社会发展、统筹人与自然和谐发展、统筹国内发展和对外开放的要求”的科学发展观[①]。经由2007年中国共产党第十七次全国代表大会系统、全面、精辟的概括，科学发展观成为新时期中国执政党的执政纲领和中国政府公共政策、公共管理的指导思想。以科学发展观为引领，中国的国家诉求，包括发展理念、发展目标、发展模式、发展战略、发展路径、发展方式等等，正在发生具有新的历史涵义的深刻变化。“科学发展观，第一要义是发展，核心是以人为本，基本要求是全面协调可持续，根本方法是统筹兼顾。”[②]

其中，“以人为本”不仅是对中国源远流长的齐国民本思想的继承，更是对新时期中国执政党核心执政理念和中国政府核心公共管理理念的集中表述。“全心全意为人民服务是党的根本宗旨，党的一切奋斗和工作都是为了造福人民。要始终把实现好、维护好、发展好最广大人民的根本利益作为党和国家一切工作的出发点和落脚点，尊重人民主体地位，发挥人民首创精神，保障人民各项权益，走共同富裕道路，促进人的全面发展，做到发展为了人民、发展依靠人民、发展成果由人民共享。”[③]不仅如此，更要“让广大劳动群众实现体面劳动”[④]。“我们所做的一切都是要让人民生活得更幸福、更有尊严。”[⑤]与此同时，有道是“政之所兴，在顺民心；政之所废，在逆民心”[⑥]。“以人为本，本理则国固，本乱则国危。”[⑦]如何“本理”，进一步强固执政党和政府公共管理的合法性、合理性的现实社会基础，则有赖于中国政府进一步的典则规范

---

① 《中共中央关于完善社会主义市场经济体制若干问题的决定》，载《人民日报》2003年10月22日。

② 胡锦涛：《高举中国特色社会主义伟大旗帜　为夺取全面建设小康社会新胜利而奋斗——在中国共产党第十七次全国代表大会上的报告》，载《人民日报》2007年10月25日。

③ 同上。

④ 胡锦涛：《在2010年全国劳动模范和先进工作者表彰大会上的讲话》，载《人民日报》2010年4月28日。

⑤ 温家宝：《政府工作报告》，载《人民日报》2010年3月16日。

⑥ 《管子·牧民》。

⑦ 《管子·霸言》。

的更新替代和公共管理范式的转换。

2004年9月，中国共产党十六届四中全会以执政能力建设为背景，明确提出了构建社会主义和谐社会的执政理念、执政思路、执政目标，并把社会公平正义视为新时期推进中国社会、经济的全面发展，构建和谐社会的双旋律之一。[①] 2005年2月，胡锦涛主席进一步指出，"构建社会主义和谐社会，……必须注重社会公平"，"把维护社会公平放到更加突出的位置，综合运用多种手段，依法逐步建立以权利公平、机会公平、规则公平、分配公平为主要内容的社会公平保障体系"。[②] 温家宝总理指出："要推进社会的公平正义。如同真理是思想体系的首要价值，公平正义是社会主义国家制度的首要价值。如果说发展经济、改善民生是政府的天职，那么推进社会公平正义就是政府的良心。"[③]他又指出："我们国家的发展不仅是要搞好经济建设，而且要推进社会的公平正义，促进人的全面和自由的发展，这三者都不可偏废。集中精力发展生产，其根本目的是满足人们日益增长的物质文化需求。而社会公平正义，是社会稳定的基础。我认为，公平正义比太阳还要有光辉。"[④]这表明，作为一种理性原则、一种价值基点、一种道义要求、一种现实关系、一种社会基础，公平正义成为了中国构建和谐社会的核心价值观。由此，进一步完善了新时期中国共产党的执政理念和思想，进一步丰厚了执政党和政府公共管理的合法性、合理性的理论基础，进一步明确了中国改革的目的和发展方向，进一步界定了中国执政党和各级政府公共政策和公共管理的基本价值评价标准，标志着新时期中国共产党和中国政府的发展观由非均衡发展全面转向均衡发展。

"大辂椎轮，倍道兼进。"至此，发展经济和实现社会和谐成为中国共产党和中国政府浑然一体的价值认同和公共政策选择。其中，发展经济的核心问题在于促进经济的可持续增长，不断创造和增加社会财富；实现社会和谐的核心问题在于合理分配社会财富，维持社会的公平和正义。古今中外的国家发展史一再证明，在一定的时空内，经济的增长与社会的公平、公正互为因果，是构建和谐社会的两大基本要素，因

① 《中共中央关于加强党的执政能力建设的决定》，人民出版社2004年版。

② 胡锦涛：《在省部级主要领导干部提高构建社会主义和谐社会能力专题研讨班上的讲话》，载《人民日报》2005年6月27日。

③ 《温家宝总理回答中外记者提问》，载《人民日报》2008年3月19日。

④ 《温家宝总理回答中外记者提问》，载《光明日报》2010年3月15日。

而恒然是政府宏观公共政策价值选择的基本理念，也是任何政治体制最基本的合法性、正当性的来源。问题在于，作为一个处于历史转型期的发展中大国，如何不仅在价值基点的层面，而且在公共政策的现实选择的层面实现推动经济可持续增长与维护社会公平、正义的统一，仍是中国执政党和中国各级政府面临的严峻挑战。

如果用一句话来概括上述新的发展诉求和愿景，那就是构建新型国家。构建新型国家实质上是在中华民族伟大复兴的历史背景下，中国进入现代化的新时期之时，国家的现代化政治领导集团形成共识，进一步修正和完善宏观公共政策的价值基点，健全社会的制度基础，修正国家的发展方向，进而在协同民智、民愿、民力的基础上实现民族复兴的历史性的国家信念、国家意志、国家方略。

中国在改革、发展的过程中，从国情出发，“坚持解放思想、实事求是、与时俱进，勇于变革、勇于创新，永不僵化、永不停滞”①，通过系统地总结自身的经验教训和分析、借鉴别国的经验教训，“在世情、国情、党情发生深刻变化”的历史条件下建构中国特色的政府公共管理的理论典范和管理模式是必然的。“实践永无止境，党的理论创新也永无止境。”②问题在于，我们得出了和将要得出什么样的“典范”，进而构建什么样的政府管理模式。

经过30多年持续不断的探索性变革，中国执政党和中国政府提出了通过更为理性、更为深入的改革推动制度创新，“进一步消除体制性障碍”，“到2020年建立起比较完善的中国特色社会主义行政管理体制”，“为全面建设小康社会提供体制保障”的战略构想。换言之，在系统总结前30年经验教训的基础上再理性改革10年，即经过40年的持续的改革，使中国政府管理体制进入相对的制度稳定期，不仅进入了中国执政党和中国政府的政策议程，而且进一步成为了中国执政党和政府的既定政策目标。所谓体制，即以一定的具有权威性的制度所规定的组织型态及其关系模式。中国特色社会主义行政管理体制以“五型”政府即服务政府、责任政府、法治政府、廉洁政府和人民满意的政府为

① 胡锦涛：《高举中国特色社会主义伟大旗帜 为夺取全面建设小康社会新胜利而奋斗——在中国共产党第十七次全国代表大会上的报告》，载《人民日报》2007年10月25日。

② 胡锦涛：《在全党深入学习实践科学发展观活动总结大会上的讲话》，载《人民日报》2010年4月7日。

政治诉求，以“着力转变职能、理顺关系、优化结构、提高效能”进而实现“权责一致、分工合理、决策科学、执行顺畅、监督有力”为管理诉求。[①]据此，可以认为构建比较完善的中国特色社会主义行政管理体制的原则目标得以确立。

在我看来，我们还需要从本质与现象、主体与客体、理论与政策、观念与技术、内容与形式、制度与过程、历史与未来相结合的角度，应用人类社会一切可能的知识以及与知识相关联的直觉、判断力、创造力以不断寻求价值、确认价值、实现价值、创造价值、组合价值、分配价值，不仅在宏观的层面上，而且在中观、微观的层面上不断厘清、矫正、确立、宣示新的政府公共管理的典则规范。例如，以提供制度保障和普惠性的公共产品为政府的基本职能，以依法行政为政府的行为准则，以有效的公民参与和公民监督为政府的管理基础，以人民满意为政府的政策出发点和绩效评价的基本准则，建立有限政府、开明政府、有效政府、法制（法治）政府、理性政府，以及精干的政府、坚强的政府、大众的政府、均衡的政府、本土化的政府等等。在中国的改革而非革命的语境下，新的典则规范的确立是在一个渐进的过程中逐步实现的。即使如此，由于寻得和确定基于社会共识的价值标准通常都是困难的，所以，典则规范现实的更新替代仍然是艰难的、部分的、反复的、变形的，其实现的程度及纯正性，与中国执政党和各级政府的政策理念、意愿、意志、能力直接相关，亦与执政党和各级政府与公众良性互动的意愿和能力直接相关。有效性是其核心概念。

从制度变迁的过程看，国家的确存在使社会福利最大化与使统治者岁入最大化的双重属性，进而经常导致国家产生低效率的所有权，即国家的所有权制度安排偏离社会经济持续增长的方向。[②] 这是因为，国家及其政府官员作为国家的代理人，同普通人一样也不可能超越“理性经济人”的本性，表现为在追求国家利益最大化的同时亦可能追求个人利益及集团或团体利益的最大化。与此相联系，国家权力介入产权安排和产权交易，致使国家及其代理人可能与旧制度中的既得利益集

① 胡锦涛：《高举中国特色社会主义伟大旗帜　为夺取全面建设小康社会新胜利而奋斗——在中国共产党第十七次全国代表大会上的报告》，载《人民日报》2007 年 10 月 25 日；《关于深化行政管理体制改革的意见》，载《人民日报》2008 年 3 月 5 日。

② 〔美〕道格拉斯 · C. 诺思：《经济史中的结构与变迁》（陈郁等译），上海三联书店、上海人民出版社 1994 年版，第 24—25 页。

团结合在一起，形成对资源的垄断，进而形成对个人财产权利的限制和侵害，造成所有权的残缺，导致无效的产权安排，使任何创新都变得毫无意义，进而导致经济的衰落。不仅如此，关于国家初始的制度安排不仅会限定当期的资源组合，而且会导致制度变迁的某种“路径依赖”，从而形成“诺斯悖论”——“国家的存在是经济增长的关键，然而国家又是人为经济衰退的根源”①。这意味着，迷信或迷恋国家意志和政府能力，尤其形成根深蒂固的国家意志和政府能力的“路径依赖”，在理论上是不可靠的，在实践上是有害的，甚至是危险的。与此相联系，我们有必要强调构建良政政府，包括确立良好的典则规范，寻得良好的施政之道，实施良好的公共管理。

简单地说，良政就是良好的政府管理或治理。全面地说，良政是政府以为全体国民服务等宪法精神和宪法原则为依据，以实现社会经济的可持续、均衡发展和社会基本的公平、正义等理念为指导，以合法、合理的管理方式为手段，以追求卓越为动力，进而正确地制定和有效地执行公共政策，全面履行政府职能，管理公共事务、承担公共责任、维护公共秩序、保证公共安全、提供公共产品、解决公共问题、保障公众利益、满足公众需求的国家意识形态和政府行为；“公共性”是“良政”的本质属性，民众普遍的理解和支持是“良政”的社会基础，“有效性”是“良政”的管理特征。深入地说，良政是一种信念，一种思维方式，一种道德义理，也是一种中和、和谐之道，一种兴国安邦、经世济民的境界，一种沉谋重虑、经武纬文的大略，同时是一种设计思想，一种管理通则，一种制度安排，还是一种系统的行为方式，一种通权达变的能力，一种自我更新的机制。

新时期构建良政政府面临三大相互纠结的难点或困节点：

其一，如何让权力在阳光下运行，进而形成有效的公共权力制约、协调机制。制衡公共权力，建立“阳光政府”，是现代民主国家的一项宪政原则，也是一项基本的公共命题。以“主权在民”和“权力共享”的政治思想为基本法理依据，必须制衡公共权力，构成了现代民主国家宪政体制设计的原则共识和基本通则。进而，如何可靠、有效、持续、合理地实现制衡公共权力，则构成了现代民主国家公共管理制度的一项基本的命题。该命题的解构，在于“权力平衡”和“以权制权”的制度设计和制度安排。与此相联系，通过制定明确详尽、现实可行的法律法规，包括主

① 〔美〕道格拉斯·C. 诺思，前引书，第 20 页。

体、内容、权益、程序、途径、方式、时效、罚则等法律要件实行政务信息公开，是所有现代民主国家为保障公民权益和制衡公共权力而设计和安排的不可或缺的次级制度。“把政府建立起来并由人民付出代价来支持它，这是为了人民的利益，而不是为了某些人发财。”①“国民的权利是一种固有的权利，像纳税一样普遍。（政府由）国民支付一切费用，因而凡事都必须符合国民的意愿。”②不难理解，唯有政务信息公开，才有可能有效实现公共监督，唯有信息对称，才有可能稳定实现权力平衡。

中国以“人民主权理论”为宪政制度设计政治理论的价值基点，以人民代表大会制度为宪政体制的制度基础，因此，关于“是否需要制衡公共权力”的公共命题，在基本政治理论和基本制度选择意义上不存在公共监督制度运行的价值性和制度性障碍。然而，权力过分集中，政务信息封闭、淤塞、虚假，公共监督空泛、乏力、缺失的现象在当代中国政府的公共管理过程中却并不鲜见，相应地，不仅在正确地制定和有效地执行公共政策方面产生了政策背离、偏离和执行无功、无能等诸多问题，而且产生了少数政府官员近乎肆无忌惮地滥权和“寻租”③，国家利益、公共利益、公民权益被侵害，政府与群众关系紧张等诸多问题。这些问题严重损害执政党和政府的公信力，直接侵蚀政府公共政策和公共管理合法性的基础，并说明中国需要深入审视和进一步解构公共管理制度“如何可靠、有效、持续、合理地实现制衡公共权力”之命题。有鉴于此，中国共产党“十七大报告”明确提出：“确保权力正确行使，必须让权力在阳光下运行。要坚持用制度管权、管事、管人，建立健全决策权、执行权、监督权既相互制约又相互协调的权力结构和运行机制。”④由此，通过体制、机制改革实现政务信息的公开和公共权力的制衡，已然成为中国政府制度创新的重要组成部分。但是，由于复杂的原因，中国政务信息公开和公共权力制衡制度建构的进程注定了将是曲

---

① 〔英〕托马斯·潘恩：《潘恩选集》（马清槐译），北京：商务印书馆1981年版，第222页。

② 同上书，第192页。

③ 按照“寻租”理论创始人戈登·塔洛克的定义，寻租行为是指利用公共资源，通过政治过程获得特权，从而构成对他人利益或集体利益的损害大于租金获得者收益的行为，即个人价值的最大化造成了社会浪费而没有形成社会剩余。参见〔美〕戈登·塔洛克：《寻租：对寻租活动的经济学分析》（李政军译），西南财经大学出版社1999年版，第27页；〔美〕詹姆斯·布坎南：《寻求租金和寻求利润》（陈国雄译），载《经济社会体制比较》1988年第6期。

④ 胡锦涛：《高举中国特色社会主义伟大旗帜　为夺取全面建设小康社会新胜利而奋斗——在中国共产党第十七次全国代表大会上的报告》，载《人民日报》2007年10月25日。

折和困难的。在如何“创造条件让人民批评政府、监督政府”,“建设人民满意的服务型政府”[①],如何“把人民群众关心的问题讲清楚,真正做到对人民负责”[②],这类经济体制改革、政治体制改革、文化体制改革、社会管理体制改革多种体制改革共生或交叉的问题上,中国政府事实上面临前所未有的严峻挑战。

其二,如何推行吏治与治吏。官吏者,为政府工作、领取公俸且享有法定公务身份的人。古有品者为官,无品者为吏;今领导职务者为官,非领导职务者为吏。“吏”虽位低但人数众多且实际作用力强大,所以古有“百官者虚名,而柄国者吏胥而已”[③]之说。官和吏同属“官家人”或“政府人”,故统称官吏。吏治与治吏问题主要是如何保证官员勤政,同时实现吏治清明,有效防止、制约腐败。纵观古今,官吏作为功能独特的政治精英群体和公共管理主体,因其以国家意志或国民利益的名义并实际行使国家公权力,所以,官吏的意愿动机、价值偏好、综合素质、专业能力等,历来是关乎国家兴衰、民族强弱、社会安乱、民众富贫的基本要素之一。所以,先哲云:“国家之败,由官邪也,官之失德,宠赂章也。”[④]又云:“吏之不平,政之不宣,民之不宁。”[⑤]进而,吏治,即“官吏治事成绩”,治吏,即澄清吏治以至整饬吏治,合乎逻辑地成为古今中外政府执政、理政、施政的重大问题。“法之不行也,人不力也,不议人而议法也,何益?”[⑥]吏治的要义在于促使官吏依法度与良知而抱诚守真、尽心尽责,治吏的关键则在于制约官吏使其不能背离甚至践踏法度与良知而自私自利、同恶相济。

吏治与治吏的兴衰作为一个“历史周期率”[⑦]的问题,因其现实重要性、严峻性、困难性而构成了新时期中国构建服务型政府乃至构建新型现代国家的不容回避的现实命题和长期的政府管理主题之一。这是因为,与非均衡的发展战略相关,令人眩目的“中国经济奇迹”伴随着令人忧虑的发展失衡——城市与乡村、区域与区域、经济与社会、人与自

---

① 温家宝:《政府工作报告》,载《人民日报》2010年3月16日。

② 《政府工作报告诞生记:让人民更幸福更有尊严》,载《人民日报》2010年3月17日。

③ 《日知录·卷八·吏胥》。

④ 《左传·桓公二年》。

⑤ 《汉书·卷四十九·爰盎晁错传第十九》。

⑥ 《张太岳集·辛未会试程策二》。

⑦ 黄炎培:《八十年来》,中国文史出版社1982年版,第148页。

然、国内与国际的发展失衡[①]，这些“失衡”集中反映了中国转型期社会利益分配、再分配的失衡，触发了中国社会的心理动荡，并在一定程度上引发了公众的价值认同危机。鉴于“中国模式”的宪政体制特征，可以认为，上述失衡在一定意义上是中国政府的公共政策和公共管理的非预期的结果，而造成这些非预期结果的原因，则与另一种失衡即政府管理与政府公共管理的失衡密切相关。中国社会转型过程中政府管理与政府公共管理的失衡导致部分政府机构、政府官员丧失公共精神，假借公共利益之名滥权谋私，不仅造成了“政府病症”，扭曲了组织与制度，而且严重侵蚀了执政党和政府的合法性、正当性基础，严重危害了公共利益。由于中国政府的行政改革在某些方面事实上滞后，且政策执行的有效程度不高，例如，“让权力在阳光下运行”，“用制度管权、管事、管人，建立健全决策权、执行权、监督权既相互制约又相互协调的权力结构和运行机制”[②]，公共财政体制改革的推进困难重重等[③]，致使政府既缺失可靠的外在压力，也缺失充沛的内在动力自律、自管、自控、自监和自改，从而产生了多种以公共权力的私化、滥用为关键性问题的非预期的公共政策和公共管理。

外在压力之缺失，缘于政府的组织结构、制度规范、监督体制、系统功能等方面的结构性的缺陷和功能性的障碍。外在压力通常表现为禁止性、强制性的规范和约束。外在压力有效程度的主要评价标准和社会验证方式不仅在关于“政府人”的行为禁止“求必欲得，禁必欲止，令必欲行”[④]，而且在“言无二贵，法不两适”[⑤]。需要强调的是，与中国传统文化的某些特质相联系，“盖天下之事，不难于立法，而难于法之必行；不难于听言，而难于言之必效。若询事而不考其终，兴事而不加屡省，上无综校之明，人怀苟且之念，虽使尧舜为君，禹皋为佐，恐亦难以底绩而有成也”[⑥]。外在压力的必要性与关于“政府人”的假设有关。

---

① 《中共中央关于完善社会主义市场经济体制若干问题的决定》，载《人民日报》2003年10月22日。

② 胡锦涛：《高举中国特色社会主义伟大旗帜　为夺取全面建设小康社会新胜利而奋斗——在中国共产党第十七次全国代表大会上的报告》，载《人民日报》2007年10月25日。

③ 《温家宝总理回答中外记者提问》，载《人民日报》2008年3月19日。

④ 《管子·法法》。

⑤ 《韩非子·问辩》。

⑥ 《张太岳集·请稽查奏随事考成以修实政疏》。

关于“政府人”的动机，公共选择理论认为“私人偏好的满足是集体活动存在的首要目标”[1]，“根本没有‘社会目的’、‘国家目标’或‘社会福利机能’诸如此类的东西”[2]，所以，“哈韦路假设”[3]不能证实只能证伪。“天下熙熙，皆为利来；天下壤壤，皆为利往。”[4]“凡人之情，见利莫能勿就，见害莫能勿避”[5]，“民主情莫不欲生而恶死，莫不欲利而恶害”[6]。“饮食男女，人之大欲存焉”[7]，“目好色、耳好声、心好利、骨体肤理好愉快，是皆生于人之情性也；感而自然，不待事而后生之者也”[8]。基于人的某些自然属性和来自现实社会的经常、巨大甚至致命的诱惑，“政府人”的自省、自觉、自守是不大牢靠的。如同历史和现实生活中无穷无尽的例证所展现的那样，若无可靠、可行、稳定的权力制衡和组织监督的体制、机制的常态化的、强有力的约束，“政府人”同“经济人”一样，一旦有合适的利润，同样可能大胆起来、活跃起来，当利润足够诱人时同样可能铤而走险，敢于践踏一切人间法律、敢犯任何罪行，甚至冒绞首的危险[9]。

内在动力之缺失，则源自部分官员的公共信念、公共精神、公共道德和公共伦理的丧失。“夫道广矣，大矣”，“心即道，道即天，知心即知道，知天”，“道即是良知”，然而，“良知自知，原是容易的。只是不能致那良知，便是‘知之匪艰，行之惟艰’”[10]。若不理解、不认可“大道之行也，天下为公”[11]之于执掌公权力的至高、至尊，不懂得、不把持修心、修

① James M. Buchanan, “From Private Preferences to Public Philosophy: The Development of Public Choice” in James M. Buchanan: *The Collected Works of James M. Buchanan* Volume. XIII: *Politics as Public Choice* (Indianapolis: Liberty Fund, 1999—2002.) p. 42.

② 〔美〕詹姆斯·M. 布坎南：《自由、市场和国家——20世纪80年代的政治经济学》(吴良健等译)，北京经济学院出版社1988年版，第88页。

③ 哈韦路是英国伦敦政府官员与上层人士较为集中居住的一条街。“哈韦路假设”指政府官员作为政府的代表既一心为社会服务而无私利，又有治国的能力。

④ 《史记·货殖列传》。

⑤ 《管子·禁藏》。

⑥ 《管子·形势解》。

⑦ 《礼记·礼运》。

⑧ 《荀子·性恶》。

⑨ 参见马克思：《资本论》第一卷，人民出版社2004年版，第871页。

⑩ 王守仁：《王阳明全集》，上海古籍出版社1992年版，第21页，第105页，第120页，第228页。

⑪ 《礼记·礼运》。

性、修身、修行之于执掌公权力者的至要、至重，则一定会在价值基点和价值标准层面上刻意模糊“国”与“家”、“公”与“私”的本质区别和“公域”与“私域”的原则界限；乃至假借国家意志、社会需求、公众利益、发展需要等名义，欲壑难填而狗苟蝇营，寡廉鲜耻而巧取豪夺，从而严重危害公共价值、公共利益、公共目的、公共责任及公共资源。

史鉴不远。吏治难，治吏更难。“政治路线确定之后，干部就是决定的因素。”①“道之在天者，日也，其在人者，心也。”②治国必重治吏，治吏就是治权，治权首在治人，治人难在治心。必须承认，当代中国“吏治”与“治吏”任重道远，是否能够破除、如何破除上述“历史周期率”，仍然是新时期中国执政党和中国政府面临的严峻考验。

其三，如何降低行政成本。降低行政成本的目的在于增加国民福利、维护社会的公平正义。行政成本，确切地说公共管理成本，在本质上是一种国家与社会、政府与公民（纳税人）的关系。这种关系的属性、主体、形式、合法性、合理性、有效性及其改变等等，因其敏感性、复杂性、尖锐性、重要性，历来是现代民主国家政府公共政策和公共管理的基本问题之一，也是社会公众高度关注的焦点性问题之一。

有必要明确的是，“政府行政机制本身并非不要成本。实际上有时它的成本大得惊人”③。中国的行政成本问题既存在世界通弊的问题，也存在中国独特的问题。应当承认，中国快速扩大、居高不下、错综复杂、莫名其妙、久拖不决的行政成本，尤其是以“五公”即“公车、公宴、公楼、公游、公学”为主要存在形式的不良行政成本，具有相当的体制特征。必须正视，高昂的行政成本正在蚕食中国政府公共政策和公共管理的合法性、正当性、合理性的公信力基础，扭曲中国社会公平、正义的价值体系，妨碍中国公共事业和社会事业的发展进步，危害中国执政党、中国政府及政府公务员与社会公众的良性互动关系，阻滞中国政府行政管理体制改革的深化，拖累中国调整经济结构和转变经济增长方式的进程，进而危及中国构建小康社会、和谐社会战略目标的实现。公共财政体制改革是降低行政成本的关键。然而，“一个国家的财政史是

---

① 毛泽东：《中国共产党在民族战争中的地位》，引自《毛泽东选集》第二卷，人民出版社 1991 年版，第 526 页。

② 《管子·枢言》。

③ 〔美〕R. 科斯、A. 阿尔钦、D. 诺思：《财产权利与制度创新——产权学派与新制度学派译文集》，上海三联书店、上海人民出版社 1994 年版，第 22 页。

惊心动魄的"[①]。基于错综复杂、盘根错节的利益关系和波诡云谲、腥风血雨的利益博弈,财政体制改革注定将是极其艰难的。考量中国政府降控行政成本久治无功的缘由,中国政府或许有必要重新审题、命题、破题、解题,有必要重新审思新时期行政成本问题的内涵和外延,有必要正视造成当代中国政府行政成本高昂的深层次原因,并以长远的战略眼光、决绝的政策意志、清晰的政策思路、可行的行动方案、坚定的政策执行,开始进行财政体制改革,有效降控行政成本,给人民以信心。

进而言之,新时期中国构建良政政府有必要正确地理解和处理四个方面的关系:(1)国家与社会的关系。中心概念在于公权力的归属、公权力的结构;价值选择的难点在于公务信息公开还是封闭或模糊公务信息,权力集中还是权力制衡,国家利益至上还是国民利益至上等;政策理路在于既强调政府的意愿、目的的正当性、公益性,也注重政府的手段、过程的合法性、合理性,国家意志、国家诉求、国家利益与民众意志、民众诉求、民众利益并重。(2)政府与市场的关系。中心概念在于经济和社会可持续发展的源动力,以及后发展国家的困境。价值选择的难点在于市场选择还是政府主导,政策理路在于既注重政府"有形的手"的特殊作用,也注重"无形的手"的持久功效。(3)效率、效益与公平、正义的关系。中心概念在于均衡发展和可持续发展,价值选择的难点在于同一时空条件下二者的难以调和。政策理路在于在动态而非静态的时空条件下效率、效益与公平、正义并重。(4)政府公共管理与政府管理的关系。中心概念在于各级政府及其官员利己还是利民、律己还是律民;价值选择的难点在于公共精神与公共利益的价值依归;政策理路在于既重视"治民",管好社会,也强调"治官吏",管好政府。

在本论文集整理的过程中恰逢一场震撼世界的金融危机的蔓延。那么,这场金融危机会不会成为新一轮国家与社会、政府与市场"钟摆"关系的逻辑起点呢?[②] 2001年,当美国"安然事件"爆发的时候,我们曾经有过这样的评论:"'安然现象'展现了新自由主义经济模式的重大缺陷。在'新经济'时代,这些大公司在貌似合法的名义下,屡屡突破道德的底线,违背诚信的原则,在自身获取超额利润的同时,把风险留给了广大中小投资者,把问题推给了政府,进而引发了金融动荡和一系列严重的社

① 《温家宝总理回答中外记者提问》,载《人民日报》2008年3月19日。

② 参见张国庆,前引书,第二十四章,第二节。

会问题，直至股市泡沫的破灭击碎新自由主义经济模式的‘财富效应’，最后戳破了‘新自由主义模式经济神话’”。“‘新经济’条件下的政府管制的缺失所导致的市场监督体系的疏漏和乏力，以及公司内部治理结构的失败，是造成安然现象的制度原因。”“安然事件未必意味着一个制度的完结，但确实可以证明，这个制度存在着某些比较严重的制度缺失，而在这些制度缺失的背后，则在历史螺旋式发展的进程中，再一次昭显了政府关于政府与市场、国家与社会关系的认知偏颇可能造成的后果。”[①] 针对安然现象所显现的会计、审计、公司治理、证券监管等一系列的问题，布什总统于2002年7月签署了《2002年公众公司会计改革和投资者保护法案》，即《萨班斯—奥克斯利法案》(《The Sarbanes-Oxley Act of 2002》)，开始加强监管，修正政府与市场的关系，但并未能有效地阻止过度投机的蔓延，直至2007年初金融危机的大爆发。“沃尔克规则”[②] (Volcker Rule)即禁止银行利用参加联邦存款保险的存款，进行自营交易、投资对冲基金或者私募基金的提出和2010年5月美国参议院通过的金融监管改革方案[③]，标志着21世纪首次大规模金融监管改革的序幕全面拉开，国家与社会、政府与市场关系新一轮“钟摆”式的调整正式启动。

此外，本论文集所涉及的20世纪30年代资本主义世界的经济大萧条、东亚经济奇迹、东亚金融危机等，均提醒我们以史为鉴、以邻为鉴的必要性。

《孟子·告子上》说：“心之官则思；思则得之，不思则不得也。”本论文集所收辑的论文谈不上理念原创、哲理深刻以致透显“重”、“大”、“拙”之境界，也谈不上精雕细琢、技艺精良以致表露“精”、“秀”、“巧”之新奇，它们只是我(们)的一些学习和研究的心得。半山先生在《游褒禅山记》中说：“尽吾志也，而不能至者，可以无悔矣。”谨此与学者、达人交流，并感谢北京大学出版社以及为此付出辛劳的编辑们。

张国庆

二〇一〇年四月十五日

于北京大学廖凯原楼

① 参见张国庆，前引书，第570页；本论文集，第402页。

② 《沃尔克规则》，载《国际金融报》2010年3月5日。

③ 《美参议院通过金融改革法案》，载《联合早报》2010年5月22日。

第一编　典范革命与改革的价值取向

公共行政的典范革命及其启示*

一、引　　言

20 世纪 60 年代在当代西方国家的发展史上是具有重要转折意义的时期。在这个时期里，许多西方国家出现了明显的社会动荡，反对战争、反对种族歧视、反对不平等、反对政府，构成了那个时期的西方国家较为普遍的社会图景。与此相联系，人们严重关注那些与自己的切身利益密切相关的实际的社会问题，例如，犯罪、安全、污染、住房、卫生、社会保障、公共交通等等。人们在问：我们的社会究竟出了什么问

* 原发表于《北京大学学报》2000 年第 5 期。

题？当这些问题变得愈来愈严重时，政府正在干什么？70—80 年代的经济滞胀，则进一步加深了人们的社会危机感。受到严重社会问题的激荡和推动，这个时期同时是新观点、新学说层出不穷的时期。其中，最为引人注目的当属引发了关于社会科学的再思考的典范(paradigm)和典范革命(paradigm revolution)的理论。

典范又称典则、范式、典则规范，典范革命亦称范式转换(paradigm shift)。1962 年，美国著名科学史家托马斯·库恩(Thomas S. Kuhn)在其《科学革命的结构》一书中，首次从学术的角度明确提出了关于典范或范式及其意义的概念。[①] 库恩指出：在科学的意义上，一个范式就是关于现实的一套较为系统的假设。这一套假设主要包括用以阐释和说明某一类现实的规则，而这些规则表现为人们的观察现实世界的观点、理念和基本的价值判断标准。范式的存在是多种多样的，好的范式的作用就在于其假设可以更全面、更准确地反映现实世界。但是，范式存在着许多的例外，而且范式也并不解释它可能遇到的事实。在此意义上，范式旨在告诉人们"是什么"，而并不回答"为什么"。

塞缪尔·亨廷顿(Samuel P. Huntington)在阐释范式的作用时评论说，人们可以宣称只是根据具体的"客观事实"或它的"是非曲直"采取行动、但事实上因为"在我们的头脑中隐藏着一些假设、偏好和偏见、它们决定我们如何看待现实，留意什么事实和怎样判断它们的重要性和价值"。这就是说，范式——即使是简化的，由于人们必须清楚地阐述理论或模式，并运用经过阐释的理论或模式来指导自身的行为，因此对于人类的思想和行动来说是必不可少的。范式的作用集中于：理顺和总结现实，理解现象之间的因果关系，预期和预测未来的发展，从不重要的东西中区分出重要的东西，弄清我们应当选择哪条道路来实现我们的目标。[②] 从后来的发展情况看，库恩及其理论的继承和发展者们的范式理论，包括范式、规范科学、难题解答、异常、危机、核心、反面和正面启发法、保护带和研究规划等等，显然属于那种改变学者们的思维方式，使之走向新的研究方向的思想上的突破。虽然，他们的思想并

---

① Thomas S. Kuhn, *The Structure of Scientific Revolutions*, Chicago: University of Chicago Press, 1962, Chapter One.

② 〔美〕塞缪尔·亨廷顿：《文明的冲突与世界秩序的重建》(周琪译)，新华出版社 1999 年版，第 5 页。

没有直接和最终攻陷传统范式的堡垒，但是，面对大量异质的反例，毕竟动摇了人们对诸多确立已久的范式的信心，并引发了社会科学的关于新旧范式的持久和广泛的争论。[①]

引发这场社会革命的基本命题是：为什么社会科学过去长期构建的大量的知识、理论、方法、技术不能有效地解决现实的社会问题？传统的以理性模式为基础的价值思维是否存在问题、存在什么问题？进而，社会科学的"科学"，价值到底体现在哪里？社会科学应当如何回应社会的需求？对于这些问题，许多学者认为，为了使社会科学真正成为"社会的科学"，进而有效地解决社会问题，必须改变传统社会科学研究的价值取向，重新构建理论规范，并以新的理论规范作为社会科学研究的价值基础。这一个时期涉及社会科学典范革命的理论学说是丰富多彩的。其中，以罗尔斯(John Rawls)为代表的社会正义理论，以布坎南(James Buchanan)为代表的公共选择理论，以哈耶克(F. A. Hayek)为代表的新自由主义，都是具有强烈的改变传统理论规范冲击力的学说，并对后来公共行政的典范革命产生了直接和长久的影响。前者从社会政治哲学和伦理道德出发，严肃而系统地再次提出了社会正义问题，认为正义的对象是用于分配公民的基本权利和义务、划分社会利益和社会负担的制度结构，正义应当成为评价社会制度的首要道德标准和基本价值尺度；后者则试图跨越技术经济理论的沼泽，用传统政治经济学的眼光透析市场经济与政治体制的关系，进而重新确定自由的价值。受到上述典范革命的影响，从 20 世纪 60 年代后期开始，公共行政研究领域亦相应开始了质疑传统公共行政典则的进程。大体上，这一进程可以分为 60 年代、70—80 年代和 90 年代三个时期。从近四十年发展的总体特征上分析，这一进程有三个较为明显的特征：(1) 不同时期的理论具有很强的相关性、一致性和相通性，譬如，都主张改革政府的组织结构和人事制度。都强调降低和限制政府的公共开支，都要求尊重国民参与的意愿和权利，都重视公共利益和公共责任，都反对官僚主义和提高政府管理的有效性等等；(2) 不同时期均有占据主导地位的主流理论，从而形成了虽然相通但却不同的新的"典则规范"；(3) 否定传统典则规范和创立新的典则规范的深刻程度逐步抬升。如果说 60 年代的新公共行政强调公共利益和公共责任，首开了质疑传统行政典

---

① 〔美〕理查德・H. 戴：《混沌经济学》(傅琳译)，上海译文出版社 1996 年版，第 1—3 页。

范合理性的先河，那么，70—80 年代新公共管理(New public Management)强调的则是通过基于管理主义的政府制度创新，全面增强政府公共管理的有效性，而 90 年代的“政府再造”(Government Reengineering)或重塑政府(Reinventing Government)运动，则进一步发展为通过重新审视传统的公共行政，进而重新定义政府。

二、60 年代的新公共行政运动

60 年代公共行政的典则规范的转换主要集中于新公共行政运动(New Public Administration)提出的理念。1968 年 9 月，由美国行政学家沃尔多(Dwight Waldo)号召和资助，32 位年轻的学者会聚于美国纽约州雪城大学，试图通过回顾和检讨公共行政学的发展历程，讨论公共行政面临的问题，寻求公共行政未来的发展方向。会议提出了“新公共行政”作为区别于已往行政理论的理论标志，并以政府及其官员公共行政管理过程中的价值观和伦理观，作为新公共行政学的核心概念和关键性问题。概括起来说 新公共行政的理论观点主要集中在以下几个方面：

(一) 主张社会正义(social justice)和社会公平(social equity)

他们认为，传统的公共行政学注重效率，经济目的和管理行为的协调性或许并没有错，但传统的政府管理已经过于专注于高层管理和重要职能部门的管理，以至于效率、经济目的和管理行为的协调性经常以社会公平为代价，而实现社会正义和社会公平恰恰是公共行政的根本目的，也是新公共行政学的理论基点以及与传统行政学的最重要的差别。因此，有必要把社会公平作为行政原理和政府目标的一部分，作为政府基本的价值标准之一。他们认为，“行政管理者不是中性的。应责成他们承担起责任，把出色的管理和社会公平作为社会准则、需要完成的事情或者基本原理”。据此，新公共行政主张放弃政府的与逻辑实证论相联系的表面上的“价值中立”(value-neutrality)，转而按照后逻辑实证论(post-positivism)专注于更为人道、更为有效、更为公正的新公共行政的价值观和伦理观。因为按照“价值中立”只是对事实作出客观的描述是远远不够的，还必须提出和确定是非判断标准，并实际作出是非判断、社会平等和正义才是政府公共行政管理的真正的规范基础。①

（二）主张改革的、入世的、与实际过程相关的公共行政学

他们认为，公共行政学因其研究对象所然，应当把研究的重点转向与社会环境相关、与公众相关、与政策相关、与政府及其官员相关的问题上来，而不应当仅仅关注那些与学术相关、与理论相关、与思辨相关、与研究方法相关的问题。因此，新公共行政学主张：第一，变革，改变那些妨碍实现社会公平的政策和制度结构。“变革是新公共行政学的基因”。第二，关注政策，通过入世的、积极进取的学科方式更为普遍地改进影响所有人生活质量的各项政策。其明言是“关心国防部，更关心国防”。第三，典范革命，即对传统行政学的基本假定、理论框架、价值规范、研究范畴、研究方法等进行一次重大的调整，重视行动理论。

（三）主张构建新型的政府组织形态

他们认为，传统的科层官僚组织结构已经造就了一种超稳定的能力，政府因此失去了必要的敏感性和同情心，正在远离社会公众。这就需要寻求不断的灵活性，使变革成为经常的组织形式。与此同时，传统的组织理论只关注公共组织的内部问题，且理论构成过于空洞。这就需要从一种完全不同的角度对行政现象进行分解，通过重新定义分配过程、整合过程、边际交换过程和社会情感过程，构建新型的公共组织，进而实现社会公平。

（四）主张突出政府行政管理的“公共”性质

他们认为，“公共”之于政府的重要性意义正在淡化，而公共性质——公共目的、公共利益、公共权力、公共行为等，正是政府公共管理(public management)与以产权私有为基础的企业管理(private managment)的根本性区别。因此，不存在适用于一切组织的“全称性管理科学”，为了实现社会公平，必须坚持政府管理的公共性质。在这方面，新公共行政学偏重“公共的”而不是“一般的”。“公共”的实质意义就在于代表公共利益(public interest)，与此相一致，政府必须坚持公共目

---

① 参见〔美〕约翰·罗尔斯：《正义论》(何怀宏译)，中国社会科学出版社 1988 年版；〔美〕詹姆斯·M.布坎南：《自由、市场和国家——80 年代的政治经济学》(平新乔译)，上海三联书店 1989 年版；〔英〕弗里德里希·冯·哈耶克：《自由秩序原理》(邓正来译)，北京三联书店 1997 年版。

的(public purpose),承担公共义务成公共责任(public accountability)。

(五)主张“民主行政”(democratic administration)

他们主张以此作为新公共行政的“学术识别系统”。他们认为,民主行政的核心价值观,在于尊重人民主权和意愿,实现社会正义和社会公平,反对滥用权力和行政无能。为此,应当以公众意愿、公众利益为导向,发展以社会公众为中心的政府组织和公共政策,强调政府代表公共利益的职能地位,强调公众参与,强调政府信息和公共政策的公开性,反对政府自利和代表党派利益,反对专业主义等等。[①]

无疑,上述理论对公共行政研究发展的影响是重大的、持久的。他们的理论主张,尤其关于价值观、道德观和关注现实政策的主张,一直是当代公共行政研究的中心议题之一。

三、70—80年代的新公共管理运动

这一个时期是西方国家以不同的方式普遍进行全面行政改革的时期,改革的深刻程度被认为无异“一场与传统决裂的转型”[②]。西方国家的这场改革大体上可以分为三类:地处北大西洋和南太平洋的英国、美国、加拿大、澳大利亚、新西兰等,在不同程度上推行“新公共管理”(New Public Management)的改革;欧洲大陆的法国、德国、荷兰、瑞典等,连续或不连续性地推行渐进主义的改革;南欧的半岛国家意大利、希腊则力图实现行政的合法化和行政的制度化等等。[③] 而这一切缘于在“典范”的意义上人们认为:公共行政的管理理论在英美民主国家诞生以来,就一直存在理论的“生存危机”。如今,政府已经迷失了方向,传统的公共行政管理理论赖以生存的核心理念或基础因此正在受到挑战。概括起来,这一个时期公共行政的典范革命大体上是围绕着否定韦伯式的传统公共行政与主张代表行政现代化的新公共管理展

---

① 参见〔美〕乔治·弗雷德里克森:《论新公共行政学》(彭和平译),载《国外公共行政理论精选》,中共中央党校出版社1997年版,第301—314页。

② 〔英〕温森特·怀特:《欧洲公共行政现代化:英国的个案分析》,载国家行政学院国际合作交流部:《西方国家行政改革述评》,国家行政学院出版社1998年版,第233页。

③ 方克定:《〈西方国家行政改革述评〉序》,载国家行政学院国际合作交流部:《西方国家行政改革述评》,国家行政学院出版社1998年版,第3页。

开的。

(一) 某些被奉为经典的传统行政典则已经过时

百多年来，西方政府公共管理一直坚定不移地信奉着一些似乎是不可更改的“金科玉律”：①

(1) 严格区分政治—行政是同时保证政治清明和行政效率的前提，这种政治与行政的两分法的经典表述是：政治是国家意志的表现，行政是国家意志的执行。② 这种理论在当时曾经推动了公共部门保持政治中立，并且作为一种制度架构有效地防止了“政党分肥制”等弊端。但现今它既不能保证政治的昌明廉洁，也无助于行政效率的提高。与此相联系，在国家制度趋于完善的条件下，公务员保持政治中立和服从政务官员意志的原则，也已经不再那么重要了。为着不断提高政府的效率(efficiency)和效益(effectiveness)，公务员发挥更大的主观能动作用是必不可少的。

(2) 官僚制度给政府带来逻辑规范。规章制度和等级结构被认为构成了政府管理的基础。但现今人们观察到的却是一个官僚主义的“大迷宫”，一个没有灵活性、缺乏主动精神的刚性系统。过于明细的规章制度和过于森严的等级结构至少是窒息公共管理的生机和活力的基本原因之一。而且，随着公共部门组织机构中权力和权威的来源的不断扩散和增加 过去曾经带来效率的严格规章制度和等级结构正在失去意义。现在，“环境对政府组织(及其成员)提出的要求是建立一个更加富于绩效的管理模式，注重结果而不是规则”③。

(3) 常设官僚机构可以实现政策的稳定性、连续性和有效性。但是，人们经常观察到的却是政策制定与政策执行的无能。其中心命题可以表述为：“目前已知的政策制定的核心机构，包括各个组织与过程以及它们之间的互动，其工作能力有限，具有犯错误的倾向，必然会导致无能。因此，只有极大地改变有关组织、过程以及要素的主要特征，

---

① 〔英〕盖·彼得斯：《政府管理与公共服务的新思维》；〔美〕唐纳德·萨维：《对行政机构的改革》，载国家行政学院国际合作交流部：《西方国家行政改革述评》，国家行政学院出版社 1998 年版，第 1、114 页；周敦仁：“译者序”，载〔美〕戴维·奥斯本、特德·盖布勒：《改革政府：企业精神如何改革着公营部门》(周敦仁等译)，上海译文出版社 1996 年版，第 1—8 页。

② 〔美〕古德诺：《政治与行政》(王元译)，华夏出版社 1987 年版，第 5—12 页。

③ 〔美〕罗纳德·桑德斯：《美国的公务员队伍》，载国家行政学院国际合作交流部：《西方国家行政改革述评》，国家行政学院出版社 1998 年版，第 251 页。

才能提高主要工作能力的最大值,克服犯错误的倾向以及无能。”①

(4) 职业公务员是专业管理和专业责任的基础。但现今人们看到的却是政府管理运转失灵和官僚主义盛行的境况。人们现在需要的是那种能够对“变化”和“诉求”及时做出有效反应、对挑战充满热情和信心的政府官员。为此,常任文官也需要承担必要的政治责任和公共政策责任。与此同时,政府的许多传统职责或许已经再不需要或不适合由政府继续承担了。

总而言之,世界正在变,正在由过去相对独立的民族经济、线性关系、政府官员所熟悉的离散变量甚至常识等组成的世界,变成一个全新的世界。② 反映这个变化的世界并建立新的用以观察现实的图示,正是公共行政典范革命的历史缘由。

(二)“威尔逊-韦伯范式”是政府公共管理失灵的制度原因

按照文森特·奥斯特罗姆(Vincent Ostrom)、弗里德里克·赛厄(Frederick C. Thayer)、威廉·斯科特(William G. Scott)和戴维·哈特(David K. Hart)等人的理论,这种范式在严格区分政治与行政的的基础上实行“单一中心的行政”和“等级制结构”,而官僚等级制及其相关的竞争问题正是当今世界社会罪恶的渊源。这种范式导致了国家权力和职能的几乎无限制的扩张,助长了对国家财富的巧取豪夺,形成了政府的“组织专横”,更“造成了我们现代文化中的一致性、呆板、商业化、不平等及个人自由和尊严的丧失”③。与此同时,“科层制官僚机构相伴生的行政权力和公共预算最大化倾向,导致大政府、大公共开支和高行政成本”④。

人们之所以首先竭尽全力批判官僚等级制,是因为“在当今无序和不确定的世界中,官僚制已经功能失调。它是如此的僵化和墨守成规,

---

① 〔以〕叶海卡·德罗尔:《逆境中的政策制定》(王满传译),远东出版社 1996 年版,第 135—136 页。

② 方克定:《〈西方国家行政改革述评〉序》,载国家行政学院国际合作交流部:《西方国家行政改革述评》,国家行政学院出版社 1998 年版,第 12 页。

③ 〔美〕文森特·奥斯特罗姆:《美国公共行政的知识危机》;威廉·斯科特、戴维·哈特《组织中的美国》;弗雷德里克·赛厄:《等级制的终结!竞争的终结!》,转引自理查德·J. 斯蒂尔曼《美国公共行政重建运动:从“狂热”的反国家主义到 90 年代“适度”的反国家主义》,载《北京行政学院学报》1999 年第 4 期。

④ 方克定:《〈西方国家行政改革述评〉序》,载国家行政学院国际合作交流部:《西方国家行政改革述评》,国家行政学院出版社 1998 年版,第 1 页。

以至于不能应付现代政府所面临的挑战”[①]。与工业文明相一致的官僚机构和官僚主义的问题实在发展到了令人难以忍受的地步。以美国为例：这个官僚主义体制使得“军队文职人员管理手册厚达 8800 页”，使得美国“每 128 名选民就有一名民选官员”，二亿多人口中有 1510 万全日制政府文职工作人员；使得“教育改革花了十年，追加了 600 亿美元。可是测验成绩仍无进步，辍学率比 1980 年还高”。以至于 20 世纪 80 年代行将结束的时候，美国《时代》周刊在其封面上提出了一个严重的问题：“政府死亡了吗？”在这样一个问题的背后隐含着另一个更为严重的问题：“对政府的信任一再降到创记录的最低点。……公众的愤怒与冷漠交替出现。”人们发现，在经历了一百年之后，科层官僚制已经演变成为一个官僚主义的怪物，一个庞大无比的巨物。它的主要职能像一个有着特殊利益的国家[②]，而不是国民利益至上的服务机构。一言以蔽之，它正在异化，正在走向了自己的反面。

人们对官僚机构深恶痛绝的另一个重要原因，在于政府公共开支的几乎无限制地增长。正因为如此，公共财政体制改革几乎是每一个西方国家公共行政改革的当然范畴。一百多年前，德国经济学家瓦格纳(A. Wagner)在考察了几个国家的公共支出的情况后，曾经以“瓦格纳定律”的方式预言：随着工业化社会的到来，公共部门在经济活动中的数量和所占比例具有一种内在的扩大趋势，公共支出因此将不断膨胀。不幸的是，这一预言在一百多年来许多国家的实践中一再得到验证。部分国家公共支出占 GNP 的比重表示如下(表 1)：

表 1　部分国家政府公共支出占 GNP 比率对照表(%)

年份	1965	1970	1980	1986
国家				
瑞典	—	43.72	61.95	64.90
法国	—	44.45	46.99	52.85
德国	36.94	38.99	48.77	47.18

① 〔美〕罗纳德·桑德斯：《美国的公务员队伍》，载国家行政学院国际合作交流部：《西方国家行政改革述评》，国家行政学院出版社 1998 年版。

② 〔美〕戴维·奥斯本、特德·盖布勒：《改革政府：企业精神如何改革着公营部门》(周敦仁译)，译文出版社 1996 年版，序，第 1—2 页。

续表

年份	1965	1970	1980	1986
英国	35.86	39.54	45.23	46.02
美国	27.83	32.20	34.07	37.16
日本	19.05	19.10	32.09	33.03

资料来源：转引自赖维尧等：《行政学入门》，台湾空中大学出版社 1996 年版，第 23 页。

再以美国为例，在过去的一百年里，美国的平均收入由 1900 年的 8620 美元增长为 2000 年的 23812 美元，大约增长了 2.76 倍，而同期联邦政府的预算却由 103 亿美元增长到 1.7 万亿美元，增长大约 165 倍。[①] 公共产品社会需求的不断提高，构成了公共支出不断膨胀的原始动力，而公共资本存量与私人资本存量之间的函数关系，则构成了公共支出日益扩大的客观要求。这样，政府凭借公众对公共产品数量和质量需求的逐步提高，大大扩张了公共产品的输出，且日益挤占了消费结构中私人产品的相对份额，进而凭借巨额公共支出及其不断增加，政府相应获得了日益广泛的影响力。在某些条件下甚至是支配力。[②] 大政府在合法的条件下已经变成了一个恣意妄为、吃光我们的家当的异物。因此，必须限制政府的公共开支，使其与国民生产总值的增长成比例，同时使公共部门规模的扩大低于私人部门[③]。"民主行政的范式"应成为韦伯式科层官僚制政府的替代形式。

(三) 以管理主义为基础的新公共管理是政府公共管理的新方向

管理主义是一个多维度的宽泛的概念。其理论假设是："公共组织和私营组织的管理在本质上是相似的"，"管理就是管理……用于组织和激励雇员的机制，在公营部门和私营部门都同样适用"[④]，因此，诸如雇佣代理、交易成本一类私营组织的通则，同样适用于政府的公共管

① 〔美〕迈克尔·巴龙：《美国世纪》，载《参考消息》2000 年 1 月 15 日。

② 郑秉文：《译者的话：强大的国家与发达的市场》，引自〔美〕斯蒂格利茨：《政府为什么干预经济》（郑秉文译），中国物资出版社 1998 年版，第 1—15 页。

③ 〔美〕艾伦·威尔达夫斯基：《如何限制政府开支》，载《北京行政学院学报》1999 年第 4 期。

④ 〔美〕盖·彼得斯：《政府管理与公共服务的新思维》、《欧洲的行政现代化：一种北美视角的分析》，载国家行政学院国际合作交流部：《西方国家行政改革述评》，国家行政学院出版社 1998 年版，第 12、76—77 页。

理。这一理论假设依据的假设又是：政府需要大大提高公共管理的绩效，而只有引入自由市场的竞争运行机制，更多地接受商业部门的管理技术，进一步执行消费者取向的政策制定标准，才能产生令人满意的政府公共管理的绩效。[①] 显然，这一观点与新公共行政的观点存在某种分歧。管理主义指导下的行政改革实践包括了对政府的组织结构、领导体制、公共财政和预算制度、公共人事管理制度、政府业绩评价系统进行改革，以及地方分权、放松管制和约束、委托制等等。概括起来，新公共管理以及据此推行的行政改革大大动摇了以一致性、形式化、标准化和中央监控为传统的官僚体制。其主要特征集中在八个方面：(1) 政府的宏观调控替代了政府直接提供公共服务；(2) 公共决策程序的简化与灵活化；(3) 节约公共开支以开展革新实践；(4) 公共权力分散化、决策与执行机构相分离并建立常任文官主导的自治执行局；(5) 为竞争而实行私有化政策；(6) 推重灵活的领导风格与人事管理程序；(7) 伴随着决策权、管理权的放宽而产生了公务员的公共责任制；(8) 实现以客观事实、既定结果(政府绩效)和"顾客"为导向的公共政策选择。[②]

新公共管理涉及的问题是广泛的。其中，政府公共管理事务民营化(privatization)、社区主义(Communitarianism)和社会中介组织或非营利性组织(nonprofit organization)是几乎每一个西方国家致力实现的目标。

一般认为，民营化源于1979年撒切尔政府基于新自由主义的意识而雷厉风行推行的公营事业民营化运动。美国里根总统时期也曾极力要求政府部分功能实现民营化。近年来，民营化已经成为了一个公众熟悉的名词而经常被使用。"民营化的一个定义是：政府终止对一个特殊活动的责任，并把它转让给盈利或非盈利的私人组织。……通常，民营化是更多地依靠私人组织，更少地依靠政府来满足社会的需要。"主张民营化的人认为，政府，特别是联邦政府已经过于庞大和过度扩张，它已经侵入到许多本应该是私营活动的范围中。这样不但导致了

① 〔荷〕瓦尔特·基克特：《荷兰的行政改革与公共部门管理》，载国家行政学院国际合作交流部：《西方国家行政改革述评》，国家行政学院出版社1998年版，第195页。

② 〔希〕卡里奥珀·斯帕努：《希腊的行政现代化》，载国家行政学院国际合作交流部：《西方国家行政改革述评》，国家行政学院出版社1998年版，第195页。

公共开支的增加和公共资源的浪费，而且导致了低效行政的蔓延。他们相信，“私人组织提供的服务花费少而效率高。而在财政扩张的年代，私人组织的这种管理优势就更为明显”[①]。但是，人们也认为，私营组织并不能全面代替政府。[②]

社区主义典则的基点，在于开拓既不过分依赖政府、也不过分依赖市场的“第三条路”，强调社区作为公共管理基本单位的重要性，主张公民参与社区管理甚至自治管理，进而通过充分利用社区资源，逐步构建以公民为主体的新型公共管理的架构，实现公共利益目标，最终实现政府、市场和社区相互信任、相互依赖、相互合作、相互制衡的理想社会境况。

社会中介组织或非营利性组织典则的基点，则在于发展介于政府与私人企业之间的“第三部门”，借以通过政府职能、权力、公共开支的转移、收缩、分流或分散化，限制政府的作用。其主要功能在于调节民众多样化需求的持续扩大和补充政府公共产品供给的缺口。[③]

以上不难看出，无论是民营化还是社区主义或是社会中介组织，其典范革命的要义都在于改变传统的国家与社会、政府与市场的关系模式，全面实现政府公共管理方式的转换：变微观管理为宏观管理，变直接管理为间接管理，变单一管理为多元管理，变过程管理为目标管理。

四、90年代的重塑政府运动

这一时期关于政府典则规范的“重建”，是从重新审视公共行政的某些基本概念开始，逐步拓宽为治道（governance）变革，再发展成为关于政府典则规范的全面修正。

（一）重新定义公共行政

1990年，弗吉尼亚工学院重建学派的万斯莱（Gary L. Wamsley）出版了《重建公共行政》一书。1995年，万斯莱等人又出版了《重建民

---

① 〔美〕菲利克斯·A.尼格罗等：《公共行政学简明教程》（郁晓来译），中国中央党校出版社1997年版，第187—188页。

② 〔英〕詹姆斯·Q.威尔逊：《美国官僚政治》（张海涛译），中国社会科学出版社1995年版，第15—16页。

③ 季明明：《当代公共行政改革实践与公共管理学科的崛起》，载《北京行政学院学报》1999年第3期。

主公共行政》一书，试图对公共行政原理进行再阐释。他们的理论被称为“黑堡宣言”。他们的基本的立论问题是：政府的本质是什么、政府应当履行哪些职能、什么样的政府是最具有效率的政府等等。他们试图重新回答公共行政的许多核心的问题，例如，合法性、责任，甚至国家的定义。他们的中心观点是：公共行政是民主政府治理过程的必然部分，公共行政必须成为公共利益的捍卫者。他们认为，因其专业功能，政府行政人员应成为具有强烈自我意识的公共利益的受委托者，应成为“理智的少数”而不是“强权的少数”。他们主张按照以下典则重新定义政府：(1) 国家行政组织是具有特定能力、提供特定社会功能以实现公共利益的组织；(2) 公共行政是既定宪政秩序下政府治理过程的正当参与者；(3) 公共行政权威的合法性应建立在政府的公共政策能够广泛代表不同公众利益的基础之上；(4) 公共行政包括“治道而不仅仅是公共部门管理或行政”；(5) 专业行政部门的观念应成为“面向公共机构训练公共行政者的基点”；(6) 公民品行和公共利益是政府最高的价值选择，是公共行政的核心规范标杆；(7) 公共行政必须与政治的宪政目标和过程相联系；(8) 公共行政必须在宪法架构内且合法。①

与万斯莱等人的观点相近，詹姆斯·斯代弗(James Stever)在《公共行政的终结》一书中提出，政府的问题在根本上源自美国文化的矛盾：一方面，人们对官僚机构感到恐惧，另一方面，人们又倾向招致层出不穷的公共行政的项目和目标。解决这一矛盾的正确选择在于实行第三种战略，即可视的积极合法的公共行政。斯代弗认为，传统的公共行政实行的是消极的合法战略，这种战略导致了第二次世界大战后美国公共行政合法化的三大失败：公共行政的复杂性大大增加，公共部门漫无目标地膨胀、扩展；商业价值向公共部门的渗透，公共部门与私营部门的角色界限因此变得模糊不清：公共机构丧失廉洁公正和生机。②

按照理查德·斯蒂尔曼(Richard J. Stillman)的归纳，这一个时期关于公共行政的重新思考主要集中在这样一些基本问题上：(1) 什么

① Gary L. Wamsley eds, *Refunding Public Administration*, Newbury Park California: Sage, 1990. 赖维尧等:《行政学入门》，台湾空中大学 1996 年版。

② 〔美〕理查德·J. 斯蒂尔曼:《美国公共行政重建运动：从“狂热”的反国家主义到 90 年代“适度”的反国家主义》，载《北京行政学院学报》1999 年第 4 期。

是公共行政？(2) 什么样的生活才是称心如意的生活？(3) 谁应该成为社会的治理者？(4) 政府应当根据什么标准制定政策和采取行动？(5) 应该如何理解社区、社群的性质及其与政府的关系？(6) 行政权力、事务应该集中还是该分散？(7) 现今应当如何再定义诸如公民的品行、公共利益、责任和义务等概念？[①] 围绕这些问题，人们提出了关于公共行政典则规范的多种理解和表述。

(二) 治道变革

治道变革是一个正在兴起的研究范畴。对于什么是治道，迄今为止人们仍没有形成共识性的观点。世界银行 1992 年的研究报告《治道与发展》中提出.治道就是好的治理的意思，而好的治理的基础在于政府的职能从“划桨”转变为“掌舵”。国内有的研究者认为：英文中的动词“govern”既不是指统治(rule)，也不是指行政(administration)或管理(management)，而是指政府对公共事务进行治理，因此可以译为“治理”；而“governance”则是有关治理的模式，也就是所谓“治道”，尤其是指市场经济条件下政府对公共事务的治理之道。根据 1997 年出版的《理解治道：政策网络、治道、灵活性与责任》一书的概括，新的政府治道至少包括六个方面的基本涵义：最低限度的国家、公司治理模式、新公共管理、好的治理、社会控制体制、自组织网络。从迄今为止的论述看，治道变革的主要的价值目标，意在解决三个方面的问题：促进社会经济的持续发展，解决官僚主义固化的问题，以及利用有限的公共资源尽可能满足日益增多的公民需求。[②] 国内有的研究者将治道变革的内容归纳为四大范畴：

(1) 政府职能的市场化，包括国有企业的民营化、公共事务引入内部市场机制等；

(2) 政府行为的法治化，主要是解决法律管制过分，解除过分的法律管制，从过分的法制回归法治的进程；

(3) 政府决策的民主化，主要表现为：在传统普选制度、政党政治和利益集团政治的基础上实现政府行政日益公开化、提高政府公共政

---

① 〔美〕理查德·J. 斯蒂尔曼：《美国公共行政重建运动：从“狂热”的反国家主义到 90 年代“适度”的反国家主义》，载《北京行政学院学报》1999 年第 4 期。

② 参见毛寿龙、李梅、陈幽泓：《西方政府的治道变革》，中国人民大学出版社 1998 年版，第 1 章。

策对公民需求的回应性等；

(4) 政府权力多中心化，主要表现在执行力变革、提高地方自治水平、还权于社群等。[①]

(三) 重塑政府

在丰富的创新理论的基础上，美国学者戴维·奥斯本(David Osborne)和特德·盖布勒(Ted Gaebler)于1992年出版了《改革政府：企业精神如何改革着公营部门》一书，将60年代后期以来关于公共行政的典范革命推向了高潮。

"'重塑'的一个明确特点是丢弃与传统公共行政紧密相连的一些陈规旧俗，并期望彻底反思政府的运作。"[②]奥斯本和盖布勒的立论的出发点是：以知识为基础的经济全球化的时代已经到来，并正在世界各地破坏种种陈旧的现实存在。这个时代创造了各种美妙的机会，同时制造了各种可怕的问题。我们的政府因此问题成堆；他们的结论是：解决政府各种问题唯一正确的价值选择，在于重新定位政府的职能，按照企业家精神重塑一个"企业化政府"。这样做的正当性在于："企业家把经济资源从生产率和产出较低的地方转移到较高的地方，换言之，企业家运用新的形式创造最大限度的生产率和实效。"[③]而这一点，不仅适用于私营部门，而且同样适用于公营部门和志愿者的第三部门。他们希望为人们重新定义政府提供一种新思维，一种新范例，一幅有所裨益的地图，而他们提出的十大原则，就是构成这幅地图的辐条，即新的政府典则规范：(1) 掌舵而不是划桨——起催化作用的政府；(2) 授权而不是服务——社区拥有的政府；(3) 把竞争机制注入提供服务中去——竞争性政府；(4) 改变照章办事的组织——卓有使命感的政府；(5) 按效果而不是按投入拨款——讲究效果的政府；(6) 满足顾客的需要，不是官僚政治的需要——受顾客驱使的政府；(7) 有收益而不浪费——有事业心的政府；(8) 预防而不是治疗——有预见的政府；(9) 从等级制到参与和协作——分权的政府；(10) 通过市场力量进行

---

① 〔美〕文森特·奥斯特罗姆：《美国公共行政的思想危机》(毛寿龙译)，上海三联书店1999年版，译者总序。

② 〔美〕盖·彼得斯：《政府管理与公共服务的新思维》，载国家行政学院国际合作交流部：《西方国家行政改革述评》，国家行政学院出版社1998年版，第70页。

③ 〔美〕戴维·奥斯本、特德·盖布勒：《改革政府：企业精神如何改革着公营部门》(周敦仁译)，上海译文出版社1996年版，"前言"第5页。

变革——以市场为导向的政府。[1]

奥斯本和盖布勒的重塑政府的基本理念"可以概括为从本质上在政府内部建立企业家动机"，但这并不意味，全部按照企业家的价值标准和原则看待和处理一切政府事务，而是要在国家主义和自由放任主义两个极端之间规划具有中间性质的"第三条途径"。据此，既不依照传统的、端启于30年代罗斯福新政的大政府，也不倚重新自由主义的、80年代盛行的里根政府的自由市场逻辑，转而寻求兼容二者的优势又弥补二者的缺陷的第三种政府公共管理模式，构成了"重塑政府"意欲建立的新的政府典范的基础。[2]

尽管奥斯本和盖布勒的《改革政府：企业精神如何改革着公营部门》广泛受到了赞誉，但也不乏批评之声。批评者指出，在理论上"重塑"具有太多的难以解释的模糊性，在实践上"重塑"的某些做法已近乎违法[3]。批评者承认，通常改革家的思想很少是合乎逻辑的，但奥斯本和盖布勒"他们的灵丹妙药多数是花拳绣腿，混淆了规范和描述——应该是什么和是什么，把一组整体上并不和谐的新旧改革思想不得体地堆砌在一起"。批评者提示人们，在兴致勃勃提出各种关于政府的新观点时，必须同时认真思考和回答这样一些问题：(1) 根本不存在一个注定了要凌驾于其他价值或利益之上的价值或利益，即使是顾客取向的公共服务观；(2) 政府是与众不同的，因为政府被赋予了保证竞争性权力中心、个人权利保障、定期选举、联邦主义、分权等独特的宪法责任；(3) 除非人类不再需要国家，否则，试图把一个政府机构变成一个企业，并相应用利润或"盈亏底线"取代公共利益，只能是一种不现实的浪漫乌托邦；(4) 用企业家精神改革公营部门或从本质上在政府内部建立企业家动机固然诱人，但是，美国政府真的可以像麦当劳一样经营吗？[4]

自工业革命以来，国家的地位事实上一直在上升，"罗斯福新政"则

---

① 〔美〕戴维·奥斯本、特德·盖布勒：《改革政府：企业精神如何改革着公营部门》(周敦仁译)，上海译文出版社1996年版，第1—10章。

② 〔美〕盖·彼得斯：《政府管理与公共服务的新思维》，载国家行政学院国际合作交流部：《西方国家行政改革述评》，国家行政学院出版社1998年版，第77页。

③ 同上书，第70页。

④ 〔美〕盖·彼得斯：《政府管理与公共服务的新思维》，载国家行政学院国际合作交流部：《西方国家行政改革述评》，国家行政学院出版社1998年版，第77页。

使政府一步一步地将其领地延伸到曾属于市场的许多领域。而70—80年代首先在西方国家开始逐渐显现出对市场的回归，90年代则在世界范围内出现了政府权力、职能和责任的全面退却。各国政府较之以往都计划得更少，占有得更少，管理得更少，并允许市场的边界不断扩展。可以认为，“政府从制高点撤退，是20世纪和21世纪的一个重大分界线”，与此相一致，重新界定国家和市场之间的边界，构成了20世纪重大的、具有决定意义的思想和政治交锋，以及不断发生的各种小冲突的主题。那么，是什么促成了全球向传统自由主义的市场经济的回归呢？毫无疑问，“所有这一切变化的基础是思想的根本性的转变”，或者说，是人们重新考察和评估他们的基本假定即典范革命的结果。“其核心结果是政府的概念从所有者和经济活动的直接管理人向监管人和规则制定人的转变。”

然而，问题的另一面在于，“无论如何，这一转变并不标志着政府的终结。在许多国家，政府支出的国民收入仍然与从前一样多……而在几乎所有地方，政府仍旧是满足大众社会需求的最后手段”①。这就产生了一个问题，即上述变化究竟是关于“政府失灵”与“市场失灵”的螺旋式争论的一个新阶段，还是意味着人们由于科技革命、产业革命以及世界经济交融策动、交相呼应的全球化的深刻变革，从此从根本上改变了国家与社会、政府与市场关系的假定，进而重新界定国家和政府？另一个问题在于，在进入21世纪的时候，后发展国家需要关于公共行政的典范革命吗？又需要什么样的公共行政典范革命？

① 〔美〕丹尼尔·郁金、约瑟夫·斯坦尼斯罗：《制高点：重建现代世界的政府与市场之争》（段宏等译），外文出版社2000年版，第3—15页。

公共行政典则规范更新替代与政府行政制度创新*

——兼论中国政府新公共行政典范的确立

随着新的国家发展战略的启动和中国加入WTO，制度创新正日益成为关系21世纪中国实现跨越式可持续发展的主要问题之一。当代中国制度创新所涉及的领域是广泛的，其中，由中国发展模式的基本特征所决定，政府公共行政制度创新无疑具有关键性的意义，而以政府行政改革为主要形式的政府公共行政制度创新，是以公共行政典则规范的更新替代为前提的。新的公共行政典则规范的确立，本身就是政府行政制度创新的一部分和表现形式之一。

* 原发表于《复旦大学学报》2002年第2期。

但是，在渐进改革及其公共政策的选择意义上，公共行政典则规范更新替代与政府行政制度创新既存在量的不同，亦存在某些质的差异。

一、概念工具和方法论的选择

制度创新与范式转换理论是20世纪社会科学领域开启的两种重要的理论规范分析方法，政府行政改革和行政发展则是应用制度创新与范式转换理论的重要领域。制度创新与范式转换分析方法在政府行政改革和行政发展的问题上具有重要的应用价值。

（一）制度分析方法

制度创新是制度分析理论的核心概念之一。20世纪初，以T.凡勃伦（T. Veblen）和J. R.康芒斯（J. R. Commons）为代表的制度学派（Institutional School）开创了运用整体主义的研究方法研究社会经济生活的先河。他们强调制度、技术、法律、伦理等人文因素对社会经济生活的直接和重大的影响，认为技术—制度是决定实际经济成就的主要变量，因而主张通过建立更能全面反映现实世界的技术—制度模型分析社会经济过程。进入50年代以后，以J. K.加尔布雷思（J. K. Galbraith）等为代表的新制度主义（Neo-Institutionalism）进一步运用理论和经验分析的研究方法，大大拓展了制度主义的概念体系和学术思想，提出和论证了制度及直接相关的国家、政府、法律、权利、信仰等对社会经济结构变迁和社会经济成就的影响，试图通过建立合理的政治模式来有效地解决社会经济问题。90年代以后，以O. E.威廉姆森（O. E. Williamson）、R. H.科斯（Ronald. H. Coase）以及D.诺思（Douglass C. North）为代表的新制度学派（New Institutional School），则在明确定义产权和交易成本的基础上，力图实现新的制度变量与新古典主义经济理论的耦合，建立起新的全景式的政治经济学的图示。他们认为，制度是一种稀缺性的资源。国家因其界定和明晰产权、降低交易费用的独特职能而在制度合成的过程中发挥着不可替代的作用。但是，从历史上看，国家的确存在使社会福利最大化与使统治者岁入最大化的双重属性，进而经常导致国家产生低效率的所有权，即国家的所有权制度安排偏离社会经济持续增长的方向。不仅如此，关于国家的初始的制度安排不仅会限定当期的资源组合，而且会导致制度变迁的某种“路径依赖”（path dependence）。这就形成了一种悖论：国家的存在是经济增长的关键，然而国家又是人为经济衰退的根源。① 按照既定的理论逻辑，解决这一悖论的相对合理的选择，就在于不断进行制度创新。这是因为，“制度创新可以在一个动态变化的过程中不断界定和明晰产权，从而形成关于创新的激励机制，降低“搭便车”等机会主义的可能性，降低交易费用，解决制度的不均衡问题，并减少未来的不确定因素，不断实现有效率的经济组织对无效率经济组织的替换，最终促进经济的不断增长。②

然而，制度创新不可能在没有诱因的条件下自然发生。就社会经济过程而言，制度创新是一定的社会行为主体基于潜在的外部收益条件的改变（经济规模扩大、技术进步、风险或交易费用降低等），进而产生使外部收益最大内在化的获利动机及现实诉求，为此通过复杂的交互作用的过程促成的新的制度安排。其中，政府发动的制度创新由于不存在“搭便车”的自利行为倾向，而且实现一致性的组织成本比较低，因而在某些条件下具有明显的创新优势，然而，政府主导的制度创新亦存在“政策失败”的潜在风险。③ 与此相联系，在意识形态领域里，对外部收益条件变化的判断，取决于人们的知识构成、利益预期和价值标准的改变。这样，观念、典则（规范）和范式就不仅与制度创新密切相关，而且构成了制度创新逻辑过程不同阶段的意识形态形式：观念转变构成了人们使外部收益最大内在化获利动机的有限的和浅表性的表现方式，典则改变构成了同一动机的局部的和中度的表现方式，范式转换则构成了其整体的和深度的表现方式。

（二）范式分析方法

范式、范式转换或典范革命是 20 世纪社会科学的另一种重要的理论规范和重要的方法论。自 1962 年美国科学史家库恩首次从学术的

① 〔美〕道格拉斯·C.诺斯：《经济史中的结构与变迁》（陈郁等译），上海三联书店、上海人民出版社 1994 年版，第 20 页。

② 陈文申：《试论国家在制度创新过程中的基本功能——“诺斯悖论”的理论逻辑解析》，载《北京大学学报》（哲学社会科学版）2000 年第 1 期，第 37 页。

③ 参见〔美〕L. E. 戴维斯、D. C. 诺斯：《制度变迁的理论：概念与原因》；《制度创新的理论：描述、类推与说明》；林毅夫：《关于制度创新的经济学理论：诱致性变迁与强制性变迁》，载 R. 科斯、A. 阿尔钦、D. 诺思：《财产权利与制度创新：产权学派与新制度学派译文集》，上海三联书店、上海人民出版社 1996 年版，第 266—326，第 371—403 页。

角度明确提出并原则界定了“范式”的概念以来[1]，“范式”事实上成了社会科学研究的一种重要的概念和理论规范，“范式转换”则成了人们讨论改革、发展、进步一类问题的经常性的研究工具。在库恩的理论中，范式既表示某一科学共同体成员所共有的一整套规定，也指该共同体的共有的、建立在某种公认的并成为传统的重大科学成就基础上的信念。这种信念，“能为共同体成员提供一种把握研究对象的概念框架，一套理念和方法论的信条，一个可供仿效的解题范例，它也规定了一定时期中这门科学的发展方向和研究途径，同时决定着共同体成员的某种形而上学的信念和价值标准，即决定着他们的自然观、世界观及价值观”[2]。具体而论，范式是一个由三个要素所组成的结构复杂的网络：(1) 科学理论要素，指根据科学史上重大的科学成就所确定的科学概括，包括定律、理论、模型、范例等。(2) 社会心理要素，指各种对科学发展产生影响的社会心理因素，包括历史、经济、文化、民族传统、公众意识、社会心理等。(3) 形而上学要素，构成范式的核心，包括基本原则、科学信念、世界观等。在一般的意义上，范式被理解为关于现实的一套较为系统和稳定的假设。这一套假设主要包括用以阐释和说明某一类现实的规则，而这些规则表现为人们的观察现实世界的理念和基本的价值判断标准。在更为宽泛的意义上，范式的作用集中于指导人们理顺和总结现实，理解现象之间的因果关系，预期和预测未来的发展，从不重要的东西中区分出重要的东西，弄清我们应当选择哪条道路来实现我们的目标。[3]

在库恩看来，范式转换归根结底是文化价值和社会心理的。范式的规范作用在于它是一种框架。在既定的框架内，共同体成员“从事高度定向的解难题活动，这些活动标志着科学的进步”[4]，并经由异例或例外(新的现象)的不断解析，积累新的知识和经验，形成新的共识，进

① Thomas S. Kuhn, *The Structure of Scientific Revolutions*, Chicago: University of Chicago Press, 1962, Chapter One.

② 陈方：《库恩的“范式”与夏皮尔的“背景信息”的比较》，载《华南师范大学学报》1997年第2期。

③ 〔美〕塞缪尔·亨廷顿：《文明的冲突与世界秩序的重建》(周琪等译)，新华出版社1999年2版，第51页。

④ 陈方：《库恩的“范式”与夏皮尔的“背景信息”的比较》，载《华南师范大学学报》1997年第2期。

而形成范式转换，而在新的范式里，异例或例外成为常规科学。在此意义上，范式转换构成了科学革命的本质。许多人采用社会学家里采尔所描述的范式转换的过程：范式Ⅰ——规范科学（即在范式Ⅰ指引下积累的知识）——异例（即范式Ⅰ不能解释的新现象）一危机（即范式Ⅰ从根本上受到怀疑）——革命（即范式Ⅰ全面崩溃）——范式Ⅱ[①] 一种范式的形成标志着共同体成员以一种全新的观点和方式看待世界，标志着从原始科学到成熟科学、旧科学到新科学的转折，标志着新的常规科学的形成，同时标志着新的螺旋发展阶段的开始。正因为如此，"范式转换是极少发生却又极有意义的变化"。尽管库恩的范式理论受到了不少批评，甚至被认为是"完全不足信的"和"耀眼的错误"，但它毕竟为分析人类社会的变化提供了一种规范的理论方法。

（三）本文假定[②]

观念——典则——范式是社会和国家意识形态的不同层面的存在和表现形式，它们反映客观世界及人们认知客观世界的量变——部分质变——质变的螺旋发展的进程。其中，观念表现人们基于直观和现实比较而形成的关于某些客观事物的正当性、合理性的价值标准。在公共政策选择问题上，这种价值标准一般表现为一定的现实态度。典则表现人们基于持续观察和深入比较而形成的关于某些客观事物的正当性、合理性的执著、稳定的价值标准。在公共政策选择问题上，这种价值标准通常表现为一定的原则立场。范式则表现人们关于某些客观事物的正当性、合理性的持久、固化的一套价值标准。在公共政策选择问题上，这种价值标准表现为系统化的基本立场或全面的政策基础。进而，按照系统论的定义，我们假定，关于一类问题的同质观念之和，构成关于该类问题的典则规范，关于一类问题的同质典则规范之和，构成关于该类问题的范式，而不同类别范式之和，则可以上升为适用于更广大领域的范式。同理，其逆向逻辑可以表述为，对更高一级范式来说，下一级范式不再具有范式意义，而只是本范式的典则要件。

在螺旋发展的过程中，观念——典则——范式及其动态形式，即观

---

① 参见宁骚：《行政范式转换与当代中国机构改革》，载晏智杰、宁骚、李玉：《面向二十一世纪的中国现代化：课题与展望》，经济科学出版社 1994 年，第 109 页。

② 基于研究侧重点的选取和论述的简明扼要，本文不讨论技术、经济结构、历史文化、社会心理等因素对制度创新的影响，并不表示本文认为这些因素不重要。

念的转变——典则规范的更新替代——范式转换，都会引发一定的制度规范的变化，因此，都可以视为通过改革实现制度创新的形式之一，只是，层次越低，则越构成改革的常态。也就是说，观念的转变可以理解为制度创新的初级形态，典则规范是其过渡形态，范式转换则构成了一次螺旋轮回的终结形态。如果我们把范式转换作为一次制度创新螺旋轮回的标志，那么，观念的转变就是制度创新的逻辑起点，典则规范的更新替代改变是制度创新的逻辑中继点，范式转换则是制度创新的逻辑终点。一般而论，在一个开放的信息化的世界里，人们的观念虽然不会频繁改变，但随着客观事物的快速的、有时是急剧的变化以及人们之间的交互作用方式的改变，其改变亦有一定的频度。在制度创新的领域里，随着政府不断寻求新的公共政策的价值基点以应对环境变化的挑战，政府观念的转变在同一届政府或同一代人是经常发生的，相应亦会引发某种领域或程度的革新，但通常不会发生关系重大原则立场的改变。譬如，宽带网的普及可能引发“电子政府”的建设，但并不会直接改变政府的职能和权力的结构。与此相一致，我们用“政府行政调整”表述那些以个别或少数政府规范改变为行为对象、并不涉及公共行政基本原则的政府制度创新。

相比之下，政府公共行政典则规范的更新替代需要经由一定的历史时期，在曲折的过程中反复震荡，且通常伴有涉及重大“国是”问题的重大历史事件。一般而论，公共行政典则规范的更新替代具有“升级”的涵义，在时空界限上通常需要历经数届政府。新的公共行政典则规范需要国家意识形态的接纳、确认、推行，进而导致对基本公共行政规制和宏观公共政策的合理性的审查及改变，而新的公共行政典则规范一经确立，就不会在短时期内轻易改变。在此意义上可以认为，公共行政典则规范的替代是政府行政制度创新的基础。譬如，西方发达国家自 60 年代“新公共行政”以来，经过 70—80 年代“新公共管理”的发展，以及 90 年代“重塑政府”、“企业家政府”的再发展，政府公共行政管理的理论与实践已经发生了比较深刻的变化。与此相一致，我们用“政府行政改革”表述那些以改变公共行政典则规范为主要诉求目标的政府制度创新。

范式转换则更为复杂。就国家制度而言，范式转换与时代的变迁相联系，通常建立在重大科学技术的突破以及生产方式的改变的基础之上，并且涉及国家宪政原则、国家政治生活的基本变量及其十分复杂的相互关系，涉及国家主导意识形态和国家基本制度的改变，因此，一般会要经历十数届乃至数十届政府。譬如，“官僚科层制度”的确立。相应的，我们用“国家行政改革”表述那些从根本上改变公共行政关系—公共行政权力关系、公共行政责任关系、政府的职能定位、政府的领导体制和组织原则、政府的结构模式、政府的行政行为方式等，并且广泛涉及国家政治权力体制的政府制度创新。

以上区分意味着，观念转变是政府行政改革的经常形态，典则规范的更新替代是政府制度创新的典型形态，范式转换则是“改朝换代”意义上的革命。值得指出的是，观念转变——典则替代——范式转换作为制度创新的三种形态，其界限并不总是十分的清晰可辨。在规范理论研究的意义上，人们不难“分段搜索”和“确定标志”，但在客观事实的意义上，其存在形态通常表现为一种动态演变的过程，换句话说，观念转变—典则替代——范式转换的事实和逻辑的起点、中继点、终点，在历史的进程中可能是因果互现以及存在反复的。

根据以上假定，本文认为：重新确立典则规范是政府通过行政改革进行政府制度创新的基本形式，并且对现阶段中国政府制度创新具有决定性的意义。但是，重新确立公共行政典则规范是一种复杂的过程，这就有必要首先明确其中那些主要的变量及其相互关系。

二、公共行政典则规范更新替代的主要变量

公共行政典则规范在基本性质上属于通过宪法及有关法律加以确认的国家行政—政治制度的法定原则，是国家意识形态之一种。因其直接与各个社会主体的生存空间、发展潜力有着重大的现实和长远的利害关系，因此，历来为各种社会群体所关注，并因此决了其更新替代的主要相关变量：

（一）公共行政典则规范更新替代与公共行政目的相联系

在公共行政原理的意义上，这同时是一个与关于国家的定义相联系的命题。其政治和理论的逻辑维包括这样四个相互联系的层面：(1) 人们为什么需要和建立国家/政府；(2) 国家/政府应当、必须、能够为国民做什么；(3) 改变国家/政府行政目的的价值标准、主体、程序等；(4) 国家/政府公共行政目的的外在表现形式。

公共行政目的在价值形态上表示政府存在必要性、正当性以及合

理形式，其构成既包括宪法、法律规定的国家公共行政原则，也包括国民认同的行政伦理道德。在宏观层面上，政府行政目的主要通过某些宪政原则加以规定和表述，譬如，政府为国民服务，政府保障国民的生命、财产安全，政府维护社会公共秩序等等。在微观层面上，政府行政目的则主要表现为特定的公共政策的目的。在实际过程中，行政目的引导行政职能，即为了实现行政目的而相应设定行政职能，而政府行政目标与行政动机的统一、政策目标与政策效果的统一，构成了政府行政目的的基本考量标准。另外，无论在宏观或微观层面上，与公共行政目的直接相关的国家主导意识形态的改变，都会导致公共行政目的的改变，进而引发公共行政典则规范更新替代。例如，关于财产权和社会主义经济构成的重新界定[1]，使“保护私有财产”成为政府新的价值、政策和行为的典则规范。

（二）公共行政典则规范更新替代与国家的政治议程相联系

公共行政主体机关即狭义的政府，是国家政治上层建筑的构成主体之一。这就注定了公共行政典则规范的提出、确立、否定、重新确立的过程，是各种国家公共权力主体、各种社会行为主体的利益、价值观、力量的复杂的互动过程，并使其成为国家政治议程的一部分。与此相联系，在非初始国家状态下，公共行政典则规范历来可以由任何社会行为主体提出创议，但是，其改变、确立以及因此引发的政府行政制度创新，从来都是由政府主导完成的，在某些条件下，则还需要相关国家公共法权主体的确认。在制度创新的层面上，这意味着公共行政典则规范的更新替代必须进入国家政治议程，进而在互动的过程中获得国家主导政治力量和主导意识形态的认同。然而，在民主宪政国家里，国家的政治议程在制度内和制度外都是国家公共权力主体与各类社会权力主体互动的过程。在此意义上，公共行政典则规范的更新替代要求至少获得主流社会的认同。

（三）公共行政典则规范更新替代与政府的职能相联系

政府的公共行政职能是一个与国家现象同样久远和复杂的问题。自有国家以来，政府职能问题始终是关于政府的基本问题之一，亦是公共行政典则规范的基本范畴之一。在现代国家意义上，政府职能问题

① 《中华人民共和国宪法修正案》(1999)，第十六条。

端启于20世纪30年代西方资本主义世界的经济大危机：凯恩斯的以国家干预为核心的经济理论部分地修正了亚当·斯密基于理性"经济人"假定所提出的自由经济原理："自私的动机、私有的企业、竞争的市场"是自由经济制度的三要素，不断增加国民财富的最佳途径就在于给予经济活动完全的自由，由一只"看不见的手"支配市场，而政府职能规范的基本价值标准，就在于成为一个好的"守夜人"。因此，"管的最少的政府是最好的政府"。罗斯福"新政"借助凯恩斯经济理论，通过大大扩充总统的立法职能、行政职能、经济职能，直接和广泛地介入社会经济生活，由此改变了盎格鲁一撒克逊模式关于政府职能的典则界定，开创了国家强力干预社会经济的先例，并因此结束了强烈放任自由的资本主义时代。洛克腾堡(William E. Leuchtenburg)在评价罗斯福新政的历史作用时精辟地指出："1933年至1938年这六年，标志着美国制度上的剧变。"①

自那时开始，围绕着政府职能问题在多层面上一直存在广泛而尖锐的理论与政策争论。争论大体上沿着发达国家和后发展国家两条轨迹持续变化。在西方，争论发展于60年代的社会正义运动和70年代的经济"滞胀"，丰富于80年代的反传统思潮、改革政府运动和90年代的再造政府运动。在东亚，争论端启于60年代的经济起飞，发展于70年代的经济高速增长，丰富于80年代的"东亚经济奇迹"，修正于90年代的"东亚金融危机"。迄今为止，无论西方或东方国家，争论尚未完结，由此，关于修正、调整、转变政府职能，构成了政府行政改革最重要的诉求之一和公共行政典则规范的焦点问题之一。

(四) 公共行政典则规范更新替代与政府的公共权力相联系

"行政管理的生命线就是权力。"②政府的公共权力涉及每一个公民的一生和社会生活的每一个方面，且具有转化为一定的现实物质形式的潜在可能性，因此，公共权力的合法性、适用对象、运用方式、制衡的合理性和有效性、改变的主体和程序等相关问题，历来为人们所重视，并因此成为公共行政典则规范更新替代的基本范畴之一。

---

① 〔美〕威廉·爱·洛克腾堡：《罗斯福与新政：1932—1940年》(朱鸿恩等译)，商务印书馆1993年版，第4页。

② 〔美〕诺顿·朗：《权力和行政管理》，载〔美〕斯蒂尔曼：《公共行政学》(上册)(李方等译)，中国社会科学出版社1988年版，第211页。

政府的权力是典型的公共权力、政治权力。在现代民主国家里，这种权力以现实力量的对比和历史的连续性为条件，经由民主的程序、法定权力机关的授权以及宪法和有关法律的确认而产生，一经确认，就具有独特的强制力和广泛的约束性。尽管不同国家关于政府公共权力的内涵和外延有不同的理解，又有不同的法律界定，但都十分强调和注重三个要素的交互作用及其平衡，即政府公共权力的合法性、合理性和实际运用的有效性。其中，合法性要求公共权力必须符合宪法和有关法律所规定的范围种类、程序和限度；合理性要求公共行政权力的存在和运用，必须符合国家、民族、国民的利益和有利于社会的发展；运用的有效性要求公共行政权力的操作不仅要正当、合理，而且要行之有效。一般而论，政府公共权力的这三个要素与既定的国家权力结构、制度规范管理方式有着重要和直接的联系，因此，其改变、尤其是重要的改变，通常意味着政府公共行政典则规范的某种更新替代。

（五）公共行政典则规范更新替代与政府的能力相联系

在现代公共行政意义上，政府能力主要指狭义政府即国家行政机关，在既定的国家宪政体制内，通过制定和执行品质优良、积极而有效的公共政策，最大可能地动员、利用、组合、发掘、培植资源，为社会和公众提供广泛而良好的公共物品和公共服务，理性地确立社会普遍遵从的正式规则并积极引导更为广泛的非正式的社会规则，维护社会公正和秩序，形成有效调节社会关系和社会行为的制度及其机制，进而在比较的意义上促进国家快速、均衡、持续、健康发展的能力。有效性是政府能力的核心概念。[①] 对后发展国家而言，政府的“有效性”包括三重涵义：(1) 政府能够形成有利于实现跨越式发展的新思维，确定主导价值标准，在急剧变动的社会环境中辨析诸多关于新公共行政典则规范创议（超前的—滞后的、改革的—守旧的、开放的—闭锁的）的合理性。(2) 政府能够适时、适地提出新的国家公共行政典则规范，并引导、推动包括政府官员在内的社会公众接受和认同，在价值标准整合的基础上实现新、旧公共行政典则规范的更新替代。(3) 政府能够制定和执行实现新公共行政典则规范的公共政策，进而实现新公共行政典

① 张国庆：《行政管理学概论》，北京大学出版社 2000 年版，第 562 页。

则规范的制度转换。

（六）公共行政典则规范更新替代存在制度规范与制度外规范两种形式

后者主要指在实际公共行政管理过程中，与非正式组织现象相联系的广泛存在的两类非正式的规则：其一，具有约定俗成性质的所谓“惯例”，主要指那些虽不见诸文件规定，却在实际公共行政过程中为官员所遵从的某些行为规则。这些规则介于制度规范于非制度规范之间，一般不需要刻意隐瞒其社会效果虽未必有益，却也不一定有害；其二，具有不正当和隐秘性质的制度外规范，主要指制度规范所禁止、社会舆论所反对、职业道德所不容的规则，譬如，权钱交易中的“收人钱财、替人消灾”等，其社会效果一定是有害的。

一般而论，制度外规范之于公共行政典则规范的更新替代是顽固的障碍性因素，而且危害性较大。在某些条件下，基于既得利益的考量或不良习性作祟，制度外规范可能构成政府公共行政典则规范更新替代的直接和主要的抵制力量。因此，制度外规范是影响公共行政典则规范更新替代的重要变量之一。

三、世纪之交中国政府新公共行政典则规范描述

如前所述，在政府行政制度创新的领域里，现实态度——原则立场——政策基础是对应于观念——典则——范式的层级范畴。就当代中国行政改革和行政发展的状况而言，这样界定的政策实践意义在于，关于行政改革和行政发展的政策设计应当在区分改革层次的基础上，准确地把握不同时期改革与发展的主导矛盾，在政策概念上避免混淆改革与发展的阶段性及其主要任务。积二十多年渐进改革之成就，在国家主导意识形态（以经济建设为中心、社会主义市场经济体制、所有制多元化等）的主控之下，中国政府的公共行政典则规范事实上在渐进的过程中已经和正在发生深刻的变化，已经确立了许多新的公共行政典则规范，并以此正在为国家行政范式转换积累条件。然而，政府与社会主流价值理念确认新的公共行政典则规范的互动过程是复杂的、艰巨的和可能存在反复的，其最终确立需要经由更长的历史过程。这就需要从本质与现象、主体与客体、理论与政策、观念与技术、内容与形式、制度与过程，历史与未来相结合的角度，不断厘清、矫正、确认、宣示

如下一些新的公共行政典则规范：

（一）提供制度保障：政府的基本行政职能

鉴于制度短缺与中国跨越式发展之间的矛盾，提供制度保障构成了21世纪初期中国政府新公共行政典则规范的核心内容。一般认为，制度是公共物品，政府是制度的主要提供者。完整的制度是正式的国家公共规则与非正式的社会行为规则交织而成的规则体系及其运行的机制。制度的基本功用就在于确立一个资源的社会分配原则，界定一个竞争保护体制，建立一个足以减少交易费用的法律及其执行的框架。作为政府的基本职能，制度保障包括三重结构：(1) 创造制度环境，主要是国家的以宪法、法律、法规为核心的基础性制度安排。制度环境决定劳动者的工作和交换的意愿，在原始发展动力的意义上决定国家和民族的长久运道，同时直接影响社会的整体效能。在目前国家处于急剧变动、发展的历史时期，政府尤其需要前瞻性地创造新的制度环境。不仅如此，鉴于制度环境直接关系收入预期和公平判断，因此，政府还必须注重制度环境的稳定性。(2) 作出制度安排，即确定支配社会行为和社会关系的新的规则。政府制度安排的合法性、合理性，在根本上取决于既定的安排是否能够为社会成员提供新的合法、合理竞争的方式，并且使多数社会成员获得新的制度收益。为此，诸如普惠制、国民待遇原则、听证制公示制等等，都是具有重要、紧迫意义的制度举措。(3) 实施制度创新。制度创新主要指这样一种主、客观相统一的活动过程：一定的社会主体(组织或个人)由于自身的获利动机或价值理念在既定的支配性、约束性的制度框架内无法得到满足，而提出改变现行制度规范的要求，继而，通过合法的方式、途径、程序改变现行的关系模式和行为模式，实现制度变革，并通过国家法律的形式加以确定。创新是一个民族的灵魂，也是政府的一种职能。作为政府职能的制度创新，其目的集中于在解决制度不均衡基础上，形成强旺的社会性的创新激励机制，从而不断实现国家的发展目标。

（二）依法行政：政府的行政行为准则

依法行政是国家宪政制度存续和发展的核心构件之一。其公共行政的典则要义在于对“游戏规则”的遵从。宽泛而言，依法行政主要是指国家行政机关在与其他国家公共权力主体、社会权力主体(团体与个人)发生关系的过程，必须依据既定的国家法律的条款、原则、精神实施行政行为。换言之，法的规范性、约束性、指导性是依法行政的核心理念，也即“为政遵循法律，不以私意兴作”是依法行政的精髓所在。与此相联系，责任行政是依法行政的题中之意。依法行政之于世纪之交中国公共行政的典则要义，不仅在于是否提出了典范规则，而且在于其是否具有政治和法律的尊严，更在于该典范规则能否得到各级政府及其官员的普遍遵从。这是由三个层面的特殊国情所决定的：远因，与长期的封建专制的历史相联系，国家利益至上、权力大一统思想根深蒂固，政府尚缺乏普遍的民权观念和民主习惯。政府在政治、社会生活领域尊重公民合法的自主选择权尚待努力；中因，数十年的计划经济体制影响深厚，政府中心论及连带的行政裁量权的随意性还经常显现，政府在经济生活领域尊重市场在配置资源方面的基础作用日益具有紧迫性；近因，中国进入了实现第三步发展战略目标的历史关键时期，在尊重和保护公民财产权益的基础上进一步推行“公平竞争”、“等价交换”、“商业信用”等经济生活的规则，对实现新的发展战略目标已经刻不容缓。与此同时，中国加入 WTO 之后，与国际经济接轨并遵守国际经济的规则，已然成为政府无可回避的选择。

（三）民主行政：政府的行政理念基础

民主行政是一切民主宪政体制国家公共行政的理念基础。其核心观点认为，民主价值观和政治伦理规范是一切行政价值的基础。与此相联系，政府有必要不断重申和坚持国家行政的公共属性，进而使公共行政始终是“主权的委托者”。在中国现发展阶段上，民主行政作为新的公共行政典则规范，其典则要义在于：（1）始终以增进人民的福祉为最高宗旨。人民利益高于一切是中国执政党和一切国家机关的最高政治原则。在这方面，政府公共行政典则规范集中到一点：就是要把不断提高国民的生活质量，作为党和政府的根本任务。[①] 同时，政府的公共政策必须顺应民心民意，反映社会的要求，符合公众的利益。（2）始终尽心尽责维护社会正义，最大限度地代表和表达公共利益，始终如一地维护社会的公平、公正、公理、公德。为此，有必要着力训导、培植政府及其官员的超越私利或小团体利益的职业道德观。（3）从历史的经验分析，保证政府以人民的意志为转移的制度机制，在于实现对

① 秦杰：《江泽民参加内蒙古代表团审议时指出不断改善人民生活是制定和实施好“十五”计划的根本出发点》，载《光明日报》2001 年 03 月 06 日。

公共权力的有效的制衡。作为相应的公共政策选择，有必要启动和进一步完善以执政党、国家公共权力主体、新闻媒体为主的体制内监督工程。(4) 通过有效的制度安排，实现国民实质性参与政府公共政策和行政管理的过程。国民参与是保障行政民主的根本途径，为此，除国家保密法明示规定外，有必要实行开放式的政府政务议程，反对任何以效率、成本、专业、安全等为借口实行行政集权、行政垄断甚至行政专权(横)。

(四) 有效性：政府的主要绩效考量标准

政府的有效性是一个与国家的发展状况紧密相联的问题：在国与国巨大发展反差的背后，政府的有效性无疑是决定性因素之一，换言之，如果没有有效的政府，国家的经济和社会的可持续发展是不可能的。政府的有效性又是一个与政府的能力紧密相联的问题。它是一个以政府的公信力和公共权威为基础，包括了政府的势能、动能和潜能的综合概念，主要指政府运用自身特有的能力，推动集体行动、提供公共物品以满足社会需求的结果及其程度。[①] 问题在于，政府的有效性是一种黑箱系统，人们并不能直观其内部的结构、机制以及高低、强弱，而必须通过观察政府的公共政策选择及其社会效应才能作出客观判断。这样，公共政策和公共管理的有效性就成了考量政府的主要实践标准，并在价值标准意义上构成了政府公共行政典则规范。

实践证明，中国政府是“强政府”，即坚定的现代化政治领导集团及其领导下的强大且具卓越能力的政府。“强政府”与中国国家主导意识形态相一致，是公共政策选择的结果，亦是一种制度安排，它构成了中国现阶段推进国家现代化的体制特征。与此相联系，中国现代化的发展模式是典型的政府主导型的经济发展模式，表现为政府从一开始就掌握着国民经济的“制高点”，控制着主要的政治资源，并因此居于经济发展的中心地位。因此，政府关于国家现代化的发展道路、发展模式、发展战略问题的理念、原则以及与之相一致的公共政策选择，包括激活和强化社会发展原始动力、筹谋和制定经济发展战略、培植和扩展统一市场、扶持和推动企业进步等等，事实上构成了影响、制约甚至决定国家发展成就的关键性因素。迄今为止，通过本国经济二十多年爆发、跨

---

① 世界银行：《变革世界中的政府——1997 年世界发展报告》(蔡秋生等译)，中国财政经济出版社 1997 年版，第 1—3 页。

越式的高速增长，中国政府的有效性一再得到了证明。

然而，“东亚金融危机”从全景视角向具有体制和政策同构性、近似性的中国政府提出了一个值得深思、令人警醒的问题，即政府的有效的主导和控制力并不是与生俱来、长盛不衰的。这有三层含义：首先，非均衡发展模式在一定时期的确可以取得最辉煌的经济成就，但同时也可能蕴含着一些重大的问题；其次，在经济高速增长时期特有的繁荣及其相应的普遍乐观情绪的作用下，政府公共政策滞后、失误以及缺乏足够的前瞻性，政府公共行政能力走低、弱化以及缺乏足够的坚定性所造成的问题，在体制内极易被忽视甚至被有意掩盖；复次，随着国家经济规模的急剧扩张和经济发展内涵的丰富化，以及日益融入世界经济体系，政府难以避免地面临更大的挑战。这时，唯有改变旧的价值观念、旧的思维和行为方式，确立新的公共行政典则规范，实现公共管理人才的“升级换代”，并借助、组合、催生多种可能的力量，才可能把“蛋糕”做大，把“游戏”继续下去。

Establishing the Criteria for Public Administration*

——An Evaluation of Chinese Government in the New Era

During the past century, China has experienced a series of significant historical events, namely, the initiation of the "third-stride" developmental strategy (Standing Committee of the National People's Congress of People's Republic of China, 2001), the Gross National Product (GNP) surpassing a trillion, successfully bidding for the 2008 Olympic Games, and joining the World Trade Organization

* 原文发表于美国的 *Chinese Public Administration Review*, Vol. 1, No. 3/4, July/December 2002。

(WTO). All indicate that China has entered a new historic era and is proceeding towards modernization. This new era will see comprehensive development in China, which includes profound and innovative institutional changes. The changes in governmental administration will be vital at this stage as administrative organizations are vastly different in power, decision-making, responsibility, and behavior. The Chinese government has implemented a long-term economic development program, relying on the developmental style of "government-domination" for more than 20 years. China's gradual reform strategy of "crossing the river by feeling the stones under the feet" and long-term economic development under governmental domination require that Chinese administration play a "dual" role: one role as the direct object of the country's great innovation and development, and another as its forerunner and leader. The Chinese administrative system must, therefore, fluctuate dynamically between administrative deve-lopment and development administration.

The Chinese government, however, faces unprecedented difficulties in implementing its public administration. As for public policy, a first challenge for the Chinese government is to choose and determine the criteria for public administration in China under changing circumstances.

Administrative criteria mainly refer to basic value standards and behavioral norms of government administration, i. e. the country's administrative system. Then comes governmental function, decision-making, and the implementation of public policies, supported by a set of fundamental categories: political principles, managerial ideas, behavioral manners, and moral boundaries. Regarding administrative criteria, essentially the public value standards of society are relatively stable in the democratic countries, and are integrated into the country's ideology by various kinds of public and social power instrumentalities, including administrative institutions. The value of these criteria lies in rectifying, prompting, restricting, and correcting the administrative behavior of government and providing basic values, which orient administrative reforms and developmental administration. These criteria are usually recorded in public documents, principally the laws and statutes of the country.

Though administrative criteria are the legal forms of administrative conception, administrative conception may not necessarily translate into administrative criteria. As described above, administrative criteria, as part of the country's ideology, directly behave as a standard system of public values validated by legal bodies and legal procedures. Administrative conceptions, on the other hand, are those value stan-dards that have not been validated by legal public power, even though they have been partly accepted by government. Theoretically, criteria are close to norms, and conceptions are still close to ideas and theories (Waldo, 1968). Conceptions, therefore, combine theory with rea-lity, induction and deduction, and unify ideas and actions. They include elements of justice, reason, feasibility, and efficiency, and apply universal and particular circumstances.

Universal ideas have dominated throughout the history of Chinese political culture. For instance, "zheng da guang ming" (justice and honor), "tian xia wei gong" (the whole world as one community), "ming zheng yan shun" (right title and proper words), "shi chu you ming" (a good reason for waging a war). Such ideas about public will, public reputation, public organs, and public rights, are still prized as the spirit of the Chinese people. These ideas constitute the fundamental value for behavior for the Chinese government and its executives in these new times. On the other hand, ideas are related tightly with historic conditions, i. e. different periods of history and different stages of development always bring out different administrative ideas. As far as public management of the Chinese government is concerned, these crucial ideas include institutional guarantees, legal administration, democratic administration, administrative validity (Zhang Guoqing, 2002), as well as regular administration, credit administration, civil administration, professional administration, and developmental administration, all of which I will explore in this paper. Some of the ideas above have been identified as criteria for public administration of the Chinese government, while others still need to be affirmed by Chinese agencies.

Regular Administration: Institutional Basis of Chinese Public Management in the New Era

Theoretically speaking, government regulations can be regarded as public rules. To some extent, public rules mean institutions and laws, which coincide with the soul of the country and administration. In order to sustain development in the new era and foster changes in international and domestic conditions within China, the Chinese government should convey the notion that rules are paramount. This should be done through effective institutional arrangements and public policies embodying the country's dominant ideology. Public rules consist of market rules in the economy, rules on social behavior applied to corporations and individuals, and political rules that restrict public institutions. Under modern democratic conditions, the country's administration has never been considered the sole body responsible for the enactment and execution of public rules; moreover, the validity of public rules enacted by administration institutionally requires deliberation and validation by the highest body in the system of public power. But the administration still takes responsibility for enacting and executing public rules because it has the legal status as a public body above others. Therefore, it assumes indispensable governmental functions in China's modernization, and its public policies profoundly affect the development of the country and the society. Within this new era, public rules of the Chinese government should have the following elements:

Validity

As the basis of public rules for every government, validity implies that administrative codes and public policies must accord with the principles, spirit and rules of the law (content), their generation must accord with legal proceedings (form), and administrative rules must reflect the common desires and fundamental interests of all. First of all, on the question of increasing citizen obligation or limiting civil rights, it is essential that public policies comply with the laws of the country, especially with the constitution. Moreover, it is imperative to install effective institutional arrangements that prevent individuals from circumventing administrative rules and regulations, which has proven to be a recurrent theme. Thus, the validity of the rules government establishes is an important component of constructing and maintaining the country's institutions.

Universality

Public rules of the government should be applied to all social bodies, the only exceptions of which are clearly statutory. In this case, the principles of the World Trade Organization such as non-discrimination, fair citizen treatment, free trade, fair trade, third-part arbitration, reasonable protection, and so on, should be incorporated as important administrative principles of the Chinese government in these new times. Other administrative ideas, like "the public interest is paramount," "the private property sacrosanct," "equality for everyone in front of laws," "equal benefit," "open policy," should also be identified as public administrative criteria.

Publicity

Rules of government, including rules about administering government, are public information, which should be disseminated to the public in time by way of mass communication. Theoretically speaking, the only exception to publicity pertains to special information protected by the country's law of secrecy. Through public information of public management, not only are citizens able to join discussion of public affairs and effectively supervise government, but the cost of "rent-seeking" is also increased, thereby improving the country's political integrity (Angang, 2000, p. 103). On the other hand, according to legal principles governmental policies that have not been published cannot be considered law.

Stability

Public rules generally surface after a period of gestation, remaining stable once publicized. However, conflicts occur alongside rapid development in this first modernization effort in China, and will challenge policy making in the Chinese government. Dilemmas are readily apparent in the following areas: equity and efficiency; economic development and natural environment; humanistic development; international rules and historic Chinese culture; tradition; domestic conditions; centralized political power and market economic power; national, local, and private interest; and Southeast regions and Midwest regions. The Chinese government must continue adjusting public policies to changing realities. Yet, there is also the concern that the Chinese government further requires constant propaganda and the enforcement of public policies and the dominant ideology in order to accomplish the target of national development under the principle of constant "keeping amid changes." Therefore, adhering to public policies for the sake of their stability and continuity is another form of normalcy in public policy. The estimation of two kinds of normalcy discussed above rests on the valuation and judgment of reality, interaction forms of Chinese government as decision-making parts.

Credit Administration: Behavioral Rules of Public Management of Chinese Government in the New Era

Credit administration assumes that government should advance and execute public policies identified and supported by the public. The government's credit, the core of credit administration, is based on whether the government's public rules conform to public interest, public benefit, and public morals. It is imperative that these rules be accepted and maintained consciously. The government's credit combines with the public power the government holds, as the government could formulate and execute public policies without public power. Public credit has nothing to do with power politics. It does, however, have a direct relationship with public authority. Under a democracy, public credit is not only the core of credit administration, but also the basis of public authority.

"No credit, no respect" is an important Chinese tenet regarding state government. It proves to be consistent with the ideas of "benevolence, justice, courtesy, wisdom, credit" which have also been identified as supreme ethics to civilize the public, especially officials and even emperors. This is a moral tradition of cultivating these officials or scholars. Unfortunately, such tradition had resulted in destructive outcomes, which culminated in the Cultural Revolution. This tradition has been further undermined by contemporary mammonism associated with Chinese market economy. This is one of the reasons for the current credit crisis in China. In order to cultivate a sustained and socially balanced development strategy, the Chinese credit system must be reconstructed.

The credit system of society consists of different levels of subsystems, which include commercial credit, educational credit, individual credit, and state credit. In this institutional framework of social credit, state credit (government credit) is the foundation, and it is decided by Chinese cultural tradition and political institutions. In the political power structure of the state, ministerial parties—assured by the constitution—dominate and practically decide public policies. In the system of state government, the government widely takes on the public functions of promoting the national economy, stabilizing the social orders, and improving people's standard of living. In the social system of value standards, the government usually occupies the active and powerful status of having control over one's ideology, which profoundly influences traditional values such as "officer standard." In this new era of China, reconstructing the social credit system must begin with building up the public credit system within the state (government) credit system, gradually establishing and solidifying the whole social credit system upon which promoting state modernization depends. Constructing credit administration is also one of the political responsibilities of the Chinese government in the new era.

Actually, some serious credit crises have manifested at all levels of Chinese government, especially in some local governments. These crises include the following:

1) In some places, important indexes and statistical data of economic and social development heavily have lost consistency with the facts, and are often fabricated.

2) Some local governments often make arbitrary decisions, informed only by official political positions; many decisions have never been implemented; performance often falls short of scheduled targets; and there is much public dissatisfaction with government performance.

3) Because of frequent redeployment of key personnel, there is often a break in the credit of some local governments. This is caused by such approaches as "new officers don't pay old debts." These breaks engender governmental credit loss in eyes of the public.

4) Some local governments improperly intervene in the local economy, vouch for enterprises with public funds, or set up "impact projects" ignoring local financial capacity, all of which have indirectly resulted in local government and even violating court orders.

5) Some departments of local governments has lost their honesty and credit to departmental interests, and debased the whole credit image of the government.

6) Some local governments defy the central government's policies, carry out local protectionism, and condone and even encourage, illegal and irregular behaviors. Government, as a whole, has lost its credit before the public (Yu, 2002). In reference to this question of credit in China, Premier Zhu Rongji spoke out, announcing that of-

ficers should abide by morality and rules, and not false accounts (Jie, 2001). Scholars directly point out, "the construction of a credit system should first begin with governments themselves"(Furen, 2001; p. 9). These questions have aroused the serious reflection by the Central Government (Gang, 2002), as well as some local governments, such as the Zhejiang provincial government (Hongjun, 2002) and the Beijing city government (Wei and Aimin, 2002). These go-vernments have, therefore, begun to establish relevant public policies that will address existing credit problems.

Civil Administration: The Ideology of Public Management of Chinese Government in the New Era

If "yi ren wei ben" (people-oriented) can be thought of as a basic political idea, civil administration would be the application of this idea in public administration. In the whole course of Chinese civilized history, even though feudal emperors did not have genuine democratic notions about God-given human rights and equality, "yi min wei ben" was always a central precept for state management and stable governance. Such ideas as "civilian heaviest, state heavier, and emperor lightest" (Mencius, 1962), have influenced rulers across the dynasties. They did have different interpretations of the "yi rain wei ben" idea at different times, and these should be a valuable historic heritage for Chinese public administration in these modem times. Of course, it also needs a new and more relevant definition.

Good governance is fundamental to state management, and every government of a democratic country values it as a supreme administrative idea. Even in the age of feudalism, it was understood that good administration was the root of peace and order. Good administration, when it successfully combines theory and practice, understands that public interest is the starting point and destination of all public policies. In practice, government can neither attain legitimacy, nor sustain development, until it dispenses good governance.

As a classical theory of public administration, the idea of good governance has taken on numerous meanings, the differences among which are based on the era and country. In China, for example, "serving the public," "yi de zhi guo" (governing the country by ethics) (Jie *et al.*, 2001), can be regarded as a form of good governance. Under modem democracy, even though government promotes good governance expressly for political reasons, i. e. to serve its interests, good administration is a kind of basic public value standard for government officials. Good administration has interrelated premises. They are as follows:

(1) National interest is paramount. Operating on the democratic theory of "people's sovereignty," the government, bound by political rules that are essentially contained within the constitution, takes the responsibility for serving the public. Therefore, civil interest should be the springboard for all public policies of government: Group or sector interests must be secondary.

(2) The public will is paramount. Likewise, administration is one of institutional rules. Also, based on the democratic political theory of "people's sovereignty," the government, under representative democracy, must conform to the public will and be supervised directly or indirectly by the public. This is ensured institutionally in the form of general elections, the tenure principle, balance of power, and so on. Therefore, the most important value standard for measuring whether public policy coincides with good governance is whether it reflects the will of people and benefits the people. According to this standard, the obligation of the Chinese government in the new era is to continue its economic expansion. It is further imperative to maintain social equity and justice. Apparently wasteful "impact projects," and a deceitful "numeral economy," do not belong to good governance.

Professional Administration: Human Resource Security of Chinese Government in Public Management in the New Era

In the interest of Chinese modernization, it is necessary for the government to honor professional administration, which will quicken the development of Chinese society. This ultimately encompasses the following:

1) From a theoretical perspective, professional administration encompasses professional elites, thoughts, theories, methods, and techniques that help to improve the quality of public policies, and increase the efficiency and effectiveness of public administration. On the one hand, governmental management faces the challenge of resolving conflicts between traditional managerial ideas, thoughts, principles, functions, institutions, methods, and measures. While on the other hand, management must resolve conflicts between the market economy and social development. The conflict is so prominent that the government is likely to impede economic development. It must, therefore, expedite self-reform by reconsidering and reconstructing administrative criteria, and enhance its ability to enact and execute public policies. China's future is dependent upon modernization. Throughout the course of modernization, China has widely participated in international communication and exchange, which in turn has resulted in scientific activities, maximum substance manufacture, and diversified social life for China. Complexities in science and substance manufacture have ensued from these developments, and so have an increase in public affairs and lawful activities (Aberbach et al., 1981). Furthermore, problems have emerged regarding public management. That is, "Because of the government's tasks increasingly complex in quality and broader in range, it needs for more skilled persons" (Stillman, 1980, p. 330). In view of international experience and Chinese public administrative practice, it is apparent that profes-

sional administration is a priority in public policy in order to continuously raise the level of governmental public management under the circumstance of rapid change.

2) The range of professional administration. Professional administration personnel: (a) They span an explicit professional range; (b) they usually receive higher education, having attained not less than a bachelor's degree; (c) they hold a life-time occupation. (Mosher, 1968, p. 336). Professional administration means raising the quality of civil servants. Since the establishment of the temporary regulations of civil servant in 1993, the standardized management of civil servants has seen great progress. There are, however, many areas in theory and policy in need of urgent resolution, such as job security, the process of examination and selection, motivation, performance evaluation, and promotion. As a matter of fact, as early as 20 years ago, the Chinese government had mapped out its strategy of searching for talents on the bases of "knowledge, youth, specialization" (Deng, 1980, p. 320). Throughout the course of this new historic time, the specialization of public management officers has become more indispensable. The Chinese government has a relatively clear recognition of the demands for professional public management. Currently, China is "building a highly-qualified team of professional administrative officers" (Peng, 1998, p. 373). The Chinese government has started education for Master of Public Administration (MPA). In addition it has commissioned influential domestic and international universities to train senior civil servants (Zujun, 2002), established schools of government or public management in universities (Tao, 2001), and carried out the policy of publicly testing and selecting public management officers. Despite the enormous number of civil servants in China, the Chinese government has not kept pace with the process of modernization thus far, especially when one takes into consideration those local governments below the province level. The task of professional administration is still heavy, and requires that the Chinese government actively and resolutely impact profes-

sional civil servants by every possible means.

3) Professional administration and specialists. For professional administration, China must attract experts willing to serve in the government. China needs large numbers of specialists holding certain types of professional knowledge, and talented individuals possessing administrative acumen. Ideally, these individuals would serve the government by tenure or contract, and not under the condition of lifetime occupation. A remaining concern for public policy, however, is how to avoid tension among the experts.

Developmental Administration: Dynamic Source of Public Management of Chinese Government in the New Era

Keeping in step with world development, China will address three realities more pointedly in the new era: (1) Development and change happen rapidly. Thus, there are a plethora of new phenomena, new techniques, new discoveries, new inventions, new products, new thoughts, new theories, and new fortune. And, consequently, there are numbers of new questions. (2) There is a condition of uncertainty. People have no control over the consequences of many things. For example, how does cloning impact on human ethics and human reproduction? Or, what are the long-term effects of transgenic diets on people's health? (3) The connections among things tend to become more complicated. Abounding now are nonlinear relations, along with the sharp increase in human activities. Faced with new challenges, the Chinese government is required to solidify its administrative spirits and accomplish historic tasks on the basis of a strong sense of obligation and mission. Administrative spirit is a value embodying the idealistic accomplishment of government and officers towards the performance of official duties. It reflects a commitment to professional ethics and self-discipline. Governmental officers that fulfill obligations and share responsibility for the nation's well-being comprise a government possessing administrative spirit. The Chinese government are facing more and more challenges in this new era. China is in need of an administrative spirit that will engender innovative development.

In the pursuit of development, the government and its officers must possess intense job motivation and a spirit of sacrifice. This is the essence of administrative spirit. Given the complexity of Chinese politics, its economy and society, it is important for the Chinese government in these new times to pursue development and move forward. Nevertheless, China is simultaneously living through the violent shocks resulted from institutional transitions, and it has paid dearly for this transition. Among these is a lack of social equity; [according to international standards, China has joined the ranks of countries with very unbalanced earnings, with a Gini Ratio over 0.45 (Tingting, 2002)]. Problems include a worsening environment (Ying and Tinggang, 2001a, 2001b) and confused economic orders (*State Department of People's Republic of China*, 2001). Proven to be somewhat endemic to the process of development, these circumstances may be inevitable a notion that Samuel E Huntington has described (1968). The uniformity of society becomes increasingly formidable, and Chinese public management has come into the dual-stage where internal and external processes are simultaneously impinging on it (Jun, 2000). This is the case especially as the Chinese government has entered the World Trade Organization and is roundly re-entering the mainstream of international community. All these demand that the Chinese government consider the new situation and, with alacrity, pursue further institutional innovations and push "explorative tasks" (Louise, 1955, pp. 515, 520). Only then can China successfully consolidate a valid base for governance, and intensify the country's comparative advantage and capacity to compete (Yifu et al., 1999). And with this, it can finally take up the undertaking of national revival in the new age of information and globalization.

Conclusion

Challenges and opportunities coexist in China in this new century. As far as the matters of choosing a developmental strategy at this stage, a "government-dominated" style of economic development is the reasonable choice. The state will go on to implement macroscopic adjustment and control; consequently the functional transition of government and market will be actualized in the process of gradual reforms, a typical Chinese style. In this sense, Chinese governmental reform is still the biggest historic challenge in the development of Chinese society and economy in the new age (Zhang, 1994). On the other hand, reconsidering and reconstructing the national ideology, China has selected the market economic system, and has clearly applied market ' principles on resource configuration (Communist Party of China Central Committee, 1993). The continuous advance of the market economy is another important reason why Chinese governmental reform is presently the most significant challenge. Consequently, the success or failure of governmental reforms, to a large extent, rests upon whether the Chinese government has the will and the capability to adopt the nation's criteria of public administration in the following areas: institutional administration, legal administration, democratic administration, effective administration, regular administration, credit administration, civil administration, professional administration, and development administration.

References

Aberbach, Joel, Robert Putnam, and Bert Rochman, 1981. *Two Kinds of Persons: Bureaucrats and Politicians*, (Tao Yuanhua, tr., 1990). Beijing: Qiushi Press.

Angang, Hu, 2000. *"Key of Preventing Corruption Effectively is to Start With Institutions." Reform*, No. 6.

Communist Party of China Central Committee, 1993. *"The Communist Party of*

China Central Committee's Determination About Some Questions in Establishing Socialistic Market Economy System." *People Daily* (November 15).

Deng, Xiaoping, 1980. "*Carrying Out Adjustment Policy, Ensuring Stability and Solidity.*" *Selected Works of Deng Xiaoping* (1983). Beijing: People Press.

Furen, Dong, 2001. "*Building Credit Institution and Credit System Should Begin With Government*".

Gang, Fu, 2002. "How Much Does Credit Value?" http://www.sohu.com (April 17).

Hongjun, Bao, 2002. "*Constructing 'Credit Government,' Vice Governor of Zhejiang Province Lu Zushan Says.*" http://www.people.com.cn (April 25).

Huntington, Samuel E, 1968. *Political Order in Changing Societies*, (Wang Guanhuang, tr., 1989). Beijing: Sanlian Bookstore.

Jie, Qin, Liu Zhenyin, and Wu Weizheng, 2001. "*National Meeting of Propaganda Ministers Convokes In Beijing, Jiang Zemin Discusses With Attendance and Makes Important Address, Li Lanqing Attends Discussion.*" *People Daily* (January 11).

Jie, Sun, 2001. "*Zhu Rongji Seeing About Beijing Accounting College.*" *Xinhua News Agency*, (October 29).

Jun, Zeng, 2000. "*Dual-Dynamics of Administrative Development.*" *Beijing Daily* (November 20).

Louise, Arthur W., 1955. *Theory of Economic Rise* (Liang Xiaomin, tr., 1994). Shanghai:

Shanghai Sanlian Bookstore, Shanghai People Press.

Mencius, 1962. "*Jin Xin Xia*," Yang Bojun, Mencius Translation and Annotation, Beijing: China Press.

Mosher, Fredrick C., 1968. "Professional Country." In Stillman, Richard J., Public Administration, translated by (Li Fang, tr., 1988). Beijing: China Social Science Press.

Peng, Li, 1998. "*Government Work Report.*" Gazette of State Department of People's Republic of China, No. 8.

Standing Committee of the National People's Congress of People's Republic of China, 2001. *People's Republic of China's Summary of the Third Five-Year Plan of National Economic and Social Development*, Gazette of Standing Committee of the National People's Congress of People's Republic of China, No. 3.

State Department' of People's Republic of China, 2001. "*State Department's De-*

termination of Neatening and Regulating Order of Market Economy." Gazette of State Department of People's Republic of China, No. 18.

Stillman, Richard J., 1980. "*Main Decision-Makers of Public Administration: Theory of Professional Country*," Public Administration (Li Fang, tr., 1988). Beijing: China Social Science Press.

Tao, Jiang, 2001. "Chinese First School of Government Comes into Existence in Peking University." http://www.people.com.cn, (December 22).

Tingting, Chu, 2002. "*China Steps into Range of Countries of Unbalanced Earnings.*" http://www.people.com,cn (May 10).

Waldo, Dwight, 1968. "*Research of Public Administration*," Richard J. Stillman, Public Administration (Li Fang, tr., 1988). Beijing: Chinese Social Science Press.

Wei, Wang and He Aimin, 2002. "*Beijing Government* 15 *Departments Jointly Build Credit System.*" http://www.Xinhua.com (March 28).

Yifu, Lin, Cai Fang, and Li Zhou, 1999. *Chinese Miracle: Developmental Strategy and Economic Reform.* Shanghai: Shanghai Sanlian Bookstore, Shanghai People Press.

Ying, Lin and Xu Tinggang, 2001a. "*Trend of Rising Ecodoom Continues*," *Guangming Daily* (June 6).

____, 2001b. "Director of Nation Environmental Bureau Says: Chinese Environmental Situation in Austerity," Xinhua News Agency (March 26).

Yu, Ding, 2002. "Answering for Entry into WTO, Reshaping Governmental Credit Becomes Urgent." http://www.china.com.cn (March 12).

Zhang, Guoqing, 1994. *Reform Theories of Administrative System in Modern China*, Changchun: Jilin University Press.

____, 2000. *Theory of Public Administration* 2rd edition, Beijing: Peking University Press.

____, 2002. "*Renovation of Public Administrative Criteria and Innovation of Governmental Administrative System.*" *Journal of Fudan University*, No. 2.

Zujun, Yuan, 2002. "*Harvard University Will Train* 60 *Local and Central Officers for Chinese Government Every Year*," *Beijing Youth Newspaper* (January 18).

21世纪初中国行政改革的十大关系及政策选择*

随着“新三步”国家发展目标的提出①，中国现代化进程进入新的加速发展时期。基于中国的“政府主导型”经济发展模式的特征，新的中国国家发展战略的实现，事实上要求中国政府适时全面启动和推进国家行政体制创新工程，进而为经济和社会的进一步发展创造必不可少的制度和政策条件。为此，厘清和解析那些制约中国政府行政改革的最重要的变量及其相互关系问题，进而形成21世纪初期中国政府

---

* 原文发表于《中山大学学报》2001年第6期。

① 江泽民：《高举邓小平理论伟大旗帜，把建设有中国特色社会主义事业全面推向二十一世纪》，1997年9月12日。

行政改革的系统的政策理念和政策思想，构成了中国政府进一步行政改革的前提条件之一。概括地说，制约中国政府行政改革的最重要的变量及其相互关系主要集中在十个方面，并衍生出了相应的宏观公共政策选择问题。本文试图对此作出描述和阐释。

一、行政改革理论规范与行政改革政策阐释的关系

在本质上，这一关系从属于“知”与“行”的关系。回顾新中国成立以来中国历次行政机构改革的历程不难了解，中国政府行政改革基本上不经由开放式的理论研讨和酝酿，而是通过半封闭的自上而下的政策指令方式完成的。尽管，用以指导政府行政改革的政策文件不乏理论阐释，政策亦可以理解为是理论的一种特殊的存在和表现形式。但是，政策不是理论，也不能代替理论，二者毕竟分属于不同的范畴，毕竟不能互换。

1. 立意和目的不同

从根本上说，政策分析是一项“实践的”而不是“科学的”工作①，理论则基本上是一项“科学的”工作而不是“实践的”的工作。理论更多地在于追求真实、客观、合理、公正，政策则可能更多地顾及现实利益的综合平衡，价值诉求的现实性、可行性、时效性，以及成本——收益计算等等政策标准。由此产生对同一问题的不同观点是经常的。

2. 存在形式和社会功效不同

由于立意和目的不同，政府行政改革的理论的存在形式必定是多元化的、争鸣式的、扩散性的，而政策则必定是唯一的、权威式的、约束性的。前者的意义在于启迪、影响和提供选择，因此，其常态是抽象的、原则的、应然的、超前的；后者的作用则在于综合、抉择和建立规范，因此，其常态是明确的、具体的、实然的、现实的。问题在于，如果长期没有以广泛而深厚的理论底蕴为基础，政府行政改革其实很难形成有效的可供选择的方案，而缺乏选择或者唯一的选择在多数条件下很可能存在某些政策盲区。

---

① 〔以〕叶海卡·德罗尔：《逆境中的政策制定》（王满传等译），上海远东出版社 1996 年版，第 135—136 页。

3. 传播范围和约束对象不同

理论在本质上是人类思想的较具稳定形态和系统性的外在表现形式之一，特定的理论则是特定人类思想的较具稳定形态和系统性的外在表现形式。在一般意义上，理论可以传播于全社会，但却不能约束任何社会成员。政策则不同，在通常情况下，既定的政策是政策制定系统在交互作用的过程中，认同和接受某种理论，同时综合研判某种客观情势所制定的具有公共权威的行为规则或规范，其适用范围和约束对象因此是具体和明确的。

概括地看，中国政府行政改革的理论论争和论证的不足，直接导致了关于中国政府行政改革的公共政策选择的局限性，造成了滞后、缺失、乏力、错位、反复等许多改革不良现象，并在一定意义上诱发了诸如机构改革形成恶性循环、政府公务员队伍缺乏必要的稳定性以及普遍素质提高缓慢、政府政策缺乏必要的连续性等一系列的消极后果。中国改革开放的实践经验一再证明，思想理论的突破是政策突破的前提。据此，在进入 21 世纪的时候，中国政府有必要转向开放式的改革思维，进而在丰富、深厚、活跃的理论氛围的基础上，形成广泛的政府行政改革的政策选择。

二、行政改革基本价值标准与行政改革政策选择的关系

这种关系主要表现为，政府行政改革政策的选择过程就是不断重新审视和确认政府价值观的过程。一般而论，价值观是一定的社会主体关于事物的好与坏、对与错、是与非的固化或具有相对稳定性的、不依具体情况的改变而转移的偏好。但是，由于大的客观情势的变化，价值观也是会改变，亦一定存在多样性。这就产生了所谓价值确定或价值标准选择的问题，包括价值标准、价值规范、价值创造、价值整合、价值对抗、价值假定、价值分析、价值判断、价值取向、价值分配等等。价值问题与利益问题一样，都是公共政策分析中最重要、亦是分歧最多的基本问题。与此相联系，价值确定或价值标准选择相应构成了中国政府在国家快速发展的动态过程制定行政改革政策的基础性的工作。从现阶段中国国家发展战略的价值取向来看，中国政府行政改革的基本价值标准除了巩固和拓展市场经济体制、实现国家行政管理制度创新、

有效提升政府公共行政能力外[①]，至少还应当包括另两个要项：

第一，国民利益至上。在一定意义上，国民利益等同于公共利益。国民利益着眼于社会或全体国民的利益，而不是部分公民或公民团体、族群、集团的共同利益。国民利益之于中国政府行政改革的基本价值标准的意义在于：国民利益是政府的根本宗旨和一切行政行为的出发点。因此，有必要在基本层面上区分两类性质不同的管理，即基于国民利益的公共行政管理与以产权私有为基础的企业管理的根本性区别，进而强调政府行政改革的公共性质——公共目的、公共利益、公共权力、公共义务、公共责任、公共行为等等，并且在任何条件下都不应当改变、淡化、忽视国民利益。与此相联系，判断政府行政改革成败的基本标准之一，在于改革是否不断和最终为全体国民带来了实际利益，并以国民生活质量作为判断政府政策有效性、合理性的根本性的价值标准之一。

第二，社会正义、公平至重。政府是人类为使自身得以通过社会契约延续下去而制造的公共组织。为了使政府获得更为充分的公众形象与权威性、合法性，人们进一步在理念和宪法的层次上赋予了政府伸张社会正义的职能。在此意义上，始终不渝地履行伸张社会正义、维护社会公平的职能，构成了中国政府行政改革的基本价值标准。在这方面，中国政府的任务艰巨而复杂。这是因为，"效率优先、兼顾公平"的发展原则，的确产生了举世瞩目的巨大经济成就，但同时亦导致了国民财富社会性分配差距前所未有地扩大。资料显示，中国国民财富社会性分配的差距广泛表现在国民贫富差距、社会族群差距、城乡差距、地区差距、行业差距等基本面上。中国基尼系数已经扩大为0.456，并且存在进一步扩大的趋势[②]。这不能不引起人们对政府职能的再思考，进而提出政府行政改革的基本价值标准问题。

三、行政典范革命与转变行政观念的关系

典范亦称范式或典则规范。在科学的意义上，典范是人们用以看

---

① 张国庆：《试论我国政府改革的基本价值选择》，载《中国人民大学学报》1999年第4期。

② 《中国社会关注居民收入差距越来越大问题》，载《华声报》2000年8月7日。

待、阐释和说明某一类现实世界的最重要的观点、理念和价值判断标准，它决定人们的行动方向。① 典范属于观念的范畴，但不是具体的、直观的、可视的、描述性的观念，而是抽象的、间接的、认知的、定义性的观念。典范革命则是指基于客观世界的重大或深刻的变化，重新审视和改变过去指导人们行动的价值取向的正当性、合理性、必然性，在更新理念的基础上重新构建理论规范，并以新的理论规范作为寻求新的行动方向的价值基础。在典范革命的意义上，中国政府行政改革的基本任务，不在于一般性地转变行政观念或转变一般性的行政观念，而在于站在中国现代化及其相应正在经历的制度变迁的高度，重新研判和确立关于政府公共行政的理论典则和行动规范。其典范革命的的基本要义，在于重新确认关于中国政府的行政原理，进而在新的历史条件下逐步形成中国政府的新的行政范式。从发展趋势看，中国政府行政改革需要进一步确认这样一些理论典则。

1. 政府的基本职能在于通过制度创新提供制度保障

在中国，现阶段制度及制度创新的关键性作用，在于通过国家意识形态主导的具有公共权威的“游戏规则”和政府公共政策的有效运用，不断界定和明晰产权，借以大大降低交易费用，形成社会性的创新激励机制，不断实现有效率的经济组织对无效率经济组织的替换，从而有效解决制度不均衡的问题。在这方面，导致政府行政改革“政策失败”的最大的潜在威胁，在于国家意识形态的刚性、国家领导集团的价值偏好、政府官僚群体的惰性、集团利益的抵制以及社会科学知识的局限性等。②

2. 政府公共行政是规范行政

其典则意义在于：(1) 政府存在难以克服的缺陷，因而不是万能的。这不仅因为作为自然人的政府官员一如公共选择理论所认定的那样具有“经济人”的一切天性，而且因为一如阿罗不可能定律所描述的

---

① Thomas S. Kuhn, *The Structure of Scientific Revolutions*, Chicago: University of Chicago Press 1962, Chapter One;〔美〕塞缪尔·亨廷顿:《文明的冲突与世界秩序的重建》(周琪等译)，新华出版社 1999 年版，第 5 页。

② 参见林毅夫:《关于制度创新的经济学理论：诱致性变迁与强制性变迁》，载 R.科斯、A.阿尔钦、D.诺思等:《财产权利与制度变迁——产权学派与新制度学派译文集》，上海三联书店，上海人民出版社 1996 年版，第 379—400 页。

那样，政府组织无法总是保证其效率。[1] 因此，政府基本的经济职能规范集中于维护市场对资源的基础配置作用。(2) 政府的公共权力不是无限的。政府在法理和法律都属于典型的“他建立”而不是“自建立”。因此，政府的公共行政行为不仅应当讲求“事出有因”，而且应当讲求“言之有理”，更应当遵守“行之有据”。为此，有必要改变权威主义公共权力体制的某些“强权”的特征，有效解决“行政过度”问题。

3. 政府公共行政是责任行政

政府的独特属性，譬如垄断性、权威性、强制性、唯一性等等，都是源自政府对国家、社会和全体国民承担有独特的公共行政责任，并且，责任与权力在制度规范中成正比。但是，中国政府现行的行政责任制度尚缺少某些基础性的模块，因而在实际运行过程存在有权无责、权大责小、责任主体和责任范围不明，以及追究责任的主体、依据、程序、权限、时效、标准、方式等诸多的模糊区域。这就需要政府进一步修正行政理念，继续构造和完善政府的行政责任制度。其中，这样 3 个理念是基础性的：(1) 政府不仅承担应为行政责任，而且承担不应为行政责任；(2) “阳光法案”同样适用中国政府的行政责任制度；(3) “权力制衡”是构造和完善政府行政责任制度的基石。

四、机构改革与行政制度创新的关系

事实是，20 世纪是民主的利维坦式政体(政府)的黄金时代，表现为政府的职能前所未有地得到扩展，政府的活动积极、广泛而生机勃勃，政府的公共开支空前膨胀。[2] 与此同时，政府组织的确存在某些以自在、自为、自利为典型特征的异变的倾向、能力和潜在可能性，以至于造成了政府的“组织专横”，并因此产生了各国政府行政改革的相同、相似、相近的特征。换言之，“威尔逊—韦伯范式”是政府公共管理失灵的制度原因。这就相应产生了政府行政制度创新的问题。

以 1993 年中央政府颁布的《公务员暂行条例》为标志，中国政府官

---

① 参见〔美〕詹姆斯·布坎南：《自由、市场与国家 80 年代的政治经济学》(平新乔译)，上海三联书店 1989 年版；〔美〕阿罗：《社会选择与个人价值》(陈志武、崔之元译)，四川人民出版社 1987 年版。

② 〔英〕马丁·沃尔夫：《20 世纪：政府的黄金时代》，载《参考消息》2000 年 8 月 20 日。

员管理体制进入相对规范化的时期。然而，现代中国的主流社会尚处在工业化的历史进程之中，因此，事实上不可能按照韦伯式的官僚制理论建立典型、规范化的与工业文明相匹配的政府官僚体制。但中国却有着无与伦比的官吏制度的历史传统。这些似乎矛盾的特点产生了中国政府行政改革的复杂性：几乎在同一个时期，中国政府既需要紧随国家工业化的进程而建立规范的官僚制度，又需要跟上世界主流社会的发展进步、开创国家信息化的进程而改造建设中的官僚制度。这对中国政府乃至现代化领导集团的政策智慧无疑是现实的挑战。

把握中国政府行政改革的关键，在于正确解读这样一个问题：即政府行政改革是缘起于一般性的政府公共行政管理问题，还是缘起于国家行政制度问题。区别这样两类情况的价值判断的背景视点，在于中国是否处在重大的历史转折时期。从世界许多国家、尤其是大国历史变迁的共同规律分析，凡处于重大历史转折时期的国家，必经历广泛、深刻、复杂的变革，而国家制度创新始终是这种变革的基本问题。进而，在国家制度创新中，由国家意识形态主导，并由政府主控的涉及国家领导体制和管理制度的变革，又构成了国家制度创新的核心问题及集中形式。其成功变革通常表现为在一种极具民族国家发展特征的渐进过程中实现改革的量的积累，并在适当的历史时机通过积极进取公共政策的运用，实现一定的改革的质的飞跃。至于量的积累和质的飞跃的情形，则取决于具体国家的国情。只是，在自觉、主动、坚定国家意识形态的主导下，国家制度的创新相对快捷、平稳和彻底，所付出的成本、代价和曲折程度相对较低。

毫无疑问，中国正处在这样一个重大的历史转折时期。在此意义上，国家意识形态主导的国家行政制度创新及其良性的运行机制，才是中国政府行政改革的历史性诉求，并合乎逻辑地应当成为政府行政改革的中期政策目标。事实是，经过 1982—1998 年四次渐进与集中相结合的政府机构改革，前后历经约二十年，中国已经大体上完成了全面进行国家行政制度创新的必要的观念、舆论、组织、人员、财政准备。现在的问题是，政府在宏观公共政策的价值取向上，是否认同在近期启动集中的国家行政制度创新工程，进而为 21 世纪初期中国可持续发展进一步创造制度和政策条件的必要性。

五、法制行政与法治行政的关系

法制行政与法治行政是依法行政范畴内的两个存在异同的问题。在国家公共行政本质属性的意义上，法制行政与法治行政可以理解为一个概念、一类理论、一种制度，都主张法律对公共行政实施指导、规范、监督和制衡，目的都在于防止和反对政府公共行政主体恣意妄为、不受约束，从而危及国家民主政治制度和大众权益。但是，在政府公共政策选择和行政行为过程的意义上，二者的侧重点却存在明显的不同：法制行政强调国家关于公共行政的既定法律、法规之于政府行为的规定性、规范性，注重的是国家行政法律制度规范的周正、严谨、细致及其权威性；法治行政则强调依据国家行政法律制度的规定性、规范性开展公共行政管理，注重的是政府广义行政行为的正当性、合法性。在此意义上，法制行政与法治行政又是两个虽然紧密联系却着力点不同的概念。

基于"依法治国"国家主导意识形态的确立，中国前所未有地加快了制定法律的历史步伐。与此相联系，中国关于国家行政机关及其行为的法律、法规虽然还有许多深层次的问题需要进一步解决，但基本上已经不存在重大、明显的缺失。相比之下，中国"法治"的实际状况却显得问题丛生。有法不依、执法不严事实上成了制约国家深入进行改革开放、提高社会综合发展水平、推进民主与法制建设的桎梏性问题。譬如，国家制定了《中华人民共和国草原法》(1985 年)、《中华人民共和国水法》(1988 年)、《中华人民共和国水土保持法》(1991 年)、《中华人民共和国森林法》(1998 年)、《中华人民共和国土地管理法》(1998 年)等关于自然资源和生态环境的法律，但中国的草原、水、森林、土地资源却在急剧地减少和恶化；国家制定了《中华人民共和国产品质量法》(1993 年)、《中华人民共和国统计法》(1996 年)、《中华人民共和国建筑法》(1997 年)等管制性法律，但中国的产品质量、统计资料的信度、建筑产品的可靠度，却没有令世人信服的改善。再譬如，各级政府出台了那么多的关于惩治腐败的法规，国家的廉政状况却未见明显的好转等等。这正是问题所在。换言之，如果认定"政府的任务和职能"是"执法”和“管理”①，那么，通过政府行政改革激发政府特有的宣导力量和特有的以国家暴力为后盾的公共行政强制力，进一步加强政府“执法”的有效程度和“管理”的严谨程度，无疑是政府需要通过进一步的改革而着力解决的紧迫问题。

六、集权与分权的关系

集权与分权的关系是新中国成立以来缠绕中国行政改革的主要问题之一，并在长期的演变过程中形成了一种公共政策的两难抉择与理论逻辑的悖论：②分权引发社会秩序失重、混乱，集权导致公权横行并经济发展停滞。在实行市场经济体制的历史条件下，这一问题不仅在内涵、外延和表现形式发生了较大的变化，而且成为国家现代化进程中一个与若干重大国是问题及其相应的宏观公共政策选择存在直接逻辑相关性的问题。由于中国历史性地选择了市场经济作为加速实现国家现代化的社会共同政治纲领的经济体制基础，因此，分权构成了国家意识形态的主旋律。尽管如此，基于国家行政体制改革滞后以及相应的“行政过度”仍然是制约中国经济进一步市场化和中国社会进一步民主化的主要障碍之一，因此，毫无疑问，分权仍然是中国政府行政改革基本的价值取向。

但是，对于中国这样地域广阔、人口众多、发展水平不平衡的大国来说，问题的另一面是，不当分权的结果很可能是灾难性的。不当行政分权是行政分权的异化形态，主要指政府在关于权力、职能、责任再分配的规范不清或错位的条件下无序下放或外放公共行政权力，以至于预期目标与实际效果相背离或偏离的行政现象。通常，理念错误、理论滞后、价值判断和价值选择自相矛盾，以及由此产生的政策规范模糊和政策举措乏力、缺乏新的替代性的权力结构和相应的行政责任制度，是导致不当行政分权的主要原因。

不当分权直接导致了两种表面矛盾、实际存在内在逻辑相关性、必

① 朱镕基：《积极运用先进信息技术，努力建设廉洁、高效政府》，载《人民日报》2000年9月4日。

② 张国庆：《集权与分权的悖论及其公共政策的价值选择——兼论新时期我国政府公共行政管理的有效性》，载《天津行政学院学报》2000年第1期。

然性的现象，即行政越位与行政缺位并存：（1）不当分权导致“行政专横”现象滋长。从大众媒体报道的典型案例分析，中央政府某些部门和某些地方政府的行政权力在中央政府权威和实际制控力空前萎缩的同时得到了快速和极度的扩张，其行为几近肆无忌惮的程度。分权在某些方面显然步入了一种公共权力运行的误区。（2）不当分权引发“行政乏力”现象蔓延。其结果不仅表现为政府公示的行政目标屡屡受挫，显示政府实际作为能力在某些方面走低，因而不得不更为频繁地依靠“集中整治”、“联合办公”、“首长批示”等集权的方式代替经常性公共管理，而且表现为在政府应作为而不作为的条件下，原有的社会分工和角色定位实际等于破局，以至于公共权力、公共职责、行政责任出现了“虚位”，由此引发了恶性案件频生、乡村宗法势力、城市黑社会势力横行等诸多直接与政府监管的模糊、松懈、失控相关的不良社会现象。可见，集权与分权的两难抉择与理论逻辑的悖论，仍然是中国政府必须解决的一个重要的改革议题。

七、政策制定系统与政策执行系统的关系

政策制定系统与政策执行系统是相对的。决策权的归属及其实际运用，是在相对的意义上区分政策制定系统与政策执行系统的主要标志。在政治上推行“一元化”领导、经济上实施计划经济体制的年代，中国政府的政策制定系统与政策执行系统在政策规范和实际运行过程中显现出了高度的一致性和协同性，但也因此丧失了发展的活力，窒息了首创精神和创造的欲望。在推进市场经济的时代，与发展的多样性和利益的多元化相一致，政府体制的公共行政关系的改变是不可避免的，由此产生了政府政策制定系统与政策执行系统的有效性及其相互关系问题。

1. 政策制定系统的有效性

一般而论，国家现行四级政府体制中的各级政府程度不同地都存在某些决策的有效性问题。在公共政策的意义上，分析政策制定系统有效性问题可以有这样几个维度：（1）政府政策决定的价值取向。不难理解，政府决策的价值取向的正确程度与政府政策制定系统自身的知识构成及其综合运用能力有着直接的关系，也与政府政策制定系统的组织结构及其运行方式有着直接的关系。贫乏、单一、陈腐、落后的

政府政策制定系统的知识支持体系和僵硬、刻板、封闭、缓慢的政府政策制定系统的组织体制，是导致政府决策的价值取向偏差的主要原因之一。(2) 政府政策决定的合理性。影响政策决定合理性的变数是比较复杂的。在这里，其要义集中在两个点位：其一，政策目标的表述是否清晰，更重要的则在于是否具有现实可行性。政策目标主观想象色彩过重及缺乏现实资源的支持，是新中国成立以来中国各级政府政策决定多见的误区之一，同时是诱发和助长弄虚作假官场风气的重要致因之一；其二，政府政策决定的过程是否开放和参与式的。可以预计，随着国民财富的增加及其相应的国民民主意识的增强，开放和参与将越来越成为决定政府政策的可行性、功效性、稳定性、连续性，以及降低行政成本的重要因素；(3) 政府对既定政策决定的督导、制控、约束能力。如前所述，在政府组织规范和行为规范上，政策制定系统和政策执行系统是一体化的。但从目前的某些现象观察，政府政策决定主体督导、制控、约束政策执行主体忠实、主动、准确、及时执行既定政策的意愿、空间、方式等都存在诸多的缺憾甚至失控。所谓"红头文件出不了北京城"的说法，其实就是关于政策制定系统与政策执行系统双重问题的一种形象的描述。

2. 政策执行系统的有效性

鉴于问题相似性，这一问题我们与下一部分合并讨论。

八、他事务管理与自事务管理的关系

政府公共行政管理的结构大体上可以分为两个互为条件、相互关联的模块，即他事务的管理与自事务的管理。不难理解，政府他事务管理的有效性与政府自事务的有效性存在着直接的因果关系，政府他事务管理的有效性，在很大的程度上取决于政府自事务管理的有效性，也就是说，政府他事务管理的问题，其实是政府自事务管理问题的一种折射。后者正是中国政府、也是中国执政党所面临的最严重的挑战之一。为此，有三个互为条件的政策要项必须同时解决。

1. 政府自事务管理要解决价值标准错乱和行为规范错位的问题

所谓价值标准错乱和行为规范错位，主要是指这样几种现象：(1) 政府管理失重，表现为漠视群众的意愿和利益，公共政策选择的价值标准实际蜕化变质为以自我为中心的标准。(2) 政府管理偏废，表现为在发展经济的口号下，经常以牺牲社会公平为代价换取经济目的的实现。(3) 地方保护主义盛行，表现为在发展地方经济的旗号下，曲解党和国家的法律、政策。(4) 弄虚作假、形式主义成风，表现为“上有政策、下有对策”演变成为一种官场时尚。(5) 私欲、私利横行，“寻租”行为泛滥，表现为利用权势追逐利益的现象正在泛化。这是政府自事务管理一切问题的要害。于此，政府行政改革与执政党端正党风一致，有必要从制度层面深入探讨和解决问题。

2. *政府自事务管理要从制度规范的层面合理确定公务员的待遇*

现实状况是，国家公开给付的薪资实在过低，甚至低到了“穷”的程度。与此同时，中国政府官员的普遍的实际生活水准却不低，甚至一部分人的实际生活水准还很高。这种制度规范与实际状况的反差，至少引申出这样两个层面的问题：第一，中国政府公务员的薪资为什么偏低？其核心价值判断问题在于，在绝大多数的政府公务员既是执政党党员又是政府公务员的现实条件下，政府是否应当按照国家公共管理的通则，制定适用于国家公务员的工资理论和工资政策。第二，中国政府官员的普遍的实际生活水准为什么不低？或许，非规范补贴、灰色收入乃至黑色收入的现实可能性，是答案之一。因此，如何合理确定公务员的待遇标准并予以法律性的规范，构成了中国政府的又一项改革任务。

3. *政府自事务管理有必要进一步提高和优化官员的普遍素质*

“东亚金融危机”从全景视角向具有体制和政策同构性、近似性的中国政府提出了一个令人警醒的问题，即“强政府”并不能自动恒强。这有三层含义：第一，政府主导的非均衡发展模式在一定时期的确可以取得最辉煌的经济成就，但同时也可能蕴含着一些重大的问题；第二，在经济高速增长时期特有的乐观情绪的作用下，政府公共政策滞后、失误以及缺乏足够的前瞻性，政府公共行政能力走低、弱化以及缺乏足够的坚定性所造成的问题，在体制内极易被忽视；第三，随着国家经济规模的急剧扩张和发展内涵的丰富化，以及日益融入世界经济体系，政府难以避免地面临更大的挑战，因而迫切需要招揽更多的高级专业人才，才有可能把“游戏”继续下去。在这个意义上，主动实现公共管理观念的更新和公共管理人才的“升级换代”，是中国政府行政改革的长期任务之一。

九、公共行政目的与公共行政管理方式的关系

不言而喻,实现公共行政目的的正当性与公共行政管理方式的合理性之间的协同一致,是政府公共行政管理的目标之一。然而,公共行政目的的正当性在多数情况下并不能够用来证明公共行政管理方式的合理性。基于现实中国客观环境的不断变化,政府进一步改变公共行政管理方式势在必行。

1. 变微观管理为宏观管理

主要由传统计划经济体制时期政府不分大小包揽几乎一切事务并承担几乎无限的责任,转向市场经济体制并由市场进行基础性的资源配置。其中,改革行政审批制度,应是政府近期改变公共行政管理方式的主要问题之一。

2. 变直接管理为间接管理

其价值标准在于:凡可以或可能不由政府直接管理的事务均可以有步骤地尽快交由具有一定公信力的非政府主体管理,政府则回归超然于社会(竞争)行为主体之上的国家公共权力主体的地位。中国加入WTO在即,遵从国际经济的规则,尽快改变政府决定一切的管理方式,事实上已经成为了中国政府的一项十分紧迫的改革任务。

3. 变单一管理为多元管理

主要指由传统的以政府行政指令、行政干预为主的管理方式,转向行政强制、经济诱导、法律惩戒、新闻监督、财政控制、中介仲裁、道德自律等多种管理方式并重的管理方式。在广泛的意义上,政府推行多元化管理方式包含着探索、寻求新的有效的管理方式的寓意。

4. 变封闭式管理为开放式管理

其要义,在于开通和扩大政府公共信息与国民信息的双向通道,形成公共信息与社会信息流量和质量的对称性,借以不仅扩大政府公共决策的社会基础,增强其可靠性,而且促进公民民主意识的觉醒,推进国家的民主化进程。为此,政府不仅有必要推行开放式管理,而且有必要全面启动“电子政府”管理工程。

5. 变过程管理为目标管理

在这里,所谓目标管理主要指重视结果的规范存在形式而非生成结果的过程的管理方式。过程管理是造成精简机构和人员恶性循环、

行政成本居高不下的直接原因之一。在产权多元化、生产社会化和产品极大丰富化的时代，过程管理事实上是政府根本不可能胜任、也根本没有必要承担的工作。政府的任务，只在于确定标准和执行标准。

其他诸如变命令管理为沟通管理、变自我评价为公众评价等，也都是政府管理的可取方式。

十、公共行政管理通则与中国公共行政管理特殊性的关系

在这一关系上，理性的价值判断标准是至关重要的。其中，这样 3 个问题对于构建 21 世纪新型的中国政府公共行政管理制度具有基础性的意义。

1. 国家官僚制度是现代国家公共行政管理的组织基础

这意味着，中国需要进一步加强职业化公务员队伍的建设。从发达国家二百年公共行政管理的实践来看，官僚制因其准确性、稳定性、纪律性、可靠性而成为应用于复杂国家组织的最有效、最合理的管理形式。在国家行政管理领域中，人们只能在官僚形式与外行之间选择。

不言而喻，现代官僚制是与“烟囱时代”相适应的政府组织形式。在人类开始进入信息化时代的条件下，官僚制的局限和异化日益显现，并因此成为发达国家政府行政改革的对象。① 然而，对中国这样一个后发展的大国而言，基于物质文明的积累逻辑，尽管国家发展的历史周期一如过去的二十年所显示的那样是可能大大缩短的，但国家发展的历史序列却是无法跨越的。这意味着，在今后相当长的历史时期，与工业文明相一致的规范的官僚制仍将是中国政府制度建设的基本任务之一。问题只在于如何根据中国政治制度与非均衡发展的特征逐步完善中国国家官僚制度。

2. 分权与制衡相统一的国家公共权力体制是现代国家公共行政管理的制度基础

---

① 参见〔美〕戴维·奥斯本，特德·盖布勒：《改革政府：企业精神如何改革着公营部门》(周敦仁等译)，上海译文出版社 1996 年版；〔美〕丹尼尔·郁金、约瑟夫·斯坦尼斯罗：《制高点：重建现代世界的政府与市场之争》(段宏等译)，外文出版社 2000 年版；国家行政学院国际合作交流部：《西方国家行政改革述评》，国家行政学院出版社 1998 年版。

这是依法行政的核心问题。人们早已经认知，基于公共权力的负效应和使用权力主体的天性，必须以权治权，并且，只有相等的权力才能制约权力，而这一切都是建立在主权统一的政治体制的法权保障基础之上的。分权制与制衡制因此有必要被确定为国家基本的宪政原则之一。然而，不同国家的历史发展轨迹和政治文化等民族特质存在着巨大的差异，并且这种差异还将继续存在下去。所以，中国的问题不在于是否需要建立分权与制衡相统一的国家公共权力体制，而在于建立什么样的分权与制衡相统一的国家公共权力体制。

3. 民主行政是现代国家公共行政管理的社会基础

民主行政的核心理念在于：不仅应当使民主和政治伦理道德规范成为一切公共行政价值的基础，而且应当使公共行政始终作为“人民主权的委托者”而发挥作用。为此，有必要通过政府实质性的制度安排确保国民的参政、议政权，进而推行开放式的政府公共政策议程，防止专业主义，亦反对任何以效率或成本为借口实行行政集权，甚至行政专权。基于中国悠长的封建专制的历史传统和崇尚权力的国民意识形态，政府抬升民主行政以作为国家主导意识形态的一部分，并通过体制改革强力推行，历史将证明是造福国家和民族的英明之举。

中国政府行政改革的“两难抉择”及其应对理路*

一、公共政策的“两难抉择”与关于国家作用的悖论

“两难抉择”是公共政策选择中经常碰到的问题，它通常指在同时面对两种或两种以上的好的或坏的后果的条件下，政策主体只能或必须从中选择其一，从而引起政策主体理念混乱、价值标准冲突及心理困惑，并导致决策不能尽其全功的境况。“两难抉择”之难，就在于面对

---

* 本文原发表于《北京行政学院学报》2001年第5期。

"不得不"的条件被迫选择,表现为有益(价值)的标的想全得不能全得,而无益(价值)的标的想全不得却不能全不得。由此,导致价值标准排序以及相应的利益取舍的困惑是不可避免的。就后发展国家现代化的进程而言,在关系改革方向、发展道路、制度创新等重大"国是"问题上,由于涉及的价值标准和利益关系错综复杂,充满了矛盾与冲突,且如果选择不当后果严重,甚至可能导致灾难,因此,抉择经常是极其困难的。正因为如此,后发展国家现代化进程中公共政策的"两难抉择"历来是集中考验这些国家的公共政策主体驾驭全局,实现相对优化决策的能力的领域,亦历来为决策或公共政策分析的研究所重视。

发展与进步是战后几乎所有国家共同的公共政策议题。与此相联系,以重新定义国家的作用为基本问题,试图通过全面改革以改变国家与社会、政府与市场的关系模式,实现由"国家崇拜"向"市场崇拜"的转移,构成了20世纪后半叶大多数后发展国家推进国家现代化的共同的宏观公共政策的价值取向。但是,国家本身是矛盾的产物,从一开始在功能上就具有双重属性。对大多数后发展国家而言,矛盾在于,国家恰恰是启动和推进现代化的主要力量。这意味着,削弱国家的作用在许多条件下实际等同于削弱推进现代化的动力。与此同时,现代化的进程不仅深刻而且复杂,且经常伴随相当大的风险。这主要是因为,后发展国家启动、推进、实现现代化的历史进程,其实是重新确立国家主导意识形态和基本价值标准的进程,是实现利益再分配和整合社会关系的进程,是重新评价历史传统和改造国民性的进程,是寻求新的道德伦理规范和新的生活方式的进程,是遵从国际行为规则和融合世界发展潮流的进程。其间,关于"是"与"非"的争论以及与之相一致的泛社会化的利益冲突是长期存在的,有时可能是极其尖锐的。于是,为了维持经济持续发展所必需的基本的社会秩序,实现根本利益的整合,强有力的政府常常是唯一有效和最后的手段。这样,围绕着国家的作用问题,以在比较的意义上实现国家现代化的有效性为中心政策议题,"两难抉择"构成了后发展国家推进国家现代化的普遍的宏观公共政策难题。在这方面,人们过去界定的某些相关的悖论,可以用来作为理解后发展国家改革与发展"两难抉择"政策困境的基础:

——"诺斯悖论"。"国家的存在是经济增长的关键,然而国家又是人为经济衰退的根源。”①

——亨廷顿悖论。“现代化通过它在政治体制输出方面所造成的变革来加剧腐败。现代化，特别是处于后期现代化之中国家里的现代化，涉及政府权威的扩大和各种各样受制于政府的活动的增加。……各种法令的增多也就使腐化的可能性增大……所以在一个腐化成风的社会里，采取严厉的反腐化的法令只会增加腐化的机会。”②

——权威悖论。“由现代化领导集团自上而下摧毁旧秩序，并且还得尽力保证这种摧毁不至于产生混乱、干扰新秩序的建立，这是一个不容易扮演的角色。一方面，它得运用权威推行现代化改革，另一方面又得适时地建立一种新控制体系（法制），这就意味着自己去削弱自己的权威，背弃那些传统权威的旧支持者。”③

在国际公法的意义上，国家是民族或族群的，在宪政制度的意义上，国家是全民的、公共的，但就实际过程中的功能而言，国家的存在其实主要是通过广义政府的运作——制定和执行公共政策体现的，在此意义上，国家的作用等同于政府的作用。上述悖论所构成的“两难抉择”的困境，即可以理解为政府公共政策“两难抉择”的困境。对于后发展国家现代化进程而言，由于改革是必由之路，政府是改革的主导力量，又是改革的主要对象，因此，政府公共政策“两难抉择”的基本领域之一就在于政府关于自身改革——行政改革的“两难抉择”。在这方面，“中国模式”遭遇的问题同样尖锐而复杂。

二、中国政府行政改革“两难抉择”的现实缘由

从经验分析来看，通过改革实现经济市场化、政治民主化、社会多元化以及生活丰富化，构成了后发展国家实现国家现代化的一般性的目标图式；而从制度层面上改变政府与市场、国家与社会的传统的关系模式，则构成了大多数国家实现这一目标图式的现实途径。作为最大

① 〔美〕道格拉斯·C.诺斯：《经济史中的结构与变迁》（陈郁等译），上海三联书店、上海人民出版社 1994 年版，第 20 页。

② 〔美〕塞缪尔·P.亨廷顿：《变化社会中的政治秩序》（王冠华等译），北京三联书店 1989 年版，第 57 页。

③ 〔美〕兰比尔·沃拉：《中国：前现代化的阵痛——1800 年至今的历史回顾》（廖七一等译），辽宁人民出版社 1989 年版，第 4 页。

的后发展国家，中国发展模式的特征既具有某些与“东亚模式”的同构性[①]，又呈现出了很强的“中国模式”的特色。在20多年的发展进程中，转变政府职能、修正公共权力关系、提高官员专业水准、调整公共管理方式，进而不断提升政府能力及其有效性，始终是当代中国改革与发展的中心政策议题之一，是现阶段中国改革与发展的最大的历史性诉求之一，并构成了关于政府行政改革“两难抉择”的基本问题。进而言之，鉴于政府行政改革之于政治体制改革与经济体制改革的承上启下、居中而立的重要地位和特殊功能[②]，关于政府行政改革的“两难抉择”实际上构成了困扰国家宏观公共政策选择的核心问题之一，其抉择的性质、方向、品质以及有效性，直接影响着国家现代化的进程，且直接反映国家现代化政治领导集团的政治意志和执政能力。

基于历史文化和现实政治的双重作用力，当代中国政府无疑是极其强大的，由此这对中国现代化造成了两个方面的直接影响。一方面，政府的作用与经济的发展呈正相关关系，即政府的主导力越强，经济发展的速度越快。在这方面，“主动进取”构成了政府公共政策选择的基调。国家现代化政治领导集团主导之下的“强政府”事实上构成了启动和推进国家现代化的第一推动力，并且是持续发展的主要推动力。政府通过宣导国家意识形态和价值理念、制定国家发展战略和计划纲要、实施经济政策和社会政策，极大地推动了全社会的整体进步，实现了跨越式的经济发展，获取了明显的比较发展优势，并以此大大增强了自身合法性的社会基础。另一方面，政府的作用与经济的发展呈负相关关系，即经济市场化、社会开放化、政治民主化以弱化政府的作用为基础，政府越是遵从经济规律和市场逻辑，经济发展的速度越快。在这方面，“逐步退却”构成了政府公共政策选择的基调。政府通过转变政府职能、放松控制、减少行政干预，激活了经济发展的原生动力，大大扩展了市场的边界，由此创造了前所未有的社会财富，并为国民经济的持续发展奠定了基础。有鉴于此，人们有理由认为，政府的以宏观公共政策导引为基本形式的推动力与市场经济的以利益导向为基本形式的牵引力之间的良性的交互作用，是促成近20年中国经济“三浪”走高以及社

① 张国庆：《“东亚经济奇迹”的系统分析——关于“东亚政治经济学”的阐释》，载《南京大学学报》1997年第1期。

② 张国庆：《我国行政管理体制改革的若干思考》，载《光明日报》1993年2月21日。

会整体发展进步的主要原因，并因此形成了“中国模式”的主要特征之一。已经取得的无与伦比的成就表明，中国政府准确地判断了中国在社会主义初期阶段的社会情势，以“渐进”的改革方式把握住了发展的节奏，从而表现出了高超的处理“两难抉择”的能力。可以预计，至少在“第三步”发展战略历史时期，继续寻求政府作用与市场功能之间的动态平衡，仍然是中国进一步实现现代化发展目标的关键之一。这种动态平衡恰恰构成了中国政府行政改革“两难抉择”的现实缘由。

“东亚模式”经验性地证明，在一个国家的现代化的初期发展阶段，在一个明智的、高效的、有着强烈使命感和强有力的现代化领导集团的主控之下，政府的作用与市场的功能可以产生某种亲和力，形成相当的协同，进而促成社会经济的发展以至高速发展。然而，自工业革命以来的人类社会的发展进程以及反映这种进程的经验总结告诉人们，尽管存在历史文化传统、政治制度、自然资源等国情差异，但此消彼长更是政府与市场经济关系的常态。这是因为政府与市场在动机、社会功能、行为方式等方面原本就是完全不同的东西，它们具有不同的价值理念，属于不同的范畴，遵循不同的规律，在功能和行为方式上则常常相生相克。一般认为，市场(生产、交换、流通)、市场主体、市场规则构成了市场经济的三大要件，公平竞争、等价交换构成了其铁律，而以利益为基本驱动的自主性，则构成了其基础。不言而喻，对于曾经成功地启动了国家现代化进程的中国政府而言，市场经济的这一切，尤其是以利益为基本驱动的自主性，不仅与计划经济体制时期的政府管理的理念、思想、原则、职能、体制、方式、手段存在不可调和的矛盾，而且亦会与改革开放以来形成的且被过去的快速发展的实践证明行之有效的某些理念、体制、责任、原则、作业方式发生矛盾，并且，随着市场经济的进一步发展，除非政府能够适时通过有效的改革紧随市场发展的节奏，政府与市场经济的矛盾逐步激化将是不可避免的，国家的现代化进程因此可能出现曲折。这或许就是“东亚金融危机”对包括中国在内的奉行“政府主导型”发展模式国家的最重要的启示之一。鉴于迄今为止政府仍然控制着国民经济的“制高点”[①]，改革政府无疑仍然是发展市场经济的主导矛盾。换言之，通过改革实现政府制度创新，是政府通过制定和

① 〔美〕丹尼尔·耶金、约瑟夫·斯坦尼斯罗：《制高点：重建现代世界的政府与市场之争》(段宏等译)，外文出版社 2000 年版，第 3—15 页。

执行公共政策进而导引和推动国家现代化的前提条件。在此意义上，政府行政改革合乎逻辑地构成了中国实现"第三步"发展战略的基本问题之一。在这方面，"深化改革"可以被理解为是有效处理政府与市场经济动态矛盾关系的经典表述和正确途径。与此相联系，解析政府行政改革"两难抉择"的困境的理路，同样合乎逻辑地成了后发展国家政府行政改革的基本问题之一。然而，考虑到中国之大、人口之众多、发展之快和不平衡、利益交互作用之广泛、政经关系之复杂，中国政府行政改革之"深化"，确实面临着许多"两难抉择"的政策问题。关于这些"两难抉择"改革问题的理解，将直接影响下一阶段中国政府行政改革的合理性、前瞻性、有效性、可靠性。

三、中国政府行政改革"两难抉择"描述与应对理路

自 1982 年以来，以转变政府职能和全面提高政府管理的有效性为行动纲领，中国政府历经四次集中式的改革，已经发生了广泛而深刻的变化。但是，历次改革基本上是按照"政府改革"而不是"改革政府"的单一模式进行的。一般而论，政府改革指政府主导的、自上而下的、封闭式的、以自身为改革诉求对象的改革；改革政府则是指政府外法权主体主导的、开放式的、以政府为改革诉求对象的改革。理性地总结历次政府行政改革的经验教训，人们有理由认为，单一模式政府改革所形成的"路径依赖"，是导致改革的局限性并诱发恶性循环现象的重要原因之一。在此意义上，"政府改革"还是"改革政府"，构成了下一阶段影响中国政府行政改革有效性的一个重要基础。在此基础之上，并与中国可持续发展阶段的不断形成的新的情势相关联，中国政府行政改革面临一系列的"两难抉择"的公共政策问题：国家崇拜还是市场崇拜，政治政府还是技术政府，全责（重责）政府还是分责（轻责）政府，直接责任政府还是非直接责任政府，稳定政府还是改革政府，激进政府还是渐进政府，廉洁政府（国民政府）还是腐败（特殊利益）政府，集权政府还是分权政府等等。限于篇幅，本文重点讨论以下五个在中观层面上一直存在，在可以预见的将来可能愈来愈强烈地困扰政府行政改革的"两难抉择"的公共政策选择问题。

(一) 大政府与小政府

与政府的职能、公共财政开支、行政效率相联系，这可以理解为是一个关于政府规模的问题。自 80 年代初至今，关于大政府与小政府之争一直是中国政府机构改革的中心议题之一，进入 21 世纪以来这种争论仍然余音未了。基于当时中国政府普遍存在的机构臃肿重叠、人浮于事、职责不清，官僚主义严重，工作缺乏活力、知识和效率的状况，1982 年，邓小平尖锐地指出："精简机构是一场革命……是对体制的革命。这场革命不搞，不只是四个现代化没有希望，甚至于要涉及亡党亡国的问题，可能要亡党亡国。如果不进行这场革命，不论党和政府的整个方针政策怎样正确，工作怎样有成绩，我们却只能眼睁睁地看着党和政府的机构这样地缺少朝气、缺少效率，正确的方针、政策不能充分贯彻，工作不能得到更大的成绩……，我们怎么能得到人民的谅解，我们自己又怎样能安心？"[①]进而，中央明确提出，精简至少要涉及数百万大、中、小干部。此后，大体与政府换届同步，中国政府不停地进行较大规模的机构改革和人员精简，因此形成了世界现代史上独特的国家现象：机构改革几乎成了为每一届中国政府催生的动因之一和首要任务，并随之形成了精简—膨胀—再精简—再膨胀的怪圈现象。有鉴于此，人们有理由提出问题：下一届政府仍然会这样吗？进而，中国政府的合理的规模界限在哪里？

自 80 年代以来，在基本价值取向上，舆论普遍倾向认为小政府是中国政府行政改革的方向，并形成了小政府等于高效政府的理论逻辑。一般而论，这无疑是正确的。但是，过分的理论热情也可能演变成一种政策误区。这有两个观察的角度：

其一，近百年来世界各国政府扩张的缘由。自马克斯·韦伯创立"官僚制"理论以来，文官（公务员）制度事实上一直是世界大多数国家的国家治理结构的一部分。在过去的一百年里，"国家在规模和任务两个方面都已经梦幻般地膨胀起来"[②]。以英国为例，在 1870—1970 年的 100 年里，公共部门文职人员从 5 万人发展到 80 万人，增长了 15 倍；与此同时，国家的公共开支也以明显高于国民经济的发展速度而成

---

① 邓小平：《邓小平文选》（第 2 卷），人民出版社 1983 年版，第 396—397 页。

② 〔美〕乔尔·阿伯巴奇等：《两种人：官僚与政客》（陶远华等译），求实出版社 1990 年版，第 23 页。

倍地增长，国家机关似乎成为一种持久增长的产业，政府已经变得几乎无所不在。由此，官僚制开始异化，官僚等级制及其相关的竞争问题演变成了当今世界社会罪恶的渊薮。官僚制范式导致了国家权力和职能的几乎无限制的扩张，助长了对国家财富的巧取豪夺，形成了政府的组织专横，“造成了我们现代文化中的一致性、呆板、商业化、不平等及个人自由和尊严的丧失”[①]。正因为如此，自70年代撒切尔政府推行“私有化运动”以来，事实上在世界范围内出现了一场持续的政府行政改革运动，人们响亮地提出了“重塑政府”的口号。

然而，仔细分析政府规模扩展的进程不难发现，在本质上政府规模的扩展并不是官僚集团追求权力和利益的结果，而是公共诉求和社会合力综合作用的结果，“归根到底是一个社会选择的问题[②]：人们对政府表达了太多的期望，规定了太多的使命，赋予了太多的职能——发展经济、维护社会正义、提供社会保障、增加国民福利、充分就业、改善环境、制止犯罪……，以至于政府每天都必须面对几乎无穷无尽的公共政策问题；人们又通过制定更为广泛、更为具体、更为细致的法律法规—在许多国家，法律法规（页码）几乎以倍数在增长[③]，由此大大扩展了政府公共事务的边界，增加了公共管理的复杂性，提高了关于政府管理的专业化（分工）程度、有效性和精确度的要求。类似情形在后发展中国家，尤其在急剧发展变化的后发展国家有过之而无不及。这样，除非政府增加机构和雇员，并不断进行专业化分工，事实上没有其他途径满足社会的几乎毫无止境的需求。所以，尽管人们激烈地批判政府，甚至对政府表现出某种厌恶，而事实上，各国政府确实因为人们的反对而开始计划得更少，占有得更少，也管理得更少，并允许市场的边界不断扩展”，但是，“无论如何，这一转变并不标志着政府的终结。在许多国家，政府支出的国民收入仍然与从前一样多，……政府仍旧是满足大量社会需求的最后手段”，以至于人们提出：改革政府的进程“是不可逆转的吗？它们是一个持续的发展和演变进程的一部分吗？国家和市场关系

---

① 〔美〕理查德·J.斯蒂尔曼：《美国公共行政重建运动：从“狂热”的反国家主义到90年代“适度”的反国家主义》，载《北京行政学院学报》1999年第4期。

② 世界银行：《1996年世界发展报告：从计划到市场》，中国时代经济出版社1996年版，第115页。

③ 〔美〕乔尔·阿伯巴奇等：《两种人：官僚与政客》（陶远华等译），求实出版社1990年版，第23页。

的这一根本性转变会导致什么样的政治、社会、经济后果和前景？……市场的显而易见的胜利会持续下去吗？或者说，政府的作用会再度膨胀吗？"[1]

其二，中国政府现有规模的考量。首先，中国政府的公共事务在总量上是在增加还是在减少？自推行市场经济体制以来，通过持续实施"转变职能"政策。中国政府传统的"直接管理"的经济职能得到了较大幅度的削减，尽管还有削减的空间；与此同时，政府以制定宏观经济政策、巨额公共财政投入、全面实施市场监管为主要内容的宏观经济管理的职能却面临巨大的挑战。不仅如此，政府以就业、税收、社会保障、环境保护、公共安全等为主要内容的具体的社会公共事务前所未有地巨量增长。这意味着，在客观上政府的公共事务的总量事实上是在增加而不是在减少，并且就发展趋势而言还会增加。如果再考虑到中国强烈的"政府主导型"经济发展模式的特征，而中国经济发展正处在艰难的爬坡阶段，所以，价值趋向上的所谓"小政府"恐怕不足以履行历史和社会已经赋予政府的重任、重责。其次，政府的现有规模是大还是小了？资料显示，目前中国各级各类干部占全国总人口的3.25%，这与80年代中期美国的6.8%、英国的7.8%、法国的11.8%，德国的6.9%、日本的3.8%相比较明显偏低，与发展中国家的泰国的3.5%、印度的2.2%相比较则大体持平[2]，而在各级各类干部中，党政群机关干部又只占总人口的0.55%。据此，人们是否有充分的理由认为现在的中国政府是"大政府"呢？

过去人类社会一百年的实践证明，只要人们不减少对政府的诉求，市场或第三种力量就不能有效代替政府。与此相一致，中国政府转变职能并不能带来政府规模的无限或持续的缩小，相反，随着中国社会的整体发展进步，政府的规模在客观上有时还需要有所扩展，即使人们通过强制性机构改革的方式在一定时期大大缩小了政府规模，其政策效果也极不可靠。因为，随着政府职能的增加，政府除非增加机构和人员，否则是无法完成其被赋予的责任的。所以，关于中国政府规模的政策考量标准既不在于天然不合理的"大政府"，也不在于明显不现实的

---

① 〔美〕丹尼尔·耶金、约瑟夫·斯坦尼斯罗：《制高点：重建现代世界的政府与市场之争》（段宏等译），外文出版社2000年版，第3—15页。

② 陈本琪：《政府规模与机构改革》，载《经济学家》1999年第3期。

"小政府",而在于"适度"的政府。就政策理路而言,"适度"是相对的,现阶段大体上稳定目前的政府规模就不错,但立法是必要的。与此相联系,现阶段的政策警示的指向,并不在于继续精简政府机构和人员,而在于继续调整政府的功能结构,提高政府的能力,同时有效地阻断机构和人员恶性循环的通道,控制法定编制外政府人员的数量的增加,控制消费性政府开支的增加。

(二)强政府与弱政府

强政府与弱政府的命题缘起于后发展国家现代化进程中政府的作用问题经济学家阿瑟·刘易斯在50年代指出,"政府可以对经济增长具有显著的影响加果政府做了正确的事情,增长就会得到促进。如果政府做得很少,或者做错了事,或者做得太少,增长就会受到限制"。不仅如此,"政府还有它应该做的开拓性的工作,一个国家越落后,一个开拓性政府的作用范围就越大"①。60年代末期,政治学家塞缪尔·P.亨廷顿从另一个角度指出,"经济发展迅速和政治动乱二者显然是相关的"。"不仅社会和经济现代化产生政治动乱,而且动乱的程度还与现代化的速度有关。"因而,战后后发展国家动荡的根源其实不在于落后,而在于现代化。这是因为,与现代化国家的发展进程相比较,后发展国家现代化的进程通常要快得多,从而诱发各种复杂和尖锐的矛盾不是依次出现,而是多头排列,以至于基本的政治稳定、社会秩序和有效的制度供给成了经济持续发展的稀缺性资源,而这些恰恰是政府的基本职能。实际情况是对那些处于混乱之中的国家而言,更为严重的短缺在于"缺乏政治上的共同体和有效能的、有权威的合法的政府"②。自第二次世界大战以来,就经验判断而言,在世界范围内人们尚找不到"弱政府"加速推动国家现代化的例证,相反,"东亚经济奇迹"或许能够用来证明"强政府"的特殊功效。

按照国内研究者的观点,所谓"强政府"是指这样的政府,即在一定的"政府强度"的基础上,能够有效地发动经济增长和减缓由此产生的各种社会经济压力,并且在一定时期内(主要是经济赶超和跳跃发展时

---

① 〔美〕W.阿瑟·刘易斯:《经济增长理论》(梁小民译),上海三联书店、上海人民出版社1994年版,第520页。

② 〔美〕塞缪尔·P.亨廷顿:《变化社会中的政治秩序》(王冠华等),北京三联书店1989年版,第42页。

期)以较高的“政府品质克服或约束政府机体的种种弊端,使之最大限度和最大效率地服务于经济增长”。然而,“东亚金融危机”警示我们,如果从国家现代化的历史进程而不仅仅是从经济增长的角度看问题,那么,在强调“强政府”之于经济增长的重要性的同时也应当清醒地认识到:“较高的政府强度本质上是实现经济增长的手段,而不是目的,因而它本身是一个可变量”①。一般而论,这意味着在经济发展的一定阶段上,政府必须随着经济的增长和社会的发展而逐步降低自身功能的强度。否则,政府就有可能转变成为社会经济进一步增长的障碍,进而导致社会经济持续发展的困境。问题在于,人们怎么在一个动态的过程中判断“一定阶段”,进而在公共政策选择和制度规范两个层面上适时进一步转变政府职能呢?问题是复杂的,但有一点可以确定,即鉴于中国整体发展水平低下、人口众多、发展不平衡等国情特征,人们有理由认为,在可以预见的未来,“强政府”仍然是中国继续实现跨越式发展的模式选择。与此同时,中国有必要在三个方面加强政策应对:其一,在既定成就和既得利益面前,各级政府有必要在不断向社会提供稀缺性制度资源的同时,相应提供关于自身建设的制度规范,从而继续维持理性的政策态度。其核心,在于各级政府及其官员不可以演变成为变相的特殊利益集团。其二,政府有必要不断强化对法人以至自然人的权力、判断力、决断力的尊重,进一步扩大政府与其间的良性互动关系。其三,政府有必要大大加强对发展水平高于中国、特别是发展模式具有同构性或近似性国家的现代化进程的研究,以作为本国前瞻性公共政策分析的重要借鉴。

(三)大众政府与精英政府

所谓大众政府,主要指公众广泛和直接介入政府决策及管理过程的政府形态。迄今为止,大众政府只是表现为人类追求的一种政治理想及其有限的实践,并没有形成过稳定的政府形态。精英政府则与代议制民主阶段相联系,构成了普遍的现实政府形态。在政治层面上,精英政府可以理解为社会的少数卓越分子及其组合的集团,承担起了领导社会前进的责任,并因此实际享有和运用广泛的国家权力,由此有可能导致少数人实际控制甚至垄断了国家权力,国民实际政治权利受到

---

① 李晓:《东亚奇迹与“强政府”》,经济科学出版社 1996 年版,第 64 页。

限制、侵害甚至被剥夺的国家现象。在公共管理的层面上，精英政府主要用来指“专业人员国家”现象。在政府范围内，所谓专业人员，主要指受过良好的高等教育、有明确的职业范围且终身任职的公务员群体[①]。他们也被称为“技术官僚”。如前所述，随着国家公共事务的广泛化和复杂化，政府公共管理不断进行专业化分工以及相应大量招收专业人员出任政府行政官员是不可避免的。这些人一般具有较高的学历或有某一方面专业研究的资历。他们在政府加强文职人员专业水平的背景下进入政府，并往往就任较高的行政职位。例如，1978 年英国文官队伍中的专家（科学家、工程师、教授、专家级人员）人数达到 40500 人，较之十年前增加了一倍；再例如，美国卡特政府时期的 12 名内阁部长中，6 人是博士，4 人是教授。随着大量专业人员进入政府公共管理领域，不仅带来了多元化的专业理念，进而造成了政府价值标准的多元化，而且在立法、司法、行政三权之外衍生出了以常任文官为主体的所谓“第四权力”。

长期以来，专业人员大量进入政府被认为是提高政府官员队伍素质、优化公共管理结构、改善政府品质的正当和有效的途径。事实上，在多数条件下情况也确实如此。然而，基于专业理由进入政府的专业化的行政官员，虽然在专业知识方面是内行，但在行政管理方面却未必像他们在技术方面一样内行。由于长期的专业经历，这些官员可能更习惯于技术概念，更重视技术性的方法和手段，相比之下，则不太习惯和重视政治与法律、政策与法规的观念和思维方式，其心理特征常常更接近于技术人员而不是行政官员。这就产生了防止单纯技术行政、克制“第四权力”的问题。进入 21 世纪以来，与高学历相联系的中国政府专业化的进程明显加快，政府官员重回大学深造甚至形成了一种时尚，国家相应全面启动了 MPA 教育，地方政府也明显加快了官员专业化的步伐。人们有充分的理由认为，中国政府官员高学历、专业化的时期正在到来。这样，如同发达国家曾经面临至今仍未很好解决的一个严肃问题已经摆在中国政府面前：“一方面，既允许专业人员在各自的政府工作领域自由地运用自己的专长，而另一方面又要对他们的活动给

① 〔美〕弗雷德里克·C. 莫舍：《专业人员国家》，转引自 R. J. 斯蒂尔曼：《公共行政学》（李方等译），中国社会科学出版社 1988 年版，第 336 页。

予一般性的公共控制与监督，在此情况下，怎样才能取得适当的平衡呢？”[①]从发达国家政策实践的情况来看，问题恰恰也是答案，即在有针对性地发展政府的专业人员队伍的同时，同样有针对性地发展新闻媒体监督与公众参与制度。

（四）国际化政府与本土化政府

国际化政府主要指其公共政策遵从国际社会通则的政府，本土化政府主要指其公共政策以本国价值观为基准的政府。该问题的“两难抉择”的政策困境直接缘起于中国即将正式加入WTO。加入WTO，标志着中国在经济领域全面重返主流国际社会，意味着中国在享受正常的普惠制世界贸易待遇的同时，以国家主权信用为凭证，承诺遵守世界经济生活的既定的规则，预示着中国经济、政治、社会、文化等多方面的政府生态环境将进一步发生深刻的变化。与此相联系，鉴于中国“政府主导型”经济发展模式的基本特征，加入WTO对中国的最直接和最强烈的冲击，既不是对中国的企业，也不是对中国国民，而是对中国政府。由此产生了一个中国政府如何通过进一步改革以应对WTO规则的严峻问题。在此意义上，中国政府行政改革进入了“内驱型”和“外驱型”共同作用的“二元动力”发展时期。[②] 中国的历史一再证明，凡盛世都是开明的、开放的。然而，在最近100多年的历史进程中，不论主客观原因所致，中国一直游离于世界主流社会之外是不争的事实。由于太长的相对隔绝的状态，中国与外部世界势必会产生一些相互间的理解上的盲区或误区。在这方面，为了实现跨越式的经济追赶战略，中国太需要融入国际社会，中国各级政府太需要熟悉国际行为规则、具有良好管理经验、能够有效沟通中西文化的国际型管理人才。为此，中国各级政府广泛招揽海外学子、聘请国际顾问（专家）团，甚至直接聘请境外专家出任政府重要职务[③]。国际型人才成为中国各级政府人事政策的价值点之一。与此同时，中国又是一个典型的发展中国家，整体发展水平尚低，且发展极为不平衡，有着独特的人文历史和现实，又有着独特的政治制度。这就注定了中国各级政府需要大量能够深刻地理解中国国情的官员。自然，既通

---

① 〔美〕R. J. 斯蒂尔曼：《公共行政学》（李方等译），中国社会科学出版社1988年版，第332页。

② 曾峻：《行政发展的“二元动力”》，载《北京日报》2000年11月20日。

③ 《史美伦——来自境外的首位副部级官员》，载《国际金融报》2001年2月15日。

“洋务”又明国情的人才最好，但在实际过程中，由于经历、信念、进入政府的途径、承担的公共管理职能等多方面的差别，二者兼有并不容易，并由此产生了新的历史条件下的公共人事政策的“两难抉择”。在这一方面，以我为主、兼容并蓄或许是可取的政策取向。

（五）经济政府与均衡政府

在经济学的意义上，非均衡发展几乎是所有后发展国家现代化的特征。这是因为，后发展国家在启动国家现代化进程时不具备完善的市场体系，因而不可能具备灵敏的价格体系等市场要件。这就必然会促使不同的经济力量根据自身情况彼此调整到合适的位置上，实现非完全市场条件的均衡。① 在更广泛的意义上，非均衡发展也可以理解为政府根据国家（政治领导集团）既定的主导价值观，优先发展经济的宏观公共政策选择，以及由此造成的国家整体发展的状态。

20 多年来，以“以经济建设为中心”为集中表述，中国一直奉行“效率优先、兼顾公平”的原则，并因此实现了经济的超常规的跨越式的发展。与此同时，中国也付出了环境恶化、经济秩序混乱、社会公平失衡等多方面的代价。进入 21 世纪以来，尽管中国的整体发展水平仍然不高，尤其人均 GDP 与世界平均水平相去甚远，但是，由于发展长期失衡，“都市病”与贫困并存已经发展成为潜在的严重问题。目前，国家统计局发表的中国的基尼系数为 0.39，进入了国际公认的收入分配警戒线。据此，正视社会收入分配问题已经成为中国政府刻不容缓的问题。在宏观层面上，尽管中国的生存、发展条件在基本面上不断向好，然而多项预警指标却呈上升趋势，现实及潜在的风险、挑战、威胁与日俱增，且经济、政治、社会、道德、文化问题前所未有地交织在一起，公共政策的复杂程度、尖锐程度亦前所未有地增加，从而要求中国政府前瞻性地应对新时期的客观情势，逐步均衡地设定和完成政府的政策目标。这意味着，中国政府行政改革需要重新定位宏观公共政策价值取向，在进一步转变政府职能的基础上，重点在五个方面重新分配公共资源：公共财政的投向，不同职能政府部门的结构、规格以及组合方式，不同职能政府部门公务员所占的比重，重要公共政策议题的排序，以及公共政策执行的有效性。

---

① 厉以宁：《非均衡的中国经济》，广东经济出版社 1998 年版，第 1—2 页。

试论我国政府行政改革的基本价值选择*

一、导　　论

经过20年的改革开放，人们在理论和实践上都可以清晰地看到，政府行政改革是现阶段我国进一步改革与发展的最大的历史性要求。进而，人们在理论和实践上同样可以清晰地看到，改革开放以来，我国历次行政改革确实在不同的意义上取得了成效。然而，迄今为止，我们虽然提出了丰富的关于政府行政改革的政策阐释，却没有提出、抑或尚未形成用于

* 本文原发表于《中国人民大学学报》1999年第4期。

指导改革实践的较为系统和理性的、较具前瞻力的理论阐释。

换言之，理论滞后于实践的问题正在日益成为制约我国政府行政改革的一个突出问题。与此相联系，经过 1982 年、1988 年、1993 年乃至 1998 年的政府机构改革，人们不难看到，我国政府平均每四五年就要进行一次较大规模的机构改革，其频繁程度在当代世界各国中是少见的。即使是世人瞩目的 1998 年政府机构改革，也因其只在于着力解决当前突出的矛盾而具有明显的过渡性质①。这就产生了一个难以回避的理论与实践相结合的基本的价值判断问题：在世纪之交我们是否有必要首先从认识论上对我国政府行政改革进行理性的反思，进而大大提高我国政府行政改革政策实践的系统性、有效性、前瞻性。当代中国政府作为国家政治上层建筑的一部分，其行政改革是有着深远的历史意义和强烈的现实需求的改革。全面、正确地认识这种历史意义和现实需求，是理性地对我国政府行政改革做出系统的理论阐释和有效的政策规范的基础性的前提条件。概括地说，我国政府行政改革的历史涵义和现实需求的基点，可以理解为在市场经济的条件下，在信息社会、知识经济和经济全球化的时代正在到来的历史条件下，在国家现代化的目标初步实现且国家发展的命题转向可持续发展的历史条件下，重新寻求、建立和丰富关于当代中国政府的行政原理，进而有序地转变政府的职能，突出政府行政管理的公共属性、时代属性以及有效性，全面提高政府的能力，使政府继续成为推动国家现代化的坚实可靠的力量。其内在的逻辑关系可以表述为：我们需要并历史性地选择了市场来促进经济增长，我们同时需要有能力的政府来发展市场，继续推进国家的现代化进程。本文主要从价值选择的角度讨论我国政府行政改革与市场经济、制度创新、政府能力的关系。

二、市场经济是我国政府行政改革的经济基础

在根本上，我国政府行政改革的历史依据，源自当代中国社会内蕴的发展进步的社会条件和历史性要求，以及反映这种要求的中国共产党的思想路线和政治纲领的历史性转变；在基本政策价值取向(国策)上，则源自当代中国由计划经济向市场经济的转变，由闭关锁国

① 罗干：《关于国务院机构改革方案的说明》，载《人民日报》1998 年 3 月 6 日。

向改革开放的转变。其中，市场经济理论的提出、形成和丰富化，市场经济实践的出现、扩展和社会化，市场经济体制的构建、确立和稳固化，构成了我国政府行政改革的基本的历史动因和现实的经济基础。因其历史的重要性，市场经济理论实际上构成了推进我国国家现代化的社会共同政治纲领的基础，进而构成了我国政府宏观公共政策选择的基础；市场经济体制的确立，则从根本上规定了我国政府与市场、社会的关系模式，进而规定了我国政府行政改革的方向：政府行政改革首先必须有利于市场经济体制的建立和完善，有利于市场的有效运作及其发展。在此意义上，市场经济实际上构成了我国政府行政改革的逻辑起点。

一般而论，一个健全的、运转机制灵活的、充满生机和活力的市场至少需要具备三个相互联系的必要条件，即市场、市场主体和市场规则。经过 20 年的努力，我国已经初步建立了市场，确立了市场主体，相比之下，我们还缺乏建立在“法律面前，人人平等”基础之上的全面系统、公平合理、行之有效的市场规则，我们更缺乏对市场规则的正确理解、普遍遵从和自觉维护。与此相联系，关于市场规则的政府公共政策的低效、失效、反效现象是显而易见的。我国各级政府、尤其是一些地方政府及其官员不正当地运用公共权力，事实上已经成为了阻碍我国政府有效地规范市场、进而发展市场的危害性力量，而制定和执行以自由竞争为基础的公平合理的市场规则，正是我国各级政府在今后相当长的历史时期的基本的公共职能所在。这就需要通过有针对性的政府行政改革，着力区分市场行为规范与政府行政行为规范，在严格规范市场主体的市场行为的同时，严格规范政府自身的公共行政行为，并在市场行为规范与政府行政行为规范之间建立起良性的互动关系。市场经济的特性与政府改革的内在价值联系可以作如下理解：

（一）市场经济是以公平竞争、等价交换为基本原则的自由竞争的经济

政府因其公共权力主体的功能定位，不是、也不应该成为市场竞争的主体，而只能是市场规则的制定者和执行者。这就要求我国政府一是切实转变行政观念，加快实现政府与市场的功能性分离。有分才有合。只有实现政府与市场的功能性分离，才能有效地实现政府功能与市场功能的发展性整合。二是实现政府行政职能的公共化、政府行

政行为的公开化、政府政策的公平化，有效地防止和反对政府权能“越位”，防止和反对由于公共行政权力主体广泛且直接地不当介入市场活动而得以滋长的不公平、不规范市场行为的泛社会化倾向。三是充分尊重、支持和保护独立经济法人的主体地位。与公平竞争、等价交换的市场原则相联系，我国政府行政改革的价值目标表现为：包括政府在内的一切国家公共权力主体尽快而有序地全面退出市场竞争，回归凌驾于社会之上的公共权力主体的地位。

（二）市场经济是以法制(治)为基础的规则经济

这就要求我国政府按照市场经济的规律和现代国家社会生活的通则，在与市场良性互动的过程中，逐步调整或修正公共行政权力关系，通过发布公共政策不断公开和明确导向，不断明晰和强化市场的竞争规则，进而建立必要的市场秩序。市场竞争规则公信力的源起和强化，则取决于规则本身的公平性、合理性，规则制定过程的公开性、透明度，维护和执行规则主体的公正性、可靠性。在这方面，“依法行政”是政府一切行政行为的价值准则和行为规范。这就要求我国各级政府通过行政改革首先有效地解决自身的思想观念、政策规范、决策程序、管理方式、操作技术等诸方面的法治问题，提高政府政策系统集成的能力，进而通过系统运作有效地提高我国市场的法治水准。

（三）市场经济是以利益为导向的经济

这就要求政府在肯定以利益为导向的社会价值标准的合理性，依法保护个人和经济主体的劳动所得的基础上，通过连续而有效的公共政策，构建调节利益关系的制度规范。显然，由于多年实行公有的产权制度和集权的行政制度，我国政府迄今为止尚没有积累起足够的在市场经济的新的历史条件下看待和处理两极分化、利益集团现象以及积极引导和有效规范政府及其官员行为的有效经验。在这方面，政府的价值标准是一个包含效率与公平的双重目标：寻求和建立一种有效的制度框架，在有利于最大限度地激发生产者的工作动机和经营者的创造欲望的同时，防止财产和社会权力的无限制的两极分化，从而维护社会的基本均衡，而政府及其官员在这样一个制度创新的过程中，只是社会公共利益的代表者。这就需要在丰富政府的利益价值观的基础上，通过政府制度改革实现社会分配制度及其运行机制的更新。

三、制度创新是我国政府行政改革的主要途径

现代化是当代中国最高的国家和民族利益所在。全面和加速实现国家的现代化因此构成了十一届三中全会以来我国政府一切公共政策选择的价值基础。就基本的价值取向而言，我国政府行政改革的宏观价值目标可以表述为：通过制度创新重塑政府，进而在现代国家的意义上构建一个适应社会主义市场经济和时代变迁客观要求的职能确定、权力关系明确、自律和自控机制健全、公共政策灵通而有效、公共行政管理坚强有力的政府行政体制。

（一）政府行政改革与制度安排

制度是一种稀缺性的资源，也是政府的公共产品之一。就国家形态而言，制度是指以宪法、法律、法规为基本内容的正式规则和以习俗、传统、习惯等形式存在的非正式规则交错构成的一整套的规则体系及其实现机制，制度是制度安排的结果①。制度安排则是确定支配经济单位或社会单位之间可能的合作与竞争方式的行为过程。最广泛的制度安排的形式存在于纯粹自愿的形式与完全由政府控制和经营的形式之间的广大区域②。政府是实现制度安排的最经常的主体之一。改革则是政府实现制度安排的主要形式。通过制度创新建立和维护制度环境，实现合理、有效的制度安排并向社会提供制度选择，是政府基本的公共职能。换言之，有为的政府能够通过价值评判和政策合成再生制度资源。在此意义上，我国政府行政改革的价值取向，可以理解为通过自身具有制度创新涵义的改革，回应并推动社会同样具有制度创新涵义的改革，进而在政府行政改革与相关改革之间形成良性的循环往复、交互促动的关系。这样，政府行政制度的创新就有了为多项改革提供制度条件的重要意义。

（二）政府行政改革与制度环境

政府及政府行政改革总是在一定的制度环境之中存在和运行的。

① 〔美〕道格拉斯·诺斯：《制度、制度变迁与经济绩效》，上海三联书店 1994 年版，第 13—15 页。

② 〔美〕R. 科斯、A. 阿尔钦、D. 诺思等：《财产权利与制度变迁——产权学派与新制度学派译文集》，上海三联书店、上海人民出版社 1996 年版，第 1 页。

制度环境是一系列用来建立生产、交换与分配基础的政治、社会和法律基础的规则之和[①]。或者说是一个国家的以宪法和法律结构为核心的"基础性制度安排"。制度环境决定政府行政改革的方向，制约其基本的价值选择以及具体的政策选择。在此意义上，我国政府行政改革的价值目标，不在于突破制度环境的架构，而在于在既定的制度环境中有效地改变。但是，制度环境一如自然环境也是可以改变的。通常，制度环境的改变源起于人们对收益成本的预期。当预期的净收益超过了预期的成本，或者出现了边际性的潜在利益，就会引起人们对收益与成本比的重新判断，进而产生改变现行制度和产权结构的企图，并以各种可能的方式诉诸言论和行动[②]。当一定的制度创新的要求日趋强烈，最终经由政府以国家的名义做出制度安排，并以法律的形式加以确定，就形成了某种制度变迁。在这样的过程中，法律以至宪法的某些变更是不可避免的。在制度环境得以改变的历史条件下，政府行政改革的价值选择，在于相应转变行政观念，实现政府制度的创新。

（三）政府行政改革与制度创新

制度创新也称制度发展。在广泛的意义上，它是指一种组织行为的变化，这一组织与其活动环境之间相互关系的变化，以及支配上述行为与相互关系的规则的变化[③]。制度创新的动因，大致可以分为诱致性因素的牵动或强制性因素的推动。前者指一群人响应由制度不均衡引致的获利机会而产生的自发性变迁，后者主要指由政府法令引起的变迁[④]。在渐进改革而非革命的历史条件下，制度创新主要指在制度环境相对确定、稳定的条件下，对构成既定制度的次级制度，诸如行政制度等具体的现行制度进行某种变革，并通过规范的、具有社会公信力的方式加以确认的行为过程。在同样的历史条件下，诱致性制度创新与强制性制度创新一般不存在创新目标方面的对立，创新过程更是紧密联系在一起的。这是因为，即使是原发性的完全自利的制度创新的动机，亦只有进入政府的政策议程才有可能成为具有社会公信力的正式规则，而政

---

① 〔美〕R. 科斯、A. 阿尔钦、D. 诺思等：《财产权利与制度变迁——产权学派与新制度学派译文集》，上海三联书店、上海人民出版社 1996 年版，第 271—275 页。

② 同上书，第 270 页。

③ 同上书，第 329 页。

④ 同上书，第 374 页。

府强制性制度创新的提起，亦不可能完全没有社会原因，更不可能不涉及社会群体的利益。这样，实现诱致性制度创新牵动与强制性制度创新推动的协同，就成为政府行政改革又一种价值选择。

从经验分析来看，政府主导的制度创新是后发展国家制度创新的经常形式，在某些条件下甚至是决定性的创新形式。我国改革开放20年的历史进程亦经验性地证明了这一点。在此意义上，我国政府行政改革的价值目标，在于形成新的政策意愿和行政能力，在可持续发展阶段上继续承担推动我国各项制度创新的历史责任。其价值意义，首先在于构建一种新型的国家行政框架，进而在既定的框架内重构行政领导体制、行政组织体制以及诸多分门别类的行政制度，而进一步转变政府职能，修正和调整行政权力关系是构建一种新型的国家行政框架的基础，进一步提高政府能力则构成了为发展提供充满活力的机构性框架的中心问题①。

四、政府能力是我国政府行政改革的行为诉求

政府能力(government capacity)是国家能力(state capacity)基本的组成部分。从公共行政的角度讲，与政府的行政职能相一致，政府能力主要指现代国家政府即国家行政机关，在既定的国家宪政体制内，通过制定和执行积极而有效的公共政策以及为社会和公众提供广泛而良好的公共物品和公共服务，理性地确立社会普遍遵从的正式规则并积极引导更为广泛的非正式的社会规则，维护社会公正和秩序，形成有效调整社会关系和社会行为的制度及其机制，进而在比较的意义上促进国家快速、均衡、持续发展的能力。有效性是政府能力的核心概念。在现代社会的发展进程中，政府能力的重要性是显而易见的。人们注意到，政府能力是实现社会进步的不可或缺的资源，是国家竞争力和国家持续发展能力的基本组成部分。政府能力弱化和政府公共政策质量走低是导致国家经济发展乏力和国家间经济差距扩大的主要原因之一。在我国，随着以解决深层次矛盾为诉求对象的各项改革的深入进行以及可持续发展阶段的到来，国家现代化进入了关键的发展时期。与此相联系，我国各级政府的能力正面临前所未有的挑战，并

① 罗干:《关于国务院机构改革方案的说明》,载《人民日报》1998年3月6日。

因此构成了我国政府行政改革的宏观价值目标之一。可以预计，随着我国各项改革的深入进行和我国发展水平的不断提高，随着我国进一步融入世界经济体系，我国政府能力问题将逐步凸显，很快会成为我国政府中期改革目标的主要矛盾。

（一）公共政策能力

由我国现实的政策环境所决定，政策能力是我国政府行政改革价值取向的首要着力点。这是因为，我国正处在跨世纪实现国家现代化的关键时期，急剧变化是这一时期的突出特点。随着具有制度创新意义的广泛改革的不断深化，我国政府的公共政策环境亦相应大大地复杂化。政府的政策意志以及以有效的反应和应变能力、适应环境创新发展的能力为基础的公共政策能力因此面临前所未有的挑战。从现阶段我国政府公共行政管理的实际情形出发，为了在日趋复杂化的政策环境中有效地提高公共政策的品质，强调我国各级政府大大改进政策制定系统的能力，将被实践证明具有某种决定性的意义。

（二）公共行政管理能力

政府综合实施社会公共行政管理的过程，就是在同一个时空执行许多不同的公共政策，从而产生系统政策效果的过程。在这个意义上，政府综合实施社会公共行政管理的能力，就是政府通过一定的行政行为，包括管理原则、管理程序、管理途径、管理方式、管理技术的有效运用，使既定的公共政策成为社会公众遵从的行为准则，进而实现既定公共政策价值标的能力。值得强调的是，由于效率与效果表现不同的价值观，相比之下，效果更能体现行政目的，更能体现通过公共管理过程实现公共政策价值的程度，因而更应成为我国政府行政行为的价值标准。“綦江虹桥垮塌”现象说明，我国政府存在的大多数的问题并不是政策规定不全或不周的问题，而是政策执行的意愿走低，政策执行的能力乏力，公共行政管理滞后、失效甚至无效的问题。这严重警示我国各级政府，在有序地退出直接市场竞争的同时，政府的某些公共职能已经明显出现了“缺位”或“虚位”。这就要求我国政府修正价值观，通过行政改革重新“站位”，尽快“到位”，在市场经济的条件下全面履行政府职能，有效实施公共行政管理。

（三）社会服务能力

我国政府的公共服务能力问题，直接源自 1998 年中央政府提出的三大政府职能转变问题，即宏观调控、社会管理和公共服务[①]。在民主宪政国家的法理和法律上，政府为授权主体即全体国民服务乃是政府天经地义的职守，但从实践的情况看，政府却可能走上以自我为中心的行政发展道路。在我国，由于存在长期封建文化传统的原因、计划经济体制、政府主导型经济增长战略的原因，“政府中心论”的价值理念是比较根深蒂固的。因此，首先在观念形态上确立政府公共服务的职能，是提高政府公共服务能力的前提条件。直接为公民及公民团体服务，建立政府的社会支持、社会帮助、社会救援的组织体制和制度规定，是现阶段我国各级政府社会服务能力的主要考量标准。

(四) 自我控制能力

政府的自控能力主要是指政府依据法律和法规，适应社会环境的变迁和公众意愿的改变，对政府及其官员的行为进行有效规范性约束的能力。与制度创新以及政策能力、管理能力相联系，其基本的价值界定，在于如何有效地保障行政宗旨，防止和反对滥用公共行政权力，实现依法行政。作为我国政府行政改革的价值目标，政府自控能力属于“吏治”的范畴，其实质在于“以法律为准绳”处理官民关系、政府与社会的关系，其主要问题则在于如何有效地制止公共行政权力主体的“寻租”行为。由于在腐败与反腐败问题上存在一种悖论[②]，所以，我国政府的与价值判断相联系的反腐败的自律自控能力，实际上表现为在一个较长的历史时期内，有效地遏制各级各地公共行政权力主体“寻租”行为的泛化、严重化、持续化，防止腐败无限制地吞噬改革开放的成果[③]。在这方面，我国政府行政改革的价值选择，表现为在价值标准上着力固定化政府关于公共性质、宗旨、目的、职能、责任、行为规范等“应然”的行政观念，同时通过制度创新，在政府制度及其运行机制上形成有利于政府自控的领导体制、组织制度监督机制、工作制度、激励机制等“实然”的行政制度，并形成观念与制度的有效融通。

---

① 世界银行：《1997年世界发展报告——变革世界中的政府》，中国财政经济出版社1997年版，第13、32—33页。

② 〔美〕塞缪尔·亨廷顿：《变化社会中的政治秩序》(王冠华等译)，北京三联书店1989年版，第154—166页。

③ 朱镕基：《在人民满意公务员代表会议上的讲话》，载《报刊文摘》1999年1月28日。

1998年中国政府机构改革的若干理论问题*

——大背景、新特点、主要难点、前提条件

1998政府机构改革，是在世纪之交中国党和政府审时度势作出的一项重大的抉择。这一抉择直接表现了中国党和政府对当代中国改革与发展问题的本质与现象、主体与客体、观念与技术、内容与形式、制度与过程、历史与未来、国情与国际问题的理性判断，表现了中国党和政府坚定的改革信念和决心，表现了中国党和政府对中国最高国家和民族利益——现代化的追求。从已经提高的改革思想和涉及的改革问题

---

* 本文原发表于《中国行政管理》1998年第1期。

看，这次政府机构改革无疑是一次具有全面行政改革性质的改革。

毫无疑问，在过去的20年里，由于坚持"一个中心、两个基本点"的国策，高举邓小平"有中国特色的社会主义理论"的旗帜，我国已经取得了历史性的进步，但与世界先进国家相比较，我们还存在历史性的差距。在即将进入21世纪的时候我们可以清楚地看到，经过20年的高速增长，我国粗放经济的能量已经基本释放完毕。随着我国在市场经济的基础上全面推行可持续发展战略，随着我国社会生活的丰富化、多元化，我国旧的政府管理模式与新的市场经济、新的社会生活之间的深层次的矛盾已经浮现并日趋尖锐化。在此意义上可以认为，政府全面行政改革已经成为下一个世纪初期我国实现可持续发展的最大的历史性诉求。本次改革就是在我国全面实行社会主义市场经济体制、实行经济增长方式转变、实行经济发展战略调整的新的历史条件下，集中进行的一次具有相当广度和深度的政府行政改革。其根本的历史意义和现实意义就在于通过调整国家政治上层建筑以适应市场经济基础、通过调整生产关系以进一步解放和发展我国的社会生产力。这次改革涉及的问题甚多，限于篇幅，本文主要从理论的角度分析本次改革的背景、特点、难点和条件。

一、改革的大背景

从总体特征上看，这次改革在客观情境上是在国内外若干巨大挑战的背景下展开的，在主观认识上则表现为中国党和政府对这些巨大挑战的认知、理解、把握以及相应的主动进取的政策应对。以卓越的政策应对为转化力量，这些挑战同时构成了我国实现新的历史飞跃的机遇。概括起来，这次改革面临的巨大挑战主要集中在六个方面：

挑战之一：政府管理面临挑战。这种挑战表现为政府传统的管理理念、管理思想、管理原则、管理职能、管理体制、管理方式、管理手段与社会主义市场经济发展的矛盾日益突出，与现代社会发展的矛盾日益突出，出现和形成了政企不分、市场在资源配置中的基础作用受到妨碍，依靠行政手段管理经济和管理社会、政府不应该地成为责任和事务的矛盾焦点，政府机构庞大、人浮于事的状况助长了腐败，加重了国家财政负担等等直接与政府管理相关的不良现象[①]，以至于如果不加紧进行自身的改革，政府有可能成为自己倡导和推动的市场经济的障碍物或对立物。1992 年中国共产党第十四次代表大会提出了建立社会主义市场经济体制的理论和任务，市场被定义为我国经济体制的主要形式；1997 年中国共产党第十五次代表大会进一步提出了以调整所有制关系为基础、以资本为纽带发展市场经济的理论和任务。至此，市场与市场主体均已成型，其合法的结合明显推进了我国市场经济的发育，而市场的进一步完善，则要求全面建立以公平竞争、等价交换为基础的市场规则，进而要求政府进一步转变职能，退出市场竞争，在经由了政府控制经济（计划经济）、政府主导经济（双轨制）的历史阶段之后，加速走向政府宏观调控经济（市场经济），回归凌驾于社会之上的公共权力主体的地位；要求政府加快转变管理方式，变微观管理为宏观管理，变直接管理为间接管理，变单一管理为多元管理，变过程管理为目标管理，变自为行政为依法行政。否则，由于政府职能和政府管理方式的转变滞后于市场经济的发展及其连带的社会进步，我国经济、社会发展的活力和后续力将因此受到禁制。

挑战之二：国有企业面临挑战。统计资料显示，"八五"期间，仅由国家财政支付的企业亏损补贴就高达 2060.48 亿元，相当于同期国家财政支出的 7.1％[②]。即使如此，相当多的国有企业生产和经营仍然陷入了困境[③]，事实上已经丧失了进一步发展的活力，丧失了基本的生存能力。随着政府以市场原则为指导进一步调整财政政策和进一步深化金融体制改革，大量与国计民生无重大关系的国有企业，将不大可能继续获得政府的保护，不大可能继续无条件地占有国家资源，破产、兼并、改制是不可避免的。随之而来的大量下岗和失业劳动力及其相关人口，将造成严重的社会问题。这无疑对政府提出了严峻的考验。国有企业改革因此成为新一届政府的主要改革任务之一。

挑战之三：金融体制面临挑战。金融是后发展国家融入世界经济体系、借助国际资本加速实现现代化的有效的途径之一，但如果政府

① 罗干：《关于国务院机构改革方案的说明》，载《人民日报》1998 年 3 月 6 日。
② 苏明：《中国财政支出管理透视》，载《瞭望》1998 年第 4 期。
③ 罗干：《关于国务院机构改革方案的说明》，载《人民日报》1998 年 3 月 7 日。

金融政策失当，其后果可能是灾难性的。东亚金融危机对我国的主要的警示在于：(1) 畸形发展的金融业是产生泡沫经济的温床之一。诸如超前开放资本市场，银行存贷利率过高，外债借贷失控、外债数额过大且与国家外汇存底不成比例、短期贷款在国际借贷中比重过大，紧盯美元的区间浮动汇率制实施时间过长且缺乏应有的弹性，债券市场开发过晚且债券在整个资本市场所占比重过小，资本结构、信贷结构、外资结构明显不合理，资本流向过于集中于股票、房地产等投机性较强的领域，金融机构不良资产存量过大等，都是形成金融危机的诱因；(2) 政府金融政策超前或滞后、金融监管失力是导致金融危机的基本原因之一；(3) 金融改革的难度和风险均比较高。日本从 1991 年泡沫经济破灭后历经七年，至今仍然没有完成金融体制的改革，可见全面的金融体制改革之难。经过比较不难得出结论，上述诱发东亚国家金融危机的大部分因素都是我国金融体制的现实问题。长期以来政策驱动和疏于监管所造成的盲目投资和重复建设，已使我国国有银行积累了大量的不良资产，爆发金融危机对我国而言是一种严重的现实威胁[①]。金融体制改革因此成为新一届政府的又一项主要的改革任务。

挑战之四：国际竞争力面临挑战。由于我国政府承担与大国地位相称的国际责任，在东亚爆发金融危机、继而日元急剧贬值之后承诺人民币不贬值[②]，支撑我国出口的劳动密集型产品的输出正面临激烈的国际竞争，随之而来的出口减少将导致国内开工不足，“出口导向型”经济增长战略因此面临巨大挑战。为此，政府提出了在今后三年投资 7500 亿—10000 亿美元扩大基础设施建设，开发国内市场，通过国内市场扩容实现可持续发展战略的新的经济发展战略。这意味着我国经济增长战略的重大调整，即由出口导向型的经济增长战略转向了出口导向与开发内需并重的经济增长战略。新的经济增长战略最终是否可以顺利地实现预期目标，既取决于政府新的经济思想和经济政策的系统化，更取决于政府贯彻执行新的经济思想和经济政策的意志力和能力。在投入巨额增量资金开发基础设施的条件下，政府面临的问题主要集中在两点上：(1) 在推动经济增长的同时如何继续有效地防止

① 罗干：《关于国务院机构改革方案的说明》，载《人民日报》1998 年 3 月 6 日。

② 于青：《日元汇率持续大幅贬值》，载《人民日报》1998 年 6 月 16 日。

扩大投资—经济过热—调整—萎缩的不良循环现象；(2)是否能够通过投资融资体制的改革，有效地处理长期以来存在的重复投资、无序投资、非理性投资、非制度化投资、恶意投资等不良投资融资现象，避免国有资本的进一步的闲置和浪费，避免国有资本的无增值、无效益的投入。[①]

挑战之五：国家和民族的文明进步面临挑战。当代人类社会的发展进步的主流特征可以用三句话概括，即信息化社会的时代已经到来，知识经济的时代已经到来，经济全球化的时代已经到来。由数千年的农业文明、数百年的工业文明到现今的知识信息文明，人类社会进步的节律已由算术级数转变为几何级数，发展的性质、内涵和能力较之农业文明和工业文明已经不可同日而语。这就要求我国政府必须加快自身的改革，全面提高政府及其官员的素质，全面增强政府的能力及其有效性，进而引导和推动我国社会的全面进步，迎接21世纪的挑战。

挑战之六：国家财政面临挑战。我国财政的非生产性支出是惊人的。非生产性支出的膨胀是造成国家财政赤字的主要原因之一。统计表明，我国财政支出的快速膨胀与财政赤字的快速膨胀存在着正相关关系："六五"期间我国累计财政赤字约80亿元，"七五"期间增至585亿元，"八五"期间猛增至1945亿元，而1996年全国财政支出比1991年增加了4500多亿元，其中1993—1996年期间平均每年支出增幅高达1000亿元。与此同时，截至1996年底，我国财政供养人员总数已达3673万人，比1978年增长了82.3%，大大高于同期我国总人口的27.1%的增长幅度，财政供养人口已经占到全国人口总数的3%，即每30名国民就要供养1名由国库开支的行政事业人员，创下了历史的最高点。[②] 在总量上，每年近2000亿元的行政事业开支，已经占到了国家财政收入的40%。[③] 国家财政因此不堪重负，并因此严重影响到经济建设投资和社会保障投资。

以上六个方面的挑战，实际上构成了我国六个方面的深层次的矛

---

① 罗干：《关于国务院机构改革方案的说明》，载《人民日报》1998年3月6日。

② 苏明：《中国财政支出管理透视》，载《瞭望》1998年第4期。

③ 《小政府大社会渐成呼声，改机构革旧弊不可逆转》，载《中国改革报》1998年2月24日。

盾。及时、有效地解决这六个方面的矛盾，是实现我国可持续发展战略的前提条件，而要及时、有效地消除这六个方面的隐患，政府自身首先必须进行整体性的改革。换言之，行政改革的直接目的，在于全面提升政府的三个方面的能力：正确地制定和有效地执行公共政策的能力，综合实施社会公共行政管理的能力，向公众全面提供公共服务的能力。可以预计，随着我国各项改革的深入进行和我国发展水平的不断提高，政府的这三个方面的能力及其有效运用，将很快会成为实现我国行政改革中期目标的主导矛盾。这就要求我们加快各级政府自身改革的步伐，进而以卓越的政府公共政策和公共行政管理迎接21世纪的挑战。从这个意义上说，这次行政改革的成败，将直接关系到我国各级政府公共政策能力和公共行政管理能力的提高与否，进而关系到我国可持续发展战略的实现与否，关系到我国社会的全面进步，关系到我国建设现代化国家的历史进程。在九届人大一次会议通过国务院机构改革方案之后，本次改革已经进入实施阶段。

二、改革的新特点

从加快建立现代政府和现代国家的意义上说，这次改革是一次思路清晰、目标明确、成果期望值高、具有一定的整体性和系统性、具有一定的原创性和飞跃性、力度较大的改革。与以往的政府机构改革相比较，这次政府机构改革有着一些新的、显著的特点：

特点之一：力度大的改革。改革开放以来，国务院分别于1982年、1988年、1993年进行过三次政府机构改革。本次是第四次。相比之下不难看出，本次改革的动作和力度是历次政府机构改革最大的。这可以从三个方面来看：

(1) 国务院组成部门精简幅度大。1982年的改革，国务院机构(部委机构、直属机构、办公机构)在总量上由100个减至60个，减少了40%，但其中国务院的组成部门序列由52个减为43个，减量为9个，减幅为17%;1988年的改革，国务院的组成部门由45个减至41个，减量为4个，减幅为9%;1993年的改革，国务院的组成部门由41个减至40个，减量为1个，减幅为2%。这次改革，国务院的组成部门由40个减至29个，减量为11个，减幅为27%[①]。可见，这次国务院组成序列的精简幅度是1982年以来历次政府机构改革中比例最高的一次。

（2）国务院行政单位人员精简幅度大。这次政府机构在精简机关干部人数方面的目标是明确的，即各级政府机关编制总数减少一半，三年完成。1982年的机构改革，国务院实际的人员减量约为12000余人，即由51000余人缩减到39000余人（其中6000余人划转企事业单位），减幅为25%；1988年的机构改革，国务院实际减量9700人，即由（52000人缩减到39000余人），减幅18%，其中行政编制减量4900人，即由47000人缩减到39000余人（同时核准了6000多人的行政附属编制），减幅10.3%；1993年的机构改革，国务院实际减量7400，即由37000人缩减到29600余人，减幅20%[②]；这次机构改革计划减量16000左右人，即由31000人缩减到15000人左右，减幅50%，实际减幅47.5%，若减去新增设的国防科工委、纺织、轻工、有色金属工业局、知识产权局新增的编制数，精简一半机关人员的改革目标基本实现[③]。可见，这次国务院精简幅度也是历次政府机构改革中比例最高的。同时，国务院各部门内设的局级机构减少了200多个，减幅达25%[④]。

（3）工业经济专业管理部门裁并幅度大。政府与企业的关系是决定我国市场经济进一步发展与否的关键性因素之一。在政府与企业的相互关系中，政府无疑是矛盾的主导方面。政企分开在我国提出了多年，事实上也有一些进展，但根本问题并没有得到有效的解决。各级政府仍然在直接和多方面地管理企业。企业“自主经营、自负盈亏、自我发展、自我约束”的独立法人地位、权力和责任因此无法得到应有的体现和保证，我国市场经济的进一步发展因此受到制约。据此，为了进一步把企业推向市场，进而完善和发展我国的市场经济体制，推动我国国民经济的可持续的发展，这次政府机构撤销了政府中机械部、

① 新华社：《国务院机构改革方案》，载《人民日报》1998年3月11日。

② 张国庆：《当代中国行政管理体制改革论》，吉林大学出版社1994年版，第81—109页。

③ 新华社：《朱镕基主持国务院第二次全体会议，国务院机构改革迈出重要步伐》，载《人民日报》1998年6月22日。

④ 同上。

煤炭部、化工部、电力部、电子部、轻工总会、纺织总会、石油天燃气总公司、石油化工总公司等主管工业经济的专业管理部门[①]。由此可见，中国党和中国政府通过政府机构改革进一步完善和发展市场经济，进而为国民经济的可持续的发展开辟道路的决心。

特点之二：时机选择合理的改革。这次机构改革是在国民经济发展势头良好、国家经济实力较前雄厚、社会政治稳定且承受能力增强等有利宏观条件下启动的。[②] 此外，下述条件对改革亦是十分有利的：

(1) 理论基础和社会基础。这次政府机构改革是在1997年中国共产党第十五次代表大会提出了产权改革的理论和任务、持续多年的国有企业改革进入重要的历史阶段的时期进行的。这里存在三个方面的意义：①在理论和实践上人们都已经明确，以调整产权关系为基础、以资本为纽带进行改革，是国有企业获得生机和活力的唯一途径；②政府是国有资产的代表者。国有企业的产权改革和保值、增值是艰巨、复杂的工作。为了防止国有资产的闲置、浪费和流失，各级政府必须承担起调整国有企业产权关系的责任，同时承担起对国有企业保值、增值的监督责任；③为了加快进入已经到来的信息时代和知识经济的时代，为了适应与我国的历史性进步伴生出现的社会生活的丰富化、多元化，政府必须大大强化公共服务的功能及其有效性。这一切都要求我国各级政府通过行政改革，将自身塑造成为具有前瞻力的、强大的、开明的、理性的、自律的政府，进而继续承担推动中国社会快速发展的历史责任。由于这些理论或思想获得了中国社会主流的认同和响应，从而为大规模的政府行政改革提供了坚实的理论基础和社会基础。

(2) 东亚金融危机的冲击。政府在金融市场全球化之后没有及时跟上经济迅速增长所带来的变化[③]，政府公共政策的滞后、失误以及缺乏足够的前瞻性，政府公共行政能力的走低、弱化以及缺乏足够的坚定性，是造成东亚金融危机的主因。具体表现为政府的汇率政策滞后、金融监管政策失控、宏观经济政策失调、产业政策走偏等。可以认

---

① 罗干：《关于国务院机构改革方案的说明》，载《人民日报》1998年3月6日。

② 同上。

③ 《东亚可望两三年内摆脱危机——新加坡内阁资政李光耀谈亚洲金融危机》，载《参考消息》1998年3月9日。

为，这次金融危机在本质上是一次政府公共政策的危机、政府公共事务管理的危机。这次危机的产生和发展，在直观原因上表现为东亚各国政府对这次金融危机的到来及其严重程度普遍估计不足，以至于在危机爆发前没有通过及时和有效的公共政策提前释放危机的能量，避免危机的全面爆发，在危机爆发后又未能通过连续和坚定的公共政策抑制危机的扩大化，减少危机的损失。如前所述，导致东亚金融危机的大多数因素在我国都是现实的问题。因此，通过主动的、强有力的政府政策导向和政策规制，提前防范和化解可能出现的金融危机，进而改造金融体制，使之适应金融市场全球化的趋势，是我国政府必须面对的、刻不容缓的重大政策问题，而问题的有效解决有赖于政府自身的公共政策能力和公共行政能力的提高。东亚金融危机和对发生类似金融危机的警醒，从客观和主观两个方面为我国启动整体性的政府行政改革提供了契机。

(3) 政府机关工作人员的理念认同和心理承受力。为了实现可持续发展战略，尽快实现国家的现代化，改革将继续深入进行，这是执政党和全国人民的共识；建立高效、自律的政府，则是我国政府公务员的共识。经过 1982、1988、1993 年的政府机构改革，我国政府机关工作人员的理念认同水准和心理承受能力均有了一定程度的提高。又由于过去二十年的发展大大扩展了我国国民择业的空间，同时，持续的改革的思维极大地改变了国民(包括政府官员)的择业观念，这就使得政府官员和国民较之过去更能接受为改革而进行必要的人员精简。

特点之三：制度创新的改革。这次政府机构改革内蕴着较为深刻的制度创新的思想和一些制度创新的举措。在这里，制度创新主要是指从我国的国情出发，根据一定的理念和原则，对政府及其功能重新进行制度安排，包括对政府与政府外主体的关系、政府机构之间的关系、不同层级政府之间的关系做出必要的调整，对政府的行政权限、管理职能、行为方式、工作制度以及与之相适应的机构设置、人员编制、工作流程、财政预算、行政责任等进行再审视、再设计、再组合、再定位，进而通过新的制度安排，再次构建政府的公共行政管理体制，即有中国特色的行政管理体制。制度创新的目的，在于使政府行政管理体制适应社会主义初级发展阶段的需要，适应完善和发展社会主义市场经济的需要并成为其中的主导力量，进而有效地推动我国社会经济的发展，同时使政府成为维护社会公正的权威之一①。这次政府机构改革制度创新的主要举措表现在：

（1）创立了国家局制度。为了兼顾改革的彻底性、有效行与过渡性、可行性的需要，本次改革在政府机构的设置上专门设立了由国务院宏观经济调控部门托管的国家局，即把原国务院工业经济专业管理部门全部降格转换成为国家经济贸易委员会下设的机构，同时对其职能做出了新的、明确的定位。这样，既大大推进了政企分开，又兼顾了社会的承受能力，包括我国的市场经济尚不完善、政府还不能立即放弃某些职能的现实情况，同时理顺了政府内各部门的职能关系，有助于克服多头管理、政出多门的不良管理现象。

（2）设立和加强了公共服务机构。这次政府机构改革在撤消全部工业经济专业管理部门的同时，明确提出了加强政府的公共服务职能的理念和任务，并为此设立了劳动与社会保障部、国土资源部、信息产业部等新的职能机构，同时设立了由总理主持的高层次的教育科技领导小组②。就政府的基本社会职能而言，政府就是为公众、为社会提供公共产品、发展公益事业的公共服务机构，政府公务员因此称为公仆。这次政府机构改革明确提出、设定和强调政府的公共服务职能，直接体现了政府的行政理念的丰富化，体现了政府职能的进一步转变，即由直接管企业、管生产和分钱、分物“转变到宏观调控、社会管理和公共服务方面来”③，体现了政府行政管理方式的现代化。

（3）建立了稽查特派员制度。稽查特派员是这次政府机构改革的制度创新的重要举措之一。通过建立稽查特派员制度，这次政府机构改革可以同时实现两个方面的目标：一方面，通过选调一部分坚持原则的部、局级领导经过业务培训，组成驻国有大中型企业的特派员办公室，可以大大减轻政府人员分流、尤其是领导干部分流的压力；另一方面，通过建立稽查特派员制度，探索在市场经济的条件下，如何以资本为纽带，形成国家与国有企业关系的新模式。新模式的核心问题，在于形成既不干涉国有企业正常的经营活动，又能监督企业的资

---

① 张国庆：《论我国行政改革的主要矛盾与中期目标》，载《中国行政管理》1997年第7期。

② 罗干：《关于国务院机构改革方案的说明》，载《人民日报》1998年3月6日。

③ 同上。

产运营和盈亏状况，进而在积极的意义上保证国有资产的保值、升值。另外，由人事部承办国务院监管的大型企业领导人及稽查特派员的任免事项，也是关于大型企业领导人新型奖惩任免机制的制度创新的重要举措①。

特点之四：整合的改革。就内部关系而言，这次改革实际上是一次以政府机构改革为中心、广泛涉及行政理念、行政思想、行政体制、行政管理方式，涉及政府公共政策能力、公共行政管理能力、公共服务能力及其有效性，涉及政府公务员队伍建设以及政府及其官员自律等一系列问题的较具系统性的行政改革。就外部关系而言，这次改革则直接与经济体制改革、社会管理体制改革紧密相连，进而与发展问题紧密相连，从而在更高的层面上表现出了系统的改革思想。

(1) 政府机构改革与多项改革互动。新一届政府同时和明确提出了“一个确保、三个到位、五项改革”的任务，即确保国民经济的年增长率达到8％、通胀率小于3％，国有企业改革、金融体制改革、政府机构改革到位，粮食流通体制、投资融资体制、住房制度、医疗制度、财政税收制度实施改革②。其中，政府机构改革是前提性的。这是因为，政府是矛盾的主导方面。国有企业的进一步市场化、国有银行的进一步商业化、国民福利保障管理的进一步社会化，都需要政府首先进一步转变行政观念和行政职能，提高政府能力，进而通过制定和执行公共政策有效地加以推动；而各项改革任务的推进，又会为政府改革创造必要的外部条件，从而形成良性的交互影响的循环过程。上述改革任务的提出，表明政府形成了明确的辩证改革观。

(2) 政府机构改革与完善和发展市场经济互为因果。如前所述，完善和发展市场经济是我国的既定国策，而要进一步完善和发展市场经济，政府首先必须改革自身，进而为完善和发展市场经济创造不可或缺的条件。在政府与市场的关系方面，这次政府机构改革明确概括和提出的改革目标主要集中在三个点位上：其一，政府直接干预企业的生产经营活动，并连带产生投资责任不清和决策失误的弊端；其二，市场在资源配置中基础作用难以得到发挥的弊端；其三，政府主

① 宋德福：《勇于探索、深化改革》，载《人民日报》1998年4月6日。

② 《朱镕基总理答中外记者问》，载《人民日报》1998年3月20日。

要依靠行政手段管理经济的弊端[①]。这些正是我国政府与市场的不良关系的主要问题。

(3) 政府机构改革与实现可持续发展战略并重。这点与下一部分合并讨论。

特点之五：目标明确且期望值高的改革。可以这样理解这次政府机构改革的逻辑过程：通过系统的政府机构改革同时实现两个方面的直接目标：在进一步转变政府职能、改变政府与企业、市场、社会、公众关系模式的同时，全面提高自身能力；在实现这两个目标的基础上，实现可持续发展战略，推动中国社会的均衡发展。为此，这次政府机构改革十分强调政府能力的整体性提升和政府公务员素质的全面提升。其具体目标是[②]：

(1) 高效、协调的政府。由于长期承担了过多的社会责任，也由于政府机构庞大、职能重叠，我国各级政府的行政效率长期不能尽如人意。为了有效解决这些问题，这次政府机构改革除了大幅度裁并政府机构和减少政府机关人员外，还锐意清减了政府职能，调整了政府部门职能。经过改革，交转企业、社会中介组织和地方的职能多达200余项，部门间转移的职能多达100余项[③]。

(2) 行为规范、廉洁的政府。行为规范、廉洁的政府，就是依法行政的政府。依法行政是自为行政和不法行政的反称。在我国，变自为行政为依法行政，即由自以为是的政策和管理方式甚至“不法行政”转变为依据法律、依据党和国家的方针政策实施公共行政管理，还有许多的工作要做。诸如无视政策、曲解政策、另立政策的“政策病”[④]一类的不良行政行为还多见于各级政府、主要是各级地方政府的行政行为之中。在社会主义市场经济的历史条件下，利益的多元化、区域化、集团化、个体化是难以避免的。为了确保公共行政权力主体即各级政府及其行政行为的公正性、客观性、规范性、稳定性、超然性，在思想上、理论上重视依法行政，在制度上、政策上强化依法行政既是这次政府机构改革的基本目标之一，也是政府管理法制化、现代化建设的长期

---

① 罗干：《关于国务院机构改革方案的说明》，载《人民日报》1998年3月6日。

② 同上。

③ 《朱镕基主持国务院第二次全体会议，国务院机构改革迈出重要步伐》，载《人民日报》1998年6月22日。

④ 孙燕：《“政策病”不治不行》，载《报刊文摘》1998年7月6日。

目标之一。为了从制度上为建立行为规范、廉洁的政府创造有利的条件，与政府机构改革相一致，政府启动了投资融资体制和“费改税”等一系列与规范、廉洁直接相关的体制改革。

(3) 专业化的公务员队伍和有中国特色的行政管理体制。政府公务员是一种职业，但是否是一种专业，在我国长期是一个较为模糊的概念。“万金油”常常是政府公务员的代名词。这次政府机构改革明确提出，通过开发人力资源、充分发挥机关人员的潜能，进而优化机关公务员队伍和基层工作人员队伍的结构，逐步建立起一支适应多方面需要的专业人才队伍，是政府既定的战略举措①。这就为今后全面提高我国各级政府公务员的素质、建立专业行政队伍奠定了理论和政策基础，同时为建立具有中国特色的行政管理体制提供了条件。

特点之六：过渡型的改革。这次政府机构改革表现了强烈的改革意愿、丰富的改革思想和系统的改革举措，并因此昭示着我国政府行政改革进入了一个新的历史阶段。但这次改革仍然是过渡性的，改革的直接目的只在着力解决目前突出的矛盾②。随着我国市场经济的逐步完善，进一步的行政改革是必然的。

(1) 工业经济专业管理部门尚存。工业经济专业管理部门退出政府组成序列，转由国家经贸委管理，是在目前发展阶段上的一种具有制度创新意义的政府管理体制的安排。随着市场经济的完善和发展，由工业经济专业管理部门转变而来的国家局将逐步失去继续存在的必要性。

(2) 缺乏关于行政改革的系统的理论阐释。这次政府机构改革有着清晰、准确的政策宣示、政策举措、政策规范、政策界限，但缺乏关于改革的系统的理论阐释。这种理论直接表现政府及其改革的基本的价值取向和价值标准，包括关于政府的职能、组织构成、行为方式的阐释，关于政府与市场、政府与社会、政府与公众关系模式的定位，关于改革的性质、原则、条件、依据、目标、对象、范畴、计划、方式、评价体系的说明，关于改革前景的预测等。因此，关于改革的某些问题事实上长期处于较为模糊的状态，譬如，确定我国各级政府机关公务员人数

① 《朱镕基主持国务院第二次全体会议，国务院机构改革迈出重要步伐》，载《人民日报》1998年6月22日。

② 罗干：《关于国务院机构改革方案的说明》，载《人民日报》1998年3月6日。

的主要依据是什么，是人口基数，还是面积基数，或其他标准。再譬如，确定各级政府公务员工资水平的依据是什么，是国民生产总值、还是人均国民收入，还是国民经济增长速度，或是综合计算。为此，实行开放式的改革，充分利用“外脑”，较为广泛地吸收政府体制外的专家学者参与改革的全过程是必要的。应当说，缺乏关于行政改革的系统的理论阐释，是导致我国历次行政改革精简—膨胀—再精简—再膨胀怪圈现象的主要致因之一。

(3) 缺乏关于改革的明确的考量标准。行政改革是一项复杂的系统工程，其中不可避免地会涉及诸多的变数和错综复杂的关系。对这些变数和关系的不同理解，常常会导致对改革的不同判断和对改革成果的不同评价。由于行政改革具有完全的“公共”性质，因此，关于行政改革的评估标准必须坚持政府自我评价与社会公众评价的统一，并且以社会公众的评价为主。这就提出了一个建立符合我国国情的、关于政府改革的系统评价体系的问题。

三、改革的主要难点

一切政府改革都不可能不涉及公共行政权力关系的调整或改变，都不可能回避公共利益关系的调整或改变。由于本次改革广泛涉及复杂的权力关系、利益关系以及其他众多的变数，因此，改革的难度与改革的预期等高。

难点之一：转变行政观念难。从一定的意义上可以认为，一切行政改革的最大的难点莫过于行政观念的转变。因为，行政观念的转变是一切行政改革的前提。在这里，行政观念的基本问题在于公共行政的应然性质，其中包括了关于公共行政的理念、理论、思想、方法、技术等诸多的观念范畴。例如，政府应该承担哪些责任不应该承担哪些责任？政府有哪些权力没有哪些权力？政府应该通过什么程序、什么方式实施公共行政管理而不应该违背什么程序、使用什么手段实施公共行政管理？与此相联系，转变行政观念的主要问题就是从我国的国情出发，同时借鉴世界各国成功的公共行政管理经验及其规律性，具有前瞻性地逐步建立起具有中国特色的、较为先进和系统的行政思想和行政理论；具体说来，就是根据我国社会发展进步的客观诉求，不断校正和确定政府在广泛的经济生活、政治生活、社会生活、文化生活中的角色定位和角色规范的问题[①]。从我国现实的情况来看，进一步明确区分公法与私法意义上的政府的权利与义务，从私法的意义上树立官民平等的行政观念，进而克服“政府中心论”和“官本位”以及“自为行政”的观念，是政府行政改革的主要难点之一。

难点之二：恰如其分地处理集权与分权存在的悖论难。现代市场经济是建立在一定规则基础上的自由竞争的经济。它要求承认和保护“自主经营、自负盈亏、自我发展、自我约束”的独立的经济法人主体，要求承认和保护合法市场主体的正当的市场行为，要求承认和保护以利益为导向的社会价值标准和个人的劳动所得，要求承认和保护公平竞争、等价交换、商业信用等基本的市场原则，要求承认和确立第三者权威仲裁的法律制度，并要求政府依据这些原则制定和执行公共政策[②]。

迄今为止，从后发展国家实现现代化的经验来看，后发展的国家在现代化起步的时候，由于不存在政府与市场分离的社会性结构，因此，从一开始就面临着一种两难的抉择：“一方面，它得运用权威推行现代化改革，另一方面又得适时地建立一种新控制体系法制，这就意味着自己去削弱自己的权威”[③]。换言之，单一制后发展国家至少在现代化进程的初期，政府的公共权力存在着一种集权与分权的悖论：一方面，政府需要足够的权力推动市场经济的完善和发展，推动自上而下的政府系统的改革，进而推动国家的以经济发展为基础的整体进步；另一方面，政府又必须为了实现前一个目标而充分调动各方面的积极性，并为此向企业、社会、公民分权。这意味着，政府需要根据国家发展的进程，准确地判断集权与分权的利弊，及时地调整集权与分权的尺度，同时满足集权与分权的双重需要。例如，根据什么标准确定国家垄断行业？国家垄断的比例应有多大？

难点之三：改变国民、包括政府官员关于政府的社会责任观难。由于我国在较长的一个历史时期实行计划经济体制，以至于生成了这样一种较为普遍的社会观念：即政府应当并且能够对一切负责。在国

---

① 张国庆：《论我国行政改革的主要矛盾与中期目标》，载《中国行政管理》1997年第7期。

② 张国庆：《依法行政——兼论社会主义市场经济条件下的政府职能》，载《北京大学学报》(政治学与行政管理学专刊)，1995年。

③ 〔美〕兰比尔·沃拉：《中国：前现代化的阵痛——1800年至今的历史回顾》(廖七一等译)，辽宁人民出版社1989年版，第4页。

民的观念形态上，政府承担着过于广泛而沉重的道义责任、经济责任和社会责任。在完善市场经济体制的历史进程中，这种观念仍然没有得到根本的改变，以至于政府似乎必须为几乎所有失去工作的人提供新的工作机会，提供医疗保障，提供退休金，提供住房，提供……仅就中央政府的人员分流而言，中央政府拟提供8000个就学名额，约占分流总数的一半，并在三年内由政府全额提供工资及一切待遇①。若各级地方政府参照执行，改革的成本是可想而知的。

难点之四：大幅度精简人员、尤其是精简地方政府人员难。本次政府机构改革关于精简人员提出的目标是在今后三年内将“机关干部编制总数的减少一半”②。这意味着，我国各级党政机关现有的约800万机关工作人员将有约400万要离开机关③。一般而论，不同的社会失业和就业群体存在着连动关系。目前，即使不计农村剩余劳动力、不计隐性失业，我国的失业率已达7%④。如果再考虑到呼之欲出的行政事业单位的改革精简，不难理解，本次改革精简400万机关人员的目标其难度无疑是极高的。据此，可以认为，人员分流是本次政府改革的主要难点之一。

难点之五：机构改革与“五大改革”同期启动难。政府机构改革与“五大改革”即粮食流通体制改革、投资融资体制改革、住房制度改革、医疗制度改革、财政税收制度改革，无一不是积累多年、困难重重的问题，无一不是涉及广泛权力和利益关系的复杂的问题。这么多艰难、复杂的问题同期启动，无疑对新一届政府的认识、统筹、计划、执行、督导、监控等能力及其有效性提出了尖锐的挑战。

难点之六：在动态的过程中建立关于改革的共识难。根据历史的经验，由于价值取向和价值标准的差异，更由于利益的不同，在政府机构改革的某些原则问题和许多具体问题上，人们事实上很难形成一致的态度和立场。随着政府机构改革向纵深发展，分歧是难以避免的。如何使包括各级、各地政府及其公务员在内的各种社会群体，就中央政府提出的关于改革的政策规范建立共识，是各级各地政府必须

---

① 《两万公务员分流去“上学”》，载《报刊文摘》1998年7月6日。

② 罗干：《关于国务院机构改革方案的说明》，载《人民日报》1998年3月6日。

③ 何江涛：《国家体改委指出：机关干部应精简一半》，载《中国经济时报》1998年2月27日。

④ 《要多渠道安置下岗职工》，载《经济参考报》1998年2月7日。

解决的又一个重要问题。

四、改革的前提条件

按照生态行政学的观点，任何行政行为都是政府与其社会环境互动的结果。任何行政行为能否取得预期的政策效果，最终都取决于行政行为主体与其社会环境的动态交互作用的性质和方式。本次政府机构改革的相对顺利实施，取决于多种因素的交互作用，其中以下六个方面的因素是决定这次政府机构改革成功与否的前提条件：

条件之一 中国国家政治领导集团，在涉及政府机构改革以及延伸的党政机关改革、行政事业单位改革的问题上，能否形成共同的立场、一致的态度，并且在持续改革的过程中坚持既定的共同立场和一致态度。行政改革在性质上是典型形态的国家上层建筑的改革。由于我国具有强烈的单一制民族国家的历史传统，更由于我国实行政治领导核心制度和以中央政府为主的现实领导体制，因此，新中国成立以来我国历次行政改革均具有明确的自上而下发动和推动的方式特征，本次政府机构亦不例外。这样，改革的成功首先取决于国家政治领导集团在改革的全过程中，面对以利益为内核的多方面的诉求和压力，其始终一致的共同立场和一致态度。

条件之二 各级各地政府、各级各地领导干部对本次改革的理念和目标的正确的理解与认同的程度，进而形成与中央政府相一致的共同立场和一致态度的程度。“职能”和“效能”是本次行政改革的核心问题。本次改革的直接目标，仍在于转变政府职能，潜在目的则在于提升政府的公共政策能力和公共行政能力，表现为通过大幅度减少政府专业性经济主管部门实行政企分开，通过组合和加强综合经济部门提高政府对国民经济的宏观调控能力，通过组合和加强社会保障部门提升政府的社会公共管理能力和加强社会公共服务功能，通过大幅度减少政府机关人员减少行政开支、降低行政成本。从一定的意义上可以认为，本次改革最终是否能够实现预期的目标，取决于各级各地领导干部支持本次改革的认真程度和坚定性，取决于上级政府予以支持的力度，相应衡量本次改革是否实现预期目标的标准，也在于中央政府以下各级各地政府的改革是否到位。

条件之三 分流人员是否能够在各级各地政府的统筹安排下，在预定的时间内相对顺利地离开政府，较为顺利地走上新的工作岗位。这就要求关于人员分流的政策导向、政策标准和政策操作具有公开性和透明度，要求在“工作需要、群众参与、综合考评、组织决定”十六字方针指导下，为实现群众参与和竞争上岗而制定必要的规则、程序和形式。在这方面，具有公开性和透明度的决策及议事、办事的规则、程序和形式，可以成为新一届政府的新的行政理念、新的行政行为方式的新的起点之一。

条件之四 1998年以至今后三年，我国的各项改革以及连带的经济增长是否能够实现预期的目标，即朱镕基总理提出的“一个确保、三个到位、五项改革”的任务是否能在预定的时间内较为顺利地完成，其中尤以我国经济是否可以实现8%以上的年增长率最为重要。这是因为，国内生产总值每增加1%、第三产业每增加1%，分别可以容纳80万和130万劳动力就业。因此，确保经济增长速度对于创造良好的改革环境至关重要。

条件之五 通过什么样的方式最终确定和巩固本次改革的成果。新中国成立以来历次行政改革的成果，主要都是通过政策宣示的方式予以总结、政策规定的方式予以确定的，而任何政策都具有一定的随机性、不稳定性、灵活性、调改性甚至随意性。应当说，这是造成我国历次行政改革“精简—膨胀—再精简—再膨胀”怪圈现象的主要致因之一。按照依法治国、依法行政的立国原则，突出法律对政府行政改革乃至政府行政行为的规范作用，应是将我国各级政府建设引入法制化、规范化轨道的基本途径。可以考虑，在国务院机构改革完成之后，由政府提交《国务院组织法》、《行政程序法》、《行政编制法》等有关政府的法律，经由全国人民代表大会确定之后，用法律的形式明确和巩固过渡阶段改革的成果，并以此为下一步全面的行政改革奠定制度基础。

条件之六 国际形势是否能够有利于进一步的改革进程。经过持续不懈、卓越的外交努力，我国已经初步实现了没有直接“敌国”的良好的国际关系格局，并加速融入了世界经济体系。就我国与世界的紧密联系和相互关系而言，在今后的三年里，国际形势不发生不利于我国的重大变化，譬如，战争、新一轮的东亚金融危机或其他直接相关地区的金融危机等，是改革成功的重要外部条件之一。

论我国行政改革的主导矛盾与中期目标*

自1992年党的十四大提出行政管理体制改革的任务以来，按照“转变职能、理顺关系、精兵简政、提高效率”的十六字改革方针，我国各级政府针对“政企不分、关系不顺、机构臃肿、效率低下”等不良行政现象推出了一系列的改革举措，完成了县以上政府机构的改革，取得了行政改革的阶段性的成果。

第八届全国人大第四次会议通过的《中华人民共和国国民经济和社会发展“九五”计划和2010年远景目标纲要》(以下简称《纲要》)，确

---

* 原文发表于《中国行政管理》1997年第7期。

定了我国从现在开始至2010年的中期发展纲要，提出了通过“两个转变”实现可持续发展的发展战略，由此揭开了我国社会主义现代化建设的新的历史篇章。毫无疑问，这对我国各级政府提出了新的要求：通过科学合理、坚强有力且具有前瞻性的行政措施为促成行政发展—发展行政的良性循环，并在其中不断提升政府的公共行政能力，提升政府的公共政策的质量，进而在实现《纲要》目标的过程中发挥积极的、直接的、有效的、主导的作用。应当认识到，这是我国社会进一步的发展需要对我国各级政府提出的新的、更高的、历史性的客观诉求。

与《纲要》提出的发展目标相一致，我国行政改革的中期目标可以理解为：通过进一步转变政府职能、调整行政权力关系以增强国家的宏观调控能力，通过进一步精简和调整机构、改善行政行为方式、不断强化公共行政能力、提高公共行政效率和管理水平以加强政府的自身建设，进而逐步建立起与我国社会主义初级阶段发展水平相一致的、适应建立、完善和发展社会主义市场经济体制客观需要的、符合现代国家政府公共行政管理一般规律的、符合我国国情和具有中国特色的政府行政管理体制。我国的行政改革将是一个由行政发展到发展行政的循环往复的历史过程。其中，政府自身的改革是行政发展的基调，政府正确地制定和有效地执行公共政策的能力及其社会效应，即有效地推动社会的整体发展则是发展行政的主要内容。从我国近15年来的发展速率、发展规模、发展内涵和发展趋势分析，同时借鉴分析东亚“儒文化”圈国家和地区发展历程的共同特征，可以预计，随着我国各项改革的深入进行和我国发展水平的不断提高，发展行政很快将会成为实现我国行政改革中期目标的主导矛盾。这就要求我们加快各级政府自身改革的步伐，进而以卓越的政府公共行政管理迎接21世纪的挑战。要实现我国行政改革的中期目标，必须正确地认识和处理好下述问题，正确地认识和处理这些问题的过程就是改革的过程。

一、关于转变行政观念

行政观念的转变是一切行政改革的前提。在这里，行政观念的基本问题在于公共行政的应然性质，其中包括了关于公共行政的理念、理论、思想、方法、技术等诸多的概念范畴。例如，政府应该承担哪些责任不应该承担哪些责任？政府有哪些权力没有哪些权力？政府应该通过什么程序、什么方式实施公共行政管理而不应该违背什么程序、使用什么手段实施公共行政管理？在行政改革中期目标内，转变政府职能在一定时期内仍将是我国行政改革的主要矛盾，但随着时间的推移，提升和强化政府公共行政能力的重要性将会日渐凸现。与此相联系，转变行政观念的主要问题就是从我国的国情出发，同时借鉴世界各国成功的公共行政管理经验及其规律性，具有前瞻性地逐步建立起具有中国特色的、较为先进和系统的行政思想和行政理论。具体说来，就是根据我国社会发展进步的客观诉求，不断校正和确定政府在广泛的经济生活、政治生产、社会生活、文化生活中角色定位和角色规范的问题，这些问题概括起来主要涉及这样几个方面：

（一）行政性质

即政府是什么。在我国，政府是人民的政府，政府官员是人民的公仆。政府在性质上是全体国民经由人民代表大会授权、委托的国家行政机关。因此，维护国家的宪法和政治制度、全心全意为人民服务是我国各级政府及其官员的最高宗旨，也是我国各级政府及其官员根本的价值判断标准。除此之外，政府及其官员不得亦不应该有任何的群体、阶层利益甚至私利。在市场经济的历史条件下，强调这一性质对于实现我国行政改革的中期目标至关重要。

（二）行政目的

即政府为什么要做。从原则上说，行政目的涉及的基本问题是公平与效率的问题，即社会正义与社会发展的问题。在行政改革中期目标内，我国各级政府及其官员一切行政行为的出发点首先都应当是为了尽快地实现“两个提升”，即提升综合国力和提升国民生活质量。这是根本性的任务。与此同时，政府还必须充分兼顾社会的均衡发展，例如，普遍提高国民文化和道德素质问题、维护社会公平问题等等。

（三）行政职能

即政府应当做什么。在行政改革中期目标内，我国政府的基本职守在于根据我国社会的发展进步不断地正确制定和有效地执行各项公共政策，其中主要的政策范畴包括：（1）适时地制定和执行国民经济发展纲要和计划，包括经济发展的方针、方式、指标等；（2）适时地制定和执行经济发展政策，包括产业政策、科技政策、贸易政策、金融政策、税收政策、财政政策等，直接目的在于促进我国社会经济的快速和可持续的发展。其中，引导和推动国有资产企业的保值、升值是一项重大的任务；(3) 适时地制定和执行社会发展政策，包括退休养老政策、医疗保健政策、安全和保险政策、环境和资源保护政策、住房政策、物价政策等，直接目的是要在全面提升我国国民生活质量的同时，进一步实现社会公平。总起来说，政府的职能只在于社会管不了、管不好、不能管、不愿管的各类公共事务。

(四) 行政责任

即政府在法理和道德方面应为和不应为什么以及相应的惩戒。行政责任是政府及其官员因其公共行政权力的主体地位和公职身份而对授权者和法律及行政法规所承担的责任。行政责任与行政权力共生共存。按照行政通则，有多大的行政权力就应该有多大的行政责任。因此，在我国行政改革中期目标内，应当有计划有步骤地、全面公开地推行任期制、辞职制、弹劾制、惩戒制等行政责任制度。就行政责任的内涵而言，不勤政与不廉政同样是违背行政责任的。

(五) 行政行为方式

即政府通过什么方式履行行政职能。这一问题与转变行政管理方式问题合并讨论。

二、关于行政改革的方针

处于世纪之交的我国行政改革是一项复杂的系统工程。要有效、有序地完成行政改革的中期目标，必须正确地分析判断和处理好以下五个方面的关系：

(一) 行政管理体制改革与经济体制改革的相互关系

就其相互关系而言，体制改革是彼此关联、互为条件的，因此必须协调进行，以形成彼此之间的良性互动和支撑力。笔者认为，在未来的十五年内，以政府为主要对象的行政改革将是我国体制改革的主导矛盾。这是因为，行政改革是我国社会经济持续发展的必由之路，是现阶段我国政治体制改革的现实选择，亦是我国政府从行政发展走向发展行政的唯一途径。

（二）中国行政改革的独特性与现代国家政府行政改革一般规律的关系

不言而喻，现代国家的行政制度和政府行政改革是存在一定规律性的。譬如，谋求提高行政效率、提高政府公共政策的能力以及加强政府公共行政管理的有效性，通常构成了现代国家政府行政改革的直接目的，简缩政府公务人员和政府开支则是一种世界性的行政改革现象。但是，必须同时看到，现代国家的行政制度是存在着较为明显差别的。譬如，在政府与企业、政府与市场的关系上，迄今为止已有所谓美英式的“盎格鲁撒克逊模式”、德意志式的“莱茵模式”和以东亚国家和地区为主的“亚洲模式”，而不同的模式有着不同的特点。进一步说，由我国具有中国特色的社会主义制度所决定，我国必须构筑独特的行政制度，并为此制定和实施符合国情的行政改革方略。譬如，我国的行政改革必须在党的领导下进行，必须广泛吸收社会各界的参与等等。

（三）行政改革的广度、深度及其历史效应与改革的有效性、阶段性及其发展过程的关系

十一届三中全会以来，我国进行的各项重大改革都是有着深刻历史内涵的改革。随着改革的深入进行，我国社会已经、正在和将要进一步发生深刻的变化。但应该清醒地看到，已往的改革是艰难的、沉重的，付出的代价是巨大的；随着改革的深入，我们将不可避免地会面临许多深层次的、困结点性的矛盾和问题，改革的任务将进一步艰巨化和复杂化。对于下一阶段的改革，尤其是涉及行政体制和政治体制改革的问题，我们的态度必须坚决但行动必须慎重。有计划、有步骤、分阶段的“渐进式”改革应当是我们的基本方针。新中国成立以来的实践一再证明，试图“毕其功于一役”式的突进，其实践效果一定会事与愿违。“度”在这里具有重要的甚至是决定性的意义。

（四）行政改革的有序性、阶段性、程序性与各地区各部门的差异性、丰富性、首创精神的关系

我国是单一制的国家。毫无疑问，维护中央政府政令的统一具有特殊重要的意义。但我国幅员广大、人口众多，发展不平衡历来是我国的基本国情之一。这就要求我们在遵从中央政府关于改革的基本原则和基本方针的前提下，从各地的具体情况出发研究问题、解决问题，提出和制定适合本地区的具体的改革方案。

(五) 改革成效的自我主观评价标准与社会客观评价标准的关系

如前所述，行政改革是一项复杂的系统工程，其中不可避免地会涉及诸多的变数和错综复杂的关系。对这些变数和关系的不同理解，常常会导致对改革的不同判断和对改革成果的不同评价，由于行政改革具有完全的“公共”性质，因此，关于行政改革的评估标准必须坚持社会客观评价的标准。在我国，这一标准主要包括三个方面：其一，是否有利于国民经济的健康、持续的发展；其二，是否有利于国家的政治稳定和社会祥和；其三，是否有利于国民生活质量的普遍提高和社会的均衡发展。

三、关于转变行政管理方式

为了进一步形成市场在资源配置中的基础作用，实现“两个转变”，实现可持续健康发展的战略，我国各级政府必须较为迅速地转变公共行政管理方式。其中，以下四个方面行政管理方式的转变势在必行：

(一) 变微观管理为宏观管理

主要在经济生活和社会生活领域里，政府由具体包揽几乎一切事务转向宏观性、战略性和政策性的导向和指导，政府的主要经济职能转变为制定发展战略和发展规划，同时制定和监督市场规则。

(二) 变直接管理为间接管理

凡可以或可能不由政府直接管理的事务均可以逐步交由非政府主体管理。政府当然要对社会和国民承担直接责任，但在管理方式上，许多领域、许多层次的管理问题均可由传统的“第一人称”式的、主导的或直接参与的管理方式，转变为超然于社会(竞争)行为主体之上的、间接的管理方式。

(三) 变单一管理为多元管理

即由传统的以政府行政指令、行政干预为主的管理方式，转向以经济和法律手段为主的、辅之以行政手段的管理方式。但是，应当看到，这一转变需要一个过程。在国家总体发展水平和国民普遍素质尚不够高的历史条件下，行政手段仍然是不可缺少的。

（四）变自为行政为依法行政

即由不能严格依法实施行政管理转变为严格依据法律与党和国家的方针政策实施公共行政管理。在社会主义市场经济的历史条件下，利益的多元化、区域化、集团化、个体化是难以避免的。为了确保公共行政权力主体即各级政府及其行政行为的公正性、客观性、规范性、稳定性、超然性，我们在思想上，理论上重视依法行政，在制度上、政策上加强依法行政势在必行。

四、关于政府自身的改革

行政改革的主要内容，在现阶段，有关政府自身的改革主要集中于以下三个方面：

（一）提高政府公共行政能力的问题

所谓政府公共行政能力是指政府正确地制定公共政策和有效地执行公共政策的能力，或者说是政府正确地选择作为或不作为的能力；在政府职能相对确定的情况下，政府公共行政能力可以理解为就是政府履行其职能的能力。这种能力的形成和提高不是自然的过程，而是政府刻意追求的结果。一般说来，现代国家的政府至少应当具备这样八个方面的基本的公共行政能力：推动本国（地区）经济发展的能力，税收和保持公共财政收支平衡的能力，维护社会秩序的能力，社会整合的能力，维护社会公正的能力，反应和应变能力，创新发展的能力，自我更新的能力。从根本上说，只有顺应历史潮流、充分反映公众意愿并源源不断为社会提供优质公共产品的政府才是真正有能力的政府。由我国现阶段乃至 2010 年的发展特征所决定，我国各级政府的公共行政能力及其提升正在面临巨大的挑战。

（二）依法行政的问题

依法行政成为我国行政改革的主要问题之一。我国市场经济的实践正在证明且将继续证明，健康的市场经济是公平竞争的经济，同时是法制的经济，而不是为所欲为的经济，更不是垄断的经济和权力的经济。某些政府机关自觉或不自觉的不良行政行为甚至不法行政行为，事实上已经构成了阻碍我国市场经济进一步完善和发展的主要因素之一。例如，政府机关自设收费、罚没的种类和金额，政府机关或其附属体直接参与市场竞争，某些地方政府的地方保护主义的举措等等。因此，强调依法行政并以此规范各级政府的行政行为，对我国政府尤其是各级地方政府来说已经刻不容缓。

（三）机构改革的问题

我国政府机构改革中期目标可以循着五个方面进行：(1) 调整和强化综合经济部门的建设，使其成为“职能统一、具有权威性的宏观调控部门”，综合经济部门负责具体制定国家经济政策并对宏观经济运行进行监控；(2) 改组专业经济管理部门使其逐步成为不具有政府职能的经济实体或行业管理组织，以此减少各级政府部门的个数、官员的职数、公务员的人数；(3)加强那些与国计民生息息相关、且非政府行政机关无法替代的社会监督和保障部门，例如税收、审计、技术监督、卫检、公安等，以维护国家的经济秩序、社会秩序以及国民生命财产的安全；(4) 建立亦官亦民的综合性机构，分门别类对所有国有资产实行专业性的分级管理、监督和营运，切实有效地保证和促进国有资产的保值、升值；(5) 按照一定的客观标准确定政府部门、政府官员(领导职务)、政府公务员(非领导职务)、行政经费的数额并通过立法的形式加以确定。比较可行的标准有：经济标准，即以国民生产总值或人均国民收入为标准核定；人口标准，即以人口为标准核定；综合标准，即以若干类标准加权综合计算核定。

行政管理体制改革及其与政治体制改革的异同*

一、行政管理体制改革的内涵

要论述行政管理体制改革，首先应当界定行政管理体制，而要界定行政管理体制，则首先应当界定行政。所谓体制，体者，结构、系统，制者，规定、法度，体制即是以一定的具有公信力和权威性的制度（在国家现象中，这一制度是以一定的政治思想、法律思想和管理思想的原则为前提的）所规定的组织形态及其关系模式。其中，"规定"和"关系"的基本内涵，是体制所涉

---

* 本文原发表于《中国行政管理》1994 年第 4 期。

及各权力主体的相互关系以及诸项权力的归属、再分配和实际运作的问题。

由于行政管理体制纯属国家性质，因此，行政管理体制所涉及的权力主体应均是国家公共权力主体，所具有的各项制度也应具有完全国家法权性质。但若与客观对象相联系，行政管理体制诸公共权力主体则不可避免地要与体制外非公共权力主体发生关系。

一般说来，行政管理体制与关于政府的概念相一致，有广义和狭义之分。从广义政府的意义上说，行政管理体制涉及与国家公共行政管理相关联的诸方面的法权主体及其相互关系，并以这些法权主体相互关系的改变或调整为体制改革的核心内容。在我国，这些法权主体包括国家最高权力机关人民代表大会及其与政府地位相若的人民法院、人民检察院等国家机关，包括执政党（这是由我国的宪政制度和政党制度所决定的），也包括政治协商会议等准国家机关。在这样一个体制中，狭义政府只是权力、行为和责任主体之一，在某些情况下，狭义政府甚至可能不是主要的权力、行为和责任主体。比如，在政府作为或不作为的问题上，同级执政党的决议可能是决定性的。仅从纯粹国家现象上分析，议会对法案的立案、搁置、修正、终止、通过、否决，法院和检察院提起诉讼和作出判决的种类、标准、时效、程序、执行等，都有可能对政府的作为或不作为发生直接的、可能是重大的影响。即使在三权分立和多党制的国家里，上述情况也是时有发生的。例如，1992 年丹麦全民公决对丹麦加入马斯特里赫特条约的有条件的否定，直接对狭义政府的行政行为构成制约和限制。显然，在此情况下如发生消极影响，政府当然不构成责任主体。与此相联系，广义行政管理体制改革实际上包括了一切与国家公共权力的归属及其行使相联系的——而不仅仅是与国家公共行政权力的归属及其行使相联系的改革。就我国的情况而言，广义行政管理体制改革在范畴上接近政治、行政、经济三大体改之和，在实施操作方法上，则要求三大体改几乎同时启动并以其他体改的顺利发展为自身顺利发展的充足条件。其难度是可想而知的。

从狭义政府的意义上说，狭义行政管理体制改革特指以狭义政府为中心的行政系统的改革。从某种意义上说，狭义行政管理体制改革等同于狭义政府管理体制改革。在这一体制中，政府是主要的抑或是唯一的权力、行为和责任主体；相应的，这一体制改革的主要范畴大多只限于政府自身体制的转变，而不以外部制控条件的同步改变为前提，或者说，仅以外部制控条件的改变为自身改革的必要条件。如前所述，从现阶段我国社会经济发展的主要矛盾分析，我国的行政管理体制改革宜取狭义，即以政府为中心的国家行政管理体系的改革。

取狭义而言，我国行政管理体制改革的主要任务，是要通过对国家行政组织即各级政府的法定地位、行政权限、管理职能、行为方式、工作制度以及与之相适应的机构设置、人员编制、工作流程、财政预算、行政责任等方面的基本原则的再认识、再设计、再组合、再规定，再次构建政府行政管理体制，通过重新定位，使政府行政管理体制适应社会主义初级发展阶段的需要，适应建立和发展社会主义市场经济体制的需要，适应丰富和完善具有中国特色的社会主义制度理论与实践的需要并成为其中的主导力量，进而有效地推动我国社会经济的发展，同时使政府成为维护社会公正的权威之一。

二、行政管理体制改革与政治体制改革

毋庸置疑，政府是典型的国家公共权力的承载主体之一。按照马克思主义的国家观，政府是上层建筑的主要构成部分之一。因此，行政管理体制改革在本质上从属于政治体制改革。明确行政管理体制改革的这一属性意味着，在设计和实施行政管理体制改革的过程中，不应当过分偏重或一味强调这一体改的技术属性或策略层面，而忽视或回避行政管理体制改革与政治体制改革的从属关系或割裂二者的内在联系，失却改革的政治目的。事实上，不作一定程度的政治权力的转移或调整，行政管理体制改革是很难取得实质性进展、获得长期、稳定社会效应的。这一点，已为新中国成立以来历次行政改革的“怪圈”现象所证明，因而应为行政管理体制改革所汲取。

然而，从现实政治与行政运作的角度加以考察，政治体制改革与行政管理体制改革在一定的发展阶段或发展时期以及某些范畴或问题上，又确实可以相对独立地进行。二者之间这种既相互联系又相互区别的特性，恰恰是与国家的阶级性与社会性相统一的两重性质相吻合的。国家的阶级性与社会性的辩证统一关系就在于，只有在国家的社会功能得到较为充分的体现的基础上，即在经济发展、社会稳定且有相对公平的基础之上，国家的阶级功能方有可能稳固化；反之，如前苏联式的行政管理体制，由于缺乏活力，最后终于走向解体。战后西方发达

资本主义国家之所以“垂而不死”，且表现出了较为发展的势头，其重要的原因之一，就是其统治者懂得，为了维护自身的政治信仰和既得经济利益，改革是唯一的出路。为此，即使向社会主义国家学习和借鉴也在所不惜。1929—1932 年资本主义世界经济大恐慌后，以凯恩斯经济理论为基础的罗斯福“新政”即国家干预主义就是最典型不过的例证。

一般而论，政治体制改革涉及国家宪政制度的某些极深层次的矛盾，甚至关系到国家整个宪政制度。其实质问题，是国家政治权力的归属问题，其主要的外在表现形式则是民主（政治参与等）与法制（政治活动的规则等）以及社会公平的问题。大规模的政治体制改革难度较高，如果处理不当，有可能导致社会不同政治力量冲突的公开化、尖锐化，甚至可能诱发政治危机。通常，政治体制改革会涉及以下诸问题：

政治权力的合法性　即拥有政治权力的各个社会行为主体，其政治权力的法权地位是否经由一定的形式而被其他法权主体所认同，包括政治权力的来源和形成，政治决策权和政治决策参与权的名义享有和实际运用等。

政治权力的相互关系　即不同政治权力主体彼此间的权力关系，包括导政权、施政权、理政权、主政权与咨政权、谋政权、议政权、参政权的享有及其合理变更、转移，以及以权治权、权力均衡等。

政治权力的效力　即经由法理和法律所确认的政治权力在制度内和法外的实施情况，包括各种政治权力的主体地位和实际行使受到尊重的程度或被接受的程度等。

政治权力的保障　即既得政治权力在受到损害的情况下可以获得维护，包括由各类国家机关所提供的国家保障制度，和由其他合法政治权力主体所组成的社会保障制度。在某些情况下，政治权力的保障还与国家赔偿制度相联系。

政治行为的规则　即各个政治权力主体开展、进行政治活动所应遵循的规则，既包括政治活动的法律规则，也包括默契、共识、约定、惯例以及对传统的遵从等政治道德规范，还包括对政治行为规则的诠释和修正等。

政治过程的民主化与社会化　即政治活动和决策的社会公开程度、公众参与程度以及连带的责任、监督、追究制度的健全程度，包括新闻媒体介入的程度、范围、方式、有效性等。

由于政治是国家上层建筑的属性和政府所执掌公共行政权力是典

型的政治权力的属性，所以，进行行政管理体制改革而毫不涉及上述政治体制改革的问题是不可能的。然而，作为一个相对独立的改革范畴，行政管理体制改革一方面不可避免地会与政治体制改革发生交叉、重叠、过渡等各种关系，另一方面则更多、更直接、更广泛、更经常涉及的是与其社会公共权力形象相一致、并与各种社会权力主体的切身利益相关连的问题，比如，住房、安全、交通、收入、税收、环境保护、公共福利、物价、健康等。总起来说，这些问题大体上可以概括为现代行政管理经常面临的两大困结点，即社会公平与行政效率的问题。这两大困结点恰恰也正是之所以必须进行行政管理体制改革的社会原因所在，并因此构成了行政管理体制改革的两个层面的问题，即法理和法律与管理思想和技术方法的问题。需要指出的是，后一个层面的问题从根本上说是由前一个层面的问题所决定的。

属于第一个层面，即法理与法律的主要问题有：

政府的法定地位 首先是关于行政的观念问题，主要包括两个部分，一是政府在国家权力关系体系中，经由宪法和法律所规定（制度内）和经由传统、惯例等所确认（法外）的政府的地位问题。毫无疑问，在我国，执政党是国家权力关系体系中的核心组成部分。在这方面，政府法定地位的主要问题，是政府在名义上享有、在实际上行使的规定性权力和行政裁量权的属性、程度、范围、方式的问题。比如，政府在实际上是否仅限于“执政机关”？在快速变动的社会环境中，政府应该获得多大的行政裁量权同时受到什么制约或约束？二是政府在社会权力关系体系中，在代表国家与除国家公共权力主体之外的各种社会权力主体发生关系的过程中，公共行政权力的属性、程度、范围、方式的定位问题。比如，在多种经济成分和多种所有制并存并实行社会主义市场经济体制的新的历史条件下，政府公共行政权力的定位问题，即使在全民企事业单位中，政府是否仍是国有资产的唯一代表者？

政府的基本功能 主要是说政府应当履行什么样的职守，也可以说是政府对经济发展、社会进步、国家强盛、民族和谐、国民富足所承担责任的大小。与前一个问题相联系，可以认定。在实行社会主义市场经济体制的条件下，政府的基本功能应是通过有效公共行政管理的实施，从宏观上制控国家的经济活动和社会生活，还政府凌驾于社会之上的公共权威的本来面貌。为此，就必须积极探讨和认识社会主义初级阶段市场经济体制条件下公共行政管理的客观规律，进而建立起只有政府才拥有的宏观调控机制。但是，在实际的过程中，“过渡阶段”绝对不应被忽视。在这方面，改革的确切涵义是演进而不是突变。

增加公众对政府行政管理的参与 在我国，这种参与的政治方面的实质，是充分保证和体现人民群众当家做主的主人翁地位；其法理方面的意义则在于，让受政府行政决策和行政行为影响的人们参与制定行政措施，不仅有助于使政府在考虑社会共同利益的同时不致忽视局部的利益，而且可以改善政府对公众利益和要求作出反应的能力，进而使公众更好地了解政府，改善政府与民众的关系。在实行“精英政治”(这在人类社发展的现有阶段上是难以避免的)和“代议制”民主的条件下，这种改革的逐步推进，应当说是民主政治的基本要求。

属于第二个层面即管理，思想和技术方法的主要问题有：

限制和削减行政机构和行政人员 这一部分既涉及政府机构、人员的编制和行政预算，又涉及管理幅度和专业分工，还涉及行政领导的有效性，即使行政官员有较为充裕的时间和精力来接收更多的信息，考虑广泛的政策问题，妥善处理内外关系。

强化首长负责制 由于当代社会的方方面面，比如，新知识、新技术、新发明、新观念等等正以近乎几何倍数的节律在发展变化，相应产生的新问题也几乎是不计其数的。与以往相比，这些问题自身以及相互关系的复杂程度、发展变化的速度都是前所未有的。为了对变化作出及时有效的反应，强化首长负责制是唯一的选择。但是，应当注意的是，当代政府强化首长负责制的改革方向，是为行政首长调配训练有素的辅助人员，同时广泛使用各类专家，而不是权限的个人化。出于同样的理由并与强化首长负责制相联系，改革还应当合理设置综合性部门，以有效处理“公地”或“边境事务”，并形成合力，减少繁琐现象。

扩大行政性分权 分散行政权限的基本意思，是授予地方或区域、地区性行政首长较之现在更多的自主权，从而使他们可在其管辖范围里较为快捷地处理各种事务。由于地方首脑一般说来对当地的自然、社会、人文环境有更多的感受和了解，也由于他们必须同时对地方负责，因而他们应当有关于本地区的更多的发言权和决定权。与社会主义市场经济体制相一致，行政性分权在所难免。但是，行政分权一定要以维护中央政府政令、维护国家主权和统一、维护完整的国内市场为前提。

重新划分政府管理部类 通常，是根据与科学技术有关的社会生产(包括第一、第二、第三产业)各部类在国民经济中所占的比例以及各部类之间的有机联系,同时统筹社会文化、福利、安全、公益事业等,来重新组合政府管理部门。其经常的方式包括新设、合并、撤销等,以及与之相一致的行政管辖权的扩大、减小、转移等。一般说来,重新划分政府管理部类,将导致行政组织体系结构方面的改变,包括行政权力和行政责任结构的改变,因而是行政管理体制改革所必为。“机构改革”主要就是这个意思。提高政府公务人员专业水平:由于社会分工不断细致化,因而专业行政是行政发展的趋势。在这里,专业行政的涵义至少包括三方面要点:其一,政府公务人员专业化,以有效处理日益复杂、科技含量愈来愈高的各类社会事务;其二,保持政府官员队伍的相对稳定性,以利于政府公共政策的稳定性和连续性,防止由于公共政策的剧烈变动对经济发展带来的消极影响;其三,使政府及其官员因其专业行政管理的有效性和公正性而受到社会的较为普遍的尊重。较为合理的公务员制度是迄今为止实现上述目标的较为有效的方法。行政技术通常是行政改革的另一项内容。因为,新技术革命,比如机械化、自动化、计算机控制和人工智能等,都将直接影响到政府公共行政管理的各个方面。

我国行政管理体制改革的若干思考*

党的十四大报告继经济体制改革和政治体制改革之后，第一次明确提出了我国行政管理体制改革的概念和任务。应当说，这是对我国政府行政改革的全面、准确的概括，也是对我国总体体制改革大政方略的丰富、完善和发展。

行政管理体制改革的核心问题

新中国成立以来，我们先后进行过若干次数规模较大的行政改革，在当时都取得了一定的效果，解决了一些问题。但周而复始，基本上没有走出精简—膨胀—再精简—再膨胀的恶性

* 本文原发表于《光明日报》1993年2月21日。

循环的怪圈。那么这是为什么呢？原因是多方面的、复杂的，但其中的核心问题，是未能或没有条件抓住我国行政改革的主导矛盾——行政权力的问题，并根据对行政权力的定位确定和划分政府职能。

纵观我国行政改革所走过的历程，人们不难看出，我国历次行政改革大体上是循着同一模式进行的，即改革的主要目的是调整中央与地方的关系、重新进行条块分割；改革的主要内容是精简机构和人员；改革的主要方式是自上而下规划实施；改革的主要行为对象是反对官僚主义作风，如此等等。不难理解，这些改革基本上忽略或回避了行政权力主体及其与之相一致的权力和责任问题，忽略或回避了行政权力主体在与其他社会主体发生关系的过程中其权力的限定和使用方式的问题。这就出现了这样的情况：一方面，政府应当拥有的行政权力被侵占、被借用；另一方面，政府又在侵占和借用本不应当具有的权力。换句话说，我国政府的行政权力及其运用，在相当长的历史时期里是处于严重失衡状态的。

国外政府管理的实践证明，行政管理的生命线就是权力，权力的获得、保持、增长、削弱和丧失是实践工作者和研究者所不能忽视的。忽视了这一点，其后果几乎可以肯定就是丧失现实性和导致失败。这就是说，要研究行政管理就必须研究行政权力，要研究行政管理体制改革也必须研究行政权力，离开、忽视或回避行政权力这一核心问题，无论是行政管理或是行政体制改革都是难以奏效的。

行政管理体制改革的内涵

行政管理体制从狭义上说，特指政府管理体制；从广义上说，则包括执政党（这是由我国宪法所规定的政党制度所决定的）在内的一切国家机关。以我国的现实情况而论，行政管理体制改革宜取狭义。

所谓体制，即以一定的具有权威性的制度所规定的组织形态及其关系模式。其中，“规定”和“关系”的基本内涵，就是行政权力的归属、再分配和实际操作的问题。从这个意义上说，我国的行政管理体制改革，实际上是要通过对国家行政组织即政府的法定地位、行政权限、管理职能、行为方式以及与之相适应的机构设置、人员编制、工作流程、财政预算等基本原则和工作制度的再设计、再组合、再规定，以使政府行政管理很快适应社会主义市场经济并成为其中的主导力量，进而推动我国社会主义市场经济的发展壮大。其社会目的，是要大大地提高全体国民的生活水平和综合国力；其政治含义则是要充分发挥社会主义制度的潜能，展示社会主义制度的优越性。

行政管理体制改革在本质上是政治体制改革的一部分，从属于上层建筑。按照马克思主义的观点，这一改革的实质，是要通过改变上层建筑以适应经济基础，调整生产关系以适应并进一步解放和发展生产力。很显然，这里所说的改变和调整，既包含了对社会主义国家历史发展进程的理论思考，也包含了对我国改革开放十余年所取得的巨大进步的现实认识。社会主义制度应当具有的优越性之一，就是充满生机和活力，具有强大的内在发展动力。而改革，正是其主要的外在形式之一。从政治与行政“两分法”的观点和现实行政运作的角度看，政治体制改革与行政体制改革又可以视为两个层面上的范畴。这一点恰恰是与国家的阶级性与社会性相统一的双重特性相一致的。一般而论，政治体制改革所涉及的是政治权力的归属、制衡和再分配，政治决策的主体、体制和效力，政治行为的规则、方式及其改变，政治过程的民主化、社会化、法制化，政治活动的参与、监督和公开性等范畴和领域。行政管理体制改革通常则只是涉及政府的法定地位、组织体制、领导制度、行政行为方式等有关行政的问题。在我国，由于实行“议行合一”的国家体制，政府作为人民代表大会处理日常政务的工作机关，在法律和法理意义上，其执行地位是十分明确的。但在实际上，政府却起着最活跃、最有力的国家统治和管辖力量的作用，在所有的国家机器中居于主导的、中心的地位，因而实际承担着国计民生、国富民强的主要责任。因此，将行政管理体制改革从政治体制改革中分离出来单独立项，并与政治体制改革和经济体制改革相提并论，共同组成我国三大体制改革的彼此呼应、协调进行、相互促进、共同发展的总体格局，不但是我国经济腾飞所必需的，而且是整体政治体制改革的现实选择。

行政管理体制改革不同于行政调整，其主要区别在于：

一是在变更规模、范围和程度上，前者具有明显的整体性特征，一般会关系到整个政府组织系统，涉及若干深层次的较具复杂性和尖锐性的理论与实践问题；后者则只是局部的，部分的或有限的，大多只涉及政府行政管理的表层问题。

二是在权力关系上，行政管理体制通常关系到国家领导制度的改变。在政府内部，改革会涉及体系内重大权力的变迁。在政府外部，改革则既会涉及政府与其他国家机关的权力关系的调整，也会涉及政府与各种法定社会行为主体（如经济法人、社会团体、公民等）的权力关系的调整。另外，在政治关系上，改革须经执政党的讨论决定；在法理关系上，改革则需经人民代表大会或其常务委员会的审议通过。也就是说，政府自身并不拥有发动行政管理体制改革的最高和最终的决定权；而行政调整，因其管理关系的同一性、规模的局限性、影响的有限性，并且一般不涉及政治领域的权力关系的转移，所以一般可由政府根据现实行政管理的实际需要自行定夺。

三是在时间长度上，行政管理体制改革通常是集中一段时间所进行的规模较大或全面的改革，因而需要相应的酝酿、准备、发动、实施、调试、巩固等阶段，所需时间比较长，所涉及的人力、物力、财力也较多；而行政调整则是根据工作需要随时随地作出的改变，除特殊情况外，通常无需特别准备，所需时间也相应较短。需要指出的是，无论在理论上还是在实践上，行政管理体制改革与和行政调整之间的界线在许多情况下是模糊的。也就是说，在特定条件下，改革与调整是有可能相互转化的。

行政管理体制改革理论模型

继党的十三大提出我国社会主义初级阶段理论和确立“一个中心、两个基本点”的基本路线之后，党的十四大又全面概括和阐述了建设具有中国特色的社会主义的理论，这就为我国行政管理体制提供了走上良性循环的历史性契机。但具体如何操作，则需要深入研究、全面规划、精心组织和有效实施。为此，建立一个正确的政府模型是必不可少的。这一模型至少应包括以下诸要点：

第一，改革的目的。经济目的：适应经济体制的重大改变，积极培育市场，推动国民经济高速、持续、稳定、和谐地发展，以圆中华民族1840年以来一百五十多年的强国富民之梦；政治目的：长治久安，巩固和发展社会主义制度；社会目的：提高国民生活水平，逐步形成与市场经济相一致的“市民社会”。

第二，改革的关键。政府职能的转变，变“全能”政府为“权能”政府，通过行政立法、行政司法、国家预算和投资倾斜、国家战略发展规划等方式，以及诸如行政协调、干预、检查、制裁等手段，来促进国民经济的发展，管理社会公共事务。值得特别指出的是，转变政府职能决不意味着削弱政府权能，而是要重新定位，强化政府的战略规划、宏观调控、政策引导的能力和执法权威，使政府成为推动社会经济蓬勃发展并为国民安居乐业提供保证的强大政府。

第三，改革的策略。在确定行政管理体制改革决策主体的基础上，目前迫切需要解决的，是设立“一库”，制定“两法”，实行“三监督”。“一库”即设立改革的思想库亦称脑库，用政府内外众多专家、学者的众人智慧，来研究、论证、运筹、设计改革的系统工程，以避免步入误区，减少盲目性。在这方面，发达国家所积累的经验教训是很值得借鉴的。“两法”即制定国家行政组织法，亦确立政府的职权地位、限明政府的机构设置和人员编制及预算额度；制定国家公务员法，以明确政府公务人员的权利和义务，规范其行为及其方式。“三监督”即确定政府与三大权力主体的监督、制约关系，亦即确定政府与执政党和各民主党派，政府与人大和政协，政府与新闻媒介、经济法人、社会团体和公民的关系。其中，大大提高政府行政管理行为的透明度和公开性，是十分重要的。

我国行政管理体制改革的若干再思考*

继党的十四大提出我国行政管理体制改革任务之后，八届人大一次会议又通过了李鹏同志政府工作报告和国务院提出的机构改革方案。以此为标志，我国行政管理体制改革和机构改革全面进入实施的操作阶段。应当说，这是我国在实行社会主义市场经济历史条件下首次进行的、具有明显整体性特征的全方位高纵深的体改。其成功得失，直接关系到社会主义市场经济体制的建立和社会经济的发展进程，关系到政治体制改革的未来前景。因此，全力

---

* 本文原发表于《光明日报》1993 年 6 月 23 日。

以赴搞好这次体改意义重大。

毫无疑问，这次行政管理体制改革是前所未有的，但改革成功的有利条件是多方面的。对此，我们应当有信心。但是，我们也应当清醒地认识到，由于观念的差异、习惯性的影响、现实利益的冲突，以及缺乏建立社会主义国家行政管理体制的有效经验等多方面的原因，这次体改仍然是十分艰巨和困难的，其中某些方面可能尚未被人们充分认识。这就意味着，这次体改是否可以打破我国行政改革的恶性循环的怪圈，避免“精简—膨胀—再精简—再膨胀”历史的重演。这就要求我们充分估计和全面认识我国行政管理体制改革所应有的系统性质，进而有效地协调和解决体改所涉及的各种复杂的矛盾关系，正确把握时机和选择举措，合理配置体改进程和纵深结构，有计划、分阶段坚决果断地推进我国的行政管理体制改革。并以此为契机，逐步建立起与社会主义市场经济体制相适应的新型的权能政府。我国行政管理体制改革的系统性可作如下理解：

一、行政管理体制改革必须与经济体制改革和政治体制改革协调进行

三大体制改革理论观点的形成、提出以及实际划分，是具有中国特色的改革方案的一大创举。它直接反映了我国体改的社会可行性和实际操作性，将使我国体改得以在当代中国社会的一大矛盾即发展与稳定的矛盾之下，相对顺利地进行。三大体制改革可以视为一个系统，其中行政管理体制改革居中而立、承前启后，位于我国体制改革逻辑发展全过程的中位联结点，在现阶段尤其具有突出的重要意义。它既是经济体制改革的必然结果，又是经济体制改革深入进行的客观要求；既是政治体制改革的先导和必要准备，又是对政治体制改革的直接推动和促进。换言之，行政管理体制改革是经济体制改革深入发展和政治体制改革实际启动的共同要求。

用战略与策略相统一的观点看问题，我国体制改革的系统性首先应当表现在：按照经济—行政—政治的基本序列即先经济体制改革后行政体制改革再政治体制改革的总体思路，来设计和规划体制改革的宏观进程，在一定的发展阶段上，实行适度政经分离的方略。迄今为止的实践证明，这是一条既解放、促进和发展生产力，又能够

稳定政局。政局稳定是经济高速发展的必要条件之一，繁荣社会的发展道路。

但在实际的改革进程中，三大体制改革事实上只能在交互发生作用的过程中存在和发展，而不可单独进行。也就是说，经济体制改革、行政管理改革和政治体制改革作为整体体制改革的三大系统是彼此关联、互为条件的。它们既相互助益、合作，又相互摩擦、冲突、制约，因而处于动态平衡的过程之中。但在不同的发展阶段总有不同的主导矛盾。因此，三大体制改革必须协调进行，以形成不同类别体制改革之间的相互支撑为在错落有致的发展序列中实现良性循环，形成合力，实现改革大目标。

二、行政管理体制改革必须从中国国情出发，有目的、有计划、有步骤地进行

所谓从国情出发，就是在设计规划乃至具体实施行政管理体制改革时既承认和主动认识人类社会发展的一般规律，有效地学习和借鉴别国特别是发达国家和地区改革的成功经验，又要充分考虑到中国的社会条件和宪政体制、领导制度、政党制度、社会经济结构和社会经济发展水平、地区差异、价值观念、国民普遍的心态和文化水准等。不仅要看到发达国家和地区行政改革的成功结果和现实成就，而且应当看到其发展的过程及其阶段性，以及为改革所付出代价只有将两个方面有机地统一起来，我国的行管体制改革才有可能逐步深化。

所谓有目的、有计划、有步骤，首先是说在我国，行政管理体制改革的基本属性是社会主义制度的自我完善，改革的根本出发点在于最大限度地满足国民的物质、文化需要，振兴中华；其次是说，改革所涉及的中心权力主体是国家公共权力主体即各级政府。因此，从我国的国情出发，改革应当由社会主导力量及其集中代表者即执政党经过人民代表大会认同，通过政府来主持、设计、组织、发动、实施、反馈、修正，其间必须接受立法、司法、政治(协商)以及新闻舆论和社会公众的广泛监督。权力应与责任相一致，有多大的权力就应有多大的责任。反之亦然。这就要求在体改政策制定及其执行上，必须采取主动进击的态度，以对全体国民负责的公仆精神加科学方法，来准

确判断和把握历史的机遇，恰如其分地设计改革的大政方略，并按照我党“从群众中来、到群众中去”的一贯原则实施，以取得国民的理解、认同和支持。其三是说，行政管理体制改革方略的设计和实施应当概念明确、观念正确、思路清晰，充分理解体改所涉及的各种主要矛盾因素及其相互关系，既要认真考虑到体改的现实制控因素和实际需要，又要全面估计和预测体改的未来制控因素和长远需要，使体改具有令人信服的发展性和整体性。

三、行政管理体制改革必须围绕转变政府职能这个中心环节，并以调整或改变行政权力关系为其核心

“职能”的基本内涵简单地说，就是“做什么”。所谓政府职能也就是政府应当做什么。由此产生的问题，一是涉及行政目的即为什么做，二是涉及行政行为方式即以什么方式做，三是涉及行政责任即什么应当做和什么不应当做。显而易见，这些问题都与行政权力及其使用紧密相关。李鹏同志在政府工作报告中指出：“当前的突出问题，是政企不分，关系不顺，机构臃肿，效率低下。”分析这些问题产生的原因，不难看出无论在政府内部或是政府外部，都是与政府管得过多或管了不该管的事，以及未管或未管好该管的事分不开的。在实行社会主义市场经济新的历史时期，要实现现阶段“转变职能、理顺关系、精兵简政、提高效率”的体改目标，就必须遵从市场经济应有的规范，对政府行政权力进行必要的调整，并以法律的形式加以肯定和保证。否则，社会主义市场经济所必须遵循的原则势必难以得到真正的落实。

从政府公共行政管理的基本理论看问题，政府实施公共行政管理的社会权威性和职能，是以政府在名义上享有、在实际上使用的国家公共权力为基础的。国家公共行政权力在民主宪政国家里则与政府的政治责任和行政责任密切相关。这也就是说，政府的职能即“做什么”应以国家最高权力主体即全体国民的授权（具体表现为民意代议制相关人民代表大会的授权）为转移。在目前的情况下，为保证授权的属性、范围等规范得到切实的执行，修订或重新制定政府组织法、尽快出台政府公务员法、建立责任政府和官员责任制度以及行政和仲裁制度、加强和完善行政诉讼制度、乃至修改宪法关于政府的有

关规定，以调整或改变行政权力关系，对于转变政府职能都是十分重要的。改革开放十多年的实践一再证明，就职能谈职能而不触及行政权力关系，不建立强有力的具有权威性的第三者仲裁制度，政府职能转变是很难实现的。

第二编　路径选择与构建良政政府

构建新国家与良政政府*

张国庆　曹堂哲

一、历史使命：构建新国家

进入21世纪以来，以中国共产党第十六次全国代表大会和2004年宪法修正案为历史分期点，以可持续发展为基本问题，中国的国家诉求，包括发展理念、发展目标、发展模式、发展战略、发展路径、发展方式等等，正在发生具有新的历史涵义的深刻变化。如果用一句话来概括这种新的发展诉求，那就是构建新国家。构建新国家实质上是在中华民族伟大复兴的历史背景下，中国进入现代化的新时期之时，国家的现

* 本文原发表于《北京行政学院学报》2005年第3期。

代化政治领导集团达成共识，重塑公共政策的价值基点，健全社会的制度基础，修正国家的发展方向，进而在协同民智、民愿、民力的基础上实现民族复兴的历史过程，与此相联系，构建良好的政府，包括寻得良好的施政之道，确立良好的典则规范，实施良好的公共管理，为构建新国家之必然要求。

（一）新国家与民族复兴

直到13世纪末即宋朝末年，中国仍是全世界最领先的经济体。随后，实际从所谓的“康乾盛世”开始，中国进入相对衰落的时期。从19世纪中叶起，中国则进入绝对衰落时期。[①] 新中国成立以后，中国开始走上民族复兴的道路。特别是改革开放以来，中国经济进入了高速发展的快车道。经过20多年的改革开放过程，2002年，中国的GDP突破了10万亿元人民币，2003年，人均GDP突破了1000美元，这表明中国已经实现了邓小平同志设计的“三步走”战略的前两步。为此，十五大将邓小平设想的第三步战略具体化为“新三步走”战略。十六大和十六届四中全会则更加明确的提出，全面建设小康社会、构建和谐社会的战略图景，这标志着中国开始进入现代化的新的发展时期。

与此同时，与现代化进程相伴生的某些尖锐而复杂的、曾经和仍在严重困扰几乎所有发展中国家的综合性矛盾已经无可回避地摆在了中国的面前[②]，特别是十六大以来，中国政府在WTO所体现出来的全球化的冲击下，在知识经济和后工业社会浪潮的冲击下，在转型期失衡趋于恶化的压力下，在SARS危机暴露出来的公共管理问题的警醒下，现代化领导集团开始以历史的眼光，重新审视国家的意志和发展的路径，通过构建新国家以实现民族复兴，俨然成为新时期国家宏观公共政策的历史性诉求。

（二）新国家的价值基点

按照叶海卡·德罗尔（Yehezkel Dror）的定义，宏观公共政策是“针对处理某一领域的问题时需要把握的内容，发布概括性指示的一种

① 参见〔英〕安格斯·麦迪森：《世界经济千年史》（伍晓鹰等译），北京大学出版社2003版，第109—110页。

② 胡锦涛：《携手努力，促进亚太经济持续增长——在亚太经合组织工商领导人峰会上的演讲》，载《人民日报》2003年10月20日。

综合的实质性政策”[①]。宏观公共政策的价值基点，通常表现为宏观公共政策的基本原则、基本态度、基本理念和基本利益取向。宏观公共政策价值基点的意义，在于确定事物的性质，为“认识和端正社会发展方向”提供路标，同时为制定和执行公共政策提供政策指南。在现实过程中，宏观公共政策的价值基点同时构成了政府公共管理的基本原则、基本态度、基本理念和基本利益取向。从新时期中国政府的政策宣示和政策实践来看，继十六大提出全面建设小康社会的发展目标以来，十六届三中全会对科学发展观进行了系统全面地阐释，十六届四中全会则进一步从加强党的执政能力的角度阐释了构建和谐社会的政策取向。概括地看，新时期中国政府宏观公共政策的价值基点可以概括为以下几个方面：

1. 以人为本

以人为本，就是要把人民的利益作为一切工作的出发点和落脚点，不断满足人们的多方面需求和促进人的全面发展。2003年温家宝总理提出：“树立以人为本的政府管理思想。”[②]2004年，温总理在向全国人大作《政府工作报告》时进一步表示，“政府的一切权力都是人民赋予的”，“只有人民监督政府，政府才不会懈怠”[③]。以人为本的政府治理理念贯穿在政府管理的利益、权力、权利、管理等层面，在利益上塑造为人民利益的政府，在权力上塑造依法行政的政府，在权利上塑造保障公民权利和人权的政府，在管理上塑造高效率、参与、民主的政府是以人为本的政府管理的基本含义。

在利益上塑造为人民利益的政府。政府的合法性来源于人民的授权和委托，政府代表人民的利益，为人民提供服务是以人为本政府的根本。在利益上体现以人为本的政府要求政府将提高人民的福祉作为根本的价值标准，有效地增进、维护和公平的分配人民群众的利益；要求政府转变政府职能，坚持全面、协调和可持续的发展观，注重统筹兼顾，促进经济与社会、城市与农村、东部地区与中西部地区、人与自然的协调发展，全面提高人民的物质文化生活水平和健康水平。

---

① 〔以〕叶海卡·德罗尔：《逆境中的政策制定》(王满传等译)，上海远东出版社1996年版，第103页。

② 温家宝：《强调深化行政管理体制改革加快实现政府职能转变》，载《人民日报》2003年9月16日。

③ 温家宝：《政府工作报告》，载《中华人民共和国国务院公报》2004年第12期。

在权力上体现以人为本的政府。在权力上体现以人为本的政府核心意旨在于,政府权力由人民授予并受到人民的监督和约束,政府权力需要按照人民的意志行使。从政策实践来看,十六大首次提出,“加强对权力的制约和监督”[①]。随后的《国务院工作规则》、《国务院2003年立法工作计划》、《中华人民共和国行政许可法》、《中共中央关于完善社会主义市场经济体制若干问题的决定》、《政府工作报告》、《全面推进依法行政实施纲要》等,都强调加强对政府权力的监督和制约,从而在权力上体现了以人为本的政府理念。

在权利上建立以人为本的政府。在权利上建立以人为本的政府要求政府肩负起保护公民权利和基本人权的责任,政府尊重和保护人权。2004年新宪法修正案明确提出“国家尊重和保障人权”,“公民的合法的私有财产不受侵犯。国家依照法律规定保护公民的私有财产权和继承权。”这一宪法原则一经确立,随后中国政府出台的一系列法律、法规和公共政策都开始体现这一原则,并将持续而深远的影响到新时期中国政府的重塑。

在管理上建立以人为本的政府。在管理上建立以人为本的政府要求政府改变管理方式,遵循高效、参与和民主的精神,不断提升政府管理的有效性和合法性。十六大以来,中国政府通过建立科学民主决策机制;进行机构改革;创新行政监督制度;确立正确政绩观;启动官员问责制;实施政府信息公开制度等举措,在管理上体现了以人为本的政府理念。

总之,以人为本的政府是新时期政府重塑的价值基点,也是新时期政府发展的必然趋势。

2. 科学发展观

中国改革开放25年的发展过程是政府主导下通过公共政策引导和调控实现非均衡发展的过程,非均衡发展在一定时期内起到了促进社会发展的功能,但是这种发展在创造了辉煌奇迹的同时,也出现了许多严峻的问题,形成了经济繁荣背后的社会不稳定。[②] 为此,十六届

---

① 参见江泽民:《全面建设小康社会,开创中国特色社会主义事业新局面——在中国共产党第十六次全国代表大会上的报告》,人民出版社2002年版。

② 王绍光、胡鞍钢、丁元竹:《经济繁荣背后的社会不稳定》,载《战略与管理》2002年第3期。

三中全会提出了“坚持以人为本，树立全面、协调、可持续的发展观，促进经济社会和人的全面发展”的科学发展观。从学理上来讲，全面、协调与可持续的发展观是一种系统的、历史的和动态的发展观。全面的发展既是一种系统地、历史地、多角度看问题的思想；也是运用这一思想进行利益综合、利益分配的公共政策实践。协调，包含多种过程组成的系统之间的协调、时间的协调、空间的协调、综合协调等多种含义，指的是相对（或者相互矛盾）的双方在一定比例范围内，步调一致，协调增效的状态。协调并不等于静态的均衡，静态的均衡不会导致系统的演化。系统平衡是协调的前提条件，发展的过程就是系统从不平衡走向平衡，再到不平衡的过程。全面、协调与持续发展就是将发展看作一个历史的多过程的系统，当子系统之间出现明显的失衡的时候，需要宏观公共政策制定者根据平衡理念，集成管理系统，使得子系统之间保持平衡，并维持整个系统的协调，以保证系统的存续和演化。如果在系统中出现了严重的失衡，系统的一方或多方超出了自己的比例阈值，就会造成系统整体功能的失常，甚至导致存续危机。新时期科学发展观的提出已经成为化解新时期中国政策逆境的基本政策理念，并将成为中国在现代化进程中化解矛盾的巨大调控力量。[①]

3. 和谐社会

构建和谐社会的思想是人类文明成果的结晶。其实，早在数千年前，中国就有“和实生物，同则不继”[②]的思想，孔子所谓的理想社会就有人们和睦相处，各得其所的特征。“今大道既隐，天下为家，各亲其亲，各子其子，货力为己。大人世及以为礼，城郭沟池以为固，礼义以为纪，以正君臣，以笃父子，以睦兄弟，以和夫妇，以设制度，以立田里，以贤勇知，以功为己。……是为‘小康’。”[③]就是对和谐的“小康”社会的描述。特别是，“天人合一”的思想已经成了中国传统文化的一大特征。在西方，“理想国”和“乌托邦”都体现了人们对和谐社会的憧憬，马克思更将共产主义看作“代替那存在着阶级对立的资产阶级旧社会，将是这

① 早在20世纪80年代，德罗尔就指出：逆境是政策制定的一个普遍条件，改进逆境中的政策制定是政治家和政策科学家的一项重要使命。德罗尔所谓的逆境“泛指在制定政策时所面临的各种形式的严重困难”。参见〔以〕叶海卡·德罗尔：《逆境中的政策制定》（王满传等译），上海远东出版社1996年版，第5页。

② 《国语·郑语》。

③ 《礼记·礼运》。

样一个联合体，在那里，每个人的自由发展是一切人的自由发展的条件”[①]。新时期提出和谐社会是对中国历史发展所面临的政策逆境的化解。正如十六大报告指出的：“本世纪头二十年，是一个必须紧紧抓住并且可以大有作为的重要战略机遇期。这一关键时期，就是人均GDP从1000美元到3000美元的特定时期。”[②]国际经验表明，人均GDP从1000美元到3000美元的国家，经济和社会发展存在着两种可能：(1) 保持一个较长时期的经济增长，顺利实现工业化和现代化；(2) 各种经济社会矛盾加剧，社会差距扩大。为了避免社会动荡和不安定，巩固经济发展的成果，有必要通过公共政策引导和调整，构建和谐社会。为此，十六大报告就提出了“形成全体人民各尽其能、各得其所而又和谐相处的社会”的发展目标[③]；十六届四中全会则进一步将构建和谐社会作为加强党的执政能力建设的重要方面：“坚持最广泛最充分地调动一切积极因素，不断提高构建社会主义和谐社会的能力。”[④]

和谐社会是一种价值标准，一种利益调节方式，也是一种道德伦理，还是一种行为方式。为此，政府需要：(1) 在经济—社会方面，按照科学发展观发展经济，统筹兼顾各个方面的利益。在强调经济效率的时候，加强政府的再分配职能，做到“效率与公平并重”。在以经济建设为中心的同时注重经济与社会的和谐发展。(2) 在政治方面，通过加强党的执政能力，转变和优化党的执政方式，加强民主法制建设，形成国家与社会、政府与市场的对话关系和伙伴关系，达到良好的治理。(3) 在文化方面，吸收人类的优秀文化成果，吸收传统文化中的精华，倡导一种和谐、中庸、祥和的价值观，使得和谐价值与和谐伦理成为社会文化和个体心灵的自觉。

不难理解，作为新国家的宏观公共政策的价值基点，以人为本、科学发展、构建和谐社会，同时构成了新时期构建良政政府的政策指南。

（三）新国家的制度基础

“制度是社会的博弈规则，或者更严格地说，是人类设计的制约人

---

① 《马克思恩格斯选集》(第一卷)，人民出版社1995年版，第294页。

② 参见江泽民：《全面建设小康社会，开创中国特色社会主义事业新局面——在中国共产党第十六次全国代表大会上的报告》，2002年11月8日。

③ 同上。

④ 《中共中央关于加强党的执政能力建设的决定》，2004年9月19日。

们相互行为的约束条件。”[①]而“国家的存在既是经济增长的关键也是人为经济衰退的根源”，“国家提供的基本服务是博弈的基本规则”[②]。这一套基本规则界定了国家与社会之间的关系，具有公共产品的属性。也就是说，国家依据自身的垄断地位和法权地位，通过修订宪法和法律、制定公共政策、执行法律和政策为社会提供一套基本的行为规则，达到制度供给与创新的目的，从而可能使整个社会富有活力而不断发展。

进入新的发展时期，特别是十六大以来，国家通过宏观公共政策的调整和宪法修正，创制了许多新制度，为新时期构建良政政府的转变奠定了制度基础。其要点包括：

（1）所有制和产权制度的创新。十六届三中全会提出股份制是公有制的主要实现形式，在所有制和社会主义经济体制的认识上实现了又一次重大突破；十六届三中全会提出建立健全“归属清晰、权责明确、保护严格、流转顺畅”[③]的现代产权制度。2004 年新宪法第十一条规定：“国家保护个体经济、私营经济等非公有制经济的合法的权利和利益。国家鼓励、支持和引导非公有制经济的发展，并对非公有制经济依法实行监督和管理。”[④]（2）私有财产保护制度的创新。根据十六大关于“完善保护私人财产的法律制度”[⑤]的精神，新宪法第十三条规定“公民的合法的私有财产不受侵犯。国家依照法律规定保护公民的私有财产权和继承权。国家为了公共利益的需要，可以依照法律规定对公民的私有财产实行征收或者征用，并给予补偿”[⑥]。（3）人权制度的创新。新宪法第三十三条规定“国家尊重和保障人权”[⑦]。将尊重和保障人权写进宪法，为人权制度的创新奠定了宪法基础。

---

① Douglass North, *Institutions*, *Institutional Change and Economic Performance*, Cambridge University Press, 1990, pp. 3—4.

② 〔美〕道格拉斯·C. 诺斯：《经济史中的结构与变迁》（陈郁等译），上海三联书店、上海人民出版社 1994 年版，第 20—24 页。

③ 《中共中央关于完善社会主义市场经济体制若干问题的决定》，人民出版社 2003 年版，第 15 页。

④ 《中华人民共和国宪法》，2004 年。

⑤ 参见江泽民：《全面建设小康社会，开创中国特色社会主义事业新局面——在中国共产党第十六次全国代表大会上的报告》，2002 年 11 月 8 日。

⑥ 《中华人民共和国宪法》，2004 年。

⑦ 同上。

除此以外，新宪法还对社会保障制度、政治制度、公共管理制度进行了与时俱进的创新。比如，新宪法第十四条规定“国家建立健全同经济发展水平相适应的社会保障制度”①。又如，新宪法第五十九条将全国人民代表大会组成的规定中增加“特别行政区”。扩大国家主席的职权。新宪法第九十八条（十六）规定地方人大的任期为五年，从而将乡、民族乡、镇人大的任期由三年改为五年。②

显然，新国家的制度框架已经成型，正在清晰化，并且，不仅发挥着引导社会发展方向的作用，而且起到了匡正新时期良政政府的作用。

二、新时期良政政府的历史视角

基于中国政治制度、发展模式、传统文化的性质和特征，良政，是构建新国家的合乎逻辑的必然要求。与此同时，良政作为一种价值方式、制度安排、行为方式、应对能力和自我更新机制，又是新国家的基本的构成要件。因此，在国家主导意识形态和公共政策的价值基点已经确定的基础上，有必要首先讨论和界定新时期良政的要义。

（一）良政释义

在本文看来，良即优良、良好，政即政府、政务。简要概括之，良政即良好政府的良好治理和良好管理（包括它事务管理和自事务管理）。其实，良政是自古以来人们对政府管理的普遍、恒久的诉求。但是，在不同的历史发展时期，人们对良政有着不同的定义和诠释。在政治学的意义上，政府有广义和狭义之分。本文主要在狭义政府即国家行政机关的意义上讨论良政。新时期的良政实质上是在构建新国家的背景之下，对西方治理理念和中国传统治国理念的继承和综合，也是我们对新时期中国政府施政的基本判断。良政的基本含义包括以下几个方面：

（1）良政是一种价值理念。所谓价值理念是关于政府好坏的基本判断标准、尺度和原则。就目前来看，有限政府、开明政府、有效政府、法治政府和理性政府是新时期良政的基本价值理念。

（2）良政是一种制度安排。良政的制度安排可以理解为良好的政

① 《中华人民共和国宪法》，2004 年。

② 同上。

府治理模式和良好的政府管理模式。治理模式侧重于从公共政策制定和决策的角度考量政府的特征和行为;管理模式则侧重于从政策执行的角度考量政府的特征和行为,两者很难截然分开。通过平等的契约、平等的对话达成共识、制定博弈规则是良好政府治理的特征;而理性的、民主的、高效的、有能力的管理是良好政府管理的基本特征。

(3) 良政是一种行为方式。良政具体体现在施政的行为方式上。改变官僚组织的弊端,在施政的过程中平衡自上而下的力量和自下而上的力量,平衡依法行政和进取行政的矛盾,形成守法、合理、灵活的行政行为和行政作风等等,是良政的基本要求。

(4) 良政是一种应对能力。只有卓越的、有能力的政府才能形成良政。有能力的政府即能够制定高质量的和前瞻性的公共政策、有效的执行公共政策、及时化解逆境和危机的政府。

(5) 良政是一种自我更新机制:良政就是政府通过职能和机构的调整、流程的再造、加强民主行政和法治行政等方式不断调整自身、优化自身的历史过程。政府通过行政改革,提升自身的能力并积极的作用于经济和社会来推动经济和社会的发展。

(二)"良政"与治理理论

"治理"(governance)可以追溯到古典拉丁语和希腊语的"操舵"一词,原意是控制、指导或操纵。长期以来,治理一词专用于"国家公务有关的法律的执行问题,或者指管理利害关系不同的多种特定机构或行业"[①]。20 世纪 80 年代以来,治理成为一个区别于"统治"和"管理"的词汇——自组织、参与、主体间的交互和协调是其独特的地方。治理有好坏之分,良好的治理(good governance)可以定义为:平等的社会主体(包括国家和社会、政府与市场两个方面)在通过协商和对话形成的社会基本制度框架中,发挥主体自身所禀赋的比较优势,通过良性的互动,形成系统合作和协调增效,实现社会发展的共赢和公共利益的最佳状态。良好的政府治理就是良政,即政府(狭义的政府)作为社会的平等主体之一,发挥政府组织的优势,在特定的制度基础上,构建有限政府、开明政府、有效政府、法治政府和理性政府,实现国家和社会发展目标,达成社会和谐、繁荣的状态。良政的基本要素主要包括:合法性、

① 俞可平:《治理与善治》,社会科学文献出版社 2000 年版,第 55 页。

透明性、责任性、法治、回应和有效等方面。[1] 良政与劣政相对，带有价值判断的色彩，是我们对新时期中国政府行为及其走势的基本判断。

（三）良政与中国传统治国理念

良政是传统治理理念经历了民族兴盛和衰落之后，在新的历史时期的重生。这种重生是在新的历史条件下，对传统智慧的回归、革新和重建。长期以来，中国积淀了丰富的治国理念和治国思想。“良政”的宏观公共政策的价值基点（诸如“以人为本”，“全面、协调、可持续发展”，“和谐社会”等）在某种意义上是对“仁政”传统和“中庸”思想的合理价值的继承和发扬。

（1）“仁政”传统。孔子认为“仁者爱人”。孟子认为“恻隐之心，仁之端也”。“仁政”就是以“仁”为核心价值的政治理念和政府管理型态。具体而言，“仁政”就是建立在以民为本、爱民、保民、增进人民福祉为价值基点之上的一整套治理制度和治理模式。新时期的“良政”强调“权为民所用，情为民所系，利为民所谋”，强调构建“以人为本的政府管理”，恰恰是对传统“仁政”思想的超越和重建。

（2）“中庸”思想。中庸思想是中国优良传统文化的精髓之一，受到了历代思想家和政治家的推崇。中庸将“中”与“和”的状态看作万物生存、演化不息的根本。正如《中庸》所言：“中也者，天下之大本也；和也者，天下之达道也。致中和，天地位焉，万物育焉。”也就是说，“中庸”强调事物各个方面比例协调、适度的状态，以维持系统的良性发展和进化。当系统当中矛盾的各个方面相互抵触，危及组织存续的时候，“中庸”思想强调通过积极的协调与平衡，达到系统的适度平衡与和谐，以维持系统的存续和进一步的发展。新时期的“良政”以构建和谐社会作为价值基点，强调公平与公正，通过公共政策协调社会各个集团的利益等等政策选择，在某种意义上可以理解为是对传统“中庸”思想的回归和重建。

三、新时期良政政府的公共管理选择

在新的历史时期，作为新国家的重要组成部分，构建有限政府、开

---

① 俞可平：《治理与善治》，社会科学文献出版社 2000 年版，第 9—10 页。

明政府、有效政府、法治政府和理性政府是良政最基本的公共管理选择。

(一) 有限政府:有所为,有所不为

政府职能问题是公共政策的基本问题。所谓基本问题指,这一问题是其他问题的前提和基础,制约着其他问题的解决,进而是构成政府管理模式的逻辑基础。基于以上认识、基于对中国政府职能变革的观察、基于对中国公共政策实践的理解,我们认为,继续完善和发展有限政府是新时期政府职能定位的基本趋向,新时期有限政府包括以下几个方面的基本含义:

1. 有限的职能

中国政府25年改革的基本过程就是从政府走向市场,寻求政府与市场的动态平衡的过程。1992年建立社会主义市场经济体制成为改革的明确目标。1998年政府机构改革和粮食流通体制改革、投融资体制改革、住房制度改革、医疗制度改革、财政税收制度改革同时启动。2001年中国加入WTO,进一步推动了市场化的进程。2003年新一届政府通过四大改革(农村改革、企业改革、金融改革和政府机构改革)大大地深化了市场化和建立有限政府的进程。十六届四中全会通过的《中共中央关于完善社会主义市场经济体制若干问题的决定》,在支持和引导非公有经济发展、深化国有企业改革、完善农村经济体制、完善市场体系、加快政府职能转变、深化财税金融体制改革、深化涉外经济体制改革等方面全面地推进了市场化取向的改革。2003年出台的《行政许可法》则用法律的形式进一步巩固了行政审批制度改革的成就,保证了政府职能的转变。

从以上的政策实践中我们可以明显地看出,推进市场化改革、纠正政府的"错位"、"越位"和"缺位"、运用法制约束政府权力、在经济领域收缩政府权力,激活市场能量是新时期构建有限政府的基本特点,并将引导公共政策实践的进一步发展。

2. 主体同律与交互理性

构建有限政府的过程也是社会多元主体逐渐发育、成熟、趋于理性和自律的过程。随着市场的不断发育和国家与社会关系的不断调整,政府、市场、第三部门都将成为社会发展的主体。这些不同的主体具有不同的社会功能和组织上的比较优势。因此,各个主体通过参与、协商和对话等交互作用而达到共同的理性认同,形成"交互理性"是良政的

基本前提。在这一过程当中，政府需要改变全能的角色和形象，给市场主体和其他社会主体提供良好的制度框架，使这些主体能够在这一制度框架中自为。在这一过程当中，政府有必要通过适当的制度安排平衡各个社会主体的利益诉求，使国家真正的回归到代表社会公共利益和社会正义的位置上来。

在社会主体的培育方面：十六大以来，国家通过放松对非公有制经济的管制，通过清理和修订限制非公有制经济发展的法律法规和政策，放宽市场准入，实行无歧视的公共政策等举措激活了非公有制经济这一市场主体，推进了构建有限政府的过程。通过《行政许可法》抬高政府行政审批的门槛，消减行政审批的范围，打破了政府直接作用于市场的模式。通过建立听证制度，决策咨询论证等制度使政府与其他社会主体能够通过对话达成共识、形成交互理性。

主体同律和交互理性是良政的重要特征，它表明一种公平和非歧视的对待各个社会主体的态度。比如，新一届政府在大力推进市场化改革的同时，将农村改革作为四大改革任务之一，承诺五年之内减免农业税。这表明了政府善待弱视群体、维护社会公正的态度。再比如：在城市化的进程中，"经营城市"所带来的负面效应成为一个严峻的社会问题，如何平衡好资本、农民和城市的利益成为一个备受关注的话题，政府通过出台关于拆迁的法律法规，维护了社会公平，形成了主体同律的状态。总之，进入新时期，国家通过农业政策、户籍政策、税收政策等广泛的公共政策手段，通过法令的修改和颁布新法律体现了主体同律的精神，维护了社会公平和公正。

3. 管制与放松管制的平衡

政府管制是政府作用于社会和市场的直接方式，政府管制政策的选择最能体现有限政府的含义。新时期中国政府的政策实践充分地体现了管制和放松管制的平衡。就放松管制来讲，中国政府主要在经济领域放松管制。通过放宽对非公有制经济和垄断行业的市场准入、引入市场机制等方式放松管制；通过取消和清理行政审批、颁布《行政许可法》大力推进中国政府放松管制的进程。就加强管制来说，中国政府通过重组和设立新的管制机构——比如银监会、电监会、国家食品与药品监督管理局来加强政府管制；通过加强食品、医药、生产安全方面的监督和查处的力度来加强政府管制；通过建立听证制度、参与制度来加强政府管制。总之，通过管制与放松管制的平衡、通过重新定位政府管制职能、重整政府管制机构的活力和制度创新来提升政府管制能力将是中国政府管制改革、构建有限政府的重要政策选择。

(二)开明政府:遵从国民意愿

作为新时期宏观公共政策价值基点的展开,开明政府是新时期良政的重要内容。开明政府表明政府的开放性和理性。开放性意味着政府作为整个社会系统的一部分,与社会中的其他系统处于不断的交互作用中。这里的理性指的是主体间的理性,指主体间通过对话和协商形成规则,并在一定的规则框架下相互对话,达成共识。开明政府包括以下四个层面的含义:

1. 公共性与民意

开明政府首先体现在政府的公共性上,政府的公共性体现在政府行为以公共利益为目标;以公共权威为基础;以公共政策为途径;以公共问题为对象;以公共财政为保障等方面。

(1) 以公共利益为目标就是政府作为一种社会组织,其存在和发展的最终价值在于为社会公众提供公共产品和公共服务。

(2) 以公共权威为基础就是政府施政必须建立在公共权力和公共威信的基础上,必须合乎法律并且得到公民的认同和拥护。这两项是政府公共性的基础,制约着政府施政手段和方式的公共性。公共性的基础是民意,民意代表国民利益。国民利益着眼于社会或全体国民的利益,而不是部分公民或公民团体、族群、集团的共同利益。国民利益是政府的根本宗旨和一切行政行为的出发点。

新时期中国政府的公共性主要体现在政府职能的定位上,2002 年朱镕基总理在《政府工作报告》中指出,“必须进一步解放思想,彻底摆脱传统计划经济的羁绊,切实把政府职能转到经济调节、市场监督、社会管理和公共服务上来”。十六大和十六届三中全会以及 2004 年温家宝总理的《政府工作报告》对政府职能都持这种定位。这一定位之下,建设公共权力制约机制、公共财政制度、社会保障制度,为社会提供高质量的公共服务,成为政府建设的基本价值取向之一。

2. 维护公平、伸张正义

政府是人类为使自身得以通过社会契约延续下去而制造的公共组织。为了使政府获得更为充分的公众形象以及回应性、合法性,人们进一步在理念和宪法的层次上赋予了政府伸张社会正义的职能。维护社会公平、伸张社会正义是新时期构建新国家和良政的基本价值取向。

在这方面，十六大以来，中国政府的一系列政策举措都表现了对维护公平和伸张正义的追求。比如，新时期中国政府通过调整发展观，倡导正确的政绩观，改变了“效率优先”、“单纯追求GDP”的公共政策价值取向，有力地推进了维护社会公平和正义的政策的出台和政府管理手段的运用。再如，国家通过建立与社会发展水平相一致的社会保障制度，出台消除城乡差别的政策，实现了维护社会公平和正义的目的。

3. 多元思维与多元合作

多元思维和多元合作是公平行政、民主行政和法治行政的理念前提，也是公共行政学和公共行政实践发展的一个基本趋势。20世纪60年代末，新公共行政作为对传统公共行政的超越，着重强调社会公平作为基本的价值对于公共行政的规范作用。80年代的黑堡宣言（Blacksburg Manifesto）和社群主义（Communitarianism）则倡导建立在多元思维和多元合作基础上的法治行政、民主行政。90年代建立在第三条道路理论基础之上的诸多公共行政理论——诸如质量取代效率运动、公民宪章、治理、公私伙伴关系、政策对话、政策网络——则倡导多元主体、多元思维与合作的政府治理模式。目前，多元主体、多元思维与合作已经成为政府治理的一大通则和潮流。

就中国的政策实践来讲，十六大以来，中国政府通过建立科学民主决策机制、创新行政监督制度、启动官员问责制等举措，充分的体现了多元思维与多元合作精神，体现了民主行政、公平行政和法治行政的原则。

（1）出台科学民主决策机制。新一届政府在2003年国务院第一届常务会议制订的《国务院工作规则》中强调新一届政府工作的三项基本准则：实行科学民主决策，坚持依法行政，加强行政监督。2004年的《政府工作报告》也重申了这一点。重大问题集体决策制度、专家咨询制度、社会公示和社会听证制度、决策责任制度是科学民主决策制度的重要内容。

（2）创新行政监督制度。新一届政府将行政监督制度与党内民主、党内监督相结合，通过一系列的政策举措和制度安排，形成了新的行政监督制度。

（3）启动官员问责制。继引咎辞职制之后，新一届政府在SARS危机时期启动了官员问责制，官员问责制必将随着法治政府的逐步建立和政府自身改革的推进在制度化、法制化、约束硬化、公开化的方向发展。

4. 诚信与敬业

政府的诚信和敬业是政府公共性的直接体现,也是政府代表民意和公共利益的直接体现。诚信和敬业是对政府行为的一种评价。忠于国家,忠于人民,真实地提供公共信息,保持政策的透明和连贯,积极进取,富有使命感和责任感则是对诚信和敬业的一般性描述。政府的诚信和敬业与政府权力民授直接相关。开明的政府就是能够做到诚信和敬业的政府。

进入新时期,建立诚信和敬业的政府已经成为良政的重要内容。这主要基于以下几个原因:首先,以人为本的公共政策价值基点要求政府诚信和敬业。其次,SARS危机凸现了政府诚信危机,在“民智已开”的时代,采用信息垄断的方式治理和管理社会已经显得不合时宜。再次,中国加入世界贸易组织要求中国政府遵循国际通行政府管理通则,建立诚信政府。

就政策实践来讲,新时期中国政府主要通过严厉地惩处失职的官员和建立一系列的制度来建立诚信政府和敬业政府。就拿信息公开制度建设来说,2003年北京、上海等城市率先设立了发言人,迈开了信息公开的第一步。随后上海、广州、深圳、杭州率先进行了“政府信息公开”制度化的工作。这些都标志着中国政府信息公开化的发展,也是建设诚信和敬业政府的制度基础。除了信息公开制度以外,新时期政府通过建立行政许可制度、科学民主决策制度、决策责任制度、高官问责制度、行政监督制度等来为诚信和敬业政府的建立提供制度保障。

再论建构新国家与良政政府*

张国庆　李丹阳

一百多年前，梁启超将中国历史划分为“中国之中国”、“亚洲之中国”和“世界之中国”三大阶段。[②]“中国之中国”指从黄帝到秦朝统一天下之间的上世史，“亚洲之中国”指自秦至清代乾隆末年的中世史，“世界之中国”则是指由乾隆末年到当时的近世史。现世中国之崛起，才真正开始实现“世界之中国”。与此相一致，构建现代化的“新国家”，已然成为新时期中国政府的历史使命。为此，必须构建良政政府。新时期良政政府的基本的公共管理选择，除前文

* 本文原发表于《北京行政学院学报》2007 年第 1 期。

② 梁启超：《中国史叙论》，载《饮冰室合集・文集之六》，中华书局 1989 年版。

所述有限政府、开明政府外，还包括有效政府、法制（法治）政府、理性政府。

一、有效政府：系统管理

有效性是政府作用的基本问题。在政府公共管理的意义上，“有效性指实际的政绩，及该制度在大多数人民同势力集团如大商业或军队眼中能满足政府基本功能的程度”[①]。世界银行则将政府有效性定义为：“政府利用其能力满足社会对法律秩序、公共卫生、基础设施等物品的需求的结果。”[②]与此相联系，所谓有效政府，是指有能力制定以经济增长为基础的社会和谐发展的公共政策，并且有能力使既定的政策得到国民广泛支持，进而得以顺利执行的政府。反之，所谓无效政府，则是指因其公共政策及其执行而导致经济滞缓、社会动荡以至国家灾难的政府。在此意义上，“各国之间最重要的政治分野，不在于它们政府的形式，而在于它们政府的有效程度”[③]。不难理解，有效政府是一种行政理念、一种价值追求，也是一种制度安排、一种行为规范，因而，是我国新时期构建良政政府的基本典则规范之一，亦是我国政府公共权力合法性、正当性、可持续性的重要保障条件。

新时期有效政府的建立，有赖于新时期我国政府行政理念以及行为方式的修正与调整。现阶段，这种修正与调整主要包括六个方面，即制定和执行高品质的公共政策、协调行政效率与公共效益的关系、掌握社会发展的规律与节奏、构建系统集成的政府、实现“廉价政府”、引入国民最终评价机制。是否能在这些方面取得突破性的进展，将决定新时期建立有效政府的成败。

（一）制定和执行高品质的公共政策

高品质的公共政策之于新时期中国政府管理的重要性，在于我国的大国转型期的矛盾的复杂性、尖锐性，由此产生了中国改革、开放、发

① 〔美〕利普塞特：《政治人——政治的社会基础》（刘钢敏等译），商务印书馆1993年版，第53页。

② 世界银行：《1997年世界发展报告——变革世界中的政府》（蔡秋生等译），中国财政经济出版社1997年版，第3页。

③ 〔美〕塞缪尔·P.亨廷顿《变革社会中的政治秩序》（王冠华等译），三联书店1989年版，第1页。

展的复杂性、尖锐性，而且，随着中国改革、开放、发展的深入推进，中国政府的正确制定和有效执行公共政策的意愿和能力，正面临前所未有的挑战。具体来说，这种挑战的要义体现在三个方面：

第一，基于政策环境的快速变化，新时期的公共政策必须具有较强的前瞻性。前瞻性是高品质公共政策的题中应有之义。发展变化的节奏明显加快，是当今世界的突出特征之一，而变化或者改变通常是有一定规律和先兆的。这首先要求中国政府高瞻远瞩，立足于构建新国家的历史使命，从历史的、民族根本利益的角度确定国家宏观公共政策的价值取向，进而维护国家的核心利益，维护民族、民众的现实的、重大的和长远的利益，维护社会的基本价值观；其次，要求中国政府未雨绸缪，提前应对可能出现的各种严重问题。例如，能源危机、水危机、公共卫生危机、社会收入差距持续扩大、群体性社会冲突、对抗性国际贸易争端等等。显而易见，这一类问题已经对中国各级政府的公共政策和公共管理应对能力构成了严峻和现实的挑战。

第二，基于利益主体和利益格局的复杂性，新时期的公共政策必须具有较高的政策协商力。公共政策的政策协商力是公共政策的政治基础。在政治学的意义上，既定的公共政策仅仅需要经由法律程序是远远不够的，只有同时得到社会大众认同即具有广泛民意基础的公共政策，才具有实质性的合法性；在公共管理的意义上，任何公共政策的制定和执行都不可避免地涉及利益关系，而利益诉求、利益表达、利益抗争是利益主体的本能。因此，建立包括全体政策相关主体在内的有效的政策协商机制，进而实现利益整合，是有效、稳定、长期实行任何公共政策的基础。在这方面，以科学发展观为指导，中国政府正在推行诸如“听证会”一类的政策协商方式，但如何建立可靠的、可信的、可行的政策协商制度，仍是中国政府面临的一个方面的挑战。

第三，基于价值观和价值标准的多元化，新时期的公共政策必须具有引导和维护共同价值观的能力。经过近 30 年跨越式的发展，中国的国家的综合实力和民众的生活水平有了质的提高。这是一个不争的事实。然而，与此同时，与深层社会矛盾的形成相一致，反映和表现利益多元化的价值标准的多元化亦逐步显明，政府因此不得不在“价值丛林”之中进行政策协商和决策，达成政策共识的难度与日俱增。在这方面，近年的宏观调控之难、证券市场改革之难、网络管理之难等等，都直接或间接印证出政府如何引导和维护共同价值观的问题。

（二）协调行政效率与公共效益的关系

效率与效益问题历来是公共行政学研究的重大问题。效率（efficiency）原是物理学的概念，后为社会科学研究所引入，其含义是指资源的投入与产出之间的比例关系。而效益（effectiveness）则指特定活动对其周围环境所造成的损失或收益。相比较而言，效率概念易于用数量化的指标进行测度；效益概念则需要用综合性的指标才能获得较为准确的评价结果。

无论在法理或法律上，政府都应当代表公共利益，凝聚公共价值，与此相联系，新时期我国建立有效政府，必须基于和谐发展观正确处理政府行为的行政效率与公共效益之间的关系。这是因为，重启国家现代化进程以来，为了实现经济的快速增长，我国政府行在相当一段历史时期内较为注重政府行为的行政效率而忽视了关于政府行为的公共效益的界定、评估、维持及增进，事实上造成了行政效率与公共效益关系的偏置。换言之，某些政府行为虽然符合行政效率的原则，却同时损害了公共效益，进而诱发了诸如城乡差异和地区差异、环境污染等许多综合性的公共问题。因此，构建新时期的有效政府，有必要修正上述政府行为模式，以动态的观点平衡行政效率与公共效益之间的关系。

（三）掌握社会发展的规律与节奏

规律表现事物的必然性以及与之相一致的发展方向，节奏体现事物发展的韵律和速度。掌握社会发展的规律与节奏之于新时期建立有效政府的重要性在于，必然性以及与之相一致的发展方向是绝对不可以搞错或逆反的，否则，则南辕北辙、事与愿违。但是，作为“政府主导型”发展模式最成功的国家之一，我们需要理解的是，必然性以及与之相一致的发展方向并不等于，尤其并不总是等于跨越式的、线性的、单一的发展速度。进入本世纪以来，随着我国人均 GDP 超过 1000 美元，国家的现代化进程相应进入了一个新的发展时期。这意味着，在现在的发展阶段上，我们仍然是一个发展中的国家，因而必须坚持“以经济建设为中心”的基本政策，但是，我们不能再继续片面追求发展速度。

有鉴于此，新时期的公共政策有必要以“和谐发展”为价值基点，通过灵活运用公共政策，在坚持发展方向的同时保持适当的发展节奏。在这里，“适当”并不表示具体的数量概念，而是表示政府的以公共政策为形式的对客观情势的判断。在这方面，“宏观调控”、“综合治理”等等，都是政府公共政策的作用形式。衡量政府判断是否准确的标准，则是较之公共政策滞后的社会发展状况。

（四）构建"系统集成"的政府

"系统集成"一词源于集成电路，其要义在于，将单独而分离的元器件集中制造和装配在一片硅片电路上，对外呈现一种综合功能。这一概念应用于政府管理领域，主要指政府内部承担不同职能、居于不同层次的政府部门或机构，在解决特定政策和公共管理问题的过程中，首先优化部门功能，进而强化政府的协同力（cooperative capacity），通过协同实现政府功能的整合。所以，政府的系统功能是政府系统集成的目的，而政府组织管理的有效性，是政府系统集成的前提。

系统集成的政府，既是新时期构建有效政府的现实要求，也是对传统政府协同机制的反思：其一，我国政府传统的"条块分割"体制，导致政府在机构设置、职能划分、价值标准、行为模式等方面存在诸多的相互"关系"问题，严重影响了各级政府的协同的意愿和能力①；其二，当代中国政府管理的问题所具有的复杂性、尖锐性、多态性、非均衡性，客观上要求当代中国政府的管理相应具有高度的协同力，以政府的系统功能应对系统性的公共管理问题。换言之，唯有依赖各级政府、各个政府部门的相互协同，以"一揽子"的方式应对，才有可能有效地解决具有复杂性、尖锐性、多态性、非均衡性的公共管理问题。在这方面，近年来单一部门的政策举措屡屡受挫，譬如，淮河十年治理成效不彰、国家审计屡审屡犯、矿难屡禁不止等等，都说明构建系统集成的政府，提升政府的协同力，已经成为一个具有紧迫性的政府管理问题。

（五）实现"廉价政府"

在这里，"廉价政府"借指行政成本低廉的政府。缩小政府规模和降低行政成本，是当代国际社会主流国家普遍的政府改革目标。一般而论，构建"廉价政府"的路径，主要包括四个方面：即政府机构和人员精简适度，消除冗员；政府职能有限化，逐步剥离现代政府职能之外的职能；规范和评估政府行为，减少政府行为的经济成本与社会成本；提高政府管理的技术水准，改善政府绩效。

---

① 张国庆：《21世纪初中国行政改革的十大关系及政策选择》，载《中山大学学报》（社会科学版）2001年第6期。

应当看到，改革开放以来，经过多次集中与分散相结合的政府改革，我国政府的管理状况已经得到了相当的改善，但是，同样应当看到，降低政府成本，全面建设“廉价政府”，仍是一项艰巨的任务。其一，政府非公共管理开支惊人，集中表现为决策失误所导致的无效支出，以及修建豪华办公场所、公款吃喝、公车浪费等方面；其二，公共财政供养的事业单位有100多万个，职工总数接近3000万人，占公共部门就业人数的41%。① 其中非国家公共事业所必须的部分，不必要地消耗了大量的公共财政资源；其三，仍然缺乏对政府行为进行经济成本和社会成本评估的及时、准确的法律规范和管理规范；其四，虽然开始采用现代管理技术与方法，但由于缺乏理念、制度的支持，新技术与方法的应用并没有充分起到减少政府成本、提高效能的作用。

（六）引入国民最终评价机制

引入国民最终评价的必要性在于：随着改革开放和市场经济的进程的推进，民智已开，国民政治参与的意识逐渐高涨，利益的多元化、价值标准的复杂化以及政策主张的多样性已经常态化，由此，我国国家政治生活正在步入“政治合议”阶段。其中，述职报告、群众评议、听证会、专家论证会等体制内的国民评价方式，以及以网络舆论为先导的新公共舆论评价方式，都对原有的政府过程形成了新的挑战，都可以理解为正在形成新型的“政治议价”机制。这昭示着中国国民最终评价机制开始形成。这是中国社会发展与进步的必然趋势。于此，政府不仅需要适应、接纳与遵从，更为重要的是需要将国民最终评价视为新时期我国政府公共管理的重要的典则规范之一，上升为构建有效政府的重要的公共管理选择之一。

二、法制（法治）政府：制衡权力

“一个共和国的自由存在于法律的王国之中，缺乏法律便会使它遭受暴君的恶政。”②哈林顿（James Harrington）的这句名言，指出了法制（法治）政府的核心意蕴：通过制定和运用法律，包括法律规定的主体、

---

① 世界银行：《中国：深化事业单位，改善公共服务提供》，载《21世纪经济报道》2005年6月22日。

② 〔英〕詹姆士·哈林顿：《大洋国》（何新译），商务印书馆1963年版，第20页。

标准、程序、方式、时效以制衡公共权力，尤其是公共行政权力，保障公民的自由权利。然而，人类的法律制度史证明，能够有效地克制公共权力的侵害的法律制度，是一种包括了规范和规范执行的制度，也就是说，只有合乎正义和公理，体现人类良知，同时在现实生活中受到普遍和足够的尊重，进而得以准确和强有力执行的法律才是完整意义上的法律。换言之，法律的有效程度，不仅取决于“法制”的状况，即法律规范——精神、原则、程序、规范、判例等的正当、完善繁荣程度，而且取决于“法治”的状况，即法律应用——释义、细则、方式、技巧、技术等的合理、准确的程度。

一般而言，对法制（法治）政府有三种理解：其一，从政府的合法性角度来说，指根据法律的规定组成、并依法施行政务的政府；其二，从公共权力结构的角度而言，指在三权分立制衡体制下的政府；其三，从国家与社会的关系角度来看，指对公民的自由权利的影响受到法律的规约与反制的政府。

本文所谓政府，指狭义政府即名义上享有和实际上拥有国家行政权力，履行行政职能的国家行政机关，所谓法制（法治）政府，指各种行政活动必须依据法律的精神、原则和程序，其行为受到法律、法规严格的和有效的约束的政府。法制（法治）政府的根本目的在于保障全社会的自由与公民的权利，建立法制（法治）政府的基本路径则在于以法律为基础，通过以权制权实现权力制衡。

最近若干年，我国立法、司法、行政机关颁布和施行了为数不少的涉及建设法制（法治）政府的法律和法规。但这只是开始，我国建立法制（法治）政府仍然有较长的路要走。在建立法制（法治）政府众多尚待解决的问题中，通过制衡公共权力，尤其是公共行政权力，克制权力扩张、权力冲动、权力妄为、权力侵害已然成为构建良政政府以至新国家的基本问题。在推进国家现代化意义上，建立法制（法治）政府的过程实际上是解构“权威悖论”的过程。[①] 在这一过程中，至少有六个要项，直接影响中国构建法制（法治）政府的进程：规则行政、程序行政、民主

① 所谓权威悖论是指“由现代化领导集团自上而下摧毁旧秩序，并且还得尽力保证这种摧毁不致产生混乱、干扰新秩序的建立，这是一个不容易扮演的角色。一方面，它得运用权威推行现代化改革，另一方面又得适时地建立一种新控制体系（法制），这就意味着自己去削弱自己的权威，背弃那些传统权威的旧支持者。”参见〔美〕兰比尔·沃拉：《中国：前现代化的阵痛——1800年至今的历史回顾》（廖七一等译），辽宁人民出版社1989年版。

行政、阳光行政、廉洁行政。

(一)规则行政:确立正式规则至上

从行政实践的角度来说,规则可以分为两类,一是正式规则,二是潜规则。前者是由国家公共权力主体颁布、明示并且得到全社会认同的规则,后者则是在特定领域,由分利集团基于各自利益和行为习惯所沉淀的隐性规则。显然,国家颁布的法律以及各项政策都属于正式规则的范畴,并且,有鉴于其背后的公民意愿和国家利益基础,正式规则对全社会具有可预期性和横向的通约性,能够有效地降低社会活动的交易成本。与此相反,代表分利集团博弈结果的潜规则却因为其非透明化的运行特征以及本质上的排外性,致使相关领域的社会活动交易成本高企,社会福利损失严重。对新时期的中国政府管理而言,潜规则更大的危害还在于它对正式规则具有强烈的"挤出效应",主要表现为在形式上遵从正式规则,而实际上却奉潜规则为圭臬,甚至公然替代或置换正式规则。例如,马德卖官鬻爵现象。[①] 有鉴于此,为了建立法制(法治)政府,有必要进一步明确并通过政治、法律和行政的方式确立正式规则至上,逐渐消弭潜规则在政府管理领域的影响。应当看到,这是一项极其艰难的任务。

(二)程序行政:增强政府行为程序的合法性

程序的合法性对于我国新时期构建良政政府有着特殊的意义。这首先与中国社会的整体发展水平、传统的社会权力结构和传统的政治文化相关,表现在长期的农业文明的基础之上,"大一统"始终是中国国家意识形态的基本构成要素。与此相联系,自古以来中国社会不仅权力高度集中,而且牢固地雄居社会之上,更渗入了社会生活的细枝末节。但是,权力却从来没有对等的制约,以至无论程序法或实体法,其实都没有实质性的意义。加之皇朝、皇帝以及官员的不稳定性,"律"从来就具有随意性。其次,这与我国的"政府主导型"的发展模式密切相关。"政府主导型"的发展模式实际上奉行"经济第一"的发展理念,追求"超常规"或"跨越式"的发展速度,强调"强政府"之于启动国家现代化进程的初始作用和主导作用,政府因此在国家政治生活和经济社会生活中居于主导的地位。然而,正如人们看到的,政府在运用权力推动

---

① 《黑龙江县官买官卖官 自称受贿奉行三不原则》,载《检察日报》2004 年 11 月 9 日。

经济发展的同时，权力因其天性，也演绎、衍生出了各种各样的非约束性的、自利的权力游戏。在一些领域和地区，行使行政权力程序的合法性问题，客观上已经成为阻碍经济社会进一步发展、激化社会矛盾的突出问题。

应当说，遏止非程序化行政行为的行动已经展开。2002 年的十六大报告提出了建立行为规范的行政管理体制。[①] 2004 年出台的《行政许可法》等。[②] 都将有助于改变过去的重目的、轻手段，重结果、轻程序的非程序化的行政行为运行模式。但是，如果不能相应改变社会权力结构，则很难从根本上改变非程序化的行政行为运行模式。

（三）民主行政：强化公民意愿制约行政意志

公民是天生的、最高的社会公共法权主体，因此，无论在法理、法律上，还是在现实社会政治生活过程中，公民都拥有制约行政权力的权能。在代议制民主体制下，公民的这种公共法权主体的作用是主要通过代议制机构的功能实现的。与此同时，公民依法拥有直接表达意愿的权力。无论哪种表达意愿的方式，都可以对行政意志形成制约。在有效的制度安排的条件下，公民意愿制约是强大而持久的。在此意义上，强化公民社会力量以制衡行政权力，是新时期构建良政政府进而构建新国家的必然选择。

行政意志在我国经济社会的决策体制中历史性地占据着几乎是垄断性的地位。任何事物发展到极致，都容易走向反面。行政意志主导的公共决策机制走到极端，就会出现排斥公民参与的倾向。其结果，一方面容易使所做出的决策缺乏民意基础，引发矛盾，以致难以施行，另一方面则可能出现公共决策利益化，行政意志异化为特殊利益集团的意志，而纠正和阻断排斥公民参与的倾向唯一正确的选择，在于增强反作用力，即培植和强化公民意愿。

进入新时期以来，我国政府在公共决策领域强化公民意愿以制衡行政意志的进程是明显的，包括听证会：如对民航价格、电价、煤气价

---

① 《“全面建设小康社会，开创中国特色社会主义事业新局面”——江泽民同志代表第十五届中央委员会向大会作的报告摘登》，载《人民日报》2002 年 11 月 9 日。

② 参见《“人权”入宪：中国人权发展的重要里程碑》，载《人民日报》2004 年 3 月 15 日；《中华人民共和国行政许可法》，载《人民日报》2003 年 8 月 28 日。

格的公开听证等[①]；人大、政协的质询、调查、督导：新时期我国人大、政协通过对公共政策议题和政府工作的质询、调查、督导，在表达公民意愿、制衡行政意志方面开始发挥更大的作用[②]以及公开征询公众意见等等。

(四)阳光行政：加强对行使行政权力的监督

新中国成立以来的实践一再证明，"黑箱操作"是权力腐败的惯用模式，而腐败止于公开，透明和监督是防止公共权力偏离公共目标、违背公共利益的最为有效的方式。倘若行政权力的运行始终处于黑暗之中，那么，对其的制衡将无从谈起。因此，要制衡行政权力、建立法制(法治)政府，必须大大加强政府运行过程的公开性和透明度。

从国际经验来看，加强对行使行政权力的监督是从政务信息公开开始的，而在一个法制的国家里，政务信息公开又是以"阳光法案"的形式明确加以规定为制度基础的。例如，美国1966年通过的被舆论称为"阳光法案"的《自由信息法案》，以及其后美国各地政府相继通过的关于官员财产申报的《政府阳光法案》都是典型的范例。以中心城市政府的政务信息公开的实践为先导，例如，2003年1月1日施行的《广州市政府信息公开规定》、2005年5月1日施行的《上海市政府信息公开规定》、2004年2月北京市有关部门在网上就《北京市政府信息公开管理办法》公开征求社会各界意见等，新时期我国政府政务信息公开进程已经展开。国务院即将出台《政府信息公开条例》，将规定凡不涉及国家机密的政务信息都应该向公众公开。[③] 全国人大的《政务信息公开法》亦列入近期立法规划。与此同时，各级政府的新闻发言人制度等举措，都有助于增强行政权力运行的公开性和透明度，有助于加强社会公众对政府行使行政权力的监督，有助于逐步达到制衡权力的目的。但是，法律、法规条文并不等于法律、法规的执行。在缺乏权力制衡机制的条件下，行政权力仍然是强大而傲慢的。诸如政府新闻发言人不发言，面对国家公开的审计结果不回应的现象，人们有理由认为，中国的"阳光行政"之路还长。

---

① 袁元：《听证会从立法到实践的4年》，载《瞭望》2002年第4期。

② 田必耀：《人大质询与政治和谐》，载《人民之友》2005年第5期。

③ 《政府信息公开条例完成草案起草并上报到国务院》，中国新闻网，2005年1月18日。

（五）廉洁行政：他律与自律并重

“寻租”是发展中国家现代化进程中公共部门腐败问题的典型表现形式，也是我国公共部门腐败问题的典型表现形式。所谓“寻租”，是指公共职位的占有者依靠向他人出借手中掌握的公共权力而获取私利的现象。①

“寻租”之所以可能的制度原因，在于政府能够通过公共权力控制和调配大量的公共资源，而政府控制和调配公共资源的过程却很少受到对等的、有效的监督与制约。这样，在几乎没有风险而获取利益，或者承担小的风险而获取大的利益，甚至冒大风险而获取巨大利益的条件下，换言之，以权谋私的成本低下的条件下，一些官员利用手中掌握的公共权力谋取私利是必然的。因此，在制度层面上，遏制“寻租”之道，就在于进一步强化“他律”。在这里，“他律”是指通过制度创新，寻求遏制“寻租”的制度路径。其理念基础是：人有“原罪”，本性中的具有贪欲，具有向恶的天性。因此，构建廉洁政府不能建立在人的善良、罪恶感、廉耻心等伦理道德的基础之上，而应当在公共资源控制和分配机制中引入和加强对等的、包括立法、司法、公共舆论对行政权力的制约，进而从根本上改变公共资源控制与分配机制背后的权力结构，遏制“寻租”的蔓延之势。

寻求遏制“寻租”的道德路径，则在于开启心灵的“自律”之门。在这里，“自律”是指通过启发人的良知，遏制以权谋私和腐化堕落的欲念。其理念基础是：人是理性的动物，具有自我道德约束的天性。因此，通过内省之道启迪人的良知，提高个人道德修养，是构建廉洁政府的道德路径。

更为全面的观点是，以对人性的理解为出发点，在构建廉洁政府的过程中，制度路径与道德路径有必要双管齐下，即“他律与自律并重”。“他律与自律并重”是指，通过制度约束和道德约束的共同作用，构建廉洁政府。其理念基础是：人一半是野兽，一半是天使。② 在这里，制度

---

① “寻租”这个术语是美国明尼苏达大学教授安·克鲁格（Ann O. Krueger）于 1974 年的《寻租社会的政治经济学》一文中正式提出。事实上，在此之前，公共选择学派的代表人物戈登·图洛克（Gordon Tullock）于 1967 年发表的《关税、垄断和盗窃的福利代价》一文中已涉及相关理论。参见《新帕尔格雷夫经济学大辞典》（第 4 卷），经济科学出版社 1992 年版，第 157 页。

② 《马克思恩格斯选集》（第 4 卷），人民出版社 1972 年版，第 229 页。

的基本功能是被动地告诫人们不要做坏人，道德的基本功能则是主动地引导人们做好人。当代中国构建廉洁政府的具体的制度路径与道德路径，需要在综合理解现代法治精神与人文精神的基础上做出选择。

三、理性政府：求真务实

近代以来的国家兴衰史证明，理性的施政理念和准则是成功政府的共同特征。

在哲学意义上，理性是人类主体意识的标志，表现人的精神世界的有序的精神现象，包括概念、判断、推理等认知形式，非理性指人的精神世界的混沌无序的精神现象，包括本能意识，以及直觉、灵感、顿悟等认知形式。在更为广阔的空域里，如同"蝴蝶效应"理论所试图证明的，看似混沌无序的背后，其实亦存在一定的规律。在管理学的意义上，理性是指基于动物的本能而具有的趋利避害的行为倾向，非理性指相反的行为倾向。理性政府指以实际的国家利益和公众利益为价值基点制定和执行公共政策的政府。在思维和行为特征上，理性政府注重逻辑推理、量化分析、规划计划等等决策分析方法的应用，但同时不排除经验、灵感、悟性等等决策分析方法的应用。

良政政府是理性的政府，理性政府是务实的政府，而不是意识形态至上的政府。我国传统政治文化历来就有重"名"与重"实"的纷争，理学与实学的分野。从先秦的孔子、孟子为代表的儒家学派与管子、墨子、韩非子等人所代表的讲求实际效用的学说流派之间的界分，到朱熹为代表的宋明理学与明清之际以"经世致用"为终极追求的实学思潮之间的争端，以至当代的"两个凡是"与"实践是检验真理的唯一标准"之辩，绵延数千年，显现出中国的务实与务虚的思想源流实在源远流长。与此相联系，我们必须坚信，与市场化路径推进国家现代化的选择相一致，我们必须构建理性政府。为此，我们需要从四个方面梳理和确立公共管理的价值标准：回归本位，谦虚谨慎，尊重专业，提高能力。

（一）回归本位：促进和谐社会

经过国家前期现代化进程的积累，以综合国力前所未有的提升、国内市场力量的日趋成熟，以及国民分享国家现代化成果的诉求和能力逐渐增加为驱动因素，新时期我国政府必须以理性的精神、态度、理念、思维，反思和重新界定其在我国下一阶段经济社会发展中新的地位与作用。这一调整的重点在于，必须明确新时期我国政府利益的特殊性，使作为天下之公器的行政权力从纷繁复杂的社会利益中抽离出来，回归其原本的“超然”地位，并以此为公共政策的价值基础促进社会和谐。

对“利益”进行社会分配是政府的天职，是政府公共管理的恒久的主题。政治学学者戴维·伊斯顿(D. Easton)认为，公共政策就是对全社会的价值作权威的分配。[①] 在实际的行政过程中，政府对价值的权威分配，具体表现为对社会各阶层、各群体利益的权威分配。现代政府权威的来源，在根本上取决于公共政策分配的结果是否公平合理，进而为社会所认同，而结果的公平合理，在根本上又取决于政府的立场和价值标准。政府正确的立场，就在于居于社会之上的超然立场和公平的价值标准。在这里，“超然立场”指基于公设，即政府居于既不是市场竞争主体，也没有特殊利益诉求的“裁判员”立场，并由此衍生出公平竞争、利益均沾、照顾弱者等等超然的公共政策的价值标准。

然而，从另一个角度看问题，国家现代化的进程就是形成利益和利益分配、再分配的过程。由于各级政府在推进国家现代化的过程中发展发挥着强力作用，又由于发展的不平衡，同时缺乏对政府行政权力的有效制约，以至我国各级政府在利益分配和再分配的问题中形成了某些相互矛盾的现象：一方面，作为公共行政权力的行使者，各类正式的法律、法规乃至社会舆论都要求政府不能有自己的利益，而必须以社会公共利益为行为准则；另一方面，现实的政绩考察，体制内待遇低下，以及基于人性贪婪的动机，又促使政府(官员)作为一种特殊的利益集团争利于朝，并与各种利益集团，尤其是强势利益集团裹挟在一起分利于市。在这里，政府(官员)利益集团的特殊性，在于政府总是打着国家利益、社会利益、长远利益等旗号，并可能借用国家武装力量的不正当保护。政府的政府因此经常丧失“超然”的公正立场，进而丧失公共政策的合法性基础。譬如，国有企业改制、城乡强制拆迁、招商引资、政府形象工程等方面的不良现象。广东省梅州市大兴煤矿“8·7”特别重大透水事故背后的故事，或许可以给人们以启迪。[②]

政府(官员)作为一种特殊的利益集团争利于朝、分利于市造成社

---

① D. Easton, *The Political System: An Inquiry into the State of Political Science*, N. Y.: Knopf, 1953, p. 129.

② 蓝姝：《兴宁矿难背后的经济利益链》，载《经济观察报》2005 年 5 月 21 日。

会财富的非合理的转移，必然导致政府权威的降低和公共政策执行力的削弱，导致社会的不和谐。近年来各地频发的越级群访事件、大规模的群体性事件甚至流血事件等都说明了这一点。与此相联系。如何使各级政府回归社会公共权威的本位，进而以此促进和谐社会的形成，已经成为新时期我国政府重要的课题之一。

（二）谦虚谨慎：走学习创新的政府之路

谦虚谨慎，走学习创新之路，是构建良政政府的必然要求。进入新时期以来，我国对世界政治经济秩序的影响力进一步增强，中国正在以全新的面貌、独特的方式开启其大国和平崛起之路。与此同时，随着我国现代化进程跨入一个全新的时代，我国政府也面临着大量前所未有、缺乏应对经验的问题。譬如，如何保护、增进我国庞大的海外利益？如何在世贸规则下争取本国最大的利益？如何维护社会的主流价值观？如何继续推进改革而又不至造成严重的社会动荡？如何实现可持续发展等等。所有这些，都是摆在新时期中国政府面前的棘手问题。再联想到 1997 年“东亚金融危机”之前，东亚国家和地区政府的基于“东亚经济奇迹”的近乎傲慢的自信态度，都警示我国政府必须继续保持足够的谦虚谨慎的执政的态度。

胡锦涛主席在重访西柏坡的讲话里提出：“无论在成绩面前还是在困难面前，领导干部都要始终保持谦虚谨慎、不骄不躁的作风，保持艰苦奋斗的作风。”[①]另如中共中央政治局定期的集体学习会等，都表明我国的现代化政治领导集团已经将保持谦虚谨慎上升为执政党和当代中国政府的重要任务。谦虚谨慎乃至谦恭是一种美德，也是一种价值观。谦虚谨慎才能保持头脑清醒，进而在变幻的时局中寻求切实有效的治国之道。这一点，对于已经取得了历史性的巨大成就，正在步入“战略机遇期”的中国政府而言，具有十分重要的意义。这是因为：第一，谦虚谨慎方可“有容乃大”，此为学习、进取之道，唯此，中国政府才能不断提高制定和执行公共政策的水准。第二，历史和现实中的政府“失灵”一再证明，政府不是、也不可能是万能的，政府官员不能、也不可能无所不知。这意味着，政府始终存在犯错误的潜在可能，而谦虚谨慎的政府犯错误的概率远低于故步自封、夜郎自大、自以为是的政府。第

① 《全面落实党的十六大精神 胡锦涛到西柏坡学习考察》，新华网，2002 年 12 月 7 日。

三，信息时代的社会发展呈现出发展变化迅速、信息爆炸、价值多元、不对称性增加等多方面的新特征，不仅产生了大量新公共政策问题，而且导致了公共政策问题空前复杂化，以至政府传统的治理模式捉襟见肘、不堪应付。为此，政府唯有报着虚心学习的态度吸收人类的一切新的成果，才能跟上社会发展进步的节奏，弄"潮"于"潮头"。第四，中国的有中国特色的社会主义是一条前无古人的充满希望又充满未知的发展道路。随着改革的深入，必将遇到许多更为复杂的新问题。事实上，近年来长期困扰我国政府的许多问题，譬如，"三农"问题、教育体制改革问题、医疗体制改革问题、住房制度改革问题、贫富差距问题、腐败问题等都说明，我国各级政府部门需要学习创新的东西还很多。

（三）尊重专业：打造专业化的公共管理队伍

世界银行的研究主管沙希德·尤素福（Shahid Yusuf）在回顾总结"东亚奇迹"的关键因素时指出，强调发展一套能认知和贯彻"强政府"的功能的官僚体系，拥有一批有能力、高薪的行政人员是东亚国家取得经济奇迹的关键之一。[①] 可见，专业化的公共管理和公共事业队伍是促进国家经济增长、社会发展的关键性要素之一。

受历史条件限制，缺乏一支专业化的公共管理和公共事业队伍，一直是我国政府施政过程中的软肋。进入新时期以来，这一问题越来越显性化，已经成为制约我国政府提升治理能力、改善治理效果的重要因素。近年我国政府管理领域屡屡出现的政府公共政策效果不彰的现象，譬如宏观调控难以尽全功、环境污染难以治理、危机预警机制欠佳等，无不印证出我国的公共管理确实缺乏专业化的队伍。造成这一局面的主要问题之一，就在于招考、选拔、任用公共管理人才缺乏尊重专业的人才理念，以及相应的原则、标准、模型、结构、方式。

在可以预见的一段时期，中国政府尊重专业，打造专业化的公共管理队伍的要义，至少包括这样两个方面：首先，尊重专业意味着尊重专业理念和专业精神，意味着尊重专业方法和专业习惯。归结到一点，就是要尊重"欲前后更置之不可得"的科学精神，着意改变传统的随意颠倒次序，仅仅重视最后结果的管理思维和管理方式；其次，着力培养复合型高级行政人才，着力吸纳高级专业人才。其直接目的，在于应对综

---

① 〔美〕约瑟夫·E.斯蒂格利茨、沙希德·尤素福：《东亚奇迹的反思》（王玉清等译），中国人民大学出版社2003年版，第5页。

合性和高度专业化的管理问题;复次,打造强有力的技术支持队伍。发达国家的经验证明,类似美国的由国家气象局(National Weather Service)和国家环境卫星、数据和信息服务局(National Environmental Satellite, Data, and Information Service)组成的国家海洋和大气管理局(National Oceanic and Atmospheric Administration),因其集合了强大的科学家和技术人员队伍,因而能够为美国政府提供直接的决策帮助。

(四) 提高能力:借重科学技术的力量

及时吸收和应用现代科学技术,以强大的技术支持为基础实施公共决策和公共管理,是现代政府管理的一大特点。从运筹学由战争组织领域引入政府管理领域以及公共政策量化分析的突起开始,包括社会科学方法在内的专业技术和专业技术人员已经成为政府管理不可或缺的基本组成部分。与此同时,还存在大量的为政府公共决策和公共管理提供技术支持的非政府机构,其中包括国家拨款的科学研究机构,半官方的"智库",以及多种多样的民间机构。它们为政府提供诸如科学研究投资、公共卫生产品供给、灾害预报、对外关系战略等各种决策技术支持,为政府管理提供信息技术、统计技术、网络技术、绩效评估技术、政策分析技术等现代公共管理技术。因为它们的存在,政府大大提高了自己的能力,大大扩展了自己的疆界。科学技术的能量和潜力是无法估价的。借重科学技术的力量以提高能力,乃新时期中国构建良政政府的不二选择。

市场选择与政府推动*

——新时期中国政府职能转变的价值抉择

张国庆　李丹阳

一、导　　论

选择追赶型发展战略的发展中国家在其现代化进程的一定的阶段，尤其是初期阶段，都会不可避免地面临关于市场与政府两种理念、机制、方法的重大价值抉择。“撇开专横残暴的政府与主张自由的政府之间的区别不说，一个政府同另一个政府的最大不同，在于市场取代政

* 原文发表于《湖南社会科学》2007年第4期。

府或政府取代市场的程度。”[①]面对这一价值抉择，不同的国家做出了不同的选择，并以此为基础构建其较长一段历史时期的国家改革战略及相应的政府职能。

从经验分析看，发展中国家对市场与政府两种价值的不同选择所产生的经济和社会的后果是明显的、巨大的：拉丁美洲国家 20 世纪 80 年代末、90 年代初比较普遍地选择了市场取向的价值标准，体现为以新自由主义经济理念、政策、方法为主导，用完全市场化的形式改革国家的经济体制。“在拉美失去的十年”的经济灾难加上外部的影响使人们急切地推进自由放任经济政策，削弱政府干预，而全然不顾公共管理体系在过去 30 年日益复杂。[②] 其结果，非但没有让拉美经济再上一个台阶，反而使拉美国家的经济社会发展失去了方向，最终陷入“政府软弱无能所以经济发展停滞，经济发展停滞所以社会发生混乱，社会混乱进而导致政府力量更加弱小”的发展中国家最为深刻的恶性循环。[③]几乎与此同时，同样奉行赶超战略，力图从世界体系的边缘地带走向中心舞台的东亚、东南亚诸国，在它们运用政府的力量成功启动市场经济，并实现国家经济实力大幅增长的情况下，并没有选择用完全市场化的价值、理念、政策去改革国家体制及指引本国下一阶段的经济与社会发展，而是选择继续沿用政府主导型发展模式，试图再现之前数十年政府主导型模式拉动下的经济辉煌。但是，“日本本应在 20 世纪 70 年代里转型为市场经济型的、政府较少介入的经济体系……（然而）日本的经济体系直到现在也没有从根本上得到改变，还残留着限制过多和创新不足等追赶欧美过程中的负面遗产。这对于日本的进一步发展来说，已经成了制度上的障碍”[④]。从历史回顾的角度来看，日本 20 世纪 90 年代的经济停滞、低迷，东南亚国家由金融危机所引发的剧烈动荡都说明，在市场经济业已启动，而且经济积累和市场经济体制运行较为

---

① 〔美〕查尔斯·林德布洛姆：《政治与市场：世界的政治—经济制度》（王逸舟译），上海三联书店 1992 年版，第 1 页。

② 〔美〕禹·卡明斯：《东亚增长的政治经济学》，载〔美〕青木昌彦、金滢基、奥野-藤原正宽：《政府在东亚经济发展中的作用——比较制度分析》（银温泉等译），中国经济出版社 1998 年版，第 393—394 页。

③ 〔日〕大野健一、樱井宏二郎：《东亚发展经济学》（史念译），民族出版社 1999 年版，第 181—182 页。

④ 〔日〕大野健一：《从江户到平成：解密日本经济发展之路》（臧馨等译），中信出版社 2006 年版，第 168 页。

顺畅的阶段，仍然固守政府主导型的政府职能模式，不及时调整政府与市场、国家与社会的关系，同样会使本国的经济、社会发展陷入困境，追赶型的发展战略将会遭到重大挫折。

进入新时期以来，最终实现"三步走"的战略，完成我国国家现代化的历史愿景成为现阶段我国宏观公共政策基本的目标。由此，新时期中国政府在理论和实践层面临重大的关于适应本国经济、社会可持续发展需求的、与21世纪的国家竞争态势相一致的新的政治经济关系模式和发展战略的价值选择：以市场价值为中心，还是以政府价值为中心，抑或市场价值与政府价值并重。问题的复杂性在于："市场与政府间的选择是复杂的……因为这不是纯粹在市场与政府间的选择，而经常是在这两者的不同组合间的选择，以及资源配置的各种方式的不同程度上的选择。"[①]换言之，在新的历史条件下，中国政府职能转变的基本问题，是在市场与政府、国家与社会两对基本价值间进行新的价值抉择，进而构建适应我国现阶段经济社会发展状况和历史文化传统的新型的政府职能模式。这一价值选择不仅关系到今后一个较长时期内的国家宏观公共政策价值基点的调整与修正，而且关系到我国现代化进程的转折时期的历史绩效。有鉴于此，有必要对新时期我国政府职能转变的价值抉择问题进行全面、理性的分析与思考。

二、新时期中国政府职能转变的约束条件

与以下四个历史性的约束条件所决定，对于中国这样一个发展中大国而言，不仅在当前这个时期，而且在今后相当长的时期内，都必须充分认识到政府在国家经济社会发展中的积极作用，并且运用多方面的措施尽可能地发挥其与经济、社会发展的正相关作用。这四个历史性的约束条件，决定了新时期中国政府职能转变的基本价值选择和方向。

1. 追赶型的国家发展战略

过于早熟的、固化的农业社会的政治文明和社会结构，使中国历史上一方面没有产生内源性的科技革命及资本主义生产方式，另一方面

---

① 〔美〕查尔斯·沃尔夫：《市场或政府——权衡两种不完善的选择》，中国发展出版社1994年版，第132页。

也多次错过了搭乘近代化、现代化“便车”的机会。于是，当全球体系进入到以工业化为主要特征的民族国家竞赛时，中国已经远远地落后于世界主流国家的发展。这是造成中国百多年近现代史劫难频仍，甚至濒临亡国灭种的根本原因。这就决定了为了改变远远落后的状况，中国必须采取追赶型的国家发展战略。

因而，新中国成立后的 1955 年，我国第一代领导人毛泽东就提出要在大约几十年的时间内追上或赶过世界上最强大的资本主义国家的战略目标。① 尽管这一战略目标后来受到历史条件的限制而未能全面实现，但它却真实地反映了中国现代化领导集团对中国国家发展战略的追赶特质的思考与定位。随后的第二代领导人邓小平在改革开放的新的历史条件下提出的“三步走”的国家发展战略，同样突出体现出中国国家发展战略的追赶性质。可见，奉行追赶型的国家发展战略是中国政府和社会很长一个历史时期里的使命和任务，而这一使命和任务的实现，有赖于建立负有强烈的历史使命感和责任感的强大政府。如同许多后发展国家大不相同的发展结果所证明的那样，唯有作为公共权力主体的政府才具有天然的权威地位和可能拥有强大的资源配置能力，唯有政府才可能建立包括制度合法性在内的快速发展经济所必需的政治的和社会的基础，进而把追赶型发展战略上升为全社会的共识，并强有力地贯彻下去。从经验分析的角度有理由认为，政府的存在和作用方式以及有效性程度，决定着发展中国家追赶战略的成败。与追赶型的国家发展战略相一致，新时期中国政府的宏观公共政策的价值选择，有必要坚定地继续发挥政府在国家现代化进程中的积极作用，问题只在于政府作用的领域、方式、时机、限度以及修正。

2. 民族统一事业

纵观世界历史，没有哪个民族分裂、国家分裂的国家能够执世界潮流之牛耳。相反，恰恰是那些成功实现并长期维持了民族和国家统一的国家，才会迎来经济社会的巨大发展，最终在世界上赢得领头羊的地位。譬如，近代德意志民族的统一形成了强大的德国、美国南北战争后的统一极大地推动了美国工业资本主义的迅猛发展等。②

---

① 《建国以来毛泽东文稿》(第 5 册)，中央文献出版社 1997 年版，第 63 页。

② Charles A. Beard & Mary R. Beard, *The Rise of American Civilization*, New York: The Macmillan Company, 1927, pp. 166—192.

中国有着五千年文明史，对于民族统一、国家统一更是有着自身独特的文化心理和历史传统。早在轩辕之时，中国就已出现“诸侯咸来宾从”[①]的民族统一局面。民族统一不仅是中国实现现代化的客观要求，也是中国传统文化心理历史脉络的传承。换言之，实现民族统一除与整个民族的政治经济发展有关之外，更直接关系到民族自信心的重新建立、民族文化的重新自觉和光大。因而，完成民族统一事业，在事实上成为中国现代化进程的极为重要的组成部分。在中国特殊的历史文化传统中，中国的政府历来不只是一个公共法权主体，更多的是民族统一、国家统一的体现者和执行者。这一点决定了在中国，唯有政府才具有实现民族统一所必需的民族凝聚力、民众向心力、国家驱动力。因此，新时期中国政府职能转变必须考虑到政府在民族统一事业中的特殊作用。

3. 国有企业改革与发挥新的历史作用

从世界范围的经验来看，国有企业集群对于一个国家有着三种重要的意义：其一，国有企业因其多位于决定国计民生的领域而在客观上成为一国重要的战略资源；其二，国有企业的存在本身就代表着本国政府的实现公共政策目标的能力，是政府能力的间接体现；其三，国有企业的存在有助于解决就业问题、维护社会稳定。因此，世界上完全没有国有企业的国家并不多见，只是在国有企业的运营机制、与政府间的关系等层面存有一定的差异。

作为计划经济体制的经济遗产，中国的国有企业数量庞大，包括一些决定国计民生“制高点”性质的大型国有企业。与前苏东地区的社会主义国家转型采取的国有企业私有化策略不同，中国的经济改革采取了增量改革战略，对国有企业的改革更多的是一种修补。[②] 中国的国有企业集群是为了满足过去的计划经济体系的需要而建立的，因而其经营理念、治理结构、运转机制、管理方法等都与市场经济体制的要求相去甚远。为此，新时期必须对中国的国有企业进行更为全面、深入的改革，更多地应用市场的理念和方法来搭建国有企业的框架制度和运转机制。更为重要的是，国有企业还是我国政府实施宏观公共政策目标的重要政策工具。因此，还有必要通过新的机制改善政府公共政策

---

① 司马迁：《史记·五帝本纪》，中华书局1959年版。

② 吴敬琏：《当代中国经济改革》，上海远东出版社2004年版，第55页。

与企业行为的联动机制，从而更好地发挥国有企业的新的历史作用。不难理解，上述这两个针对国有企业改革的历史性任务的实现，亦有赖于发挥政府的作用。

4. 复杂的利益格局

选择追赶型发展战略的发展中国家获得成功的一个必备条件，就是能够在较长的一个历史时期内，于全社会范围内形成追求经济增长、国家富强的共识，进而聚合全国上下的力量为同一个目标而努力。但是，人们可以观察到的更多的事实是，这些发展中国家因为存在种族、民族、宗教等原因形成的极端复杂的利益格局而无法聚合力量投入到发展战略中去。有些国家甚至由于激烈的利益冲突而陷入长期内战的泥沼。“在非洲，许多国家在独立四十多年后，仍然没有解开利益集团相互冲突的死结。……不同的利益集团可能需要长时间——也许几十年才能克服其差异，形成经济增长共识。”①总之，复杂的利益格局对凝聚统一的社会共识、构建一律的社会规范的负面作用是显著的，直接制约着发展中国家追赶型战略的实现。

经过三十年的渐进式改革，新时期的中国正处于大国转型的关键阶段。集中表现为：原有的凝聚社会共识、聚合社会利益的机制受到挑战，新型的利益表达和利益整合机制尚有待形成，在这期间，各个利益集团、利益群体、利益阶层的利益表达、利益连横、利益冲突空前显性化、激越化，使全社会难以围绕新的发展战略和宏观公共政策达成新的社会共识，从而严重阻碍国家现代化进程的进一步推进。为此，必须寻求新的价值标准、制度框架、政策工具来应对和融合这种复杂的利益格局。中国共产党第十六届中央委员会第六次全体会议的公报从构建社会主义和谐社会的高度，提出必须适应我国社会结构和利益格局的发展变化，形成科学有效的利益协调机制、诉求表达机制、矛盾调处机制、权益保障机制。②《中共中央关于构建社会主义和谐社会若干重大问题的决定》正是对我国已经逐渐成形的复杂的利益格局的一种积极应对。

① 〔美〕威廉·伊斯特利：《在增长的迷雾中求索》（姜世明译），中信出版社 2004 年版，第 254 页。

② 《中共中央关于构建社会主义和谐社会若干重大问题的决定》，中国共产党第十六届中央委员会第六次全体会议 2006 年 10 月 11 日通过。

显然，由中国前30年政府主导型发展模式以及特有的历史文化传统所决定，这种利益整合者的角色只能由政府来担当，因为只有政府才拥有集国家强制力、政府公信力、政府裁判力、政府行动力等在内的政府能力，才足以约束利益冲动、规范利益冲突、疏导利益合流、凝聚利益共识。要之，新时期存在的复杂的利益格局要求政府承认和尊重各方的利益诉求，采取多元而有效的公共政策和公共管理举措，形成新型的利益整合机制，化解利益分化、冲突带来的转型风险，最终在再分配型政府和发展型政府两种价值取向、两种角色之间取得平衡。

由上述四个方面的约束条件决定，新时期中国政府职能的转变，既不应当重蹈拉美国家曾经的事实上的放任自由的覆辙，亦不应当继续“东亚模式”的窠臼，而必须在继续挖掘市场潜力的同时，继续发挥政府功能在推动中国经济与社会发展过程中的潜力，在一个动态的过程中建立市场与政府、国家与社会关系的新模式。

三、战略转型：从政府主导向政府推动转变

在一种具有中国特色的渐进改革的历史进程中，中国在经历了由计划经济时期的政府控制型发展模式向“有组织的市场经济”时期的政府主导型发展模式转变之后，正在进一步向以“政府调控、市场调节”为主要特征的政府推动型发展模式(Government Facilitation)转变。其最终目标是建立以社会的自主性为主要特征的政府引导型的发展模式。

在理念和价值标准的层面上，政府推动型的发展模式承认和尊重市场对资源的基础性配置功能，承认和尊重市场主体、社会主体存在的合理性，承认和尊重市场主体和社会主体自主选择的必要性；在公共政策选择和公共管理规范的层面上，政府推动型的发展模式要求进一步开放市场、扩大准入、放松管制和完善法制结构，同时，注重公共政策和公共管理的作用，并因此而限制行政性的、直接的、个别性的管理方式，转而重视综合运用政策和管理的工具，更多地采取法律和经济的、间接的、普适性的管理方式。

1. 政府职能模式解析

简单地说，政府职能就是政府名义承担和实际承担的法定的任务。它反映一个政府与各种政治的、经济的、社会的力量交互作用的关系。

当这种交互作用的关系相对稳定、主要特征明晰的时候，可以认为已经形成了一种模式。一定的政府职能模式包括一定的关于政府的价值标准、政府的责任、政府的职守范围、政府的行为规范、政府的作业程序等等主体要件。政府职能模式与以下几个重要因素直接相关：

（1）本国在国际竞争中所处的位置和发展战略。即该国在国际竞争中属于发达国家还是发展中国家，其发展战略是追赶型战略还是稳定增长型战略。

（2）本国的经济体制。即该国的经济体制是计划经济体制还是市场经济体制，还可以依据经济体制的发育程度进行更为细致的划分。

（3）政府职能的价值标准。即该国选择何种价值标准来构建其政府职能体系，如政府价值或市场价值，其反映的是该国对政府与市场、国家与社会关系的认识。

2. *政府职能模式的演变*

（1）政府职能模式的演变。从理论分析的角度来说，按照政府在经济社会发展中所起的作用大小与作用方式来划分，存在着至少四种政府职能模式。它们分别是政府控制、政府主导、政府推动、政府引导。下面分别从价值标准、政府的责任、政府的职守范围、政府的行为规范、政府的作业程序五个维度描述这四种政府职能模式的特点。

①政府控制型职能模式。该模式的价值标准在于，认为政府是一种全知全能型的政府，市场具有天生的缺陷，因而，由政府直接配置各种资源，市场基本不发挥作用，与社会的关系方面，政府利用依附于行政体系的社会组织体系实施社会管理，不允许其他社会团体、机制发挥作用。“没有一个使千百万人在产品的生产和分配中最严格遵守统一标准的有计划的国家组织，社会主义就无从设想。”[①]这种职能模式中的政府对全社会负有全面责任，即其是一个全责政府。政府的职守范围是对整个社会的生产和生活进行计划和控制，为社会成员提供所有的公共物品，甚至私人物品。政府的行为规范主要由政治文件所确定，而较少由法律约束。政府的作业程序多是运用行政计划、行政指令直接指挥、控制经济生活和社会生活。

②政府主导型职能模式。这一模式的价值标准是，承认市场机制在资源配置中起着重要的作用，也确定市场经济体制是国家经济体制

① 《列宁选集》(第4卷)，人民出版社1960年版，第508页。

改革的最终目标，但是认为由于缺乏内源性和先发性的市场条件，因而在国家现代化进程的初期，必须运用政府机制，通过创设市场经济体制的基础制度等方式启动市场。该模式中的政府对国家的现代化进程负有重大责任，其合法性在很大程度上取决于国家现代化目标的实现与否，因此它是一种重责政府。模式中政府的职守范围包括建设基础设施、创设基本的市场制度要件、建立基本的市场法律规范、投资大型经济项目以至配置市场资源等。政府的行为规范的基点由国家现代化发展战略所决定，主要还是行政性规范和政治性规范。政府的作业程序以政府为主导，兼顾经济部门和社会部门的意见，主要采用行政指导、政府规划等方式推进政府政策。

③政府推动型职能模式。“政府推动被认为是政府的一个核心角色。”[①]采取此种职能模式的国家，处于市场经济体制建设及相关社会机制业已初步发育的历史阶段。此时该国的市场要素已经主要由市场机制进行配置，新型的社会机制也逐渐成形，并部分地开始发挥作用。“现在的政府必须努力提高商业可资利用的输入，推动竞争和鼓励创新。提高商业环境的质量和活力，而不是对竞争的过程进行管理，应当成为政府的新目标。”[②]因而，这一阶段，政府的价值标准已经不再是以政府为主导去启动市场经济体制和现代化的社会机制，而是充分尊重和承认市场机制和社会机制在其各自领域具有的有效性和优先性，政府的作用只在于推动市场机制和社会机制更好地发挥作用。由于这一模式中市场机制和新的社会机制已经发挥重要作用，承担其各自的责任，因而该模式中的政府是一个有限责任政府。该模式中政府的职守范围主要界定为运用公共政策和公共管理工具，在那些已经存在市场机制和社会机制的领域推动二者更有效地发挥作用，在那些尚未发育出市场机制和社会机制的领域里搭设市场机制和社会机制所需要的制度及政策环境。模式中政府的行为规范包括经济规范、法律规范、社会规范三个层面，即政府的行为受对经济规律的认识和尊重的约束、受法律的裁决和约束、受社会力量的监督与制约。政府的作业程序融合政

---

① Pierre Desrochers and Frédéric Sautet, “Cluster-Based Economic Strategy, Facilitation Policy and the Market Process”, *Review of Austrian Economics*, 17: 2/3, 2004, pp. 233—245.

② M. Porter, H. Takeuchi, and M. Sakakibara, *Can Japan Compete*? Cambridge, MA: Perseus Publishing, 2000, p. 158.

府、市场、社会三种机制的优势，在不同的领域借重不同的价值与方法，主要运用政府推动、政策创设、政策扶持等方式作业。

④政府引导型职能模式。政府引导型模式是市场价值取向的政府职能模式。这一模式的政府的价值标准是，政府的作用在于遵循激励诱致行为的基本规律，运用政府公共政策和公共管理工具，引导市场机制和社会机制健康有序地发挥作用，避免市场失灵和志愿失灵对经济社会发展造成严重的损害。即“政府的引导作用就是通过提供激励，通过协调私营的活动，帮助经济朝着特定的方向发展”[①]。该模式的政府责任主要在于引导和有限的“管制”层面上，因而更多的是一个小责政府。政府的职守范围在于明确本国经济社会发展的方向，执行相应的引导政策；确定经济社会发展的价值评判标准并执行之。政府的行为规范除了包括经济规范、法律规范和社会规范之外，核心的在于政府自身的行为规范，即政府基于政府责任和公共道德而主动地自我约束，以良政政府的理念和标准规范自身行为。该模式中政府的作业程序，强调政府与市场、社会部门之间的合作主义关系，注重建构政府宏观引导方法图式和领导、协调的能力与艺术。

(2) 政府职能模式演变的动因。在实际的发展中国家治理过程中，推动政府职能模式演变的因素有很多。但是，具有决定意义的因素主要包括：

第一，经济体制的类型和发育状况。经济体制与政府职能模式有着密切的对应关系。譬如，当经济体制是计划经济或统制经济时，这时的职能模式只会是控制型的职能模式，因为唯有控制才能保证计划的有效实施。又如，当市场经济体制处于萌芽阶段时，相适应的政府职能模式则必然是政府主导型职能模式，而不可能是政府推动型或政府引导型。

第二，政府的历史使命与责任的变化。经济体制决定了政府职能模式的一般管理、技术、秩序等层面，而与国家现代化发展阶段和国际竞争格局中的地位相联系的政府历史使命与责任，则决定了政府职能模式的基本定位和价值基点。政府在职能模式中的作用定位、职能的

---

① 〔日〕奥野-藤原正宽：《政府与工商界关系》，载〔美〕青木昌彦、金滢基、奥野-藤原正宽：《政府在东亚经济中的作用——比较制度分析》(银温泉等译)，中国经济出版社 1998 年版，第 463 页。

构成及其相互间关系都由这一因素决定。

3. 新时期中国政府实施职能模式战略转型的缘由

既然政府主导型职能模式为中国带来了30年的经济高速增长，那么，新时期为什么又必须要将政府主导型职能模式转型为政府推动型的职能模式？其原因可以从以下两个方面解读：

（1）中国的市场经济体制发育状况及相应的社会变化。

经过30年的经济高速增长和以市场化为导向的经济体制改革，我国目前已经初步建立了市场经济体制的基本制度构件，并且市场机制的各项机能也日渐完善。据统计，到2002年底，我国96%的消费品、95%的农副产品和88%的生产资料已经放开，价格由市场供求决定，市场在资源配置中的基础性作用已得到初步发挥，多元化的市场竞争格局已经形成。① 与此同时，面对市场经济改革和社会转型所形成的社会利益分化、冲突、对抗，经过多年的探索，我国正在生发出现代的、新型的社会机制以有效地解决社会问题、消解社会风险。比如，我国自2000年以后蓬勃发展，已经构成“全球结社革命”的一部分的民间组织。② 另如，新时期中央组织部门大力推动社会工作人才队伍建设等举措。③ 这些趋势都表明我国的市场经济体制已初步发育成型，新的社会机制也逐渐开始发挥重要的作用。与此相适应，必须推动原有的政府主导型职能模式向政府推动型职能模式转型，减少政府对经济生活、社会生活的直接介入，实现职能理念、职能方法、政府与市场/社会关系、政府责任、政府能力的全面转变。

（2）政府主导型职能模式在新的历史条件下出现的政策困境。

在新时期的历史条件下，我国原来的政府主导型职能模式已经逐渐暴露出不适应之态。这种不适应，集中体现在近年来中国政府在宏观层面上履行政府职能所面临着的五种政策困境。这些政策困境包括：

①政治责任与政策责任。在政府主导型职能模式的制度框架和文化心理下，新时期我国政府承担着极为重大的政治责任。这种政治责

① 国家发展改革委办公厅：《关于2002年度三种价格形式比重测算情况的通报》，2002年2月6日。

② 王名、刘培峰等：《民间组织通论》，时事出版社2004年版，第20页。

③ 李建华：《加强社会工作人才队伍建设》，在“加强社会工作人才队伍建设问题研究”专题研究班结业式上的讲话，人民网，2007年6月18日。

任，很大程度上与执政党的合法性有关，其承担的有效与否和追究的结果，深刻影响着执政党的威信和相应的执政能力。在这一方面，西方政府虽然也承担政治责任，但是在具体的公共政策领域和议题上，它们只承担政策责任。换言之，对具体公共政策问题的政策责任追究，不会涉及对执政党的合法性的评价。由此，对新时期中国政府履行职能而言，产生了如何有效区分政府的政治责任和政策责任的政策困境。

②经济职能与社会职能。我国的政府主导型职能模式实际上偏重于履行政府的经济职能。新时期的历史条件下，要求政府在继续承担经济职能，推动国家现代化进程的同时，还要求政府提供社会发展事业的硬件设施和软件配套，即有效地履行社会职能。因而，在新时期中国政府职能转变过程中，如何平衡政府的经济职能与社会职能已然成为一种亟待解决的政策困境。

③现代职能与传统职能。新时期我国政府一方面要继续履行政府主导型职能模式下的传统职能，如意识形态职能、社会控制职能等。另一方面，又必须同时发展和履行适应新的历史条件的现代职能，譬如经济调节、市场监管、社会管理和公共服务等。传统与现代的矛盾和冲突构成了又一政策困境。

④市场方法与行政方法。政府主导型职能模式下，政府习惯采用行政方法履行职能。但是，与市场经济体制相适应的理想职能模式又应当是更多地运用市场方法履行职能。因此，新时期的职能方法方面的困境表现为，我国经济改革的目标和现实要求应用市场方法解决问题，但是单纯应用市场方法又无法有效解决许多急迫的问题。

⑤特殊利益与大众利益。政府主导型职能模式所强调的官民合作，在实际的运作中，主要体现为与大型公司、企业的合作。从某种意义上说，其实质就是与特殊利益的合作。而对新时期的中国而言，如果继续奉行过多地倾向特殊利益的政策理念和政策模式，将有可能侵蚀整个社会所订定和推行的新的正式规则以及社会共识。新时期民众的民主意识、权利意识高涨，社会民主程度日益增强，更使这一问题突显。因而，如何能在促进本国大公司、企业的发展和保护大众利益之间求得一定的平衡，同样构成了新时期我国政府职能转变的一个政策困境。

由上可见，无论是我国市场经济体制的发育状况和新的社会机制的出现，还是政府主导型职能模式本身对新的历史条件的不适应，都要求新时期的政府职能模式必须改变以往政府过多地直接介入经济生活和社会生活的情形，逐步调整优化政府发挥作用的领域和方式，构建新型的政府与市场、国家与社会的关系。总之，新时期我国政府职能模式必须从政府主导型职能模式向政府推动型职能模式转变。

四、价值标准：适度的政经分离

根据对中南美洲发展中国家的研究，政治学者亨廷顿（Samuel P. Huntington）和内尔森（Joan M. Nelson）提出了两个反映经济发展和政治稳定之间矛盾的两难模式，即专家治国模式和民粹派模式。[①] 根据他们的推论，无论发展中国家选择专家治国模式，还是民粹派模式，其结果都是令人极为悲观的。也就是说，在亨廷顿和内尔森两位学者看来，以发展中国家的政治经济条件为约束，不可能实现经济发展与政治稳定之间的平衡发展，进而取得国家现代化的成功。然而，从东亚的经验来看，引入威权主义体制至少在现代化的初期，能够有效消解经济发展与政治稳定之间的矛盾，有力地推动国家现代化的进程。

实际上，威权主义体制是一种后发国家在国家现代化进程中实施的政经分离策略。即在国家现代化进程的某一阶段上，在政治领域奉行集中化（centralization）的理念、价值、体制、机制、方法，在经济领域奉行分散化（decentralization）的理念、价值、体制、机制、方法。政治领域的集中化趋势能够保证政府主导型职能模式的有效运转，有利于资源的调配和使用，更为重要的是，能够把全国上下的心力都集中到追赶型的国家发展战略上，内在地杜绝了不稳定因素的出现；经济领域的分散化趋势使经济决策权得以分散，这恰恰暗合市场网络状的资源配置方式，有利于公司企业、个体经营者的发展和市场经济各项基本制度的育成。两者的有机协调，构成了威权主义体制强大的推动力，得以在经济发展的同时实现政治稳定。显然，东亚的经验为新时期我国政府职能转变提供了借鉴。

那么，对于过去同样采用政府主导型职能模式的中国来说，新时期既然要建立政府推动型的职能模式，在建立的过程中应该遵循一个怎样的价值标准呢？或者说，在这种职能模式下，政府与市场/社会之间

---

① Samuel P. Huntington and Joan M. Nelson, *No Easy Choice: Political Participation in Developing Countries*, Cambridge, Mass: Harvard University Press, 1976.

应当是一种怎样的关系？我们认为，在建立政府推动型职能模式的过程中应当遵循适度政经分离的价值标准，即针对经济领域和政治领域的不同特性采取不同的策略。这可以从以下三个层面来理解：

1. 市场选择提供现代化的效率

市场经济体制是人类发明的社会制度中最接近大自然的运作机理的制度。它因为符合趋利避害、计算得失的人类本性和优胜劣汰的自然规律而具有无可比拟的长期效率、整体效率。尽管市场经济也有失灵的时候和领域，但它是人类社会各种资源基本的配置方式却是毋庸置疑的。世界范围内各国现代化经验也表明，对市场价值的尊重、对市场经济体制的构建，往往是一国取得长远发展的基础。与我国比邻的东亚各国的成功经验更是再次说明了这一点。我国建国后的历次经济改革的成败、不同历史时期国家综合实力的消长，也同样验证了市场作为人类社会的基础价值和基本资源配置方式的地位。因此，新时期构建政府推动型的职能模式，首先必须尊重市场价值，让市场机制在更广更深的领域发挥积极作用，用市场选择来保障我国现代化的基本的、长远的效率。

2. 政府推动保证现代化的秩序和速度

与尊重市场选择的作用相一致，新时期我国政府必须同时注重政府推动模式的职能体系的构建，调整、优化、转型政府的相关职能。这是因为，首先，在现阶段的政治经济条件下，只有政府能够保证国家现代化进程的秩序，而秩序对于经济发展，特别是追赶型的经济发展来说，是必需的基本条件，是国家竞争力的重要组成部分。其次，与我国的追赶型国家发展战略相联系，我国的经济社会发展必须保持一个较高的速度，才有可能实现追赶发达国家的目标，没有节制的市场化无法保持赶超的速度，而对中国这样的发展中国家而言，唯有政府推动的机制才能有效地集中运用资源，保证现代化的速度。

3. 新时期中国政府职能模式的特色

如前所述，市场选择和政府推动两者在新时期我国新型政府职能模式中有各自不同的角色和地位，发挥各异的作用。事实上，在具体的公共管理实践中，市场机制和政府机制从来就不是相互替代的资源配置方式，而是互有补充、相辅相成的制度构成。市场意味着效率，没有市场就没有明天；政府意味着平衡，没有政府就没有方向。因而，新时期中国政府职能模式的转变，必须兼顾市场与政府两种重大价值、两种基本制度，在适度政经分离的价值标准指导下构建新的政府职能模式。

（1）新时期中国政府职能模式具有动态演化性。

这种动态演化性体现在两个方面。其一，如前所述，政府职能模式与本国在国际竞争中所处的位置和发展战略、经济体制、政府职能的价值标准三种因素直接相关。从实际的情况来看，这几种因素都处于不断的变化之中，因而新时期中国政府的职能模式必须具有较高的动态演化性，根据这几种因素的变化态势进行调整，以适应最新的情势。其中，最为重要的是加强政府能力的建设。中共中央提出："当前和今后一个时期，加强党的执政能力建设的主要任务是：按照推动社会主义物质文明、政治文明、精神文明协调发展的要求，不断提高驾驭社会主义市场经济的能力、发展社会主义民主政治的能力、建设社会主义先进文化的能力、构建社会主义和谐社会的能力、应对国际局势和处理国际事务的能力。"[①]可见，政府能力必须适应新的政治经济条件，才能有效地履行各项政府职能。其二，新时期中国政府职能模式的动态演化性还体现在政经分离的阶段性。也就是说，作为基本策略的政经分离在不同的现代化阶段，其分离的程度是不同的。具体的分离的程度、方式，必须及时根据当时的政治经济环境的特征做出判断。

（2）有中国特色的政府与市场、国家与社会的关系。

政府职能模式的背后，实质上反映的是一国政府与市场、国家与社会的关系。这两种关系的形成，虽然与该国当下的经济改革、社会改革有一定的关系，但追根溯源，根本上由其历史文化传统决定。从有文明史起，中国社会几乎每一次重大的社会变革，都是以政府为中点的同心圆实现的，逐渐形成了中国人对政府权威的社会文化心理特质，这一点，与西方多数国家的民族国家形成之前的"小公国"的政治结构，以及近代的由市场主导的社会进程截然不同。中国人内心对政府权威的尊崇、中国社会对政府价值、政府机制的信任，决定了新时期中国政府职能模式不可能形成西方那样的政府与市场、国家与社会的关系，而更可能最终形成一种极具中国特色的以官民合作主义为基础的政府职能模式，即政府推动型模式。

① 《中共中央关于加强党的执政能力建设的决定》，中国共产党第十六届中央委员会第四次全体会议 2004 年 9 月 19 日通过。

权力结构与权力制衡*

——新时期中国政府优化公共权力结构的政策理路

张国庆　曹堂哲

一、导　论

自20世纪70年代末以来，中国的宏观公共政策的价值基点和国家发展战略发生了根本性的转变，从“以阶级斗争为纲”到“以经济建设为中心”，经过“三个代表”再到“科学发展观”的提出，当代中国在经济、政治和社会诸方面均发生着显著的变化。这些变化反映了中国上层建筑和经济基础之间的矛盾和互动关系，由此衍

* 本文原发表于《湖南社会科学》2007年第6期。

生出了诸多的次级矛盾。在这些矛盾当中，伴随着国家主导的调整权力结构的进程，整个社会的能动因子——利益诉求和利益关系同时发生了显著的改变，并与既定的公共权力结构不断发生着矛盾。公共权力结构与利益关系能动因子之间的矛盾成为中国深化改革，实现可持续发展进程中的一对重要的矛盾：

一方面，自上而下的、持续的公共权力结构调整不断地形成了新的利益空间、利益主体、利益关系、利益结构和利益诉求，譬如，政府力量与市场力量结构性的调整，带来了不同利益主体利益实现方式的重大变化；另一方面，新生的利益诉求不断增长，利益关系和利益结构不断发生变化，对公共权力结构提出了新的要求，各种社会群体势力的逐步壮大事实上不断要求公共权力结构的进一步的改变。譬如，市场力量的壮大，必然要求对公共权力实行进一步的制约。在这对矛盾中，公共权力结构的调整一直是矛盾的主要方面。这是因为，公共权力结构及其改变是国家和社会的基本“游戏规则”的一部分，既构成了一切利益主体赖以生存的一种制度环境，也构成了分配社会资源的一种决定性因素。换言之，公共权力结构及其改变直接关系一切利益主体的“利益份额”。因而，一切利益主体必然竭力争取维持或改变既定公共权力结构，并因此形成广泛的、经常的，有时可能是激烈的政策博弈。

这对矛盾双方力量的强弱和消长，在相当的程度上决定着中国社会进一步发展的状况。改善公共权力结构的意义在于，只有在公共权力结构不断得到优化、国家能力相对强盛、政治制度化程度逐步提高的情况下，强烈的利益诉求和利益关系的调整才能被限定在有序的范围之内，而这正是中国实现可持续发展所必需的条件。反之，在公共权力结构失衡、国家能力衰败（包括国家汲取能力、政策制定能力和执行能力）、政治制度僵化的情况下，强烈的利益诉求必然会导致社会的失序、混乱、动荡以至灾难。利益总是能动的因子，总是对公共权力结构形成强烈的影响和制约，尤其在社会急剧变化和转型时期，不同的利益主体和社会势力必然要通过一切可能的方式影响公共权力及其行为选择，以图不断形成新的有利于自身的资源分配方式。

构建新型国家和重塑新时期中国公共权力结构已经是当前中国经济和社会发展的历史性、战略性诉求。如何解决好公共权力结构与利益能动因子之间的矛盾，已经成为当前政府改革的重要理论和政策问题。从公共权力结构考量新时期政府公共权力问题和优化途径是本文的核心。

二、公共权力结构的定义：概念阐释和分析框架

在古汉语中，“权”和“力”往往分开运用。在现代汉语中，“权力”通常被解释为“政治上的强制力量；职责范围内的支配力量”①。在学术语境下，“权力”是构成哲学和诸多社会科学学科的基础概念之一，同时还是普遍的分析性概念工具之一。但是，由于存在不同的立场、观点和方法，对权力的阐释又莫衷一是。在本文的语境中，在宏观层面上权力是建立在物质生产关系之上的集团与集团、集团与个人、个人与个人之间相互作用和相互影响力；在中观层面上权力是在特定情景、条件和网络之下的相互作用和相互影响力；在微观层面上权力是主体间相互影响和互动的过程，互动的规则和方式构成了权力的运行模式。

公共权力就是具有公共性的权力。对公共性最广义的界定认为：“举凡对所有公众开放的场合都是公共的。”②公共性的狭义和可操作性定义不计其数，制度定义、规范定义、组织定义和要素定义是常见的界定方法。③ 本文将公共权力看作是与政治权力和国家权力关联的概念。公共权力是以国家权力为基本存在形式和作用方式的权力。公共权力与社会权力相对，是为了履行国家职能而形成的独特的凌驾于社会之上的力量。国家职能与公众息息相关，社会权力是作为个体人和群体人的公众的权力，因而公共权力与社会权力直接相关。

“结构”(structure)一词来源于拉丁文“structura”，其原意是“由多部份组成并按特殊方式集合在一起的事物”④。我们认为，结构是系统要素组成的具有整体性、转换性和自我调适性的具有一定规律性的体系。公共权力结构就是国家权力构成要素形成的具有整体

---

① 中国社会科学院语言研究所词典编辑室：《现代汉语词典》(第 5 版)，商务印书馆 2005 版，第 1130 页。

② 〔美〕汉娜·阿伦特：《人的条件》(竺乾威等译)，上海人民出版社 1999 年版，第 38—45 页。

③ 〔美〕尼古拉斯·亨利：《公共行政与公共事务》(第 7 版)(项龙译)，华夏出版社 2002 年版，第 35—37 页。

④ Margery S. Berube, *The American Heritage Dictionary*, New York: Dell Publishing Co., 1983.

性、转换性和自我调整性的具有一定规律性的体系。换一个角度说，结构并不是静态僵化的固定"建筑"，而是具有过程性、动态性和发展性的关系模式。在国家与社会的分析框架之下，公共权力结构包括两个层次：其一，公共权力的嵌入性结构，指国家管理社会并与社会互动所形成的相互制约、相互作用的关系模式。公共权力的嵌入性结构勾勒公共权力的边界，反映国家与社会之间的权力、职能、利益关系。其二，公共权力的实体性结构，指公共权力承载主体的构成要素、构成比例、构成的改变、构成的合理性、构成的有效性、构成的合法性所形成的关系模式。

公共权力结构的优化有助于形成良好的国家与社会关系，推动经济社会的全面发展，形成和谐的社会发展势态。公共权力结构的优化也是履行政府职能的前提和保障，只有构建合理的公共权力结构才能保障政府职能落到实处，保证政治诉求、政策、执行和社会的良性发展关系。在经验判断和比较的意义上，相对合理的公共权力结构具有明显的契合特征：(1) 历史的契合。合理的公共权力结构必然与国家的历史发展阶段相适应，必然与民族的文化传统，尤其是政治文化传统相契合。(2) 政治的契合。合理的公共权力结构主要表现为政治权力产生、存在和行使的民主性、代表性、合法性。近代以来，随着资产阶级民主国家的建立，公共权力民主性、代表性、合法性的范围逐渐扩大，实现方式逐步完善。我国公共权力结构的政治契合力根植于我国的国家性质之中。(3) 管理效益的契合。合理的公共权力结构能够高效地履行国家职能，为社会提供充分的公共产品，在公共政策的制定执行当中体现效率、经济和效益的原则，促进经济和社会的协调发展。

经验判断还证明，基于使用公共权力主体的天性，一如法国思想家孟德斯鸠(Charles Montesquieu)所指出："一切有权力的人都容易滥用权力，这是万古不易的一种经验。有权力的人们使用权力一直遇到有界限的地方才休止。"[①]再如英国阿克顿(Lord Acton)所说的权力定律，即"权力导致腐败，绝对的权力导致绝对的腐败"[②]。所以，制衡的

① 〔法〕孟德斯鸠：《论法的精神》(上册)(张雁深译)，商务印书馆1987年版，第154页。

② Lord Acton, *Essays on Freedom and Power*, Boston: The Beacon Press 1949, p. xi, p. xv, p. 364.

公共权力结构才是优化的公共权力结构。同时，分化的公共权力结构是公共权力优化的另一个重要标准。与一个国家现代化的进程相一致，“政治发展在结构方面的表现就是分化”①。

公共权力结构失衡主要指，公共权力要素的结构失调、比例失当、价值失范、行为失序、关系失和的状况，与此相联系，公共权力的异化，主要指公共权力价值与公共权力运作的名义与实际之间的背离。公共权力的结构失衡和公共权力的异化均会导致国家功能障碍，但公共权力的结构失衡导致经济滞缓，社会不满；公共权力的异化则导致公共政策选择偏离基本的公共利益、公共责任、公共目的，进而导致社会危机。不难理解，如不能通过政策修正及时改变公共权力的结构失衡，那么，公共权力的结构失衡是完全可能发展成为公共权力异化的。这正是新时期中国政府主动优化公共权力结构的必要性所在。

三、当代中国公共权力结构的建立和调整

中国公共权力结构的建立和调整大致经历了三个阶段。第一阶段，从 1949 年新中国成立到 1978 年 12 月中国共产党十一届三中全会，可以称之为全能主义公共权力结构时期；第二阶段，中国共产党十一届三中全会到 2001 年 12 月中国加入世界贸易组织(WTO)，可以称之为后全能主义公共权力结构时期，是全能主义公共权力结构的调整时期；第三阶段，中国加入世界贸易组织至今，可以称之为构建新型国家公共权力结构时期。

1. 公共权力结构的建立：全能主义的公共权力结构(1949—1978)

1949 年新中国成立后，中国为了快速地实现工业化和现代化，奉行了重工业优先发展的赶超战略，建立了计划经济体制。在计划经济体制下，所有的物力、财力和人力都纳入国家的控制和计划。与此相适应，形成了全能主义政府的公共权力结构模式。② 从公共权力的嵌入

① 〔美〕加布里埃尔·阿尔蒙德：《比较政治学：体系、过程和政策》(曹沛霖译)，上海译文出版社 1987 年版，第 24 页。

② 邹谠：《二十世纪中国政治——从宏观历史与微观行动的角度看》，香港：牛津大学出版社 1994 年版，第 223 页。

性结构来看，国家和政府几乎代替和淹没了社会和市场的力量，整个社会生活和经济行为都纳入国家的控制当中。意识形态、政治生活、经济生产和个人生活都受到国家的控制和干预，公共权力的嵌入性结构呈现单极性的特征。

从公共权力的实体性结构来看，党的权力与国家权力双轨运行之间的矛盾，中央与地方集权与分权的矛盾，政治控制与官僚控制之间的矛盾成为实体性权力结构的主要特征。

2. 公共权力结构的调整：后全能主义公共权力结构（1978—2001）

这一段时间中国公共权力结构的调整是内源性力量和外源性力量共同推动的结果。内源性力量主要包括执政党、国家领导集团、知识群体以及民众对传统政治、经济体制弊端的反思和认知。“调整”的结果以市场经济体制改革目标的确立和社会主义民主理念的初步确认为标志。外源性力量主要指来自经济全球化、世界贸易组织规则等方面的强制性要求。在这两股力量的共同推动之下，中国公共权力结构发生了较大的变化。

从公共权力的嵌入性结构来看，“增量改革”导致了新的经济力量和社会力量的兴起，国家与社会、政府与市场之间的互动关系出现了新情势。值得注意的是，由于市场与计划“双轨制”实际存在的巨大的利差，这个时期出现了某些公共权力的实际掌控主体通过内幕交易、操纵市场、国有资产（不等价交换式）重组等通道和手段实现“寻租”的现象，进而非正常地逐渐开始了由权力向资本的转化。与此同时，迅速崛起的私有、民营主体以及开始独立核算的国有企业，也开始了资本向公共权力的渗透。权力的资本化和资本的权力化成为公共权力嵌入性结构的重要特征。

从公共权力的实体性结构而言，从邓小平提出党和国家领导制度改革开始，“十三大”提出的政治体制改革方略，“十四大”提出的法制建设和机构改革，“十五大”提出的社会主义政治文明建设等，都为公共权力的实体性结构调整提供了指导方针，不断促成了实体性结构的各个要素及其相互关系的变化。其中，1982—1983 年、1987—1988 年、1993—1996 年和 1998 年、2003 年的机构改革，使党政关系结构、中央与地方权力结构、党内权力结构和基层权力结构以及公共权力的职能与机构配置结构等发生了重要的变化。

3. 公共权力结构的重建：与新型国家相适应的公共权力结构(2002—)

以中国共产党第十六次代表大会和2004年宪法修正案为历史分期线，以可持续发展为基本问题，中国的国家诉求，包括发展理念、发展目标、发展模式、发展战略、发展路径、发展方式等等，正在发生具有新的历史涵义的深刻变化。如果我们要用一句话来概括新的发展诉求，那就是构建新型国家。[①] 进一步优化公共权力结构，是构建新型国家的题中之意。

"十六大"确立的全面建设小康社会成为国家的发展目标，十六届三中全会正式提出的科学发展观[②]，十六届四中全会通过的《中共中央关于加强党的执政能力建设的决定》，十六届五中全会审议通过的《中共中央关于制定国民经济和社会发展第十一个五年规划的建议》，十六届六中全会对构建和谐社会问题的研究，共同为构建新型国家的公共权力结构提供了初步的框架。

四、公共权力结构失衡：当代中国公共权力结构存在的主要问题

构建与新型国家相适应的公共权力结构，必须正视历史进程中所形成的公共权力结构失衡问题。判断公共权力结构失衡的基本角度，不仅包括公共权力诸主体或要素之间的关系特征、交互作用的方式以及演变的轨迹，而且包括公共权力与社会权力、公共权力与市场权力之间的关系特征、交互作用的方式以及演变的轨迹。当前中国公共权力结构失衡的状况至少可以从以下方面分析。

1. 国家权力与社会权力的失衡

在本文中，社会权力特指除去国家和市场以外的力量。这一界定近似"第三部门"的概念，即介于用国家强制力量和市场自由力量之间的社会力量。

国家权力与社会力量的失衡是当前公共权力结构失衡的重要方

① 张国庆、曹堂哲：《构建新国家与良政政府》，载《北京行政学院学报》2005年第3期。

② 《中共中央关于完善社会主义市场经济体制若干问题的决定》，人民出版社2003年版，第3页。

面。中国公共权力创立之初，具有全能主义的特征，即使进入了后全能主义时期，由于社会力量发育有限，社会力量本身独立性不足，既没有形成社会力量制约国家力量的制度基础，也没有形成完善的社会力量制约国家力量的运行规则、机制和方法，国家权力与社会权力的失衡是显而易见的。譬如，由于公共政策规范的原因，中国“第三部门”的自治性先天不足、后天失调，在建立、运营、监督和绩效评估等方面都受到政府部门的广泛干预，且与政府之间存在事实上的从属、领导、指令等复杂的关系。“第三部门”与国家权力界限的模糊性，不利于国家权力与社会权力的均衡与和谐发展。

2. 政府权力与市场权力的失衡

政府权力与市场权力之间的失衡主要集中在以下两个方面：其一，政府和市场的关系缺乏明晰、细致、稳定的制度规范，以至于可能脱离法治轨道；其二，政府权力和市场权力的作用领域出现错位、缺位和越位，导致这两种力量无法相对实现优势互补，劣势互弃。政府权力与市场权力之间的失衡表现为政府按照权力的逻辑，市场按照资本的逻辑各自行为扩张。就积极的情形而言，资本的逻辑可能直接和强烈地推进经济的发展，增加国民财富，丰富商品供给，提升创新能力，扩大社会就业等，权力的逻辑则可能强化国家经济安全，弥补市场资源配置的不足，改善制度环境，维护竞争规则，提供质优劳动力等；就消极的情形而言，资本的逻辑可能导致外部性、欺诈、垄断、环境破坏等结果，权力的逻辑则可能导致公共产品供给不足、社会两极分化、公共权力失范、权力腐败等结果。基于正当的价值取向的差异，权力逻辑与资本逻辑的冲突是天然存在的。基于不正当的价值取向，权力逻辑与资本逻辑的一致则是天然存在的，其结果必然导致公共利益的丧失。中国的问题，其一在于在正当的价值取向条件下，政府权力和市场权力冲突的结果多以市场权力受到伤害而告终。换言之，政府过度介入市场，不仅可能影响市场范围的扩展，市场主体的成长，市场效率的维持和提高，而且可能削弱政府在经济调控、市场监管等方面的职能。其二在于在不正当的价值取向的条件下，权力的资本化和资本的权力化合流，公平、公正、公开及诚信的市场信念虚空化，市场活力被窒息，最终导致国家现代化进程的畸形。

3. 决策、执行权与监督权力的失衡

在中国的实体性公共权力结构中，执政党的领导是公共权力结构和公共权力运作的核心。这种公共权力结构与西方的议会主权、三权分立制衡的权力结构有着显著的不同。

就中国的公共权力结构而言，由于执政党在公共权力结构中处于核心地位，这决定了党内权力的结构对公共权力结构的决定性影响。党内权力结构和权力运行的失衡必然会导致公共权力结构和运行的失衡。关于党内权力结构的失衡，邓小平有过精辟的论述："在加强党的一元化领导的口号下，不适当的、不加分析地把一切权力集中于党委，党委权力又往往集中于几个书记，特别是集中于第一书记，什么事都要第一书记挂帅、拍板。党的一元化领导，往往因此而变成了个人领导。"①

就行政体制而论，中国政府各个职能部门多同时兼有决策、执行和监督的权力，"异体"监督、制衡的力道明显不足。各部门基于多种原因往往会谋求更大的权力，同时规避相应的责任，不仅可能造成部门利益的扩张，而且可能导致部门协同、整合的困难，阻碍政府整体战略目标和政策意图的实现。行政部门决策、执行与监督失衡主要表现在：其一，决策对执行的控制力量不足。政策执行偏离政策决定的情况比比皆是。其次，部门内部监督缺乏建立在客观、公正、完善的绩效评估机制基础之上的有效的控制机制，政策质量因此经常受到影响。最后，不同主体之间的异体监督力量弱小。在国家权力结构中，行政权力强大；在公共行政权力结构中，经济部门权力强大的现象明显。近年来，诸如审计署、监察部等专司监督的部门的权能虽然有所加强，但仍然不能达成形成强有力的制约。探索决策、执行和监督的均衡、协同机制已经成为当代中国政府改革的一个重要问题。

4. 中央与地方权力的失衡

中央政府高度集权，是建国初期全能主义公共权力结构的纵向表现。多年来，以"集权"和"分权"为主轴，中央与地方关系一直是中国国家领导体制和政府管理体制的一个基本问题。探索合适的分权方式始终是一个重要的公共政策议题。有学者认为，中国的分权可以分为"分权 I"和"分权 II"两种情形。"分权 I"就是将决策权一直下放到单位。"分权 II"就是将决策权下放到下级行政单位。分权 I 属于经济性分

① 邓小平：《党和国家领导制度改革》，《邓小平文选》(第二卷)，人民出版社 1994 年版，第 324 页。

权，分权 II 属于行政性分权。1956 年中国实施的是“分权 I”的改革。1957 年决定实施“分权 I”和“分权 II”混合型改革，1958 年执行的则是“分权 II”改革。[①] 1994 年实行分税制改革，可以理解为一种新的“分权 II”形态的改革。分税制改革适应了利益多元化和市场经济的大趋势，在协调中央权力与地方权力方面起到了重要的作用。

但是，随着分税制改革的推行，中央与地方在一定意义上形成了不同的利益主体，中央与地方的关系复杂化，利益博弈加剧，“诸侯经济”逐渐显化，带来了诸如中央政府政令不畅、中央政府与基层政府基本脱节，中央政府最终承担政治责任、社会责任、自然环境责任的一系列的后果，由此构成了一个如何在动态的进程中及时调整公共权力结构，建立明晰而规范的中央与地方的权力关系的问题。

5. 政府职能与政府部门的失衡

通过法律形式确认的政府职能，是社会政治共识上升为法律的结果，也是不同利益诉求平衡的结果。但“共识”与实际过程和最终结果往往存在差距，甚至明显的差距。造成这种差距的原因是复杂的，其中，执行法律的政府部门及其官员基于“理性经济人”天性的自利行为，是基本的原因之一。正如布坎南(James Buchanan)指出的那样，“政治家和官僚……的行为同经济学家研究的其他人的行为没有任何不同”[②]，都是效用最大化的行动者。“政府职能”本身蕴涵着职能目标与职能实现之间的矛盾。在实际的过程中，政府职能的实现事实上总是法律的赋予与执行机关的价值和利益认同平衡的结果。职能目标与职能实现的矛盾贯穿于公共行政过程的始终，并制约着政府行为的选择。从经验判断看，这一矛盾事实上是无法消除的，相对优化的政府管理状态，只在于法律确认的政府职能得以基本实现，实现的路径之一，在于政府职能确认与政府机构设置的一致。

中国公共权力结构的转型首先是公共权力嵌入性结构的转型，而政府职能转变是公共权力嵌入性结构转型的基础和前提。“十四大”确立建立社会主义市场经济体制的目标之后，中国政府的职能逐渐明确。

---

① H. F. Schurmann, *Ideology and Organization in Communist China*, Berkeley: University of California Press, 1966, p. 197.

② 〔美〕詹姆斯·布坎南：《自由、市场与国家》(平新乔等译)，上海三联书店 1989 年版，第 40 页。

2002年的《政府工作报告》提出："必须进一步解放思想，彻底摆脱传统计划经济的羁绊，切实把政府职能转到经济调节、市场监督、社会管理和公共服务上来。""十六大"和十六届三中全会以及2004年的《政府工作报告》，多次确认了这种政府职能定位。为了实现政府职能的转变，中国进行了多次机构改革，但是政府职能与政府机构配置之间的契合失衡，仍旧是当代中国公共权力实体性结构的重要问题。"科学发展观"的提出，以及"十一五"规划对社会管理和公共服务职能的强调，进一步突现了政府职能与政府机构配置的失衡：首先，经济部门比重和权力过大，"建设型"政府的痕迹仍然明显。其次，市场监管职能分散在许多部门，很多领域尚未形成专业化的、专门的监管机构，同时在"监管"的名义下仍然广泛介入微观经济过程。复次，如前所述，政府外部监督体制、机制不完善，政府内部的监督机构偏弱，还需要通过进一步的制度设计，实现长效、时效、实效的制度安排。最后，政府间、政府部门间的协同力偏弱。其原因，一是既得利益暗中作祟，二是缺乏明晰、稳定的权责界定，三是缺乏合理、有效、可行的方式及技术手段。

五、优化公共权力结构的政策理路

依法行政是优化公共权力结构的价值基础。依法行政作为一种政治理念和政治思想，是优化公共权力结构的战略方向，是公共权力公共属性的根本保证，是确保实际行政偏离名列规范的重要途径。其要义在于，通过依法行政理念、制度、机制、规则和方法的引入，防止权力滥用和权力失衡，稳固确立法律至上和规则至上的观点，确保公共权力的嵌入性结构和公共权力的实体性结构的均衡，防止权力的膨胀和恶性发展。在新时期，优化公共权力结构有必要进一步解决如下问题。

1. 政府权力与市场权力的制度均衡

其要义，在于通过执政认知和执政能力的不断优化，进一步提供建立在社会共识基础之上制度框架和制度规范，引导社会和市场与引导公共权力并举，约束社会和市场与约束公共权力并举，管制社会和市场与管制公共权力并举。

从历史经验来看，政府权力对市场的作用方式众多，例如，横向可以分为法律的、经济的、行政的以及政治的，纵向可以分为宏观层面的国有化、反垄断、界定及重新界定产权、市场准入等，中观层面的税种、税率、利率、汇率、技术标准、行为准则等，微观层面的注册、登记、限价、限卖（买）、强制性选择等。当政府对市场的作用方式过多依靠行政以至政治的手段，政府管制过于普遍化、经常化时，政府权力与市场力量的失衡就是必然的，而政府权力或力量长期过于强盛，必然导致市场活力的弱化，进而影响国家的可持续发展战略的实现。与此相联系，有必要在观念更新的基础上，进一步明晰政府与市场的边界，实现政府权力与市场权力之间的制度均衡。其中，尊重各类经济主体的自主选择权，尊重市场的自发资源配置权，从而进一步放松经济管制，是实现政府权力与市场权力之间制度均衡的必由之路。

2. 政府权力与公众权利的制度均衡

如果说“以权力制约权力”主要涉及政府自身权力的配置和结构的话，那么“以权利制约权力”（to check power by right）则涉及整个社会权力的配置和结构。解决国家权力与社会权力失衡的一个重要举措在于通过制度建设，以权利制约权力，实现政府权力与公众权利的制约、均衡和良性互动。

从政治发展的视角来看，权力与权利之间的矛盾表现为政治制度化能力与政治参与程度之间的矛盾。政治制度化能力与政治参与程度之间的均衡和良性互动能够形成一种稳定的政治秩序。正如亨廷顿所言：“政治秩序也部分地取决于政治制度的发达程度和新兴社会势力被动员起来参与政治的程度两者之间的关系。”[①]历史和经验一再证明：稳定的政治秩序是确保国家持续发展和繁荣的基础条件，反之则会带来社会的动荡和国家的衰败。

在过去的30年里，通过“改革开放”，推行具有中国特色的“政府主导型”的发展模式，中国经济形成了强劲而持续的前冲力，积聚了可观的财富，中国的社会结构随之发生了深刻的变化。中国正在经历深刻的制度变迁。但是，必须正视的是，长期的政府“主导”放大、强化甚至纵容了政府权力的扩张，同时事实上抑制、削弱甚至屏蔽了公众参与的机会权力和决定权力。换言之，现有以至可以预见的未来，中国需要进一步构建与经济快速增长和财富快速增加相一致的社会资源的分配制度，其中包括公众的关于公共政策和社会事务的知情权、话语权、议

① 〔美〕塞缪尔·亨廷顿：《变化社会中的政治秩序》（王冠华等译），北京三联书店1989年版，前言第1页。

政权、参政权、决策权。通过正当、合理、及时的，包括公众参与的渠道、时效、保障及其他基础条件在内的制度安排，实现公众的公共权力的扩展和固化，对于形成政府权力与公众权利的制度均衡，进而形成良性的政治互信和社会互动机制是不可或缺的，而后者构成了中国在21世纪实现可持续发展的必要条件。

3. “一把手”的监督和制约

解决决策、执行和监督失衡的重要政策选择，在于进一步加强执政党及执政的民主建设，其关键点又在于强化对“一把手”的监督和制约。

“一把手”主要指行政区域和单位的党政第一负责人。“一把手”现象主要指“一把手”个人实际掌控重大事务或重要事务的最高和最终的决定权，“委员会”集体决策权形同虚设的现象。在实际过程中而不是理论上或规范上，“一把手”的权力具有两个突出的特征：其一，“一把手”的权力通适人权、财权、物权，因而事实上个人的意志凌驾于组织的意志之上，个人的价值偏好代替了集体的价值标准。其二，“一把手”的权力缺乏有效的、及时的、常态化的监督和制衡，以至于在某些条件下，“一把手”的行为近乎为所欲为。从人类社会的经验看，通过明晰、对等的权力分立以制衡权力，是克服“一把手”现象的唯一合理的制度选择。

4. 政府职能与政府机构职能的契合

政府职能与政府机构职能的契合，是政府管理和改革的恒久性的问题之一。在这方面，20世纪70年代末以来，发达国家的新公共管理运动所奉行的执行机构多样化的改革，值得我们注意。执行机构多样化的改革使得政府内部的竞争超过了合作，分散超过了集中，企业精神超过了官僚精神，形成了所谓的碎片化局面（fragmentation）和部门主义（sectionalism of officialdom）。在英国，1997年奉行中间偏“左”路线的工党上台后，对撒切尔政府的过度偏“右”的新公共管理改革进行了修正，用治理理念弥补了新公共管理的“企业”理念，其中，“把政府连接起来”（Joint-up Government）的改革方略就是一个重要的举措。“把政府连接起来”强调政府部门的战略协作，以便共同实现特定的政策目标，弥合机构之间的缝隙，从而有效地、全面地、公平地提供公共服务。①

中国政府所面临的“部门行政”问题，包括“部门利益”问题，与英国

① A. G. Bovaird, *Public Management & Governance*, London: Routledge, 2003, p. 46.

政府所解决的问题存在明显的差异。但是,“把政府连接起来”的管理思想、管理机制、管理方法却值得借鉴。中国有必要建立使政府职能与政府机构职能相契合的制度,包括建立政府高层的战略协调机制,以保证政府部门之间的协同一致,强化监督机构,强化相对薄弱的机构,调整职能部门的实际权限,强化公共服务和社会管理部门,形成强大而统一的管制机构等等。

5. 新型的政府实体性权力结构

与前文所述的政府实体性结构相关,政府的实体性权力特指政府自身、政府内部的权力配置、权力隶属和权力运作。

从 20 世纪 30 年代的“罗斯福新政”开始,随着国家干预成为政府公共管理的主流,公共行政权力出现了明显扩张的趋势,“行政国家”应运而生。[①] 国家干预的确有效地克服了危机,恢复和重振了经济。但是,在其后的大约 30 年里,发达国家的市场活力和国际竞争力普遍出现了衰减。为了恢复市场的活力,实现经济的增长,提高效率和效益,从“撒切尔革命”开始,发达国家以调整职能和权力结构为核心,以提高责任感和效率为目的,以整合公共管理流程为切入点,广泛实行了行政改革,对行政机构运作中的决策、执行与监督机制进行了革命性的调整。其基本路径,是通过调整、修正政府的实体性权力结构,实现决策、执行、监督的相对平衡,从而建立协调的政府行政管理体制和机制。其具体方法,是将决策机构和执行机构分开,设立独立的执行局,同时引入契约管理和合同管理,推行适距控制和绩效评估。[②] 值得注意的是,发达国家建立新型政府实体性权力结构,包括新型政府实体性权力的运作规则和细则的努力,总是与立法直接而密切地联系在一起的。诚如德国行政法之父奥托·迈耶(Otto Mayer)所言:“法治国的所有作用都是以法律的形式决定的。”[③]政府的实体性权力结构的改革以及关于这种权力结构的运作规则和细则明晰化,法制化,对合理、合法、高效的政府公共管理具有关键的作用。这或许正是中国的行政改革需要特别重视的。

---

① Dwight Waldo, *The Administrative State: a Study of the Political Theory of American Public Administration*, New York: Ronald Press, 1948, p. 1.

② Efficiency Unit, *Improving Management In Government: The Next Steps-Annex C: Terms of Reference and Working Method*, London: HMSO 1988, p. 33.

③ 〔德〕奥托·迈耶:《德国行政法》(刘飞译),商务印书馆 2002 年版,第 60 页。

创新发展与纠错机制*

——新时期中国政府推动可持续发展的双重任务

张国庆　李　春

一、引　　论

为了实现新时期中国的可持续发展的战略目标，中国政府必须继续推进以更为合理的制度安排和更高的公共政策质量为主要诉求的政府创新，其中，形成有效的纠错机制，是政府创新的题中之意。

中国政府管理可以分为政府（内部）管理与政府公共（外部）管理两个方面。前者以政府组

---

* 本文原发表于《湖南社会科学》2007 年第 6 期。

织为管理对象，包括政府的管理理念、政府的职能定位、政府的权力配置、政府的机构设置等；后者则以社会公共事务为管理对象，以公共利益最大化为最终目标，其管理内容包括经济调节、市场监管、社会管理和公共服务等。与此相联系，政府创新包括了政府管理创新和政府公共管理创新两个相互联系的“板块”。政府管理创新是政府公共管理创新的前提和基础，后者是前者的目的，两者都以国家的经济、社会的发展为最终目标。政府创新成为国家创新体系中不可或缺的重要组成部分，政府创新是推动国家发展的重要力量。

以国家与社会、政府与市场的关系为主轴，中国的发展模式正在经历深刻的变革，在经历了由计划经济时期的政府控制型发展模式向“有组织的市场经济”[①]时期的政府主导型发展模式转变之后，正在进一步向以“政府调控、市场调节”[②]为主要特征的政府推动型发展模式转变。其最终目标是建立以社会的自主性为主要特征的政府引导型的发展模式。有鉴于中国的国情，由政府控制型、政府主导型发展模式向政府推动型发展模式转变将经历一个比较长的变革时期，期间，各种矛盾将更加错综复杂，各种利益关系将进一步深刻变化，政府面临的新问题、新挑战也将随之与日俱增。政府创新与纠错机制相应成为应对新的矛盾、新的利益关系的主要途径之一。

1992年联合国环境与发展大会以后，中国政府制定了“中国环境与发展十大对策”[③]，初步提出了中国实现可持续发展的路径选择。2003年10月，中国共产党十六届三中全会明确和全面提出了统领中国实现可持续发展的战略纲领——科学发展观：“坚持以人为本，树立全面、协调、可持续的发展观，促进经济社会和人的全面发展”[④]，成为新时期国家宏观公共政策的价值基点。不久，胡锦涛在2006年全国科学技术大会上指出科学发展观的贯彻和落实需要提高国家的创新能

---

① 〔日〕今井贤一等：《现代日本企业制度》(陈晋等译)，经济科学出版社1995年版，第49—50页。

② 全国推进可持续发展战略领导小组办公室：《中国21世纪初可持续发展行动纲要》，中国环境科学出版社2004年版，第4页。

③ 国家环境保护总局政策法规司：《走向市场经济的中国环境政策全书》，化学工业出版社2002年版，第3页。

④ 《中共中央关于完善社会主义市场经济体制若干问题的决定》，载《人民日报》2003年10月15日。

力:“一个国家只有拥有强大的自主创新能力,才能在激烈的国际竞争中把握先机、赢得主动”,并提出要用15年的时间使中国进入创新型国家的行列①。2007年6月,胡锦涛再次提出:“解放思想,是党的思想路线的本质要求,是我们应对前进道路上各种新情况新问题、不断开创事业新局面的一大法宝,必须坚定不移地加以坚持。”②可以认为,这些实际上提出了中国建设创新型国家的战略任务。这一战略任务的提出要求政府创新相应的管理理念和管理模式,从而推动国家新型发展战略的实现以及经济社会的可持续发展。然而,任何创新都是有风险和成本的。从经验分析看,政府创新的风险和成本有可能是极其高昂和难以承受的。为了尽可能防范和规避政府创新过程中的各种可能的风险,有必要通过有效的制度安排以形成相应的纠错机制,由此形成了新时期中国政府推动可持续发展的双重任务。

二、创新发展与纠错机制的相关诠释

“创新”是当前中国社会使用的热门词汇,然学界尚缺乏明确的内涵和外延的界定,“政府创新”同样如此。“纠错机制”目前使用尚少,其学理性界定更为模糊。本文尝试对此进行初步界定,以作为进一步研究的前提。

1. 政府创新与纠错机制的界定

《辞海》中“创”即创始、首创的意思。《汉书·叙传下》有“礼仪是创”一说,颜师古注:“创,始造之也。”③这意思是说,“创”乃创造性的活动所导致的首次出现的新生事物。“创”既可以是新的物质形态,如一种新产品、新技术,也可以是新的精神形态,如一个新概念、一种新思想。在英语中,“创新”(Innovation)也是一个古老的词,指更新、制造新东西或改变,包括新方法、新技术、新思想等④。一般认为,经济学家约瑟夫·熊彼特(Joseph Schumpeter)1912年第一个从经济学角度系

① 胡锦涛:《坚持走中国特色自主创新道路 为建设创新型国家而努力奋斗——在全国科学技术大会上的讲话》,载《人民日报》2006年1月10日。

② 胡锦涛:《坚定不移地走中国特色社会主义伟大道路 为夺取全面建设小康社会新胜利而奋斗》,载《人民日报》2007年6月26日。

③ 《辞海》,上海辞书出版社1999版,第516页。

④ 《牛津高阶英汉双解词典》,商务印书馆、牛津大学出版社2001年版,第769页。

统提出了现代创新理论。他认为，创新是指建立一种新的生产函数，即实现生产要素的一种从未有过的新组合，包括创造一种新产品、采用一种新的生产方法、开辟一个新的市场等等[①]。20 世纪 50 年代，管理学家彼得·德鲁克(Peter Drucker)又从管理学的角度发展了创新理论。他从更加宏观的层面定义了"创新"，将赋予资源以新的创造财富能力的行为均称为创新行为，并且将创新分为技术创新和社会创新。后者是指在经济与社会中创造一种新的管理机构、管理方式或管理手段，由此促动社会创造更多的财富[②]。20 世纪 80 年代，在西方国家的"新公共管理运动"中，英国的政治学学者珍妮特·纽曼(Janet Newman)将政府创新定义为"一种非连续的有步骤的变化，对某一特定地方政府而言的全新的事物，并且这种变化确确实实发生了"[③]。美国的政治学学者道格拉斯·艾赫克(Douglas Ihrke)将政府创新概括为政府服务私营化、公私伙伴关系的建立、政府质量管理、重塑政府、政府流程再造、公民顾客导向、战略管理以及结果导向等等[④]。也有学者将创新界定为"新思想、新目标以及新实践被创造、发展以及重新发明的过程"，并且进一步将政府创新分为结果创新、过程创新以及辅助创新。结果创新是指提供新的产品或服务，过程创新是指组织成员、组织规则、组织结构等的变化，而辅助创新则是指组织与环境之间关系的变革[⑤]。还有学者则将政府创新界定为政府治理模式的变革，指政府与市民社会的

① Joseph Alois Schumpeter, *The Theory of Economic Development: An Inquiry into profits, Capital, Credit, Interest, and the Business Cycle*, New Brunswick, N. J: Transaction Books, 1983, p. 66.

② Peter F. Drucker, *Innovation and Entrepreneurship: Practice and Principles*, New York: Harper & Row, Pub., 1985, pp. 30—33.

③ Janet Newman, John Raine and Chris Skelcher, "Transforming Local Government: Innovation and Modernization", *Public Money & Management*, (6—7)2001, pp. 61—68.

④ Douglas Ihrke, Rick Proctor and Jerry Gabris, "Understanding Innovation in Municipal Government: City Council Member Perspectives". *Journal of Urban Affairs*, Vol. 25, No. 1, 2003, pp. 79—90.

⑤ Richard M. Walker, "Innovation Type and Diffusion: An Empirical Analysis of Local Government", *Public Administration*, Vol. 84, No. 2, 2006, pp. 311—335.

选定成员分享决策权力①。国内对政府管理创新的研究始于20世纪90年代，自2001年开始成为学界和政府关注的要点问题之一，提出了一些基于中国政府管理的关于“政府创新”的观点。例如，认为政府创新是适应新环境和新现实挑战的自觉选择，它旨在通过探寻和建立较为合理的政府行政模式，从而确保社会资源能够得到最优化的配置，确保国家资本更好地服务于人民的生活②。

我们认为，从公共行政学的角度，政府创新是指享有法定公权力的国家机关，基于一定的公共价值观，为实现一定的公共目标而做出的不同于以往、不同于他主体的新的以至原创性的公共政策和公共管理的选择。这种选择的水平纬度，包括政府自体系的管理创新和政府作用于社会的公共管理的创新；垂直经度则包括理念、体制、机制、规范以及方式方法等创新。

创新是基于主观判断而对未知事物的探索，因而存在风险。政府创新有可能涉及国家意识形态的改变、公共管理制度的改革以至国家宪政体制的修正，不仅以公共财政为创新成本的基础，而且最终要由全体社会成员承担创新的后果，因而，创新的风险可能是很高的。必须正视的是，在许多深层次矛盾凸现的新时期，中国政府创新的风险事实上有增无减，因而有必要尽快建立相应的纠错机制，以防止和及时纠正创新过程中可能的错误，减少“试错”给经济社会发展造成的损失。这构成了政府纠错机制产生的逻辑起点。

《辞海》中，“纠”意为“督察，矫正”。“错”意为“错误，不正确”。《书·冏命》中说：“绳愆纠谬”，孔颖达疏：“绳谓弹正，纠谓发举。有愆过则弹正之，有错谬则发举之”③。意思是说，有错误就检举出来并加以改正。一个完整的纠错过程包括识错、改错和再检验三个程序。这就要求有相应的纠错机制予以保障。“机制”一词原指机器的构造和工作原理。生物学和医学通过类比借用此词，指生物机体结构和组成部分的相互关系以及其间发生的各种变化过程的物理、化学性质和相互

① J. D. House and Kyla McGrath, “Innovative Governance and Development in the New Ireland: Social Partnership and the Integrated Approach”, *Governance: An International Journal of Policy, Administration, and Institution*, Vol. 17, No. 1, January 2004, pp. 29—58.

② 刘靖华：《政府创新》，中国社会科学出版社2002年版，第1页。

③ 《辞海》，上海辞书出版社1999年版，第4877页。

关系。现已广泛用于自然现象和社会现象，指其内部组织和运行变化的规律①。相应的，纠错机制则是指纠正错误过程中各个主体之间相互作用的关系模式，它影响并决定着各个主体在纠错过程中的行为方向。

2004年9月，中国共产党十六届四中全会通过了《中共中央关于加强党的执政能力建设的决定》，明确指出要“建立决策失误责任追究制度，健全纠错改正机制”②。新时期执政党责任政治以及相应纠错理念的形成，为构建中国政府的纠错机制提供了政治的、公共管理的和社会的基础。我们认为，政府纠错机制是一种基于合理、有效的制度设计和制度安排，法律许可的多种或多元的主体共同和交错行使权力、履行职责，发现和改正政府管理和政府公共管理问题以至错误的系统功能。一种完整、有效的纠错机制是建立在明晰而实际有效的法权关系的基础之上的。在管理学的意义上，纠错机制则需要明晰纠错主体、纠错权限、纠错对象、纠错方式，以及错误应激反应、错误预警、错误识别、错误认定、纠错效果检验等。

2. 政府纠错机制与政府创新发展的关系

“创新型国家”发展战略的提出，表明创新发展已经成为中国政府的明确的价值选择。然而，有创新、有探索就有可能出错，甚至出大错。这就要求在最大可能地持续激发和强化社会性创新动机的同时，通过制度安排形成有效的纠错机制，以防止出错，尤其防止出灾难性的大错。

(1) 政府纠错机制能够减少政府创新失误的概率。

政府创新意味着在政府管理过程中引入新的管理理念、新的管理制度或方法等，是一项全新的实践，没有现成经验可以模仿，因此难免会因为政府创新主体对创新过程主观认识不足或客观信息不足而造成创新实践与创新目标的偏离，造成创新政策措施的失败。但是，这种失败并非完全不能避免，通过一定的纠错机制能够及时发现政府创新实践的偏离，并积极采取有效措施予以及时纠正，从而降低政府创新出错的概率，进而降低政府创新的总成本。此外，政府纠错机制除了能够尽量消除客观原因导致的创新错误，还能够在一定程度上抑制由于政府

① 罗竹风：《汉语大词典》，上海辞书出版社2001年版，第1325页。

② 《中共中央关于加强党的执政能力建设的决定》，载《人民日报》2004年9月20日。

创新部门主观原因所引起的无效或错误制度或政策，例如，引入公民监督有助于减少政府创新部门的“拍脑袋决策”的现象，有助于克服借政府创新之名扩张小集团利益的所谓创新政策或制度。

（2）政府纠错机制能够夯实政府创新的利益基础。

政府纠错机制通过吸纳各种利益诉求从而使政府创新政策的利益基础更稳固。政府创新的一个主要体现是公共政策的创新。政治学者戴维·伊斯顿(David Easton)曾提出，公共政策就是对全社会的价值作权威的分配①。公共政策的一个基本的功能是对全社会的价值和利益进行分配，公共政策的创新必然涉及对各种利益关系进行重新梳理和调整，因此，公共政策的创新很可能会遇到既得利益集团的抵制，当创新阻力太大时，政府创新将归于失败。随着改革开放的推进和市场经济的发展，中国社会已经由简单利益格局进入了复杂利益格局或利益多元化的时代，社会利益阶层分化明显，利益差别日益扩大，利益关系日益复杂，由此导致中国政府创新的环境日益复杂。为了使政府创新具备更加坚实的利益基础，化解创新过程中的各种阻力，必然需要借助一定的纠错机制平衡社会的各种利益诉求，使政府创新的政策和制度尽可能广泛满足各种利益主体的需要。在制度经济学看来，“只有能满足人们利益最大化追求的制度才可能在社会中存在和有效作用。制度的不断演变是人际交往方式和利益关系不断变化的结果”②。纠错机制作为制度的一种，在中国利益关系逐步复杂的新时期显得日益重要。

（3）政府纠错机制能够提高政府创新实践的效率。

政府纠错机制通过提升公共政策的可行性从而提高创新政策的执行效率。效率一直是公共行政追求的重要价值目标之一，政府纠错机制通过提升公共政策的合理性和可行性，从而提高公共政策的执行效率。政府创新实践的效率损失主要发生在三个方面：一是政府创新目标失当，结果南辕北辙，最终导致政府创新的彻底破产，效率为零；二是政府创新措施不尽合理，又难以重新调整，导致只能实现部分预期目标；三是政府创新的执行过程中发现问题，虽然可以调整，但需要增加

① D. Easton, *The Political System: An Inquiry into the State of Political Science*, N. Y.: Knopf, 1953, p. 129.

② 〔德〕柯武钢、史漫飞：《制度经济学：社会秩序与公共政策》(韩朝华译)，商务印书馆2000年版，第395—396页。

大量的费用才能调整过来，并只能实现部分预期目标。政府纠错机制有助于避免这三个方面的问题，它通过预先的纠错预警功能提高政府创新政策、制度和措施的科学性和可行性，通过夯实创新性政策的利益基础，减少政策的执行阻力，从而最终提高政府创新政策的执行效率。

三、创新发展、纠错机制与国家的可持续发展

创新发展与纠错机制有不同的分析视角。从适用层面的视角分析，可以分为宏观发展战略的创新与纠错、中观管理制度的创新与纠错以及微观管理方法的创新与纠错；从动机、动力的视角分析，可以分为主动型创新与纠错、被动型创新与纠错；从收益—成本比较的视角分析，可以分为低成本型创新与纠错、高成本型创新与纠错以及无限成本型创新与纠错。不同类型的创新与纠错对推动国家可持续发展的效果相差颇远。

1. 宏观—中观—微观的视角

宏观发展战略的创新与纠错主要是指影响全局并具有远期规划性的新的战略性的选择，包括国家发展战略规划的创新与纠错、国家价值基点的创新与纠错等。宏观发展战略的创新与纠错机制直接影响可持续发展战略目标的实现与否，同时制约着中观层面和微观层面的创新与纠错的性质及有效程度。例如，美国“罗斯福新政”打破了过去以自由市场经济为绝对主导的思想桎梏，大大扩张和强化了政府的经济职能和社会职能，树立了政府干预经济的典范，纠正了美国长期形成的放任自由的发展理念，因而是对美国建国以后国家发展理念和发展战略的重大的创新。再如，中国从“以阶级斗争为纲”向“以经济建设为中心”的治国理念的转变，同样属于国家发展理念和发展战略的创新，由此促成了中国近 30 年的跨越式的经济增长。反之，若宏观公共政策和公共管理的价值基点的选择错误在前，政府和社会纠正错误的制度基础塌陷，包括国家公共机构职能和社会公众主体权力在内的公共纠错机制失效在后，则必定造成严重的社会后果以致国家的灾难。当年的德国和日本为了摆脱世界经济危机的影响、攫取超额利益而选择了军国主义的发展路径，结果不仅给本国，而且给世界带来了不可估量的损失。

中观层面的创新与纠错机制，包括管理体制的创新和管理机制的

创新，上与国家宏观发展战略层面相连，下与政府具体管理相接，例如，在中国确立“以经济建设为中心”的国家主导意识形态之后，相应开始推进计划经济体制向市场经济体制的转变，集权型行政管理体制向分权型行政管理体制的转变。如果中观管理制度层面不跟随着宏观层面进行步调一致的创新或纠错，那么宏观层面的创新与纠错将成为空中楼阁或纸上谈兵。

微观管理层面的创新与纠错是指具体管理方式方法的创新与纠错，它由宏观发展战略和中观管理制度的创新与纠错所决定。例如，国家以建设服务型政府为价值导向，那么微观管理方法必然出现诸如“一站式”服务、“阳光大厅”等管理举措的创新。

2. 动力—动机的视角

政府创新与纠错的动力来源于多个方面，大体上可以分成主动型创新纠错与被动型创新纠错。前者指政府通过积极预见未来发展过程中的问题或感知当前管理中的危机而形成创新与纠错的意愿，并通过政府改革实现意愿。后者指政府在为沉重现实压力的条件下，被迫实施政府管理的创新与纠错。主动型创新与纠错和被动型创新与纠错的动力来源是不一样的，由此往往造成政府创新纠错实现目标的程度会有很大差异。主动型创新与纠错通常会确立较为完善的改革纲领和路线，并以较少的成本较好地实现改革目标；被动型创新与纠错则往往缺乏完善、合理的改革纲领，加之创新和纠错的意愿不够强烈，因而成效往往有限，且为此付出的代价，包括机会成本较大。

美国克林顿政府提出的新经济发展战略可以认为是政府主动型创新与纠错的典型例证。20 世纪 80 年代末 90 年代初，由于里根和布什两届政府的以自由市场经济理论为指导的经济政策的偏差，美国经济在摆脱 20 世纪 70 年代的“滞胀”问题后，旋即产生了高赤字、高负债、高利率、高汇率、高贸易赤字的“五高”问题。据美国联邦政府的预算统计数据，1974 年，联邦政府的赤字为 61 亿美元，占国民生产总值的 0.4%。而到了 1992 年，赤字达到了创纪录的 2900 亿美元，如果扣除社会保障盈余，则高达 3400 亿美元[①]。“五高”问题给美国经济造成了明显的消极影响。1993 年克林顿政府上台后，与欧洲的“第三条道路”

---

① 〔美〕爱伦·鲁宾：《公共预算中的政治：收入与支出，借贷与平衡》(叶娟丽译)，中国人民大学出版社 2001 年版，第 216 页。

的价值取向相呼应①,制定了一系列"新经济"的公共政策:①推动了财政政策的大幅度的改革,缩减政府开支和适当增加税收,解决了越战以来一直困扰着美国的巨额财政赤字问题;②创立了国家经济委员会协调国内外的经济政策,推动国会批准了《北美自由贸易协定》、《世界贸易组织协议》等重要的框架文件;③加强了国家科技发展的投入,实施了国家信息高速公路计划;④引入以"企业家精神"为核心的新公共管理理念,改革了政府机构和公务员制度,提高了政府管理的绩效。这一系列措施促成了美国经济"十年繁荣"(the Ten-year Economic Expansion)②。战后日本的崛起同样可以视为主动型创新与纠错的典型例证:在经历了第二次世界大战的惨败之后,日本通过"适度的政—经分离"和"有组织的市场经济"的政治经济的制度安排,加上延续和发展了"产业立国"、"贸易立国"、"技术立国"的政策选择,其经济迅速在一片废墟上崛起,短短几十年的时间里迅速成为仅次于美国的世界第二大经济实体。1997—1998年的"东亚金融危机"则可以视为被动型的创新与纠错③。

3. 收益—成本的视角

政府创新与纠错需要一定的成本,既包括经济方面的成本,也包括政治方面的成本,例如政治信任度等。成本的大小由政府创新纠错的收益、创新纠错时机、方法等因素所决定。一般而言,越是宏观层面的创新,所需要的创新纠错成本越大;而选择合理的创新纠错时机、选取合理的创新纠错路径则有助于降低创新纠错的成本。成本越低,对于推动国家可持续发展更为有利。按照收益—成本的比较,政府创新与纠错可以划分为低成本型创新纠错、高成本型创新纠错以及无限成本型创新纠错:

低成本创新与纠错能够以较低的投入、较少的损失实现国家的创

---

① Colin Campbell and Bert A. Rockman, "Third Way Leadership, Old Way Government: Blair, Clinton and the Power to Govern", *The British Journal of Politics and International Relations*, Vol. 3, 2001, pp. 36—48.

② 根据美国商务部2002年7月修改后的GDP增长率,美国经济扩张的持续时间从原来的120个月变为117个月;而美国全国经济研究局(NBER)2002年9月发布的报告仍认为美国经济扩张期为1993年3月至2001年3月的整整十年。数据参见 http://www.nber.org/cycles/.

③ 〔德〕R. 约尔丹:《危机后的危机》,载《国外社会科学》2007年第2期。

新与发展，消除发展过程中的隐患，促使经济社会以更快的速度健康发展。如前所述，日本战后的经济发展战略的顺利实现，美国克林顿政府的新经济政策的成功，均可以视为低成本型创新与纠错的例证。

高成本的创新与纠错，虽然最终得以实现或部分实现政府的政策目标，但成本却是高昂，甚至极其高昂的。例如，巴西自 20 世纪 40 年代开始，在经历了 30 多年的经济快速增长期并创造了“巴西经济奇迹”之后，由于长期实行“进口替代”的经济政策，于 80 年代开始出现持续性的经济衰退。80 年代末、90 年代初，又由于选择了新自由主义价值理念，在条件不具备的情况下大力和急剧地推行市场化，巴西 1991 年的国内生产总值下降了 4.6%，人均产值下降 8%，工业生产下降 8.9%，恶性通货膨胀达到 1795%，失业率 11.7%，全国失业人数已达 300 万[①]。面对困境，政府却不能及时修正公共政策，导致付出了难以持续发展的高昂代价，以至于巴西的经济发展至今依然步履蹒跚。

无限成本型创新纠错是指政府的“创新”理念和价值取向错误，同时又不能纠正错误，以至付出了巨大的、难以估量成本的“创新与纠错”。例如，法西斯德国对外的侵略扩张和对内的独裁统治，是希特勒政府的“创新”，其“纠错”则最终是以德国的近似毁灭，数以千万的生命以及难以计算的财产损失为代价的。

四、创新发展与纠错机制的制度思考

中国近 30 年的跨越式发展的特征，被概括为“中国模式”或“北京共识”[②]。创新是“中国模式”的灵魂。与此同时，中国为此付出的代价也是沉重的、巨大的、难以为继的。“试错”和“错误”是导致高昂发展成本的主要原因之一。与此相联系，如何通过合理的制度创新实现可持续的发展，通过有效的纠错机制降低发展成本，是新时期中国政府面临的双重任务。

1. 创新、纠错与“中国模式”

“中国模式”是对中国改革开放以来经济社会发展经验的一种概

① 尚德良、杨仲杰：《巴西经济发展中的问题和前景》，载《拉丁美洲研究》1993 年第 1 期。

② 〔美〕乔舒亚·库珀·拉默：《“北京共识”提供新模式》（李丽译），载《环球时报》2004 年 5 月 31 日。

括。“中国模式的基础的特点就是能够立即对问题产生反应，人们不断尝试发现新的方法以解决过去从未面临的困难，而这个基础就是创新。”①可以认为，“中国模式”的创新，既包含思想、理论、观念的创新，也包含制度、体制、机制的创新，还包含管理方式、管理方法、管理技术的创新。在思想、理论、观念层面上，邓小平理论、“三个代表”理论、科学发展观以及和谐社会理论，集中体现了改革开放以来中国共产党和中国政府在不同时期的创新成果，体现了政府宏观公共政策价值基点的与时俱进的转换；在制度、体制、机制层面上，修改宪法、改革产权（所有制）制度、放松政府管制和不断扩大市场准入、引导公平竞争、扶助弱势群体、扩大和逐步完善社会保障、确立协调发展等等，都直接和极大地促进了中国的社会生产力，造就了中国近三十年的经济高速增长；在管理方式、管理方法、管理技术层面上，国家审计、问责制、政务信息公开、村民自治等等，提高了各级政府的法制管理的水准和管理绩效。

有学者把中国模式的路径选择概括为：(1) 实事求是的发展战略，满足人民的迫切需求；(2) 不断进行试错型改革试验；(3) 渐进改革，而不是休克疗法；(4) 不断改革发展的政府维护了政治与宏观经济的稳定；(5) 保持自身的政策空间，有选择性地学习国外经验；(6) 采取先易后难、先经济后政治、先农村后城市等正确的改革时序②。值得注意的是，这种观点一方面承认中国模式路径选择具有原创性、合理性，另一方面亦间接指出了中国模式的路径选择由于缺乏有效的纠错机制而导致了过高的成本。虽然，这种概括不一定准确和全面。

2. 创新与纠错并重

创新与纠错并重应当成为新时期中国政府公共政策的基本选择。鉴于中国的整体发展水准，在可以预见的未来，“追赶型”发展战略仍将是中国国家发展战略的选择。创新是为了加快发展、可持续发展，纠错则可以降低发展成本，同时维护人类正义和社会公平，间接促进发展，二者不可或缺。

---

① 〔美〕乔舒亚·库珀·拉默：《为什么提出“北京共识”?》，载俞可平等：《中国模式与“北京共识”》，社会科学文献出版社 2006 年版，第 6 页。

② Wei-Wei Zhang, “China: The New Global Model for Development”, *New Perspectives Quarterly*, Vol. 24, 2007.

创新与纠错并重是与中国改革的复杂性、特殊性紧密联系在一起的。中国改革的复杂性、特殊性首先体现在中国的改革是多目标、多路径的，包括经济增长与经济结构调整的同期性，以及渐进式改革策略的选择。后者容易导致低效和资源浪费①。与此相联系，相对于俄罗斯休克疗法的阵痛式改革，拉丁美洲近似疯狂的私有化，中国改革难度显然要大很多，如何在通过不断的创新维持经济快速增长的同时减少经济成本、资源成本、社会成本、人文成本，一直是中国政府面临的两难抉择。

其次，中国的失业、贫富差距、环境恶化、犯罪以及官员腐败等问题错综复杂的交织在一起，尤其是社会问题与解决社会问题的政府资源之间的不平衡，以及社会问题政治化②，同时对各级政府的创新能力和纠错能力提出了尖锐的挑战。在政府主导型的发展模式下，中国许多的社会、经济问题"由于政府治理能力的欠缺、片面发展的政策以及地方政府的腐败而恶化。……中国过去的发展是不可持续的，在政治社会方面上也是不可接受的"③。这种不可持续性和不可接受性源于政府制度创新的不足与政府纠错能力的缺失。从一定的意义上可以认为，新时期科学发展观、和谐社会、以人为本执政理念的提出，既是创新，也是纠错。现实的问题是，如何在制度的层面上实现新的执政理念。

3. 创新与纠错的若干制度性选择

"制度是一系列被制定出来的规则、守法程序和行为的道德伦理规范，它旨在约束追求主体福利或效用最大化利益的个人行为。"④邓小

---

① Kuotsai Tom Liou, "*Strategies And Lessons of China's Post-Mao Economic Development*," Review of Policy Research, Vol. 16, 1999. pp. 183—208.

② X. L. Ding, *The Challenges of Managing a Huge Society under Rapid Transformation. China's Post-Jiang Leadership Successioned*, Singapore: Singapore University Press, 2002. pp. 189—213.

③ John Wong, "China's Economy in 2005: At a New Turning Point and Need to Fix Its Development Problems," *China & World Economy*, Vol. 14, 2006. pp. 1—15. [29] X. L. Ding. *The Challenges of Managing a Huge Society under Rapid Transformation. China's Post-Jiang Leadership Successioned*, Singapore: Singapore University Press, 2002, pp. 189—213.

④ 〔美〕道格拉斯 • C. 诺思:《经济史中的结构与变迁》(陈郁等译)，上海人民出版社1994年版，第225—226页。

平曾经指出："我们过去发生的各种错误，固然与某些领导人的思想、作风有关，但是组织制度、工作制度方面的问题更重要。这些方面的制度好可以使坏人无法任意横行，制度不好可以使好人无法充分做好事，甚至会走向反面。"[①]在此意义上，建构相应的制度，是新时期中国政府完善创新和纠错机制的基本途径。本文讨论其中的三个问题。

（1）持续激发创新动机。通过制定繁文缛节式的管理规则来实现政府管理的非人格化，进而不仅保证国家宪政制度的稳定性，而且提升政府管理的效率，构成了金字塔形的科层制政府体制的基本特征。问题在于，"在当今无序和不确定的世界中，官僚制已经功能失调。它是如此的僵化和墨守成规，以至于不能应付现代政府所面临的挑战"[②]。这种状况在中国政府同样存在。不仅如此，基于政府在中国发展进程中的关键性作用，政府的惰性将直接抑制社会的创新意愿和热情，显然不利于中国"追赶型"发展战略的实现。于此，如何通过有效的制度安排持续地激发政府官员以致社会的创新动机，是中国政府面临的重要的公共政策问题。其中，必须正确处理三个节点性问题：其一，培养敢于创新、勇于试错的政策和文化的氛围。这意味着，褒奖、推崇成功的创新者，宽容动机纯正的创新失误并给予纠正失误的机会；其二，建立科学合理、社会接受的创新评估机制，既为褒奖成功的创新者提供依据，又为防止和惩戒假借"创新"之名逃避责任者或者谋取私利者提供依据；其三，建立科学有效的创新回报机制，激励管理者积极主动的尝试创新。"纵观历史，与政治权力有关的另一个关键问题是政府代理人——不论其是世袭的统治者、民选议员、部长还是被任命的政府官员——都受诱惑而按其私利行事。"[③]这种观点不一定全面准确，但它在一定程度上揭示了管理者的行为动机。因此，要激励管理者的持续创新行为就必须建立相应的回报机制，促使管理者在增进个人合理利益的同时扩张创新带来的公共利益。

（2）健全政策复审机制。如前所述，"机制"是指"其内部组织和运行变化的规律"。在扩展的意义上，机制是一种交互作用的系统功能。

---

① 《邓小平文选》（第2卷），人民出版社1994年版，第333页。

② 〔美〕罗纳德·桑德斯：《美国的公务员队伍：是改革还是转型》（宋世明译），载《西方国家行政改革述评》，国家行政学院出版社1998年版，第250页。

③ 〔德〕柯武钢、史漫飞：《制度经济学：社会秩序与公共政策》（韩朝华译），商务印书馆2000年版，第395—396页。

政策复审机制是政策系统交互作用的一种功能。这种功能的有效发挥，有赖于政策系统的权责清晰、权力制衡、兼顾良好协同力的架构或结构安排。就中国现行的管理体制而言，创新与纠错双重任务的实现，有必要重视"一把手"和"一言堂"现象。囿于有限的个人理性，无论在政策制定还是政策执行的层面上，集权型的领导体制都是导致政策惰性和政策错误的主要原因之一。健全政策复审机制，是改变由于权力过于集中而导致政策创新不足和政策错误状况的有效的途径之一。在这方面，历史经验值得借鉴。其中，唐朝的"三省六部制"是中国历史上较为完善的决策和政策复审机制。"三省"即中书省、门下省、尚书省，它们分工明确，互相配合又互相制约。中书省制定政策，草拟诏敕；门下省审核复奏；尚书省颁发执行。如果中书省所拟诏敕有失当之处，门下省有权予以封驳，要求重拟。对于各部(吏、户、礼、兵、刑、工六部)所呈的重要奏章，必须通过尚书省交门下省审议，门下省认可后，方准送中书省呈交皇帝批阅；如认为有不妥之处，可驳回修改。由此可见，门下省在政府纠错过程中起着极为关键的作用。[①]

(3) 建立公共信息共享机制。"信息"一词使用虽广，但学界对其内涵的界定尚不一致。信息论的创始人申农(Shannon)认为："信息是关于环境事实的可通信的知识。"[②]经过条理化的信息就是资讯。信息表明了人们对客观事物属性、特征、状况等的认识，这种认识可以被记录和交流。信息的记录和交流对于政府管理具有重要的价值，信息资源也因此成为一种重要的战略资源，"这种资源就像财政和人力资源一样"重要。[③] 信息更是制高(胜)点、是生产力，是创造力。信息资源对于创新发展和纠错机制的作用同样是毋庸置疑的：其一，通过搭建大容量的、多通道的、快捷便利的、及时更新的、开放交互的、多种多样的政府信息平台，有助于实现政府间的包括知识、资讯、观点、思想、规范、经验、教训等等存在形式的信息的交流与共享，进而激发各级政府及其官员的创新意愿和创新思维；其二，合理、有效、动态、互动的信息平台，有助于丰富政府决策的思路和选择，形成良性的决策回路，及时发现、

---

① 韦庆远：《中国政治制度史》，中国人民大学出版社 1997 年版，第 228—229 页。

② 谢俊贵：《公共信息学》，湖南师范大学出版社 2004 年版，第 2 页。

③ 〔美〕戴维·加森：《公共部门信息技术：政策与管理》(刘五一译)，清华大学出版社 2005 年版，第 47 页。

预防和及时纠正政策或管理错误，进而提高公共政策的质量；其三，这样的平台足以吸引多元主体对政府公共管理和公共政策的关注和参与，有助于扩大公共政策的社会基础，进而实现“依法行政”以及“民主监督”的执政目标，实现新时期的发展目标。

革新观念与明列规范*

——新时期中国政府降控行政成本的现实选择

张国庆　朱慧涛

行政成本，确切说公共行政成本，在本质上是一种国家与社会、政府与公民（纳税人）的关系。这种关系的属性、主体、形式、合法性、合理性、有效性及其改变等等，因其敏感性、复杂性、尖锐性、重要性，历来是现代民主国家政府公共政策和公共管理的基本问题之一，同时是社会公众高度关注的焦点性问题之一。

中国的行政成本问题既存在世界通弊的问题，也存在中国独特的问题。改革开放 30 年

* 本文原发表于《湖南社会科学》2009 年第 3 期。

来，中国“国内生产总值由3645亿元增长到24.95万亿元，年均实际增长9.8%，是同期世界经济年均增长率的3倍多，我国经济总量上升为世界第四”①。然而，在取得这种辉煌成就的同时，中国也付出了高昂的成本，其中包括逐步扩大、居高不下、错综复杂、莫名其妙、久拖不决的行政成本，并且，以“四公”即“公车、公宴、公楼、公游”为主要存在形式的不良行政成本，具有相当的体制特征。必须正视，高昂的行政成本正在成为蚕食中国政府公共政策和公共管理的合法性、正当性、合理性的公信力基础，扭曲中国社会公平、正义的价值体系，妨碍中国公共事业和社会事业的发展进步，危害中国执政党、中国政府及政府公务员与社会公众的良性互动关系，阻滞中国政府行政管理体制改革的深化，拖累中国经济结构的调整和经济增长方式的进程，进而危及中国构建小康社会、和谐社会战略目标实现的严重的现实问题。对此，中国政府的态度是“要下决心推进财政体制改革，让人民的钱更好地为人民谋利益”②。考量中国政府降控行政成本久治无功的缘由，在这个问题上中国政府或许有必要重新审题、命题、破题、解题，有必要重新审思新时期行政成本问题的内涵和外延，有必要正视造成当代中国政府行政成本高昂的深层次原因，并以长远的战略眼光，决绝的政策意志，清晰的政策思路，可行的行动方案，坚定的政策执行，开始进行财政体制改革，有效降控行政成本，给人民以信心。

一、行政成本内涵的界定

本文以对行政成本内涵和外延的界定作为全文的逻辑起点和分析基础。

在中文语境中，与“行政成本”一词语义相同或接近的词语主要有“政府成本”、“政府行政成本”、“行政支出成本”、“行政管理费”以及“一般公共服务（支出）”等。例如，有研究者认为：“政府成本是政府及其行政过程中所发生的各种费用和开支，以及由其所引发的现今和未来

---

① 胡锦涛：《在纪念党的十一届三中全会召开30周年大会上的讲话》，载《人民日报》2008年12月19日。

② 新华社：《十一届全国人大一次会议举行记者招待会 国务院总理温家宝会见中外记者》，载《人民日报》2008年3月19日。

一段时间的间接性负担”，并把政府成本分为“政府会计成本(即财政预算中的政府的各项支出总和)、政府机会成本(即政府因没有选择某种经济决策方案而损失的收益)、政府风险成本(即政府风险引发的政府损失)、政府社会成本(即政府决策和政府行为给社会带来的支出和负担)、政府边际成本(即政府活动边界每扩大一个单位所增加的成本)”[①]。另如，“政府行政成本是政府机构内部运行成本、社会公共事务管理成本以及政府决策和行为成本的总和”[②]。再如，“行政支出成本就是政府行政部门直接消耗的各种财政性资源。……行政支出成本和行政成本是两个不能等同的概念，后者是比前者更为广泛、更为丰富也更为复杂的成本概念，具体包括行政支出成本、政府行政部门通过行政管制(包括行政性垄断)而产生的各种社会成本以及不良行政行为所造成的各种社会福利损失”[③]。

“行政管理费用”长期以来一直是中国统计部门统计行政成本时所使用的术语。2006 年政府收支分类改革以后，“一般公共服务(支出)”取代“行政管理费用”成为统计行政成本的主要概念[④]。

在英文语境中，与行政成本相关的词汇主要有：“administrative”(行政的)、“government”(政府)、“public”(公共)、“cost”(成本)、“ex-

① 周镇宏、何翔舟：《政府成本论》，人民出版社 2001 年版，第 39—52 页。

② 谭桔华：《政府行政成本简论》，湖南大学出版社 2005 年版，第 3—4 页。

③ 上海财经大学课题组：《公共支出评价》，经济科学出版社 2006 年版，第 467—496 页。

④ 检索显示，1978 年至 2007 年的《中国统计年鉴》一直使用“行政管理费”这个术语，2008 年的《中国统计年鉴》在财政支出分类中开始使用“一般公共服务”这个术语。“行政管理费”包括行政管理支出、党派团体补助支出、外交支出、公共安全支出、司法支出、法院支出、检察院支出和公检法办案费用补助。参见中华人民共和国统计局：《中国统计年鉴》(2007)，中国统计出版社 2007 年版，第 299 页。“一般公共服务”是指政府提供基本公共管理与服务的支出，包括人大事务、政协事务、政 府办公厅(室)及相关机构事务、发展与改革事务、统计信息事务、财政事务、税收事务、审计事务、海关事务、人力资源事务、纪检监察事务、人口与计划生育事务、商贸事务、知识产权事务、工商行政管理事务、国土资源事务、海洋管理事务、测绘事务、地震事务、气象事务、民族事务、宗教事务、港澳台侨事务、档案事务、共产党事务、民主党派事务及工商联事务、群众团体事务、彩票事务。参见中华人民共和国统计局：《中国统计年鉴》(2008)，中国统计出版社 2008 年版，第 272 页。此外，1989 年至 1995 年的《中国统计年鉴》没有对“行政管理费”进行专门解释，但是相关注解指出，“行政管理费”包括武装警察部队经费和公检法支出；1986 年至 1988 年的《中国统计年鉴》也没有对“行政管理费”进行专门解释，但是相关注解指出，“行政管理费”包括武装警察部队经费；1981 年至 1985 年的《中国统计年鉴》既没有对“行政管理费”进行专门解释，也没有做任何注解。

penditure"（支出）以及"spending"（花费）。有较多的英文表述可以直译或意译为行政成本，这些表述大多是上述词汇的交互搭配，且其语义之间互不相同甚至差别巨大。比较常见的用法有："administrative cost"、"administrative expenditure"、"government expenditure"、"public expenditure"以及"running cost"等。《现代英汉综合大辞典》将"administrative cost"界定为"管理费用"[①]，将"administrative expenditure"界定为"行政开支（管理费）"[②]，将"government expenditure"界定"一般行政费用"[③]，将"public expenditure"界定为"财政支出"[④]，将"public spending"界定为"政府开支、公共费用"[⑤]，将"running cost"界定为"经营费用、运转成本"[⑥]。在上述用法当中，与中文语境下的行政成本语义最为接近的是"public expenditure"、"public spending"和"government expenditure"，这三个词均意指政府支出或公共支出，主要用来表示财政支出的去向和总量以及政府职能的扩张程度。

上述各种表述大多把行政成本混于政府支出之中。例如，中文语境下的"政府成本"一词把政府在其行政过程中花费在公民身上的各种费用和开支也纳入进来；"行政支出成本"一词也把政府行政部门直接消耗在公民身上的各种财政性资源纳入进来；英文语境下的"administrative cost"、"administrative expenditure"和"running cost"也经常意指私人部门的管理成本[⑦]；"public expenditure"、"public spending"和

---

① 吴光华：《现代英汉综合大辞典》，上海科学技术文献出版社 1990 年版，第 537 页。

② 同上书，第 837 页。

③ 同上。

④ 同上。

⑤ 同上书，第 2238 页。

⑥ 同上书，第 538 页。

⑦ Academic Research Library（学术期刊图书馆数据库）检索结果显示，标题中含有"administrative cost"、"administrative expenditure"和"running cost"的论文分别有 291、7 和 85 篇（截至 2009 年 2 月 18 日）。这些论文中均有一部分是讨论私人部门的管理费用问题的，而"running cost"还有汽车耗油量的意思。请分别参见 Niccie L McKay. Managed Care Payment and Administrative Costs in Florida Hospitals. Journal of Health Care Finance. New York：Summer 2008. Vol. 34，Iss. 4；p. 1；Christopher A Simon. Public school administration：Employing Thompson's structural contingency theory to explain public school administrative expenditures in Washington State. Administration & Society. Beverly Hills：Sep 1999. Vol. 31，Iss. 4；p525；Joseph McHugh. Whitehall prepares for a squeeze on running costs. Public Finance. London：Dec. 1-Dec. 7，2006. p. 10。

"government expenditure"则通常都包含了政府花费在公民身上的开支部分①。不难看出,无论是中文语境下的相近词汇还是英文语境下的相近词汇都不能准确标识国家财政之于政府与公民之间的合理分配。在我们看来,这种合理分配恰恰集中体现了行政成本的本质属性。

一如前述,行政成本在本质上是一种国家与社会、政府与公民(纳税人)的关系,与此相联系,"行政成本"一词的基本要义在于度量国家财政支出之于政府及其公务人员直接和间接花费与公民和社会公益性直接和间接花费的比例。在此意义上,降控行政成本的基本诉求在于"让人民的钱更好地为人民谋利益"。换言之,降控行政成本的根本目的在于使人民的钱更多地用在人民身上而不是政府及其公务人员身上。在我们看来,要准确界定行政成本或者公共行政成本,有必要追本溯源地回到公共行政的基本概念上。一般来说,"公共行政泛指各级国家行政机关以公共利益为目的,依据宪法及法律的规定,通过科学、及时地制定和准确、有效地执行公共政策,管理公共事务、维护公共秩序、保证公共安全、提供公共产品、实施公共服务的活动"②。在现代国家中,各种复杂的公共行政活动可以简化为一句话,即政府(各级国家行政机关)实施的以维护公民利益、满足公民各种需要的活动。

一般而论,公共行政活动所需经费均来自于公民(纳税人)。在正

① Academic Research Library(学术期刊图书馆数据库)检索结果显示,标题中含有"public expenditure"、"public spending"和"government expenditure"的论文分别有 401、708 和 414 篇(截至 2009 年 2 月 18 日)。这三个词的意思基本接近,均有表示公共支出之意,只不过前两个词更多地指代政府花费在公众身上的支出,而最后一个词还包括了政府花费在自己身上的支出。例如,"public expenditure"或"public spending"一般包括"一般公共服务支出"(general public services)、"公共秩序和安全支出"(public order and safety)、"教育支出"(education)、"卫生健康支出"(health)、"社会福利支出"(social security and welfare)、"公共住房与社区基础设施支出"(housing and community amenities)、"经济服务支出"(economic services)以及其他公共支出(参见:Anonymous. Rationalizing fiscal policy and strengthening public expenditure management. OECD Economic Surveys. Paris:Jul. 2007. Vol. 2007, Iss. 15; p. 155.);"government expenditure"一般包括"政府工资开支"(government wage expenditure)、"政府在社会利益上的消费开支"(government consumption on social benefits)、"其他政府消费开支"(other government consumption)、"政府提供的社会福利"(social security benefits paid by government)、"政府固定资产投人"(government fixed capital formation)、"利息开支"(interest payments)以及"其他开支"(other expenditure)(参见 *Achieving progress on fiscal consolidation by controlling government expenditures*, OECD Economic Surveys, Paris:Vol. 2008, Iss. 4. Apr. 2008. p. 65)。

② 张国庆:《公共行政学》(第三版),北京大学出版社 2007 年版,第 6 页。

常情况下，来自于公民的税贡通过公共行政活动最终又回到公民身上。在这一循环过程中，政府作为公共管理的承担主体，为了实现和维护公民利益、满足公民各种需要的公共活动而直接开销或消耗包括人事费用、物事费用在内的各种管理费用是必然的、必须的、必要的。政府的这一部分开销或消耗正是本文意指的行政成本，即行政成本指政府（各级、各类国家机关）为了履行其职能而直接开销或消耗的包括人事费用、物事费用在内各种费用。[①]。而基于明晰、准确、公开、有序的公共管理的需要，政府编列、执行的公共投资或社会公益性支出属于公共支出，不宜计入行政成本。在中国的现实语境中，行政成本的开销或消耗可能来自公共财政，也可能来自非规范性甚至违法违规的资金。行政成本在本质上是公民为了实现各种需要的满足而支付给政府的成本。与此相联系，重要的问题在于，政府直接开销或消耗的各种管理费用是否具有合法性、合理性，而公民普遍认同与否，必须是这种合法性、合理性的基本和最终的价值评价标准，更为重要的问题在于，公民是否不仅在名义上拥有，而且在实际过程中得以确实行使的认同或否定行政成本的权利。

二、降控行政成本：新时期中国政府实现良政的必须选择

如前所述，改革开放 30 年来，中国取得了举世瞩目的经济发展成就，但是与此同时我们也付出了高昂的代价，其中包括增长速度令人触目惊心的行政成本。1978 年，中国“行政管理费”支出为 52.90 亿元，占当年 GDP 的 1.45%，占当年财政支出的 4.71%；到 2006 年，中国“行政管理费”支山增长为 7571.05 亿元，占当年 GDP 的 3.59%，占当年财政支出的 18.73%；到 2007 年，统计部门开始采用“一般公共服务”这种统计方法，当年的“一般公共服务”支出进一步增长为 8514.24

---

① 有学者指出，行政成本还包括因行政活动（包括作为和不作为）而引发的各种损失。我们认为，出于国家统计和评估的考量，应该把行政活动所引发的各种损失排除在行政成本范畴之外。一方面，这些损失难以计量和科学评估；另一方面，这些损失大部分是抽象意义上的，即它们并没有真实地发生，而是人们的一种假设。如果按照这种抽象逻辑，行政成本将是一个无穷无尽的“蝴蝶效应”链条，这显然令人难以接受。

亿元，占当年 GDP 的 3.41%，占当年财政支出的 17.10%。[①] 对上述数据进行简单计算即可看出，中国"行政管理费"(2007 年以"一般公共服务"支出计)的绝对数量在从 1978 年到 2007 年的近 30 年间增长了 160 倍，而同期 GDP 增长 67 倍，财政支出增长 43 倍。换言之，改革开放 30 年来，中国"行政管理费"的增长速度要远远高于同期的 GDP 和财政支出的增长速度。也就是说，政府(各级、各类国家机关)把本来可以花费在公民身上的国家财政花费在了自己身上，从而导致了行政成本的畸形高速增长。可喜的是，近年来随着中国政府倡导"关注民主"的执政理念，提出让老百姓共享改革开放的成果，行政成本占 GDP 的比例开始有所下降。但是，尽管如此，中国政府行政成本无论在绝对数量还是占 GDP 或财政支出的比例仍然非常高，已经达到世界罕见的地步。无疑，在市场经济进一步深化，努力构建和谐社会的今天，高昂的行政成本已成为国民无力承担之重，这与中国政府的良政目标诉求也是格格不入的。

从本质上来说，良政(good governance)，就是"如何为特定政治共同体的人群谋取最大的'公共善'"[②]的问题。新时期中国政府的良政目标诉求可以从两个方面来理解：一是从政府公共管理本身的角度来看，构建服务型政府和提升政府竞争力、公信力及执行力；二是从政府公共管理结果的角度来看，构建节约型社会和提高公民满意度。显然，对于新时期的中国政府而言，降控行政成本是一条达致良政的现实可行的应对思路。因为，其一方面可以大大减轻国民负担，另一方面对于政府其他良政举措的有效实施也可起到直接支持作用。所以说，降控行政成本已成为新时期中国政府实现良政的必要选择。

1. 降控行政成本是重建政府与公民之间信任关系的有效举措

对任何试图实现良政的民主社会而言，行政成本都不仅仅是一个经济问题，还是一个影响深远的政治问题，有着极为丰富而深刻的政治、社会意涵。在新时期特殊的政府公共管理语境下，能否有效地降控行政成本，事实上已经关系到了政府与公民之间信任关系的重建问题。而衡量政府与公民之间信任关系的一个公认的关键指标，就是公民满意度。在此，公民满意度是公民对政府的认同与遵从程度，这种认同和

① 这些数据是我们根据《中国统计年鉴》的相关统计数据计算得出的。

② 〔古希腊〕亚里士多德：《政治学》(吴寿彭译)，商务印书馆 1965 年版，第 3 页。

遵从是建立在政府表现出来的管理能力能够有效实现政府职能，以满足公民利益需求的基础之上的。可以想见，只有政府以廉洁、有效、廉价的形象为广大公民履行相应的政府公共管理职能、提供优质的公共服务、保障公民的切身利益，才有可能获得较高的公民满意度，并进而构建起政府与公民之间高度的信任关系。唯有如此，政府的良政诉求才能实现，和谐社会的崇高政治理念才有坚实的基础。可见，对力求实现良政的中国政府来说，降控行政成本不仅具有经济层面的紧迫性，更是一项极端重要的政治举措。

2. 降控行政成本是提升中国国际竞争力的必然要求

全球化时代的国际竞争，实质上是各国综合实力的较量。其中，政府竞争力是各国综合实力的重要组成部分。而且，因为政府在当今各国经济社会发展中所扮演的重要角色，政府竞争力客观上成为衡量一国国际竞争力的核心指标。在这个意义上说，各国政府已经成为"竞争政府"(Competitive Governments)。[①] 然而，根据中国人民大学竞争力与评价研究中心对各国的国际竞争力排名(2004—2006 年)，中国政府竞争力和西方发达国家相比仍然处于弱势，2004 年至 2006 年分别处于 31、31 和 26 位。[②] 一般认为，政府竞争力的关键标准是政府效率，行政成本则是衡量政府效率的核心指标。因此，行政成本的高低是决定一国政府竞争力强弱的关键。而由于政府竞争力在国际竞争力体系中所居的重要地位，可以认为，降控行政成本是提升中国国际竞争力的必然要求。

3. 降控行政成本是构建服务型政府的应有之义

"纵观人类的政治文明史，其基本线索就是从管制型政府到服务型政府发展的历史。"[③]新中国成立后，中国政府一直本着"为人民服务"的宗旨在运转。但是，长期以来由于与计划经济相适应，中国政府基本上属于"管制型政府"。改革开放以后尤其是随着中国加入 WTO，构建服务型政府成为经济全球化背景下中国政府改革的必然选择。服务

---

① 麻宝斌、王郅强：《全球化背景下的地方政府竞争——提高政府核心竞争力的战略选择》，载《北京行政学院学报》2007 年第 3 期。

② 赵彦云、甄峰：《中国国际竞争力：强劲增长、成本优势、政府引领、社会基础——2004—2006 年中国国际竞争力评价和分析》，载《经济理论与经济管理》2007 年第 2 期。

③ 刘熙瑞：《服务型政府——经济全球化背景下中国政府改革的目标选择》，载《中国行政管理》2002 年第 7 期。

型政府的关键内涵体现在两个方面：一是树立政府公共管理的服务理念；二是提高政府公共管理的运行绩效。第一个方面要求政府要将有限的财政资源用在公民事务上，而不是用于政府自身的花费，这就要求政府要缩减处理行政职能事务活动的成本支出；第二个方面要求政府必须核算政府公共管理的成本和效益，尽量压缩成本支出，以提高政府公共管理绩效。因此，降控行政成本就成为当代中国政府构建服务型政府的应有之义。

4. 降控行政成本是构建节约型社会的治理起点

2004 年 3 月 10 日，胡锦涛总书记在中央人口资源环境工作座谈会上强调，要坚持用科学发展观指导人口资源环境工作，建立资源节约型国民经济体系和资源节约型社会。温家宝总理于 2005 年 6 月 30 日发表题为“高度重视 加强领导 加快建设节约型社会”的全国电视电话会议重要讲话。他指出：“政府带头节约资源，既是建设节约型社会的重点任务，又是加强政府自身建设的重要内容。要加大建设节约型政府的工作力度。严禁滥用公款消费，杜绝办公浪费，实行‘阳光’采购。国务院各部门要在建设节约型社会中走在全国前面，自觉做资源节约的表率。地方各级政府也要带头做好节约工作。各级领导干部和所有公务员都要率先垂范，厉行节约，反对浪费。”[①]正如亚当·斯密所言：“地大物博的国家，固然不会因私人奢侈妄为而贫穷，但政府的奢侈妄为，却有时可能把它弄得贫穷。”[②]无疑，政府应该而且必须在节约型社会建设中发挥重要带头作用，而降控行政成本则是一条切实可行的基本路经。

三、观念错位和规范缺失：行政成本居高不下的深层次原因

作为一种复杂的现象，行政成本居高不下是多种因素综合作用的结果。但是，在这些诸多的因素之中，必然有一些是重要的、起决定性作用的原因。我们认为，行政成本之所以居高不下有内、外两个方面原

① 温家宝：《高度重视 加强领导 加快建设节约型社会》，载《人民日报》2005 年 7 月 4 日。

② 参见黄铁苗：《节约经济学》，中国金融出版社 1990 年版，第 434 页。

因，内在原因主要体现在国家机关及其公务人员观念的错位；外在原因体现在相关制度规范的缺失和不健全。

1. 观念错位：行政成本居高不下的内因维度

国家机关及其公务人员观念的错位主要体现在三个方面：一是追求预算最大化；二是公共财政私人化；三是成本观念的缺乏。

(1) 追求预算最大化。

传统观点认为，官僚是公众利益的代表者，没有自己的特殊的利益，是公正无私的人。但是这种认识“自从 1951 年阿罗（Kenneth Arrow）出版《社会选择和个人价值》，理性选择理论在政治科学领域得到了迅速的发展”[①]以后，就发生了根本性的变化。在实践层面，一般认为，基于“经济人”的本性，官僚追求的目标是在他的任职期内实现预算最大化。在理论层面，预算最大化模型最初是尼斯坎南在 1971 年《官僚机构与代议制政府》一书中提出的。在他看来，官僚的效用函数包括薪金（pay）、社会声望（prestige）、权力（power）、提拔（promotion）、特权（perquisites）地位、职务津贴、机构和职员的规模、额外所得、公共声誉、任免权、机构的产出等，而这些都与政府预算有正相关关系。[②] 因此，预算越大，官僚们的效用就越大。也就是说，官僚机构总是寻求自身预算的最大化。这种情况在中国同样存在，部分国家机关及其公务人员往往关注局部利益更甚于整体利益，更注重部门内部和个人利益的得失，而忽视行政工作的整体推进。[③]

(2) 公共财政私人化。

简言之，公共财政就是指“公共”的财政，即服务于全社会的国家财政。上世纪末，中国政府明确表态，财政改革的目标是“构建公共财政体制”。学界也对公共财政最终达成了共识，认为公共财政并非财政的共性，“公共”才是公共财政的特性。公共财政的“公共性”主要体现在：以公益性为宗旨，以公立性为基石，以公有性为特征。[④] 然而，在实际的政府公共管理

---

① 〔美〕格林·沙皮罗：《理性选择的病变——政治学应用批判》（徐湘林等译），广西师范大学出版社 2004 年版，第 1 页。

② 〔美〕威廉姆·A. 尼斯坎南：《官僚制与公共经济学》（王浦劬等译），中国青年出版社 2004 年版，第 37 页。

③ 宋颖：《当前我国行政成本过高的原因及对策研究》，载《法制与社会》2006 年第 12 期。

④ 王石河，竹美敏：《公共财政概念、理念与原则的探讨》，载《北方经贸》2007 年第 6 期。

过程中，“理性”的官僚往往将公共财政私人化。在我国，公共财政私人化一方面体现在官员个人消费由公共财政负担，“公款吃喝”、“公车私用”、“公费旅游”是典型代表；另一方面体现在官员对公共财政资源的随意支配。例如，在某期电视节目中，中国一位市长邀请美国市长访华，但那位美国市长却“吝啬”地表示她没有访华的费用。耐人寻味的是，中国的市长却“慷慨”地表示他将支付美国市长访华的一切费用。[①]

(3) 成本观念的缺乏。

与市场中的企业不同，政府作为公共权力部门，缺少由竞争所带来的利润激励和成本压力。因而，国家机关及其公务人员容易缺乏成本意识。这表现在，有的官员过于追求所谓的“政绩”和“面子”工程，从来不考虑成本问题；有的官员为了花掉预算，以显示其做了大量工作并利于来年增加预算，奢华和铺张浪费就成为其屡试不爽的工具；还有的官员认为公共的东西不是自己的，可以不管不顾，奢侈浪费，不用白不用，“花钱不心疼”的现象普遍存在。国家机关及其公务人员成本意识的缺乏，在很大程度上导致了行政成本的居高不下。

2. 规范缺失：行政成本居高不下的外因维度

(1) 政府预算中缺乏规范的行政成本预算。

2006 年政府收支分类改革[②]以前，我国的政府预算收支科目体系是建国初期仿照前苏联计划经济模式建立的，其弊端之一就是分类过粗，不能具体地反映预算收支情况。几十年来，其基本框架一直没有大的变化，即使有一些改动和调整，也带有非常浓重的计划经济色彩。2006 年收支分类改革之后，我国政府收支分类的政府支出部分按照功能和经济分为一般公共服务等 17 类和工资福利支出等 12 类。与过去相比，在一定程度上改变了预算科目分类偏粗、过于简单的状况。然而，调整后的政府预算支出科目仍旧不能具体地反映行政成本情况，主要体现为目级和节级科目的设置不合理。我国预算支出科目分为“类”、“款”、“项”、“目”、“节”五级。“类”是按政府职责或用途划分支出去向；“款”、“项”一般按部门、单位分类设置，反映预算支出归哪个部

---

① 崔玉娈：《政府为何难以做到廉价？》，载《社会观察》2006 年第 9 期。

② 2007 年 6 月 4 日，财政部又对政府收支分类科目进行了调整。但与《2007 年政府收支分类科目》相比，《2008 年政府收支分类科目》的体系、涵盖范围未作调整，仅就部分具体科目及其说明做了适当修改、补充。

门、单位使用;“目”、“节”科目反映预算支出的具体用途,五级预算科目逐级相连,上级科目是下级科目的汇总,下级科目是上级科目的细化。纵观我国现行的政府预算支出科目体系,“目”级科目还不够详细(预算收入有“目”级科目,支出没有“目”级科目),“节”级科目则完全没有体现,科目设置不能体现一笔资金的具体用途。从目前的政府支出科目体系来看,直接反映行政成本的有三“项”:“行政运行”、“一般行政管理事务”、“机关服务”。[①] 这三项是反映某一“款”政府职能活动的行政成本支出,而其所涵盖的各“目”政府职能活动的行政成本支出未能在预算科目设置中详尽体现,这使部门预算要求的细化无法落到实处。因此,政府支出分类有必要进一步细化,尤其是设置一定的“目”级和“节”级基础科目,并将其所涉及的具体行政成本支出反映在预算中。

(2) 政务公开中缺乏规范的行政成本公开。

政务公开是现代公共行政的基本规则,而行政成本作为一种重要的政府支出也必须、必然、必定应当列入政务公开的范畴。2008 年 5 月 1 日,中国首部国家级信息公开法规——《中华人民共和国政府信息公开条例》(以下简称《条例》)开始实施,标志着中国政府开始正式走进“阳光政府”新阶段。然而,这样一部具有历史性意义的条例,却没有对行政成本信息公开作任何的直接规定,而只是将其“隐含”于“抽象条款”和“兜底条款”。根据《条例》所规定的“政府信息公开范围”,只有第九条和第十条“隐含”涉及行政成本信息公开。例如,第九条规定“行政机关对符合下列基本要求之一的政府信息应当主动公开:(一) 涉及公民、法人或其他组织切身利益的;(二) 需要社会公众广泛知晓或参与的……”;第十条规定“县级以上各级人民政府及其部门应当依据本条例第九条的规定,在各自职责范围内确定主动公开的政府信息的具体内容,并重点公布下列政府信息:……(四) 财政预算、决算报告”。不难理解,行政成本信息显然属于“涉及公民、法人或其他组织切身利益的”和“需要社会公众广泛知晓或参与的”范围,也应该在“财政预算、

---

① “行政运行”支出是指,反映行政单位(包括实行公务员管理的事业单位)的基本支出;“一般行政管理事务”支出是指,反映行政单位(包括实行公务员管理的事业单位)未单独设置项级科目的其他项目支出;“机关服务”支出是指,反映为行政单位(包括实行公务员管理的事业单位)提供后勤服务的各类后勤服务中心、医务室等附属事业单位的支出。其他事业单位的支出,凡单独设置了项级科目的,在单独设置的项级科目中反映。未单设项级科目的,在“其他”项级科目中反映。(参见:《2007 年政府收支分类科目》)

决算报告”中有所体现。从这个意义上来说，《条例》“回避”行政成本信息公开或只是对其作“抽象”或“兜底”规定，不利于更好地实现公民知情权和“让权力在阳光下运行”。

(3) 行政监督中缺乏规范的行政成本监督。

在众多的行政监督主体中，立法机关以其权威的法律地位和崇高的公共认知度而享有独特的监督权力。因为，“严密监督政府的每项工作，并对所见到的一切进行讨论，乃是代议机构的天职”[①]。“在看待立法机关的权力实践时要更注意其对监督权的运用。”[②]但是，中国现有权力机关监督却缺乏对行政成本的规范监督。例如，对政府财政收支作出专门规范的《中华人民共和国预算法》(以下简称预算法)，共十一章，七十九条。其中，“第二章 预算管理职权”、“第五章 预算审查和批准”、“第七章 预算调整”、“第九章 监督”分别规定了各级权力机关在政府预算管理、审查批准、调整和监督方面的权力，这些规定都不是专门针对政府支出的，而只有“第三十条 各级预算支出的编制，应当贯彻厉行节约、勤俭建国的方针。各级预算支出的编制，应当统筹兼顾、确保重点，在保证政府公共支出合理需要的前提下，妥善安排其他各类预算支出”;“第五十条 各部门、各单位应当加强对预算收入和支出的管理，不得截留或者动用应当上缴的预算收入，也不得将不应当在预算内支出的款项转为预算内支出”;“第七十五条 隐瞒预算收入或者将不应当在预算内支出的款项转为预算内支出的，由上一级政府或者本级政府财政部门责令纠正，并由上级机关给予负有直接责任的主管人员和其他直接责任人员行政处分”。可见，上述条款分别对政府预算支出的原则和责任进行了粗略的规定，不过仍然没有对行政成本支出的管理、降控、监督和责任进行专门的规定。这种行政成本规范监督的缺失导致权力机关对行政成本支出的监督(通过政府预算监督)流于形式，收效甚微。

---

① 〔美〕威尔逊:《国会政体》(熊希龄等译)，商务印书馆 1986 年版，第 164 页。

② Frederic M. Kaiser. *Congressional Oversight*. *CRS Report for Congress*, No. 90—632 GOV.

四、革新观念和明列规范：当代中国政府降控行政成本的基本路径

基于上述对行政成本居高不下的深层原因分析，我们认为，有效降控行政成本有两个基本途径：转变观念和明列规范。只有将内在驱动和外在约束有机结合起来，才能从根本上实现行政成本的有效降控。

1. 革新观念：降控行政成本的内在驱动

1964 年，英国医生约翰·亨特在给内务部医疗顾问的信中写道："我这里有一名长期痔疮患者，曾经是英国驻奥地利以及日本的大使。回到本国以后，他的病情不断恶化。这全都归罪于政府公务部门提供的厕纸硬得像稻秆一样。"财政部的回复则是："你的建议不予采纳……若将现用的硬厕纸改为柔软纸，一年要多支出 13 万英镑，这纯粹是对纳税人的一种浪费……"[①]从英国财政部的回复中，我们可以看到，英国政府具有极高的行政成本意识，将纳税人的钱用到最需要的地方。这种行政成本观念非常值得我们学习和借鉴。只有将成本观念内化为公务员的基本信条，才能从根本上实现行政成本有效降控的内在驱动。

(1) 强化成本效益观念。

在资源有限的情况下，人类社会的一切活动应该追求以最小的劳动消耗换取最大的经济效益。政府行政管理活动也不例外，行政管理既要讲目标，又要讲过程、讲效益，两者辩证统一，缺一不可，否则无效率可言。因此，要在行政系统内部积极引入和提倡"既讲社会效益，又讲经济效益；既不主张高成本基础上的高效率，又反对低成本基础上的低效率"的理念。必须强化行政人员的成本降控意识和效率意识，充分认识到行政成本是衡量行政部门工作效率、工作质量的重要标准，使有限的财力有效地转化为行政处理能力，以高效率的意识进行高效益、低成本的管理。

(2) 传承节用优良传统。

有效降控行政成本，需要在政府内部强化节用理念。节用一直是

① 周琪：《"行政成本之高世界少有"的反思》，载《现代人才》2006 年第 2 期。

中华民族的优良传统，墨子认为，节用可以使一个国家成倍地增长财富，“圣人为政一国，一国可倍也。大之为政天下，天下可倍也。其倍之，非外取地也，因其国家，去其无用之费，足以倍之。”（《墨子·节用上》）胡锦涛总书记提出的“八荣八耻”中对节约的提倡是与“节用”传统是一脉相承的。政府的自觉节约，不仅可以有效减少能源消耗，节约财政支出，而且还能发挥政府的示范作用，为节约型社会的纵深开展率先垂范。与此同时，还要培育崇尚节约的社会风气，形成节约光荣的社会风尚，大力倡导节约的消费方式，让其成为全社会的共同行为方式。

（3）树立廉价政府理念。

建立廉价政府已成为世界各国政府改革所追求的目标之一。廉价政府的内涵是精兵简政、行政成本相对最低、费用相对最少，行为规范、运转协调、公正透明、廉洁高效、全心全意为人民服务的勤俭政府。其中，“精兵简政、行政成本相对最低、费用相对最少”是廉价政府的硬性量化指标和外在标志。[①] 这里所说的“廉价政府”，就是真正对人民负责，为人民谋福利，把取之于民的税费，精打细算地用之于民，用之于国家发展和社会进步。廉洁当然极其重要，若能在不贪的同时，又不大手大脚地铺张浪费、挥霍无度、“慷公家之慨”，建立廉价政府才确有保证。[②]

2. 明列规范：降控行政成本的外在约束

（1）进一步在政府预算中细化行政成本支出。

对政府预算中的行政成本支出进行细化或具体化是监督行政成本的前提，否则，相关监督只能流于形式。未来可以考虑主要通过收支分类改革来进一步细化预算。具体来说，包括三个方面：一是将“行政运行”、“一般行政管理事务”、“机关服务”三项合并为一项，统称为“行政运行成本”，因为这三项实际上都是为了保障国家机关的一般运行而发生的成本支出，属于纯行政成本；二是在政府支出预算中增加“目”级科目，并在条件成熟时增加“节”级科目；三是在每“项”政府支出科目中明确规范行政成本支出。这里，我们以《2007年政府收支分类科目》为例来说明我们的改革理路，如下表所示：

---

① 王丽莉、高键：《廉价政府：内涵、建设措施及其评估系统》，载《中州学刊》2004年第1期。

② 夏书章：《廉价政府》，载《中国行政管理》2007年第5期。

改革前的政府支出预算分类科目

科目编码			科目名称	说明
类	款	项		
201			一般公共服务	反映政府提供一般公共服务的支出。
	05		统计信息事务	反映统计、信息事务方面的支出。
		01	行政运行	反映行政单位(包括实行公务员管理的事业单位)的基本支出。
		02	一般行政管理事务	反映行政单位(包括实行公务员管理的事业单位)未单独设置项级科目的其他项目支出。
		03	机关服务	反映为行政单位(包括实行公务员管理的事业单位)提供后勤服务的各类后勤服务中心、医务室等附属事业单位的支出。其他事业单位的支出,凡单独设置了项级科目的,在单独设置的项级科目中反映。未单设项级科目的,在“其他”项级科目中反映。
		07	专项普查活动	反映统计部门开展人口普查、经济普查、农业普查、投入产出调查等周期性普查工作的支出。

改革后的政府支出预算分类科目

科目编码				科目名称	说明
类	款	项	目		
201				一般公共服务	反映政府提供一般公共服务的支出。
	05			统计信息事务	反映统计、信息事务方面的支出。
		01		行政运行成本(纯成本)	反映保障行政单位(包括实行公务员管理的事业单位)的一般运行的支出。
			01	基本运行	反映行政单位(包括实行公务员管理的事业单位)的基本支出。
			02	一般行政管理事务	反映行政单位(包括实行公务员管理的事业单位)未单独设置项级科目的其他项目支出。
			03	机关服务	反映为行政单位(包括实行公务员管理的事业单位)提供后勤服务的各类后勤服务中心、医务室等附属事业单位的支出。其他事业单位的支出,凡单独设置了项级科目的,在单独设置的项级科目中反映。未单设项级科目的,在“其他”项级科目中反映。

续表

科目编码				科目名称	说明
类	款	项	目		
		07		专项普查活动	反映统计部门开展人口普查、经济普查、农业普查、投入产出调查等周期性普查工作的支出。
			01	职能性支出	反映统计部门开展人口普查、经济普查、农业普查、投入产出调查等周期性普查工作的职能性支出。
			02	成本性支出	反映统计部门开展人口普查、经济普查、农业普查、投入产出调查等周期性普查工作的成本性支出。

(2) 进一步在信息公开中规范行政成本信息公开。

行政成本支出的透明性是维护公民权利(包括知情权)的必然要求,也是对行政成本进行有效监督的前提和基础。当前中国政府可以借助《政府信息公开条例》的法律效应和社会效应,进一步规范行政成本信息的公开工作。具体而言,可以从以下几个方面对《政府信息公开条例》进一步细化和完善:首先,在"第十条"中增加一款,明确规定县级以及各级人民政府及其部门应当重点公开"本级政府或本部门在预算年度内的行政成本支出及其分别占 GDP、财政收入和财政支出的比重";其次,将第十三条规定变更为"除本条例第九条、第十条、第十一条、第十二条规定的行政机关主动公开的政府信息外,公民、法人或者其他组织还可以根据自身生产、生活、科研等特殊需要,以及保障自身知情权的需要,向国务院部门、地方各级人民政府及县级以上地方各级人民政府部门申请获取相关政府信息";再次,在"第二十一条"中增加一款,明确规定对于公民、法人或者其他组织依法申请行政机关公开相关行政活动成本支出信息的,行政机关应当无条件提供;最后,在"第三章 公开的方式和程序"中增加一条,明确规定"行政机关对于那些复杂性和专业性比较强的政府信息,尤其是政府预算信息(包括行政成本信息),应当主动向公众提供相关的术语解释和背景资料,以保证公众能够真正看懂这些政府信息"。

(3) 强化对行政成本支出的监督和责任追究。

国际经验表明,对行政成本进行规范监督是降控行政成本的有效手段。对新时期的中国政府而言,可以从两个方面加强规范监督:一是加强财政预算审查监督，二是建立健全行政成本的责任追究机制。加强财政预算审查监督，就是要健全预算监督管理的法律体系，并在此基础上，加强预算编制和预算执行调整方面的监督，加强预算的刚性；建立健全行政成本责任追究机制，就是要把“行政费用占 GDP 的比重”、“行政费用占财政支出的比重”、“公务员的人均行政费用”和“行政费用增长率”等指标作为刚性的强制性指标，写入政府的工作报告，作为每一届政府的工作目标，明确政府浪费的责任主体，强化政府浪费的责任机制。[①] 要将国务院推行的行政执法责任制和引咎辞职制度引入行政成本领域，对各级、各类国家机关及其公务人员由于严重违法违规和决策错误、疏于管理、严重失职和官僚主义等造成损失浪费等问题，一定要彻查并依法追究部门和单位有关领导的责任和直接责任人的责任。

① 范柏乃：《综合治理政府浪费》，载《瞭望》2007 年第 27 期。

信息公开与权力平衡*

——新时期中国政府有效监督的现实路径

张国庆　杨建成

是否需要制衡公共权力，是现代民主国家的一项基本的公共命题。以“主权在民”和“权力共享”的政治思想为基本法理依据，必须制衡公共权力，构成了现代民主国家宪政体制设计的原则共识和基本通则。进而，如何可靠、有效、持续、合理地实现制衡公共权力，则构成了现代民主国家公共管理制度的一项基本的命题。该命题的解构，在于“权力平衡”和“以权制权”的制度设计和制度安排。与此相联系，通过

* 本文原发表于《天津社会科学》2009年第3期。

制定明确详尽、现实可行的法律法规，包括主体、内容、权益、程序、途径、方式、时效、罚则等等要件实行政务信息公开，是所有现代民主国家为保障公民权益和制衡公共权力而设计和安排的不可或缺的次级制度。不难理解，唯有政务信息公开，才有可能有效实现公共监督，唯有信息对称，才有可能稳定实现权力平衡。

现代议程设定理论①(the theory of agenda-setting)的研究表明，公共监督制度是民主社会保证偏好—满足模型②(preferences-satisfaction model)得以良性运转的基础性保障制度，而政务信息公开制度则是公共监督制度赖以发挥预期作用的逻辑前提条件和制度模块之一。从世界主流国家政治和公共管理发展的历史经验来看，公共监督制度健全有效的程度，一直是衡量一国政治文明发展水平以及是否具有可持续政治发展能力的重要指标。与此相联系，通过加强、改进、优化本国的公共监督制度，以强化对公共权力及其行使者的制约、控制，进而改善公共管理绩效和公共服务质量，最终实现良政，事实上长期是主流国家重要的公共管理目标之一，也是当今世界许多国家政府改革的主要理路之一。

中国以“人民主权理论”为宪政制度设计政治理论的价值基点，以人民代表大会制度为宪政体制的制度基础，因此，关于“是否需要制衡公共权力”的公共命题，在基本政治理论和基本制度选择意义上不存在公共监督制度运行的价值性和制度性障碍。然而，政务信息封闭、淤塞、虚假和公共监督空泛、乏力、缺失的现象在当代中国政府的公共管理过程中却并不鲜见，相应产生了诸如少数政府官员近乎肆无忌惮地滥权和“寻租”，国家利益、公共利益、公民权益被侵害，政府与群众关系紧张的问题。这些问题严重损害执政党和政府的公信力，直接侵蚀政府公共政策和公共管理合法性的基础，并说明中国需要深入审视和进一步解构公共管理制度“如何可靠、有效、持续、合理地实现制衡公共权力”之命题。有鉴于此，中国共产党“十七大报告”明确提出，“确保权力正确行使，必须让权力在阳光下运行。要坚持用制度管权、管事、管人，

① M. Mc Combs and D. L. Shaw, “The Agenda Setting Function of Mass Media”, *Public Opinion Quarterly*, vol. 36, 1972.

② Bryan D. Jones, *Reconceiving Decision-making in Democratic Politics: Attention, Choice, and Public Policy*, Chicago: The University of Chicago Press, 1994, p. 20.

建立健全决策权、执行权、监督权既相互制约又相互协调的权力结构和运行机制”[①]。由此，通过体制、机制改革实现政务信息的公开和公共权力的制衡，已然成为中国政府制度创新的重要组成部分。但是，由于复杂的原因，中国政务信息公开和公共权力制衡制度建构的进程注定了将是曲折和困难的。

一、信息公开、权力平衡与有效公共监督

行政学者彼得·赫南（Peter Hernon）认为，信息除具有无形性等基本物质属性外，其价值属性更多取决于它的可获得性而不是取决于获取信息的成本甚至也不取决于信息的实际内容。[②] 信息的这种属性表明信息公开与否在相当程度上决定着信息价值的大小。

1. 政务信息公开：有效监督公共权力的前提条件

在公共管理的语境下，信息公开是指政府对所掌握和拥有的信息，除涉密免于公开外，通过法定形式和程序，主动向社会公众发布，或依申请向特定公民或组织公开的法定行为。信息公开除具有形式上的工具意义之外，强调公民参与的民主政治含义也是其题中应有之意。它是新时期中国政府实现有效公共权力监督的前提条件。

从监督的要素和过程来看，有效公共权力监督的要素必须包括监督主体、监督客体和监督行为。一个完整的监督过程首先是获取信息，即监督主体获取监督客体的行为信息，其次是行为判断，即监督主体判断监督客体行为的合法性和合理性，最后是做出控制，即监督主体依据判断结果对监督客体做出监督决定。但是，在监督过程中，监督客体的行为信息具有垄断性和隐蔽性的特点，这就妨碍了监督主体信息获得的及时准确，也就阻碍了有效公共权力监督的实现。可见，在理论层面，信息的公开是实现有效公共权力监督的必要前提。

从国外建立政务信息公开制度的历史过程来看，政府不仅是信息公开立法的最大阻力，而且是信息公开法执行的最大障碍。例如，瑞典

---

① 胡锦涛：《高举中国特色社会主义伟大旗帜 为夺取全面建设小康社会新胜利而奋斗——在中国共产党第十七次全国代表大会上的报告》，载《人民日报》2007 年 10 月 25 日。

② Peter Hernon, Charles R. McClure, *Public Access to Government Information: Issues, Trends, and Strategies*, Norwood, NJ: Ablex Publishing Corporation, 1988, pp. 5—6.

作为世界上最早确立新闻出版自由和信息公开制度的国家，于1766年制定了《出版自由法》。可是，由于王权和国会相互斗争和妥协，致使该法在其后的近200年间几经存废，几乎夭折。[①] 再如，美国作为信息公开制度比较完善的国家，其信息公开立法过程亦颇费周折。1946年，美国通过了《行政程序法》，后由于政府阻力等众多原因未能达到其预期效果。1966年，美国制定了《信息自由法》全面取代《行政程序法》，使得美国政府信息公开得到切实的法律保障。《信息自由法》的颁布实施促进了美国联邦政府的文件全面公开。1976年，美国制定了《阳光下的政府法》，这部法律的立法目的就是规定美国联邦政府合议制行政机关的会议必须公开举行，以此促进公众在可以实行的范围内，充分了解联邦政府做出决定的程序。[②] 这两部法律分别指向政府文件和政府会议，为美国的政务信息公开制度奠定了坚实的法律基础。

值得指出的是，官员家庭财产申报制度(family properties declaration system)几乎从一开始就是发达国家政务信息公开制度的一部分。瑞典于1766年制定了国家史上第一部关于财产公示的规则，规定瑞典公民就有权查看从一般官员直到首相的纳税清单。英国议会于1883年通过了《净化选举，防止腐败法》，规定如果官员个人财产与其正常收入之间存在差距，就必须做出解释和说明，如不能提供合法所得的证据，就会被认定为灰色收入，进而被治罪。美国国会于1978年通过了《政府行为道德法》，1985年通过了《众议院议员和雇员道德准则》，1990年通过了《政府官员与工作人员道德行为准则》等法律，明确规定行政、司法、立法部门的高级官员必须公开本人、配偶及子女的财产状况，并按规定程序如实填写财产申报表和提交财产状况书面报告，由联邦政府道德署收存，随时接受公众查询和监督。对拒不申报、谎报、漏报、无故拖延申报的官员，轻则被处罚款，重则被起诉。[③] 从各国实践的情况看，实行官员家庭财产申报制后，因巨额财产来历不明而受处理的大小官员不计其数。目前，全世界有90多个国家和地区实行官员财产申报制度。

① 周汉华：《外国政府信息公开制度比较》，中国法制出版社2003年版，第17—18页。

② 王名扬：《美国行政法》，中国法制出版社1995年版，第1027页。

③ 王明高、胡祥勇：《中国家庭财产申报制的建立与健全》，载《湖南社会科学》2004年第1期。

从历史上看,各国政府及其官员激烈反对信息公开的根本原因在于:在政治活动中,"信息提供行使权力的能力"[①]。政府通过垄断信息,人为制造信息不对称,从而获得一种相对于公众的权力优势。从权力行使的效率来说,"不受监督,自己下命令舒服,独断专行比较方便"[②]。从权力行使的效果来说,不理想的效果可以逃避责任追究。从权力行使的过程来说,垄断信息为权力寻租提供了暗箱操作的空间。也就是说,信息是否公开,直接关系到政府的行为是否会受到有效的监督,而监督本身则意味着政府恣意妄为的空间大大缩小。由此,不难理解历史上各国政府为什么会如此抵触政务信息公开,进而反证信息公开是实现有效公共权力监督的基础性的前提条件。

2. 权力平衡:有效监督公共权力的制度保障

信息公开虽为有效监督公共权力提供了必要条件,但还不是充分条件。有效监督公共权力最终必须依赖于权力保障,而这种保障主要依赖公共监督权力的强弱。判断公共监督权力强弱的标准就是公共监督权力是否与监督客体的权力相对称。

平衡的原义本是指"衡器两端承受的重量相等"。其引申义是指"矛盾暂时的相对的统一或协调。事物发展稳定性和有序性的标志之一"[③]。本文所界定的权力平衡可以分为体制内权力平衡和体制外权力平衡。体制内权力平衡是指在国家公共权力体系范围内,其中任何一部分权力都不可独占优势,以致没有一种权力能超出其合法限度而不被其他权力有效地加以制止和限制。体制外权力平衡是指在国家与社会的关系层面,国家在管理社会的同时社会亦与国家相互制约、相互作用形成的一种均衡状态。它更多的是指监督主体与监督客体权力之间的对等状态以及由此形成的监督关系的有效性。

众所周知,公共权力最本质的属性是强制性。"权力关系的非对称在于掌权者对权力对象的行为实施较大的控制,而不是相反。"[④]而由公共权力的强制性带来的后果之一便是权力的易滥用性。"一切有权力的人都容易滥用权力,这是万古不易的一条经验。有权力的人们使

---

① 〔美〕丹尼斯·C.缪勒:《公共选择理论》(杨春学等译),中国社会科学出版社 1999 年版,第 305 页。

② 《邓小平文选》(第 1 卷),人民出版社 1994 年版,第 271 页。

③ 《辞海》(缩印本),上海辞书出版社 1980 年版,第 51 页。

④ 〔美〕丹尼斯·朗:《权力论》(陆震纶等译),中国社会科学出版社 2001 年版,第 10 页。

用权力一直到遇有界限的地方才休止。”[①]同时,公共权力的强制性也带来了另一个严重后果,即权力的侵犯性。正如麦迪逊所说:“权力具有一种侵犯性质,应该通过给它规定的限度在实际上加以限制。”[②]不论是权力的易滥用性还是侵犯性,都表明对公共权力进行制约是完全必要的,而且这种制约必须有相应的强度。有鉴于此,以权力制约权力为内涵的权力平衡,便成为实现有效公共权力监督的制度保障。

二、信息公开不充分和实际监督权不对称:公共监督失效的基本原因

造成中国政府公共管理过程中公共监督空泛、乏力、缺失的原因是多方面的,其中,由于政务信息公开不充分以及由此导致的实际监督权不对称是基本的原因之一。就目前的状况而言,政务信息匮缺、公共监督乏力的问题主要集中在与社会财富分配相关的三个问题上:其一,与公众或群众利益直接相关的公共政策的制定和执行,例如,拆迁、征地、物价问题等;其二,公共财政的分配原则、比例及实际执行情况,例如,普惠性的社会保障、“四公”(公宴、公车、公楼、公游)问题等;其三,政府官员资源所有,例如,官员个人、家庭财产公开申报及公众查询权等。应当说,在这些问题上,政务信息匮缺、公共监督乏力的问题具有某种体制或制度性特征。与此相联系,国家公共权力结构、政府内部权力结构及职能机关内设机构权力结构多有深入审视和进一步解构的必要。

1. 监督空泛:监督过程的形式性

在国家公共权力结构层面,监督过程的形式化主要表现在,监督权在现行体制下以审议“一府两院”每年一次的工作报告的形式行使。“一府两院”的工作报告内容全面但不详细,对于公共监督的需要而言,全面远不及详细来得重要。换言之,在国家公共权力结构层面,“一府两院”政务信息公开不充分以及由此造成的实际监督权不对称正是导致此层面监督过程形式化的直接原因。从当代中国国家发展战略的历

① 〔法〕孟德斯鸠:《论法的精神》(张雁深译),商务印书馆 1961 年版,第 154 页。

② 〔美〕汉密尔顿、杰伊、麦迪逊:《联邦党人文集》(程逢如等译),商务印书馆 2006 年版,第 252 页。

史选择来看,“在新中国建立之初,迫切要解决的,也不是如何监督制约国家权力的问题,而是如何巩固国家权力、加强国家权力、运用国家权力重整社会、建设国家的问题。权力的有效监督与有效制约这一问题,在这种背景下,既不具有紧迫性也不可能被提起”①。在这样的历史条件下,权力集中是必须的,也是必然的,因而也是理性的。在落后国家建立社会主义客观上要求一个全能政府,而全能政府必须以集权为基础。“他们相互吸引,彼此需要对方的支持。”②改革开放以来,中国经济发展模式逐步由政府控制型转变为政府主导型,虽经多次行政权力下放改革,但集权仍然是政府主导型发展模式的主要特点,只是集权的程度较之计划经济时期的政府控制型发展模式为弱。从近30年的改革开放实践来看,这种权力结构依然是理性的。但是在这个过程中,随着行政权力的强势扩张,立法权力和司法权力的地位和力量相对弱化。这种特殊的发展需要造就了权力的天平向行政机关不断的倾斜,进而形成了强行政、弱立法、弱司法的公共权力结构。但是,进入21世纪以来,这种权力失衡结构越来越暴露出它固有的弊端:基于国家发展战略需要而形成的强行政、弱立法、弱司法的公共权力结构在面对经过近30年改革而形成的利益多元化的既定格局情况下,行政权独大的权力结构不利于保护其他主体合法权益,而行政权易于侵犯其他主体权益的行为已经成为威胁政府治理合法性的重要根源。如果说近30年的发展成就奠定了中国政府治理合法性的基础的话,那么维持治理合法性的方式便是在继续发展经济的基础上,更多的强调对各社会主体合法利益的保护上。只有有效地保护了个人利益的政府才能得到人民的认可与支持。“国家权力在多大程度、多大范围内同公民权利根本对立,决定着国家权力背离自己本质的程度和范围,从而也决定着它政治合法性的大小。”③

2. 监督乏力:监督主体的被动性

在一级政府内部权力结构层面,监督主体的被动性主要表现在,监督权囿于现行体制的束缚而在实际行使过程中处处受制于决策权、执

---

① 杜力夫:《权力监督与制约研究》,吉林人民出版社2004年版,第4页。

② 〔匈〕雅诺什·科尔奈:《社会主义体制》(张安译),中央编译出版社2007年版,第348页。

③ 童之伟:《法权与宪政》,山东人民出版社2001年版,第298页。

行权。这主要表现在:(1) 监督权力的依附性。虽然监督部门在行政级别上与其他决策、执行部门同级,但在实际运作过程中,监督部门在经济来源和人事关系等方面受到监督客体的影响和制约,形成监督主体受制于监督客体的"倒挂"现象。监督主体依附于监督客体,导致监督的力道明显不足。(2) 监督过程的易受干扰性。虽然监督部门具有名义上独立的监督权,但受当前中国公共监督体制限制,一级政府机关内部监督部门的独立性难以保证。这种公共监督体制直接导致同级监督形同虚设,下级监督部门往往成为上级监督部门的"助手"。这种状况严重削弱了平行监督实时、准确等优势。(3) 监督手段的软弱性。与执行权广泛的、强势的权力特性相比,监督权力主体手段软弱。其发挥监督作用的手段限于提出建议,敦促改正。但一旦被监督主体置监督命令于不顾,监督权力就无计可施。这种状况直接导致公共监督乏力,甚至无效。监督主体的被动性直接导致监督程序的事后性。在实际政治运作过程中,决策权和执行权紧密联系在一起,监督权连"列席"的资格都没有。这种状况不仅导致监督主体未能在权力运行之初就发挥制约作用,致使监督程序被迫定位在事后检查,甚至于事后检查也往往因为政务信息公开的不充分而处处陷于被动。

3. 监督缺失:决策过程的隐蔽性

在行政机关内设机构权力结构层面,决策过程的隐蔽性直接导致监督缺失。其主要表现为,一些部门领导人在决策过程中,借行政首长负责制之名,行权力集中最大化之实。极端情况下,形成权力的垄断。正是由于在决策过程中缺乏明确的政务信息公开机制,"一把手"权力往往突破职责所需之必要权力限制,把个人意志强加在组织意志之上,独断专行,为所欲为。在这种状况下,公共监督完全成了"摆设",实际上直接造成了公共监督的缺失。

三、信息公开与权力平衡:新时期中国政府有效监督的现实路径

新时期实现中国政府的有效公共权力监督,是建设有中国特色社会主义民主政治的必由之路。有鉴于我国公共监督制度的历史性、复杂性、关涉性,这一进程不可能"毕其功于一役",也不可能在短期内完成,而只能有计划、分步骤地实施改革战略。从国际经验检视,以及对

当前中国政府实现公共权力有效监督症结点的分析，可以认为，中国政府新时期有效公共权力监督的实现，首先有赖于信息公开机制和权力平衡机制的健全与完善。这既是现阶段实现有效公共权力监督的现实路径，也是现阶段进行公共监督体制改革的核心任务。

（一）信息公开机制的制度安排

“在政府部门中，政府（政治家）是‘代理人’，国民（选民）是‘委托人’，政府、政治家对国民公开信息，可以提高政府活动的透明度。”[①]不论是日常工作监督还是事后结果监督，都需要监督者掌握大量有关政府管理的信息。而这些有关政府管理的信息恰恰掌握在政府机构和工作人员手中，但是政府具有垄断信息的强大动力。这是一个“监督悖论”：监督者所需要的信息掌握在被监督者手中。因此，打破这个悖论必须从制度上杜绝政府拒绝信息公开就成为中国政府实现有效公共权力监督的关键路径。

2008 年 5 月 1 日正式生效实施《中华人民共和国政府信息公开条例》（以下简称为《信息公开条例》）为中国政府信息公开制度化、规范化建设奠定了初步的基础，但这只是中国政府迈出坚实步伐的第一步，其实施效果取决于相关配套措施的逐步完善。如前所述，美国作为政府信息公开之典范，其地位之确立亦是相关配套法律法规逐步完善的客观结果。从世界范围内信息公开制度建设过程和实效来看，信息公开立法要满足三条基本原则：(1) 政府信息公开作为一种权利；(2) 禁止特定信息泄露的条款是维护国家利益之必须；(3) 建立信息申请被拒的申诉机制。[②] 从这三条原则来看，我国现有信息公开制度需要在以下三个方面进一步完善。

1. 创设权利型信息公开机制

所谓权利型公开是指以立法的形式保证公民的知情权。换言之，公民有权利知道他的政府在干什么，为什么这样干以及结果如何。中国政府虽然公布了《信息公开条例》，但是从立法宗旨来看，该条例强调

---

① 〔日〕鹤光太郎：《政府的透明度：改变国家“形态”的突破口》，载《开放导报》2003 年第 10 期，第 26 页。

② Richard A. Chapman and Michael Hunt, *Open Government: A Study of the Prospects of Open Government within the Limitations of the British Political System*, London: Croom Helm Ltd, 1987, p. 141.

的是政府信息公开的义务，事务型公开特征明显。因此，中国政府信息公开制度需要进一步明确公民与政府的权利义务关系，尽快实现从事务型信息公开机制向权利型信息公开机制的转变。然而，从西方国家的实践来看，法律规定本身并不必然保证公民的知情权，知情权从法律理念到实际获得需要中国政府实施一系列的制度安排。(1) 设立政府信息公开领导机构，具体负责制定政府信息公开的政策和督促执行政策。(2) 加强信息公开渠道建设，确保信息公开以简便、快捷、低成本的方式获得。(3) 革新公务员工作理念，引导公务员工作不仅对政府负责，而且也应该让公众知晓他们所做的工作。(4) 教育公民学习和应用信息公开法律，主动维护自身权益。

2. 重新界分政府信息的属性与范围

从公开与保密的关系来看，《信息公开条例》仍未实现“以公开为原则，不公开为例外”的总体原则。从政府信息属性来讲，必须明确哪些信息要公开，哪些信息出于保密要求不能公开。当前阶段，中国政府“保密”信息范围泛化现象严重。由于相关法律法规给予行政机关自由裁量空间过大，致使政府文件动辄以密件之由妨碍文件的公开。这不仅剥夺了公民的知情权，而且为“暗箱操作”提供了广阔空间。鉴于此，有必要通过全面审查我国保密法律法规，合理确定免于公开信息属性实乃当务之急。从政府信息范围来讲，中国政府信息公开制度必须明确政府信息公开范围。从世界范围的经验来看，政府文件和政府会议分别作为决策结果和决策过程的体现是必须要公开的，当然允许有例外，即涉及保密性质的除外。此外，鉴于新时期中国政府腐败现象的多发性及影响的恶劣性，从国际通行惯例来看，从公共监督的完备性考虑，中国政府公务员的个人财产信息亦应当划入政府信息范围。

3. 健全信息申请被拒的申诉机制

信息公开能否成为公民权利，其权利能否获得切实的保护，取决于是否拥有一套健全的信息申请被拒的申诉机制。换言之，信息公开涉及第三方仲裁的问题，而裁决权本身要求必须有效。从世界范围的实践来看，其最后的保障均建立在司法审查机制的基础之上。也就是说，公民信息获取的权利由法院直接予以保障。从《信息公开条例》来看，中国政府信息公开的保障措施仅限于行政复议或行政诉讼，保障力度较弱。

(二)权力平衡机制的制度安排

从权力分析理论的角度而言,权力平衡可分为两个层面:其一,是静态平衡,指一种基于法的规定性而在权力结构和功能上表现出来的均势状态,其特点是,如果没有外界约束条件(边界条件和初始条件)的改变,其平衡状态具有超越时空的稳定性。其二,是动态平衡,指一种基于静态平衡而在权力运行过程中表现出来的制约态势,其特点表现为,如果其中任何一方突破约束条件,则必然引起权力另一方的"外力"介入,使其在改变初始条件的情况下不至于突破边界条件,即使突破边界条件,也能够对其进行控制,使其回归到边界条件以内。静态平衡和动态平衡构成了完整的权力平衡。权力平衡就要努力保证和激励权力行使的正面作用,控制和约束其潜在的负值效应。但是经验表明,"仅只是在书面上划分各部门的法定范围,不足以防止导致政府所有权力残暴地集中在同一些人手中的那种侵犯"[①]。所以,权力平衡必须从静态平衡与动态平衡相结合的角度,重新创造有效的配位与调节机制。

1. 基于静态平衡的权力平衡的配位机制

从实际监督权不对称的三个层面来看,其相应的权力平衡的配位监督机制因各自表现形式的不同而在具体制度设计上应有本质差别。

(1) 从国家公共权力结构层面来看,强行政、弱立法、弱司法失衡是基于国家发展战略而导致的立法、司法监督相对弱化。而从现阶段中国政府公共监督实践来看,迫切需要改变这种公共权力结构失衡的情况,即从强行政、弱立法、弱司法的权力结构失衡向强行政、强立法、强司法的权力结构平衡转变。在具体制度设计上,创新全国人大对"一府两院"监督的形式和细分监督内容,最大限度保证政务信息充分公开则成为新时期中国政府有效监督公共权力的政治保障。

(2) 从一级政府内部权力结构层面来看,监督权不对称在根本上是由于监督权缺乏独立性造成的。要解决这种矛盾,就必须从公共监督体制上破除监督机构的依附性,从机构规格、人事关系、经济来源到制约手段进行彻底的制度创新。其解决思路不是削弱监督对象的权力,而是加强监督权力,使其在地位和手段上具有履行监督职责所需要的一切条件。在具体制度设计上,保证监督主体的独立性则构成了中

① 〔美〕汉密尔顿、杰伊、麦迪逊:《联邦党人文集》(程逢如等译),商务印书馆 2006 年版,第 256 页。

国政府有效监督公共权力的机构保障。

(3) 从行政机关内设机构权力层面来看,"一把手"问题造成的监督权不对称是由于决策体制不公开导致的。行政首脑负责制的精神实质不只是一把手说了算,还要一把手负总责。只有从健全责任追究机制入手才能既保证决策的效率,又保证决策的质量。责任追究机制的首要原则是决策过程公开,公开使得权力的公共监督有了客观的依据和判断标准。这样就使得权力的行使与责任的履行有了双向的保障。在具体制度设计上,保证决策过程的公开性则构成了中国政府有效监督公共权力的体制保障。

2. 基于动态平衡的权力平衡的调节机制

真实世界中的权力平衡都是在各种权力及其行使者之间的动态平衡中实现的。无数的历史经验表明,动态平衡下的权力均势,往往是一国或一个组织得以兴盛的关键因素。而从监督权的主体性角度来说,要实现这种权力的动态平衡,则必须讲求监督权介入的艺术,即监督权的介入应当适时、适向、适度。唯有如此,才能有效达致动态平衡,进而取得综合性的治理绩效。

(1) 适时要求监督权的介入能够在任何需要介入的时刻介入,这就要求公共监督必须具备准确、真实的信息。公共监督信息的获取必然要求中国政府建立完善的信息公开制度。信息公开是启动公共监督程序的触发"扳机",并且承担了"准星"的导向任务。此外,限于监督主体的局限性,在适时监督的过程中需要启动体制外监督的力量。因此需要设计一系列的制度安排,构建体制外监督主体全程参与通道和意见转移通道。适时监督要求把信息公开、权力平衡与有效公共权力监督有机联系在一起,同时把体制外监督与体制内监督有机联系在一起。

(2) 适向要求监督权的介入能够在正确的方向上行使。这包含两层含义:一是要求监督权行使范围要适当;二是监督权的行使不能成为部门寻租的手段。然而,无论是要求监督权行使范围的适当性,还是确保监督权的行使不成为部门寻租的手段,都必须以信息公开为前提条件。从公共监督实践的角度来看,在监督权行使范围的适当性方面,有些地方政府曾经将公共监督范围扩大到八小时之外,其基本逻辑便是:监督范围越大,监督效果越好。我们认为,任意扩大公共监督范围并不能决定监督效果的好坏,有时甚至会起反效果。问题的关键在于如何进一步加强、完善公务员职务工作中的信息公开机制。在监督权寻租方面，信息公开机制可能解决了大部分的问题，其次加强巡视检查亦能最大限度地降低监督权的寻租。

(3) 适度要求监督权的介入只是控制而不是替代。这一要求可以通过相应公共监督程序的完善得到满足，而程序从本质上就是一种公开的信息。对于监督过程而言，从程序上明确规定公共权力主体之间的职责权限和相互制约机制，既可以保证各公共权力主体避免出现权力的滥用，提高权力运行过程的规范性，又可以防止程序不当影响公共权力作用的正常发挥。“缺乏程序支持的规定只具有宣告意义，不具有实质的和制度层面上的效果。”[①]因此，程序本身要求必须使公共权力主体之间的职责权限和相互制约机制成为刚性的、可操作的具体规则。

哲学家卡尔·波普尔(karl popper)说：“与‘权力如何被行使’和‘行使多大权力’的问题相比，‘谁应该行使权力’的问题几乎是无关紧要的。我们应该明白，在相当长的时间内，一切政治问题都是制度问题，是法律构架的问题，而不是个人的问题，通往更平等的进步只能靠对权力的制度控制来保证。”[②]中国的现代化的发展模式是独特的。中国共产党的执政地位不仅是历史形成的，而且以改革开放以来巨大的经济建设成就为其现实合法性基础的。在此意义上，中国不存在“谁应该行使权力”的问题，但是，基于公共领域的滥权与侵权的现实，中国确实存在“行使多大权力”和“权力如何被行使”的问题。在此意义上，权力平衡不仅具有工具价值，而且具有目的价值，而无论工具价值还是目的价值，价值的实现均以信息公开—信息对称为前提。正如温家宝总理所说：“我一直认为群众有权利知道政府在想什么、做什么，并且对政府的政策提出批评意见，政府也需要问政于民、问计于民，推进政务公开和决策的民主化。”[③]

---

① 刘晔：《理性国家的成长——中国公共权力理性化研究》，重庆出版社 2005 年版，第 171 页。

② 〔英〕卡尔·波普尔：《开放社会及其敌人》(第 2 卷)(陆衡等译)，中国社会科学出版社 1999 年版，第 257—258 页。

③ 《民意在网络上聚集——温家宝总理与网友在线交流》，载《人民日报》2009 年 3 月 1 日。

公共精神与公共利益*

——新时期中国构建服务型政府的价值依归

张国庆　王　华

一、引　　言

改革开放是中国为摆脱"缓慢发展和停滞的状态"①而启动的一场革命。这场革命通过中国式的政府主导与市场调节相结合的发展模式，直接、强劲、持续地推动着中国迈进市场化、工业化、城市化、信息化和全球化的历史进程，

* 本文原发表于《天津社会科学》2010年第1期。

① 邓小平：《邓小平文选》(第三卷)，人民出版社1993年版，第264页。

创造了GDP总量世界第三[①]，年均增长"9.8%"[②]的令人炫目的"中国经济奇迹"。与此同时，中国发展模式显现了令人忧虑的发展失衡——城市与乡村、区域与区域、经济与社会、人与自然、国内与国际的发展失衡[③]，这些"失衡"集中反映了中国转型期社会利益分配、再分配的失衡，触发了中国社会的心理动荡，并在一定程度上引发了价值认同危机。与此相联系，根据中国社会的发展进程重新审视、修正发展理路及相应的公共政策的价值基点，重塑社会公平、正义的信念，构建和谐社会[④]已然成为中国进一步改革开放，持续构建新型现代国家的节点性问题之一。

鉴于"中国模式"的宪政体制特征，可以认为，上述失衡在一定意义上是中国政府的公共政策和公共管理的非预期的结果，而造成这些非预期结果的原因，则与另一种失衡密切相关，即政府管理与政府公共管理的失衡[⑤]。由于中国政府的行政改革在某些方面事实上滞后，且政策执行的有效程度不高，例如，"让权力在阳光下运行"，"用制度管权、管事、管人，建立健全决策权、执行权、监督权既相互制约又相互协调的权力结构和运行机制"[⑥]，公共财政体制改革[⑦]的推进困难重重等，致使政府既缺失可靠的外在压力，也缺失充沛的内在动力自律、自管、自控、自监和自改，从而产生了多种以公共权力的私化、滥用为关键性问题的非预期的公共政策和公共管理。在此，"压力"之缺失，起于政府的组织结构、制度规范、监督体制、系统功能的不尽合理、不尽完善；而"动力"之缺失，则源自部分官员的公共信念、公共精神、公共道德和公共伦理

---

① 汪时锋：《修正2007 GDP中国将取代德国成世界第三大经济体》，载《第一财经日报》2009年1月15日。

② 胡锦涛：《在纪念党的十一届三中全会召开30周年大会上的讲话》，载《人民日报》2008年12月19日。

③ 《中共中央关于完善社会主义市场经济体制若干问题的决定》，载《人民日报》2005年2月25日。

④ 《中共中央关于构建社会主义和谐社会若干重大问题的决定》，载《人民日报》2006年10月19日。

⑤ 在本文语境中，"政府管理"主要指政府（各类国家机关）以自身（官员）为对象的管理，"政府公共管理"主要指政府以社会（公众）为对象的管理。

⑥ 胡锦涛：《高举中国特色社会主义伟大旗帜，为夺取全面建设小康社会新胜利而奋斗——在中国共产党第十七次全国代表大会上的报告》，人民出版社2007年版。

⑦ 《全国人大举行招待会，温家宝总理答中外记者问》，载《新华每日电讯》2008年3月19日。

的丧失，在价值基点和价值标准层面刻意模糊“公”与“私”的本质区别，以及“公域”与“私域”的原则界限；乃至假借国家意志、社会需求、公众利益、发展需要等名义，满足私欲，攫取私利，从而严重危害公共价值、公共利益、公共目的、公共责任及公共资源。

历来，政府管理可以分为“组织和制度”与“信念和精神”两大紧密联系的管理范畴。前者是显性的，用以规范政府（官员）的行为；后者内隐的，用以指引政府（官员）的行为。一般而言，“信念和精神”在逻辑上优先于“组织与制度”，而其建构、内生、固化的难度与动摇、衰退、背弃的速度却远远大于后者。中外政府公共管理的实践一再证明，政府（官员）公共信念、公共精神、公共道德、公共伦理的“空心化”，必定导致组织制度的虚化、扭曲和官员行为的异化、畸形。与此相联系，如何在制度创新的同时，不断“刷新”政府（官员）的核心价值观和公共伦理精神，是新时期中国构建服务型政府的公共管理命题之一，也是重塑中国社会公平、正义信念的现实主题之一。

国家有强弱之分。“强国家”之国家具有制定并实施政策和执法的能力，特别是干净、透明的执法能力。[①] “弱国家”之国家“其一，决定了的政策往往得不到执行，如果说还试图执行的话；其二，即使是在制定政策时，政府也不愿让人民承担责任”[②]。事实上，正确地制定和有效地执行政策的能力，是由“制度”和“使制度运转起来的软力量”决定的。从政府与社会的关系来看，政府公共精神的缺失会迅速吞噬社会的公共精神；反过来，社会公共精神的缺失以及道德贫困也会削弱政府的公共精神。从公共精神、组织制度两个维度来看国家的强弱，不难发现，一个组织和制度松弛但（政府与社会）公共精神却非常强大的国家，与一个缺乏（政府与社会）公共精神或公共精神衰退但组织与制度却非常强大的国家之间，存在着根本不同的社会面貌与截然迥异的治理绩效。与此相联系，存在着四种不同类型的国家：（1）公共精神强、制度强，属于强国家；（2）公共精神弱、制度强，属于较弱国家；（3）公共精神强、制度弱，属于较强国家；（4）公共精神弱、制度弱，属于弱国家。“公

① 参见〔美〕弗朗西斯·福山：《国家构建：21世纪的国家治理与世界秩序》（黄胜强等译），中国社会科学出版社2007年版，第7—9页。

② 〔瑞典〕冈纳·缪尔达尔：《亚洲的戏剧——南亚国家贫困问题研究》（方福前译），首都经济贸易大学出版社2001年版，第36页。

共精神”之所以可以作为区分强国家与弱国家的维度之一，是因为“徒法不足以自行”，而必须由现实、具体的人来执行。换言之，组织中的人若具有公共精神，则得以在相当的程度上弥补制度的某些不足；反之，即使再完善的制度，也会因为组织中的人缺乏公共精神而不能执行和实施，进而导致制度失效、衰竭。由此，不难理解，作为“超大规模国家”之一，中国在全面转型、发展的历史进程中，凸显和重构政府（官员）的公共精神，是中国建构服务型政府，乃至建构现代国家的重要路向和基本问题之一。

本文以公共精神和公共利益为着眼点讨论新时期中国政府的品格重塑问题，目的在于重温和反思这一被资本、权力、技术遮蔽的研究主题，为公共服务型政府的建立提供价值与精神支撑。本文试图回答四个问题，即公共精神为什么重要、什么是公共精神及其与公共利益的关系、公共精神缺失的原因及影响、公共精神的基本内容及重塑。

二、公共精神与公共利益：概念分析及其逻辑关系

一般而言，公共精神出现在共和主义的研究文献中，指良治国家不仅要依靠法律维持，更要依靠大众社会的公民德性，即公民的公共精神。换言之，共和国良性运转的必要条件之一在于大众社会对于公民德性的供给。然而，进一步的问题是，对于公民德性的产生与供给，共和国政府又能做什么？[①] 进而言之，共和国政府能否提供一种可以唤起社会公共精神的政府公共精神呢？

1. 政府的公共精神：类型学的认知

从广义上理解，公共精神可区分为两种类型：社会（公民）公共精神与政府（公务员）公共精神。政府公共精神的人格主体是公务员，因此，政府公共精神体现为公务员的公共精神（the spirit of public administration of civil servant）。公务员的公共精神不同于公民的公共精神（civic spirit）。在学理上，公民的公共精神是一种公共美德（civic virtue），所展现的是自律、爱国，为共同体利益而超越自身利益的良好

① 〔澳大利亚〕菲利普·佩迪特：《共和主义——一种关于自由与政府的理论》（刘训练译），江苏人民出版社2006年版，第320—328页。

品质。公务员的公共精神则除了应具备公民的公共精神之外，还要求具备：(1) 对于政府的以宪法原则为依据的基本价值的崇尚。例如，追求公平、正义与国家公共生活之善。(2) 对于公共行政基本原则的信守。例如，尊重公民意愿，恪守公共利益，认同对于权力进行监督与制约的理念。(3) 对于公共行政职业伦理的遵从。例如，承担公共责任、以公共服务为荣、廉洁奉公、依法行政等。政府公共精神是广泛而持久的社会公共精神的形成条件之一，也是政府获得公信力、向心力、聚合力的必要条件之一。

在本文中，公共精神主要指政府公共精神(the spirit of public administration)。在应然层面上，政府公共精神是全社会对于政府行政的动机和行为应当是什么所持有的一种原型性、普遍性、共识性信念。立基于这种信念之上，全社会对于政府的行政行为抱有期望。如果政府的行为与全社会的信念和期望一致，那么，政府将被支持；反之，将被反对。社会的信念与期望是政府的行政之本，获取合法性之源。通常，它会转化为政府对于公务员的动机与行为的要求，并以“公共精神”这一概念形式表达出来。概言之，公共精神体现的是政府对于公务员的内在要求。

在实然层面上，公共精神主要表现为公务员在公务活动中表达的可以被观察，并且可以以此判断一个政府的公共精神状态的理念、话语、政策、行为、作风以及与公民互动的内容、方式等。政府的实际行政行为决定着公众对于政府的态度。如果公众怀疑，甚至敌视政府，“那么，公众就会对政府决策的执行持不合作的态度，特别是在出现危机或者资源短缺的时候，如果这些决策的执行需要某些牺牲，公众是不会合作的”[①]，而公众不与政府合作，将使政府陷入不能治理的状态，社会陷入无治理的状态。

对于公共行政人员而言，公共精神体现为他们关于政府的目的、公共权力的行使、公共事务的治理、公共生活的价值取向等问题的理性认知，以及建立在这种理性认知基础上的忠诚情感。学者乔治·弗雷德里克森(H. George Frederickson)认为：“公共行政精神意味着对于公

① 〔美〕乔治·弗雷德里克森：《公共行政的精神》(张成福等译)，中国人民大学出版社2003年版，第33—34页。

共服务的召唤以及有效管理公共组织的一种深厚、持久的承诺。”[①]它包括“个人对政府的目的和前景的看法与信念；关于人类集体事业的性质及如何有效地达成集体行动的目标的看法和信念；关于公共生活中的伦理与道德的看法和信念”[②]。从职业伦理的角度来看，公共精神是公共行政人员对于“公共”的追求与献身。“公共”是一个不能妥协的原则，它指导着公共行政人员手中的权力既“做正确的事(do right things)”，又“正确地做事(do things right)”。

2. 公共与政府：属性与实体的关系

如前所述，“公”与“私”、“公域”与“私域”存在本质的不同和原则的界限。这种区分对于公共机构和公共管理者具有决定性意义。这种区分可以通过机构、利益和参与三个因素考察：(1) 机构。根本的区别，在于机构成员的行动是因私(为自已考虑)还是为公(作为政府官员)。公与私之别首先应回答以下问题：作为机构成员，你的立场是什么？你的行动和决定对他人的影响有多大？(2) 利益。涉及相关人在相关利益格局中的利益诉求。私有组织以获取本组织利益为首要和基本的诉求，主要利益在雇主与雇员中分配；公共组织则以为公众提供服务为首要和基本的诉求，主要利益被公众分享。(3) 参与。涉及公共组织与私有组织在各种资源的开放、共享方面的差异。公共组织以资源的开放、共享为原则。

但是，“公共”与政府不同，它是一个属性概念，而政府是一个实体概念。在现代社会，“公共”并不必然被政府单一主体垄断。“公共”这一属性的实现既可以依靠政府来完成，也可以依靠非政府组织、企业或者它们与政府之间所形成的伙伴关系来完成。20世纪中后期的“全球结社革命”[③]以及“新公共管理运动”的各种改革措施[④]证明了这一点。然而，这并不说明政府可以卸去许多公共责任，而是说明，“公共”可以通过

① 〔美〕乔治·弗雷德里克森：《公共行政的精神》(张成福等译)，中国人民大学出版社2003年版，第2页。

② 同上。

③ 参见〔美〕莱斯特·萨拉蒙、赫尔穆特·安海尔：《公民社会部门》(周红云译)，载何增科：《公民社会与第三部门》，社会科学文献出版社2000年版。

④ 参见〔美〕戴维·奥斯本、特德·盖布勒：《改革政府：企业精神如何改革着公营部门》，上海译文出版社1996年版，序言。

“多中心的”[1]的方式来实现。这些实践既包含着对于政府履行“公共”职责的失望与不信任，也包含着通过重塑政府来推动其履行“公共”职责。从发达国家实践的情况看，所谓“重塑政府”，既包括变革公共管理制度，同时包括重新呼唤公共精神，并以两者的结合纠正政府在“公共”方面的政策失错、失当和主观动机的模糊化、形式化的倾向。因此，从公共管理学的角度来看，对于“公共”的理解，目标远不限于将“公”与“私”区分[2]，而在于将其与政府联系起来，理解政府应当秉持的价值观和目的。这些价值观和目的在多大程度上能够内化于公务员的心中，就能在多大程度上指导他们的行为，进而在多大程度上体现出公共精神。

政府的价值观和目的在古典政治学中被认为应当是实现人们所设想的不同于一般的社会生活的优良生活。亚里士多德在《政治学》中指出：“城邦的目的也不仅为寻取互助以防御一切侵害，也不仅为便利物品交换以促进经济的往来。……一个城邦的作用及其终极目的却是‘优良生活’，而社会生活中的这些活动却只是达到这种目的的一些手段而已。”[3]在亚里士多德看来，这种优良生活的实现，就是“善”的实现，“政治学上的善就是‘正义’，正义以公共利益为依归”[4]。根据这一逻辑，优良生活的实现就是公共利益的实现。因此，政府的价值观就在于对正义的秉持，其目的是实现公共利益。

3. 公共利益：公共精神的追求

公共精神是政府公务人员对于公平、正义的承诺、坚守，以及对于公共利益的不懈追求。然而，由于公共利益相当抽象，在具体的公共行政实践中，经常会面临什么是公共利益的争论，以及借公共利益之名以修辞各种非公共利益的目的等问题，所以，公共利益是什么就成为一种可在理论上讨论的“话语”，这种“话语”的内涵和外延越宽泛，越不利于分析、解释和评价具体的实践。鉴于此，本文不对公共利益是什么做出本质性定义，而是简要回答如何实现公共利益及其前提条件。

一般来说，复杂现实中公共利益的“具象”总是通过一定的制度、规

---

① 参见〔美〕迈克尔·麦金尼斯：《多中心治道与发展》，上海三联书店 2000 年版，序言第 2 页。

② 〔美〕尼古拉斯·亨利：《公共行政与公共事务》（项龙译），华夏出版社 2002 年版，第 35 页。

③ 〔古希腊〕亚里士多德：《政治学》（吴寿彭译），商务印书馆 1997 年版，第 139—140 页。

④ 同上。

则和程序来决定和执行的。在现代社会，人们设计出代议制民主来产出公共利益，但同时为了避免经由代议制民主产出的公共利益会对少数人的利益造成侵害，人们又使用宪政法治来规约代议制民主的产出过程。在代议制民主与宪政法治的共同作用下，人们设想公共利益能够实现最大化。如果按照这一逻辑，公共利益并不难实现，只要公众认可代议民主与宪政法治下的各种制度，且这些制度没有被不当操纵，那么，经由这些制度产出的就应当被确认为公共利益。但问题是，伴随着"行政国家"[①]的形成，行政机构被赋予了广泛的自由裁量权，专业规范、技术标准、业务流程、行政效率等理念在相当程度上取代了公众辩论、国民参与，代议制民主的功能趋向弱化，尤其是随着"福利国家"的产生，日常的、具体的、与公众生活密切相关的公共利益就主要通过行政机构来产出，行政机构被赋予了广泛的自由裁量权。基于对行政自由裁量权的监督，人们又设计出一系列制度，比如，事前与事后审计、委员会—市长制、招投标竞争、功绩制、听证会、论证会等来对自由裁量权进行约束，但结果又产生了很多"制度病"：使命感缺失、繁文缛节、行政拖延、规则刻板、回应迟缓等。这些"制度病"除了意味着"官僚主义制度的破产"[②]之外，更意味着培育政府公务人员的公共精神至关重要。进而言之，建立并发挥政府公务人员的内在信念与价值体系以激发其使命感、责任感和荣誉感，比单纯进行外在的组织与制度建设以约束政府公务人员对于私权的过度追求，更具有前提性意义。

三、私欲膨胀：公共精神缺失与公共利益私化

改革开放以来，中国政府履行的重要职能之一就是选择并重建制度结构以激励个体释放自身所具有的生产能量。从推行"家庭联产承包责任制"、进行城市国有企业改革、建立现代企业制度、确立非公有制经济在社会主义市场经济中的地位，到建立和完善社会主义市场经济体制以及保护私有财产入宪等都表明了这一点。

1. 经济自由与生产效率

从知识史的角度来看，市场经济在现代社会的扩展，是以彰显人的

---

① 张国庆：《公共行政学》(第三版)，北京大学出版社 2007 年版，第 13—14 页。

② 参见〔美〕戴维·奥斯本、特德·盖布勒：《改革政府：企业精神如何改革着公营部门》，上海译文出版社 1996 年版，序言第 13 页。

"自利追求"[1]并为其进行合理化论证为前提的。启蒙运动时期的思想家们认为,当每个人都被允许追求自身利益时,整个社会的公共福利就会得到改善。亚当·斯密指出:"每一个人都不断地竭力为他所能支配的资本找到最有利的使用方法。诚然,他所考虑的是他自己的利益,而不是社会的利益。……一般说来,他无意去促进公共利益,也不知道自己正在多大程度上促进公共利益。……他指引这种劳动产品使它具有最大的价值,也只是为了自己的利得;在这种场合,也像在许多其他场合一样,他被一只看不见的手引导着,去达到一个他无意追求的目的。虽然这并不是他有意要达到的目的,可是对社会来说并非不好。他追求自己的利益,常常能促进社会的利益,比有意这样做更有效。"[2]孟德斯鸠进一步认为,市场经济的扩张能够产生有益的政治后果,它是除了宪法之外反对封建专制主义的辅助力量。[3] 密尔则指出,市场繁荣所蕴含的个人理性法则表明,它只能受到政府"最轻柔的手"的触摸,否则,就会被毁坏。[4] 这些论述指出,一方面,市场经济可以通过适度运用个体的私利追求,促进个体的自由生产和经营,造就一个繁荣的国家;另一方面,可以利用个体经济实力的不断壮大,来抵抗国家的专制主义。

中国的现代化发展战略在从"以阶级斗争为纲"转向"以经济建设为中心"之后,逐步进行了市场化改革,并因此释放了之前在政治社会中被压抑的个体逐利动机。这种逐利动机与计划体制瓦解、公社—单位退出个人私域,以及个人自主权的扩大相结合,激发了蕴含在每一个

---

① 在西方的古典社会,人们崇尚对于荣誉的追求,只是到了现代社会,人们开始为"私利的公益作用"辩护。参见〔美〕艾伯特·奥·赫希曼:《欲望与利益:资本主义走向胜利前的政治争论》(李新华等译),上海文艺出版社2003年版。

② 〔英〕亚当·斯密:《国民财富的原因和性质的研究》(下)(杨敬年译),陕西人民出版社2001年版,第500—503页。这里需要说明的是,斯密在《道德情操论》中指出,正在形成的市场经济释放出强有力的、具有潜在危害的动机,如贪欲、嫉妒和自私自利。对私利的过度追逐会破坏人们的同情心。因此,斯密怀疑人类的美德是否能抵御财富的诱惑。出于这一思考,斯密将其注意力由道德哲学转向了政治经济学的思考。而在《国民财富的原因和性质的研究》中,斯密似乎找出了问题的答案。他认为,市场可以起到替代个人良心的作用,认为市场是使私利与有秩序、繁荣的社会相互协调的机制。

③ 参见〔美〕艾伯特·奥·赫希曼:《欲望与利益:资本主义走向胜利前的政治争论》(李新华等译),上海文艺出版社2003年版,第66—75页。

④ 参见〔英〕约翰·斯图亚特·穆勒:《政治经济学原理——及其在社会哲学上的若干应用》,(胡企林等译),商务印书馆1991年版。

个体身上的生产能量，生产效率得到极大提高，经济实现跨越式增长，贫困人口持续减少，国家实力持续增强。

2. *私欲扩张与政府公共精神失守*

市场借用人们对于私利的追求造就了一个繁荣的社会，但一个繁荣社会的可持续运转却不能放纵人们对于私利的追求，而需要对于私利进行适当的限制。因为，一旦人们对于私利的追求超越了一定的限度，被演绎成一种绝对化的私欲力量来主导社会发展时，它的作用就不再是古典思想家眼中的“私人恶德与公众利益”[①]之间的奇妙转换了，私人利益并没有通过“通工易偿”或“以私人利益对抗私人利益”来相互协调以转换成公共利益，相反，它转换成了不同私利之间的恶性竞争，并不惜动用一切手段，包括公权力、恶势力，以及败德行为，来满足私欲，进而造成利益配置结果的严重失衡与冲突，乃至社会基础生活秩序的底线失守。[②] 私欲的绝对化，在没有适当规则约束的情况下，必将产生种种负效应。这种负效应不会随着市场本身的成熟而自动消失，否则，一个被公认比任何国家的市场都成熟的美国，不会在华尔街自燃“次贷危机”(subprime mortgage crisis)。

当然，私欲也并不会因为政府应当具有公共性而将其排除在外，相反，私欲将政府的公权力视为寻租的对象，获取“利润”的工具。中西方的经验都表明，公共行政人员手中的公权力一旦被私利俘获，就会变成保护私利的盾牌和为私利披荆斩棘的利剑。正如公共选择理论指出的，政府中的个人与市场中的个人并无本质的差别。虽然这个“个人”因从事政府领域中的事务，可能会以某种方式转动他的心理和道德齿轮，但只要交换存在，他都将选择“更多”而不是“更少”。[③] 因此，公共行政人员自身也被私欲驱使进行创租。其结果是，“公共权力部门化、部门权力个人化、个人权力商品化”普遍，权钱交易、权色交易、权黑交易盛行，权力的公共性目的被部门私化和个人私化所偷窃和交换，公共

---

① 参见〔荷〕伯纳德·曼德维尔：《蜜蜂的语言：私人的恶德，公众的利益》，社会科学出版社 2002 年版。

② 孙立平指出，社会生活的“底线”类似于禁忌的基础生活秩序。这种基础生活秩序往往由道德信念、成文或不成文的规则、正式或非正式的基础制度混合构成。一般的说，这样的基础秩序是相当稳定的，甚至常常具有超越时代和超越政权的特征。

③ 〔美〕詹姆斯·M. 布坎南、戈登·塔洛克：《同意的计算——立宪民主的逻辑基础》(陈光金译)，中国社会科学出版社 2000 年版，第 17—21 页。

行政的精神荡然无存。私欲不仅不畏惧自身的贪婪，反而嘲讽集体主义观念、大公无私精神和为人民服务等政治道德。现在的政府比以前遇到了更多的伦理道德的问题。[①]

3. 公共精神缺失与“政府病症”

公共精神的缺失与职业伦理道德的匮乏是导致公共权力的部门化、个人化与商品化的主要根源之一，而公共权力的部门化、个人化与商品化又是一切“政府病症”的源泉。这些“政府病症”主要有：(1) 公共职位有价交易。表现为跑官要官与买官卖官，例如，安徽阜阳法院腐败窝案、黑龙江马德买官卖官案。[②] (2) 公共职权私化滥用。表现为用公权力创租设租、贪污腐败，一些官员利用职务之便为请托人谋利，包括收受干股、证券、期货、房产、轿车等，腐败涉案金额、人数、官员级别呈扩大和上升趋势，腐败状况进一步恶化。[③] (3) 公共工程政绩化建设。据建设部官员保守估计，在我国660多个城市、两万多个建制镇中，约有五分之一的城镇建设了“政绩工程”，建立政绩工程的关键“不是为了让老百姓看到，而是为了让领导看到”[④]。(4) 公共管理自娱化。表现为“服务图省心，管理图省事”，一些地方政府搞“民生工程”，但这种民生工程不是“民心中的民生”，而是“官员主观观念中的民生”；同时，为了“管理的便利和责任的推卸”，部门间人为地造成了诸多的服务障碍，公共服务不能真正惠及民众。(5) 公务消费奢侈化。一些地方政府采取挪用救济款，强行摊派等形式，建立豪华办公场所。此外，公务接待、公车消费、公款旅游等造成行政成本居高不下。据统计，目前我国有350万辆以上的公车，包括司勤人员在内，年耗3000亿元人民币。行政成本高出世界平均水平的25%[⑤]。(6) 公务人员工作作风官僚化。表现为投机钻营、贪功诿过、捞资本、做虚功、拉关系、搞逢迎[⑥]；讲官派，显官威，由“社会的公仆变为社会的主人”。(7) 公务人员生活

---

① 李瑞环曾指出，“从来没有这么多人对我们有意见，从来没有这么多意见，从来没有这么多原来没有意见的人现在有意见，我们还不承认人家有意见”。参见李瑞环：《学哲学，用哲学》，中国人民大学出版社2005年版。

② 朱雨晨、孙展：《马德“官市”》，载《新闻周刊》2005年第13期。

③ 《中共中央纪委关于严格禁止利用职务上的便利谋取不正当利益的若干规定》，载《人民日报》2007年6月9日。

④ 黄忠：《王怀忠：第三个被判处死刑的省部级高官》，载《新闻周刊》2004年第1期。

⑤ 唐敏：《我国行政成本高出世界25%，五大原因造成》，载《瞭望》2008年4月29日。

⑥ 仲祖文：《不能让老实人吃亏》，载《人民日报》2008年1月11日。

作风恶俗化。表现为一些领导干部生活作风败坏，涉及包养情妇（夫）、参与赌博、进行嫖娼等行为。(8) 公务人员权势行为黑恶化。表现为涉黑涉恶与买凶雇凶，例如，河南省原副省长吕德彬雇凶杀妻案、山东省济南市人大主任段义和雇凶炸死情妇案等①。(9) 公务人员信念虚幻化。表现为信念迷失与烧香信佛，一些官员丧失理想信念，相信风水法术，到处烧香拜佛，修庙建"功德"，例如，原黑龙江政协主席韩桂芝、原河北省常务副省长丛福奎、原山东省泰安市市委书记胡建学案等②。(10) 公务人员工作意愿懒惰化。表现为工作时间脱岗、娱乐、炒股、网聊等。

公共精神缺失以及"政府病症"给社会带来了破坏性影响，降低了某些政府部门、地方政府的公信力，挑战、侵蚀了中央政府的政权基础。逐年上升的社会群体性事件显示，中国省级政府以下，尤其是县、乡（镇）基层政府普遍面临公众的信任危机。其原因固然有体制、机制问题，同时亦有价值、信念、品行和操守以及由此产生的工作动机、工作态度和工作方法问题。这些问题直接影响着执政党和中央政府在公众中的形象，影响着中央政策贯彻落实的效度。要解决这些问题，就要在执政党和各级政府中大力培育和塑造公共精神，为政府职业伦理形成、价值取向确定、权力行为选择等提供价值观的支撑。

四、重塑公共精神：忠实于公共利益的政府品格培育

强调重塑政府的公共精神，意味着与强调发挥组织制度的作用相比，发挥政府公务人员的信念与价值的作用应该得到高度重视，意味着在依法控权、对权力进行各种监督和约束的同时，必须大大加强对权力的行使者进行公共精神的培育和教化。公共管理者必须明白，教化民众必须首先教化自我，倡导社会公共精神，必须首先强调政府公共精神。在理论层面上，公共精神和公共利益是一个需要重温和反思的研究课题；在实践层面上，公共精神和公共利益则构成了新时期执政党和

① 《河南副省长吕德彬因涉嫌现行刑事犯罪被依法逮捕》，载《河南日报》2005 年 6 月 17 日；《济南"7·9"爆炸案三疑犯淄博受审》，载《检察日报》2007 年 8 月 7 日。

② 林非：《烧香拜佛利益链》，载《国际先驱导报》2005 年 2 月 21 日。

政府一项新的战略任务，构成了建立服务型政府的一个重要的行动领域。

新时期，政府公共精神的重塑是在市场经济的背景下展开的。市场的孕育、建立与完善作为一种动态的结构性因素，推动了中国 1978 年以后国家与社会关系的重大变迁。这种变迁首先体现为社会(个体)财产权的被承认与扩大，以及与之相对应的国家权力范围的缩小，表征为“全能主义国家”从社会中回撤。由于国家与社会各自权力与权利范围的互动变化，它们各自的性质也开始变化：国家的性质因社会让渡一部分利益——纳税，而渐显公共性质。[①] 当国家由于提取公众税收而在财政上具有公共属性时，它就应当通过“配置公众的税收”来为纳税的公众提供公共服务。政府在市场条件下演化出的公共性决定了政府精神应当具有“公共属性”。塑造核心价值、观培养主观责任意识、增强公共行政的使命感、培育政府公共行政人员的公共精神，不应采用道德说教方式，而应采用道德实践的方式，通过各种途径将“为公共利益服务的决心”内化入政府公务人员心中，并积极建设支持性制度来辅助和激励他们将决心化为行动。着眼于宏观思路，其基本的面向有：

第一，塑造核心价值观，整合不同观念。价值是公共行政的灵魂。[②] 价值观是政府或组织机构对于多元价值的选择。价值观的确立、共享与传播是对公共行政人员在同一问题上的不同观点进行整合的过程，是发展出一种集体共识并让公务人员知道该如何相互合作以有效实现目标的过程。中国社会正在不断分化，形成多元结构、多元意识和多元价值观，这些多元价值观是伴随着现代社会的成长而出现的，有积极的部分也有消极的部分，对于改革前由政府主导而形成的一元价值观形成了冲击。换言之，中国的价值观体系在“既有的制度之外长出了很多增量”[③]，它越来越演变成一个复杂却松散的结构，缺失核心价值观的支撑和统领。然而，要建构社会的核心价值观，就必须先建构政府的核心价值观。建构政府核心价值观不仅是为了整合政府内部公务人员之间的不同观念，更是为了巩固政府在社会中的合法性地位。

---

① 此处引出的一个问题是，如何讨论国家的阶级性质与国家的公共性质。事实上，对于这个问题的讨论涉及政治意识形态，这超出了本文研究范围。

② 〔美〕乔治·弗里德里克森：《公共行政的精神》(张成福译)，中国人民大学出版社 2003 年版，第 142 页。

③ 参见吴敬琏：《当代中国经济改革》，上海远东出版社 2003 年版，第 60 页。

政府核心价值观建构的主线是公共精神。公共精神在不同的政府机构中呈现出不同的价值观，比如，外交部门与安全部门，警察系统与政府研究机构，经济管理部门与民政部门等在价值观的塑造上就截然不同[①]，这与机构的职责、目标和任务相关。但公共精神的内核不变，即超越于个人利益服务于公共利益的自我许诺，以及对于国家利益和宪法价值的认同和守护。

第二，培养主观责任意识，卓越履行政府职能。学者特里·库伯(Terry L. Cooper)将政府责任区分为客观责任与主观责任，指出"客观责任源于法律、组织机构、社会对行政人员的角色期待，但主观责任却植根于我们自己对忠诚、良知、认同的信仰"[②]。主观责任无法通过外部的监督来实现，只能通过自律与反思来实现。在制度建设不足、存在制度漏洞或制度僵化产生"执行惰性"的情况下，尤其需要培育行政人员的主观责任。主观责任的形成虽然来自于公共精神的自觉，但公共精神的自觉有时却需在通过外部强加的义务(客观责任)来唤起。因此，公共行政人员的责任意识与公共精神是密切联系在一起的，两者相互影响。通过问责公务人员来催生公共精神，并通过公共精神的自省与内化来增强责任意识是规约政府权力、优化政府行为的重要方面。

第三，增强公共行政的使命感，以创新精神创生公共利益。使命感是激发公共行政人员工作热情的来源。公共行政人员不仅承担着实现公共利益的责任，而且承担着引导和创造公共利益的责任。相比于实现公共利益，引导和创造公共利益要求行政人员具有更强烈的使命感，能够更积极主动、更有预见性地回应公民需求和公共问题。与无使命感的政府相比，有使命感的政府(公务员)至少具有以下特征：(1) 以公共服务为荣，将致力于公共利益的实现与创造作为一项崇高的事业；(2) 在"民众之中关心"民众需求，而不是在"民众之上设计"民众需求；(3) 简化官僚主义程序和避免官僚作风，以解决问题为导向，个体或部门间齐心合作、不拖延推诿，不敷衍了事；(4) 不贪图安逸、不追求享乐、不拈轻怕重。(5) 不满足现状，不因循守旧，注重创新，在一线解决

① 〔美〕詹姆斯·Q. 威尔逊：《美国官僚政治：政府机构的行为及其动因》(张海涛译)，中国社会科学出版社 1995 年版，第 114—115 页。

② 〔美〕特里·L. 库珀：《行政伦理学：实现行政责任的途径》(张秀琴译)，中国人民大学出版社 2001 年版，第 74 页。

问题。(6) 预见并防范危机，而不是疲于应急管理。

第四，实现伦理实践的法典化。公共精神塑造作为政府改革的一项战略任务，需要组织制度的保障和支持。从发达国家的经验看，明确的法律规范与专业性的组织机构的有效结合，是保障、维持、强化公共精神的基本的公共管理路径。以美国为例，20 世纪 50 年代以来，美国先后将对公共行政人员的伦理要求从一般的道德层面上升到法律层面，并在联邦、州以及各个层级上建立相应的监督与管理机构。就行政伦理、道德立法而言，目前仍在实施中的美国《行政官员伦理标准》(1992)是由《政府部门伦理准则》(1958)、《政府官员和雇员伦理行为准则》(1965)、《政府行为伦理法案》(1978)、《政府伦理改革法案》(1989)和《政府官员及雇员的行政伦理行为准则》(1990)演变而来的。就监管机构而言，美国联邦政府 1979 年 7 月成立了“政府伦理办公室”，并于 1989 年 10 月脱离人事管理局升格为独立的政府机构，直接向总统、国会和国务院负责。此外，美国国会的参众两院以及联邦以下的各个政府层级也都设有“伦理委员会”及“政府伦理办公室”。[①] 其经验表明，将伦理要求法律化并从外部加强监管能够有力推动公共行政人员的伦理实践，而通过伦理实践来激发和培育公共行政人员的公共精神能够使公共服务更具有主动性，能够提升公共服务的质量和效能。

第五，引导公民参与，创造信任的情感纽带。塑造政府公共精神的目的是发现、追求、实现和创造那些被称为公共利益的事务，而公众既是公共利益具体事务的真正需求者，又是公共利益现实结果的真正享用者，同时，也是公共利益实现过程中的重要参与者。离开了公众的参与，政府将不知道公众真正关心什么，需求什么，应该对哪些被真正叫做公共利益的事务做出回应。因此，要“问政于民、问需于民、问计于民”；[②]要在公众参与的过程中，与公众进行信息的沟通与交流，并以此来增强彼此对于问题的复杂性的理解，增加对于灵活解决问题的多样性方法的分享，扩大对于问题及解决方法所涉及的基本价值观的共识。这有助于公共行政人员超越狭隘的自我利益，在与公民的对话沟通中，以同理之心，深入关怀和理解作为利益相关者的个体和作为人民中一

---

① 参见王伟：《行政伦理学》，人民出版社 2005 年版，第 465 页。

② 胡锦涛：《在纪念党的十一届三中全会召开 30 周年大会上的讲话》，载《人民日报》2008 年 12 月 19 日。

员的个体，从而学习怎样做一个公共行政人员，为公众服务什么，如何服务。在其中，公共精神能够寓于心灵深处被滋养。

应当说，培育和强化公共精神是一个庞大而持久的系统工程，其进程不仅受到社会整体文明进步程度的影响，更受到执政党和政府自身改革速度和力度的制约。与此相联系，如何在市场经济和民主政治的历史条件下真正实现中国公务员的公共精神和公共利益的价值依归，构成了新时期中国构建服务型政府乃至建构新型现代国家的不容回避的现实命题和长期的公共管理主题之一。

吏治与治吏*

——新时期中国政府干部人事制度改革的历史思量

张国庆　江永清

一、引　　言

官吏者，为政府工作、领取公俸且享有法定公务身份的人。古有品者为官，无品者为吏；今领导职务者为官，非领导职务者为吏。“吏”虽位低但人数众多且实际作用力强大，所以古有“百官者虚名，而柄国者吏胥而已”[①]之说。官和吏同属“官家人”或“政府人”，故统称官吏。

纵观古今，官吏作为政治精英群体和公共

* 本文原发表于《北京航空航天大学学报》(社会科学版)2010年第1期。

① 《日知录集释·卷八·吏胥》。

管理主体，以国家意志或国民利益的名义行使国家公权力，官吏的价值偏好、动机心态、综合素养、专业能力等，历来是关乎国家兴衰、民族强弱、社会治乱的基本要素之一。所以，中国先哲说“夫政理，得人则兴，失人则毁。故首简才，次论政体也”[①]；又说“为政在人”，“其人存，则其政举，其人亡，则其政息”[②]，认为有什么样的官吏就有什么样的行政方策；还说“吏之不平，政之不宣，民之不宁”[③]，“国家之败，由官邪也，官之失德，宠赂章也”[④]，认为官制不修、官德沦丧则政策失效、社会失范，不仅国家因此衰败，而且导致社会动荡、民不聊生。可见，吏治在中国传统治国之道中占有极为重要的位置。所谓吏治，即“官吏治事成绩”[⑤]。与吏治对应的是治吏，即澄清吏治以至整肃吏治。吏治的要义在于促使官吏依法度与良知而抱诚守真、尽心尽责，治吏的关键则在于制约官吏不能背离法度与良知。千百年来，与王朝的兴衰相一致，周而复始地上演着或精彩或惨烈的吏治与治吏的大戏，其间“其兴也悖焉”、“其亡也忽焉”[⑥]。由兴而衰的规律性，被前人称为“历史周期率”[⑦]。

应当说，中国共产党对于吏治与治吏的重要性有着明晰的认知。毛泽东说：“党的政治路线确定之后，干部就是决定性因素。”[⑧]邓小平说：“正确的政治路线要靠正确的组织路线来保证。中国的事情能不能办好，社会主义和改革开放能不能坚持，经济能不能快一点发展起来，国家能不能长治久安，从一定意义上说，关键在人。”[⑨]江泽民说：“建设一支能够担当重任、经得起风浪考验的高素质的领导干部队伍，特别是培养造就大批善于治党治国治军的优秀领导人才，是党和国家长治久安的根本大计。”[⑩]胡锦涛说：“党的作风体现着党的宗旨，关系党的形象，关系人心向背，关系党和国家的生死存亡。”[⑪]然而，史鉴不

---

① 《长短经·政体》。

② 《中庸》。

③ 《汉书·晁错传》。

④ 《左传·桓公二年》。

⑤ 辞海编辑委员会：《辞海》，上海辞书出版社 1999 年版，第 2174 页。

⑥ 《左传·庄公十一年》

⑦ 黄炎培：《八十年来》，中国文史出版社 1982 年版，第 148 页。

⑧ 毛泽东：《毛泽东选集》(第 2 卷)，人民出版社 1991 年版，第 526 页。

⑨ 邓小平：《邓小平文选》(第 3 卷)，人民出版社 1994 年版，第 380 页。

⑩ 江泽民：《在中国共产党第十六次全国代表大会上的报告》，2002 年 11 月 8 日。

⑪ 胡锦涛：《在中央纪委第七届二次全体会议上的讲话》，2007 年 1 月 9 日。

远，吏治难，治吏更难。应当承认，是否能够破除以及如何破除上述“历史周期率”，仍然是新时期中国执政党和中国政府面临的严峻考验。有鉴于此，笔者试图以法律制度为中心，以人治、民治、心治和权威、民众、道德为重点，以法治与人治、官治与民治、律治与心治的关系为范畴，讨论重构新时期中国政府干部人事制度的理路。

二、法治与人治的关系

人治是统治者的意志之治，法治是以法律为核心的规则之治。人治与法治之关键，在于两者的权威谁为至上。人治的优点在于：权力集中，行事果断，效率高，能够及时权变以适应形势变化。

对于中国历史上的盛世之治，贤能君王或相国都产生过巨大的作用。中国儒家的政治思想主张为政在人，认为法固然不可缺，但人更重要。“政者，正也，子帅以正，孰敢不正”[①]，“其身正，不令而行，其身不正，虽令不从”[②]。中国古代思想家荀况虽然主张性恶论，但是他提出“有良法而乱者，有之矣；有君子而乱者，自古及今，未尝闻”[③]。在传统中国人看来，政治的决定因素是人，因此，为了政治系统的稳定和长久，必须培养贤人。此所谓“知所以修身，则知所以治人，知所以治人，则知所以治天下国家矣。”[④]宋朝王安石认为官吏必须守法，“吏不良，则有法而莫守”[⑤]，其实质就是以能人德威并施，得到上行下效的结果。

不过，人治虽有效却不能持久。千百年的中国政治史一再证明，如果依靠人治，将国之兴衰、民族存亡、民之福祉寄予极少数人的德能，实际上难以走出王朝兴亡的周期律。因此，应当引进法治的理念及其制度。在法治社会中，法具有绝对的权威，一切的行为与交往都有确定的模式可以遵循，人们凭借法律的指引来确定自己的行动、预见自己和他人行为的结果，因此具有高度的稳定性。而人的好恶和欲望，使人治难以客观公正。亚里斯多德认为，人欲无底是实行法治的第一个原因。他说：“人类的恶德就在那漫无止境的贪心……，把治权寄托于任何个

---

① 《论语·颜渊》。

② 《论语·子路》。

③ 《荀子·王制》。

④ 《中庸》。

⑤ 《王临川全集·度支副使厅壁题名记》。

人(或任何一组的人),而个人既难免感情的影响,这就怎么也不能成为良好的政制,还不如寄托于法律。""常人既不能完全消除兽欲,虽最好的人们也未免有'热忱',这就往往在执政的时候引起偏向。法律恰恰正是没有情欲的智慧。"①中国古代政治思想家早就意识到依法治吏的重要性。"人之性恶,其善者伪也。"②商鞅认为,人好利恶害的本性无需改造,也不可能被改造。由此,他主张严刑峻法。"法之不行,自上犯之"③,官吏犯罪的危害性远远大于一般老百姓犯罪。他主张"不别亲疏,不殊贵贱,一断于法"④。韩非子认为,依法治吏是确保吏治清正的根本,并向往一种"官不敢犯法,吏不敢为私利,货赂不行,是境内之事如衡石也"⑤的政治局面。

法治的实现需要法制的支撑。古往今来,用人制度是古今中外吏治制度的核心问题。中国古代封建科举制度的实行使得中国封建社会有了一部有效而稳定的文官机器,打破了过去士族门阀垄断仕途的局面,一般地主子弟甚至贫寒子弟也有可能经由这一途径走上仕途,不仅扩大了国家选拔人才的范围,而且扩大了封建政权的统治基础。威尔·杜兰在《世界文明史》里写到:"中国的科举取士,没有操纵的提名,没有伪君子卑鄙的争夺,没有两党可耻的争霸,没有混战或腐化的选举,没有仅凭巧言而能登入仕途的现象,在最善的本意下,它是民主的,因为它给人争取领导和职位的机会是平等的。"⑥与中国古代的科举制度相应,西方国家文官制度与三权分立制度结合起来,对于巩固资产阶级统治、发展资本主义经济起到了保障作用。英国资产阶级议会制度的形成为英国近代文官制度的确立奠定了基础。近代以来,文官制度相继在世界范围内被采用。加拿大于 1882 年采用了文官制度。第二次世界大战后,法国、联邦德国、日本、意大利等国相继颁布了文官制度法或公务员法,建立起现代西方文官制度。随后,文官制度不断完善,成为吏治的核心制度,也成为克服用人腐败、公正选人最为基础的环节。

吏治相关法制的完善与文官制度相辅相成。科举制度兴起的时

---

① 〔古希腊〕亚里斯多德:《政治学》,商务印书馆 1965 年版,第 172 页。

② 《荀子·性恶》。

③ 《史记·商君列传》。

④ 《史记·太史公自序》。

⑤ 《韩非子·八说》。

⑥ 〔美〕威尔·杜兰:《世界文明史》,东方出版社 2003 年版,第 953 页。

期,吏治与治吏法制也在发展完善。唐代初期是吏治比较清明的时期,吏治法制也到达完备和细密的巅峰。《唐律疏议》大部分与吏治有关,其内容分为12篇502条。吏治法律条文的内容包括官员的选拔任用、督促官员发展农业生产、公平执法、秉公行事以及打击经济犯罪。《名例篇》主要包括《五刑》、《十恶》、《八议》,其中三分之一针对官吏。《职制》篇整篇针对官吏,在《卫禁》、《厩库》、《擅兴》等篇也有条文治吏。[1]明朝建立之初,朱元璋制定法规,重典治吏。他制定《大明律》,指导编撰了《大诰》、《大诰续编》、《大诰三编》及《大诰武臣》,同时还以敕、令等形式颁布了一系列其他法律条文,作为大明律的补充。近两百年来,西方发达国家在吏治制度规范化、系统化方面不断提高。在官吏腐败问题上,西方国家在国家宪法中规定惩治腐败的原则,如芬兰和奥地利等国,都在宪法中设置了反贪污贿赂的条款。同时制定专门的廉政法律,如美国的《涉外反行贿法案》、德国的《反贿赂法》和日本的《政治资金调整法》。不仅如此,在相关的法律中规定廉政条款,如日本的《商法》、《防止不正当竞争法》、《有限公司法》、《破产法》和《商品交易法》等经济法中,均有关于惩治贪污贿赂犯罪的内容;美国、日本和法国等国在行政法中规定了反贪污贿赂罪的内容。

回看当代中国吏治与治吏之得失,人治痕迹尚存,法治彰显尚不足,需要正确把握法治与人治的关系。首先,要将以制度建设为中心的法治放在根本性地位,依靠制度管人、管事,做到令行禁止。邓小平说过:“我们过去发生的各种错误,固然与某些领导人思想作风有关,但是组织制度、工作制度方面的问题更重要。这些方面的制度好可以使坏人无法任意横行,制度不好可以使好人无法充分做好事,甚至会走向反面。”[2]在中国现代化进程中,吏治法制与制度不断完善。中国共产党《关于加强执政能力建设决定》、《关于实行党政领导干部问责的暂行规定》等一系列文件接连出台,《公务员法》、《行政机关公务员处分条例》等制度不断完善,国家依法行政、依法治国的方略日益落实。但是,在某些地方和部门,人治高于法治、权大于法的现象仍然存在,没有真正设立制约官员权力的硬约束,特别是对一把手缺乏有效的制约,在党政关系中缺乏对党的领导干部的制约,权力结构失衡问题没有得到很

① 高积顺:《中国法制史新编》,中国人民公安大学出版社1999年版,第292页。

② 邓小平:《邓小平文选》(第2卷),人民出版社1994年版,第333页。

好的解决。一些具体制度如《领导干部财产申报制度》尚未出台，干部选拔任用制度中的“在少数人中选人、由少数人选人”的格局没有得到根本改变。在公务员录用环节，学历、年龄、性别、地域歧视林林总总，人情关系、特殊照顾影响着公务员制度的公正性。其次，要确立法治体制和理念，应当在制度原则性、权威性的前提下，调动政府官吏的积极性，保持领导干部队伍的积极性和主动性，确保官吏能够运用制度权威克服消极性，实现政府主导型发展模式向政府推动型发展模式转变。

三、官治与民治的关系

官治实质上是以权力制约权力，以官吏制约官吏。民治，就是通过公民权利的实现，以权利制约权力，对官吏实行监督和治理。从古到今，治庸和治贪是吏治与治吏的两个重要问题，即解决官员权力的约束和激励问题。对于这一问题，存在不同的历史选择，亦即官治与民治两种方式。权力制约既需要通过分散权力，使各种权力得到均衡分配，用权力制约权力，同时又需要使权力置于人民的监督和控制之下，以权利制约权力。

权力的垄断性、强制性、腐蚀性都要求分权制衡，以权力制约权力、以官吏制约官吏。“一切拥有权力的人都容易滥用权力，这是一条亘古不变的经验。”[①]“权力导致腐败，绝对权力导致绝对腐败。”[②]官治实际上是用公器之利除奸邪之弊。西方国家在建立民主宪政、实现三权分立、突出以权制权的同时，建立强力监察体制，实现以吏制吏。如美国设立了专门调查高级行政官员腐败行为的“特别检察官”制度，英国设立了“特别法庭”和“特别调查委员会”，瑞典在议会和政府均设立司法监察专员。在英国，除了检察机关和常设的诺兰委员会外，还存在另外多个反腐败机构，如反重大欺诈局、议会行政监察专员、地方行政监察专员、医疗卫生行政监察专员和议会财政监察专员。新加坡的反贪污调查局有自由采取行动的全权，任何人不得干预。韩国监察院可以检察包括总统府秘书室和警护室在内的中央政府、地方政府、国有企业和

---

① 〔法〕孟德斯鸠：《论法的精神》(张雁深译)，商务印书馆 1963 年版，第 154 页。

② Lord Acton, *Essay on Freedom and Power*, Boston: The Beacon Press 1949, p. xi, p. xv, p. 364.

公务员，对重要人物可以进行个别检察。西方国家以及东亚发达国家监察体制的共同特点就是独立性强、地位高，突出以吏制吏。

中国古代对于官吏权力的制约，自西汉至南北朝，基本沿袭秦朝体制。隋文帝即位后，为加强中央集权，综合前代各种制度，确立了三省六部制。三省分权削弱了相权，加强了皇权。中国古代的封建监察机构作为“天子耳目风纪之司”，监察官员为“天子耳目，为朝廷之腹心”，是维护皇权专制政治的御用工具，监察制度是中国封建专制主义中央集权官僚体制的一大特点。监察机构一般直属皇帝，在官僚系统中具有相对的独立性，地位很高，权柄很大，有直接检查、接受投诉、弹劾官吏、处置案件等权力，甚至可以“风闻奏事”。秦和西汉，中央政府中司监察的御史大夫地位很高，是副丞相，地方上也有相应职司监察的官吏。西汉中期，又设司隶校尉纠察京畿，十三部刺史分巡各地。刺史以六条问事，其中五条针对地方官员。唐代监察有多种渠道监督官吏，政府机构内部及彼此间都有互相监察的职能。明朝立国后便建立了一套包括都察院、六科和提刑按察司在内的监察系统。这个系统规模庞大、结构严谨、人员充足，既互相配套，又互相制约，且监察有效，从而为明初的吏治提供了强有力的制度保证。对于官吏的激励，先秦时期的“上计制度”就是要核实政绩，对实干者以奖励，对作伪者以惩罚。唐太宗李世民对于官吏的激励提出：“赏当其功，无功者自退。”[①]宋代有范仲淹实施“庆历新政”和王安石推行“熙宁新政”，他们都是从整肃吏治着手，严格管理奖惩考核制度，范仲淹提出“有功者虽憎必赏，有罪者虽爱必罚”[②]。明代后期，张居正以“考成法”为主要内容推动吏治革新。他说：“安民之要，惟在核吏治。”他提倡真抓实干，按成绩施奖赏，对消极怠堕、弄虚作假的官员严惩不贷。张居正也因治吏有方而被称为“救世宰相”。

实践经验表明，官治优点在于权力相互制衡，任何一方恣意妄为，侵犯对方的利益，必然得到抵制；缺点是容易形成利益合谋，互投赞成票，进而侵害公共利益，因而并不能完全保证权力得到有效制约，不能确保权力性质不发生异化和蜕变。为此，就要引进以权利制约权力的民治理念和机制。以权利制约权力，对于形成民治机制，对于吏治和治

---

① 吴兢：《贞观政要》（骈宇骞、齐立洁、李欣译注），中华书局 2009 年版，第 75 页。

② 范仲淹：《范文正公全集》，凤凰出版社 2004 年版，第 175 页。

吏都具有更大意义上的保障作用。它可以通过选举、罢免、示威等各种途径制约和更迭失控的官吏，优点是监督范围全面、广泛和深入。亚里斯多德认为："人之间互相依仗而又互相限制、谁都不得任性行事。""倘若由他任性行事，总是难保不施展他内在的恶性。"为此，他提出通过选举、限任、监督和法治等方法和制度来制约权力。① 法国政治思想家邦雅曼·贡斯当认为，在政治操作中存在着两种限权方式：一种是具体的限制，即"以权力制约权力"；另一种是抽象的限制，即"以权利制约权力"。贡斯当主张，必须把"人民主权"置于宪政框架中加以分割和限制，否则这种抽象的"人民主权"就会成为对专制政治最可怕的支持。② 因此，他主张以权力制约权力和以权利制约权力相结合。资产阶级政治思想家洛克强调以权利制约权力，当人民发现立法行为与他们的委托相抵触时，人民仍然享有最高的权力来罢免或更换立法机关，如果执行权"滥用职权并违反对他的委托而施强力于人民，这是与人民为敌，人民有权恢复立法机关，使它重新行使权力"③。公共选择理论主张通过市场来限制政府，以社会制约权力。纵观英、美、法各国制宪运动历史，可以观察出人民权利保障是政府分权的前提。从英国的不成文宪法来看，英国宪法的第一部文件是《自由大宪章》，以后还相继制定了《权利请愿书》、《人身保护律》、《权利法案》。这四个宪法性文件都重申了人民的各种权利，着重于划分人权与政府权利范围。美国《权利法案》是以宪法修正案的形式补充进美国宪法的，但事实上，在宪法制定之前发布的《独立宣言》即提出了"人人生而平等，他们被赋予了某些不可转让的权利，其中包括生命权、自由权和追求幸福的权利"，还大致规定了政府权力的限度。

中国当代吏治与治吏的情况表明，在官治与民治的关系上需要得到更合理的平衡。一方面，需要解决官治治不透彻之问题。在党政权力上，党的权力处于主导地位，要解决谁来监督党的问题，就要完善党内民主制度，加强党内监督制度。中国的监察体制被割裂，监察局属于行政机关、党的纪检部门属于党委，而检察院名义上为地方人大管理，

① 〔古希腊〕亚里多德：《政治学》(吴寿彭译)，商务印书馆 1981 年版，第 139 页。

② 〔法〕邦雅曼·贡斯当：《古代人的自由与现代人的自由》，上海人民出版社 2005 年版，第 83 页。

③ 〔英〕洛克：《政府论》(下篇)，商务印书馆 1986 年版，第 95 页。

实际上为地方党委和上级监察机关共同领导。因此，监察机关的独立性、有效性问题需要得到解决。为提高行政监察机构的地位和独立性，可以探索走建立垂直管理的途径。另一方面，要解决民治不到位之难题。人民监督领导干部的思想贯穿于建国者的论述之中。但是，民治的缺点是信息不对称，情绪易波动和易被操纵，稳定性不强。解决民治难题，需要进一步落实民众宪政权利，进一步推进参与型政府建设，推进政务信息公开，建设“阳光下的政府”。进一步加强人民对官吏治理的参与度、否决力，提高民意对官员升迁去留的决定比重。离开了公众的参与，政府将不知道公众真正关心什么，需求什么，应该对哪些真正叫做公共利益的事务作出回应。“问政于民、问需于民、问计于民”[①]；在公众参与的过程中，与公众进行信息的沟通与交流，并以此来增强彼此对于问题的复杂性的理解，增加对于灵活解决问题的多样性方法的分享，扩大对于问题及解决方法所涉及的基本价值观的共识。这有助于公共行政人员超越狭隘的自我利益，在与公民的对话沟通中，以同理之心，深入关怀和理解作为利益相关者的个体和作为人民中一员的个体，从而学习怎样做一个公共行政人员，学习为公众服务什么，如何服务。

四、律治与心治的关系

律治根本在于法律至上，规范官吏制度，匡正官吏行为。心治根本在于伦理价值辨析和道德内省，实现心理主动调节，达到内化为心律的目的。西方的基督教教义中有着人们熟知的“原罪”说。恩格斯说过：“人是什么？一半是野兽，一半是天使。”[②]人性自身的缺陷，很大程度上靠自身修养来弥补，吏治也是如此。柏拉图认为，作为社会的统治者，如果沉迷于私有财产，那么对社会共同利益的真正无私的服务实际上绝不可能出现。“理智和激情要发挥它们的本份作用，它们就须领导和控制欲望”。[③] 因此，教化和德育对于官吏之品行极为重要。先哲

---

① 胡锦涛：《在纪念党的十一届三中全会召开 30 周年大会上的讲话》，载《人民日报》2008 年 12 月 19 日。

② 《马克思恩格斯选集》第四卷，人民出版社 1972 年版，第 229 页。

③ 参见柏拉图：《理想国》，商务印书馆 1986 年版，第 169 页。

云：立政先立德，做官先做人。强调内心的调节，来改善官吏的德行。孔子强调："为政以德，譬如北辰，居其所而众星拱之。"[①]战国时期思想家管子说："心安是国安也，心治是国治也，治也者治心，安也者安心。"[②]贾谊说："夫礼者禁于将然之前，而法者禁于已然之后。……礼云礼云者，贵绝恶于未萌，而起教于微眇，使民之迁善远罪而不自知也。"[③]强调在事先将危险扼杀在萌芽状态，从细小微妙之处对人进行道德教化，使人在不知不觉中远离邪恶而变得善良。南宋思想家朱熹说："政者为治之具，刑者辅治之法，德礼则所以出治之本，而德义礼之本也，此其相为终始。"[④]清朝康熙初时晓谕文武百官："尔等为官，以清廉为第一，为清官甚乐，不但一时百姓感仰，即离任之后，百姓追思建祠以祀，岂非盛事。百姓虽愚，而实难欺，官员是非贤不肖，人人有口，不能强之使加毁誉。尔等各宜自勉。"[⑤]可以看出，作为心治重要内容和表现的德治，在制度和机制不是十分完善的条件下，是吏治的内在约束弥补外在约束的必然选择。

心治必须与律治相辅相成。古今中外经验表明，把握好律治与心治的关系，强化行政伦理制度建设，具有不可替代的作用。古语云："德刑并用，常典也。"[⑥]《唐律疏义》说："德礼为政教之本，刑罚为政教之用。"[⑦]近代以来，西方国家伦理制度化、规范化、问责化趋势日益明显。许多国家和地区都制定了比较详细具体的规定，要求官员依法履行公务，加强自我约束。比如：新加坡制定了《公务员守则和纪律条例》、《没收非法利益条例》；英国制定了《荣誉法典》、《文官部行政官员条例》；印度制定了《防止腐败法》、《中央文官行为准则》等；美国正式颁布了国家公职人员财产申报制度和公务人员行为准则等制度，加大了对公务人员权力行为的监督；西方国家和东亚新兴国家在伦理道德方面的各项规定严密、细致、全面，如对于官员及其家庭成员经商、兼职，

---

① 《论语·为政第二》。

② 《管子·心术》。

③ 《汉书·贾谊传》。

④ 《四书集注·论语集注》。

⑤ 《清圣祖仁皇帝圣训》，转引自《中国全史·反贪史·康熙惩贪倡廉》，经济日报出版社1999年，第410页。

⑥ 《申鉴·时事》。

⑦ 《唐律疏议·名例》。

接受金钱、礼品馈赠等，都有详细、明确的禁止、限制的规定。各种法规规定具体、明晰，易于操作、执行，避免有法难依，有章难循。如关于贿赂物，日本规定："凡是能满足人的需要和欲望的一切利益都包括在内。如点心、酬金、借款、偿还债务、提供保证和担保、宴请、嫖妓、艺妓演艺、异性情交、介绍就业、介绍公私有利职务等"。类似情况，法律、法规都决不允许使用"数额不大"之类含混不清的用语。1993 年韩国总统金泳三开展"浚源活动"，规定凡国家公职人员必须按规定公开财产，并实行"金融实名制"，即凡到银行存款，必须写真名，不得用假名。为防止有的人将资产转移到海外，规定向海外汇款每人每年不得超过 1 万美元。法国的《资金透明法》规定，政府官员被任命或上任后 15 天内，应向有关部门提交一份财产状况的清单，每三年对这些政府官员的财产变化情况作一报告，在政府公报上公布。

当前，中国行政伦理建设滞后，在利益面前，一些官员的伦理价值颠倒、道德沦丧。贵州习水嫖宿幼女案、湖北邓玉娇案等案件都折射出基层部分官吏道德沦丧到了令人发指的地步。加强伦理建设，重塑官员公共精神是当务之急。公共精神体现为他们关于政府的目的、公共权力的行使、公共事务的治理、公共生活的价值取向等问题的理性认知，以及建立在这种理性认知基础上的忠诚情感。学者弗雷德里克森认为："公共行政精神意味着对于公共服务的召唤以及有效管理公共组织的一种深厚、持久的承诺。"它包括"个人对政府的目的和前景的看法与信念；关于人类集体事业的性质及如何有效地达成集体行动的目标的看法和信念；关于公共生活中的伦理与道德的看法和信念"[①]。行政伦理的重塑是新时期中国吏治责任实现的有效途径。作为行政伦理制度化的问责制度，由于缺乏对于官员道德日常行为的约束，虽然例举了集中问责情况，但实际上操作性和具体针对性都较为软弱，特别是对于各种比较隐蔽的灰色交易、灰色收入、灰色福利产生不了有效的制约作用，难以抑制基层一些职能部门的官吏行为失控。由此，澄清吏治需要律治与心治相结合，发挥双向强化作用，通过伦理制度化来纠治失德行为，更需要法律制度内化为伦理防线，建立起公共精神以维护公共利益。

---

① 〔美〕乔治·弗雷德里克森：《公共行政的精神》(张成福等译)，中国人民大学出版社 2003 年版，第 2 页。

五、余　　论

中外吏治与治吏之史实，都在昭示当代中国政府干部人事制度建设需要处理好法治与人治的关系、官治与民治的关系、律治与心治的关系，为此，应当把握好几个关键：第一，治国必先治吏，澄清吏治的根本在于制度，让权力得到有效制衡是根本保证。不能将一个国家的兴衰寄希望于一人之德能。依靠少数人的德能治理庞大的官僚队伍，必然导致国家的失控。在以现代化为使命的政府主导变革过程中，需要确保中央的权威，推动依法治吏，实现吏治的制度化、规范化、科学化。第二，治吏就是治权，必须努力实现以权力制约权力与以权利制约权力相结合。第三，强化依法治吏，令行禁止是关键环节。依法治吏首先在于突出法律的至上性，而且，通过权力制约机制设计，务求令行禁止、功效显彰。第四，治吏重在选人、用人，必须完善领导干部制度和公务员制度，这是吏治制度更新的核心所在。第五，治吏先要治心，必须生成道德伦理问责底线。行政伦理不仅作为一种行政权力的自律机制，可以加强对行政权力的制约，而且作为一种观念力量，还可以提高行政权力行使的合法性。

论现代政府的宏观公共行政能力*

——内涵、构成与价值判断标准

一、现代政府宏观公共行政能力问题的缘起

现代政府的宏观公共行政能力(Governmental Macroscopic Public Executive Capacity)是关于现代政府的基本的衍生问题之一。自政府产生以来,与政府的公共职责、公共权力相联系,宏观公共行政能力始终就是判断政府优劣的重要标准之一。但是,人们从来没有像现在这样强烈地意识到政府宏观公共行政能力

* 本文原发表于《北京大学学报》(政治学与行政管理学专刊)1996 年。

的重要性。这是因为，人们从经验分析到理性判断愈来愈认识到：国与国之间最大的政治分野，其实不在于政府的组织形式，而在于政府的有效程度[①]。从一定的意义上说，有效性即能力。政府的宏观公共行政能力事实上是决定一国经济发展、社会稳定的决定性因素之一。因此，积极、合理地确定和扩展政府的公共行政职能，提升政府的宏观公共行政能力，使政府能够不断形成和输出优质的公共产品，对国家的发展与进步来说就有了至关重要的意义。上述认识直接来自对罗斯福"新政"和"东亚经济奇迹"的理性分析：

1929—1933 年席卷资本主义世界的经济大危机，将整个资本主义世界推到了崩溃的边缘。传统的"守夜人"政府面对这场大危机束手无策、一筹莫展，显现出了相当的软弱性。随着以凯恩斯主义经济理论为基础的、以国家干预为核心的罗斯福"新政"的推行，危机得到了有效的控制，并逐步走出了困境。以罗斯福为首的新政派相信，大萧条不仅是经济衰退的结果，而且是政治崩溃的结果。因此，必须大大扩展联邦政府的权力，加强国家的作用。为此，在实行"新政"最初的 100 天里，罗斯福政府在美国的法律中写进了美国历史上最不寻常的一系列改革，其中包括由国家实行前所未有的政府与企业界合作的纲领，第一次规定联邦政府对华尔街的管制，由政府承担巨大的公共工程开支等等，从而开创了国家强力干预社会经济的先例，并因此结束了强烈放任自由的资本主义时代。"罗斯福新政"的成功不仅在于他是一位坚定的政府首脑，而且在于他是一个思想明确、足智多谋的改革者。他通过"炉边谈话"等一系列行之有效的方式使白宫成为国家的中心，即成为国家思想的源泉、国家利益的代表、国家行动的倡议者和执行者，激励一度冷漠和沮丧的美国人重新鼓起了勇气，进而使美国经济重新获得了新的生机，并引起了各资本主义国家的群起仿效。罗斯福本人也因此成为那一个时期美国人的共同的领袖。[②] 可见，政府首脑及其领导下的政府的使命感、责任感、理解力、判断力、意志力、决断力以及谋略等等，都可能成为构成政府宏观公共行政能力的要件。

---

① 〔美〕塞缪尔・P. 亨廷顿：《变革社会中的政治秩序》(王冠华译)，北京三联书店 1989 年版，第 1 页。

② 〔美〕威廉・爱・洛克腾堡：《罗斯福与新政——1932—1940 年》(朱鸿恩等译)，商务印书馆 1993 年版，第 2、7、8 章。

“罗斯福新政”的理念、政策和方法事实上挽救了整个资本主义世界。大危机过后，人们开始讨论这样一个问题，即亚当·斯密关于“看不见的手”[①]的自由市场经济理论是否存在缺陷？如果存在缺陷，又应该如何克服呢？自那以后，尽管西方国家围绕国家干预主义还是自由经营论形成了长时期的争论，先后出现了现代货币学派、理性预期学派、供给学派、公共选择学派等自由经营的理论和实践，亦出现了新福利经济学、新凯恩斯主义等主张国家干预的理论以及克林顿的国家干预的政策实践[②]，但从总体上看，争论的焦点已不在于在理念上政府是否需要干预经济，而在于在实践上政府应当干预什么、什么时候干预、干预到什么程度和通过什么方式干预。人们至少已经认识到，在诸如财产权和资源，垄断、外部效应、共用品、社会性收入分配、调控宏观经济一类问题上，政府的干预是不可缺少的。[③] 正因为如此，“混合经济”理论逐渐成为了西方国家的主流学派。[④] 政府干预经济事实上已经成为了西方国家的一种普遍的既定国策。但是，干预的合理性或实践效用，则取决于政府的以宏观公共政策为核心的宏观公共行政能力。

如果说罗斯福“新政”的实践效用主要表现在对付经济危机的话，那么自20世纪60年代末期以来，“东亚经济奇迹”的出现、形成及其规模化、持续化，则从积极的意义上证明了政府干预以及与之相一致的政府宏观公共行政能力之于社会经济发展的突出作用。东亚“儒文化”圈国家和地区在推动社会经济发展的过程中，普遍实行了政府主导（指导）型的经济发展战略。政府通过制定经济计划和产业政策、实行金融和价格管理、确定外资外贸体系等方法，形成了“官、产、学”高度协同的一体化的经济发展和运行体制，进而促成了社会经济的超常规的高速发展，创造了举世瞩目的“东亚经济奇迹”。例如，日本通过组建通产省等方式对国民经济实行计划管理，通过宣示产业政策实行政府导向，通

---

① 〔英〕亚当·斯密：《国民财富的性质和原因的研究》（下册）（郭大力等译），商务印书馆1994年版，第27页。

② 参见傅殷才、颜鹏飞：《自由经营还是国家干预——西方两大经济思潮概论》，经济科学出版社1995年版，第9、10、11、12章。

③ 朱光华：《政府经济职能和体制改革》，天津人民出版社1995年版，第34—44页。

④ A.H.汉森：《20世纪60年代的经济问题》（张伯健等译），商务印书馆1964年版，第76页。

过推行行政指导等方式实行政府微观干预，并形成了独特的政—企关系[①]。相比之下，韩国政府介入经济较之日本政府程度更深、方式更直接：韩国政府通过六个五年计划和进口替代发展战略、出口导向型经济发展战略、国际化自由化科技化发展战略三次大的战略调整，以及一系列的产业政策和行政规制，推动了韩国经济的迅速发展：1960—1978年韩国经济年均增长率达到了9.9%，其中1973—1977年达到了15%，远远高于同期世界其他国家和地区；1962年韩国人均国民生产总值仅为87美元，1979年增加到1634美元，1991年又增加到6498美元，在不到三十年的时间内韩国迅速成为一个新兴的中等发达的工业化国家。[②] 与此同时，两国基本上保持了社会的稳定。如此惊人的可资比较的总体社会效果，至少可以证明这一时期日、韩两国政府干预的现实合理性和历史进步意义，根据“黑箱”理论，同时可以证明两国政府干预的有效性以及与之相一致的卓越的宏观公共行政能力。

其他儒家文化国家和地区，如新加坡、中国的台湾和香港地区的情况大体类同，其经济增长率在相当一段历史时期都维持在两位数或接近两位数。上述东亚儒家文化国家和地区在其现代化过程中与政府宏观公共政策能力相关的共同性特征在于：

首先，它们都成功地实现了“有组织的市场经济体制”，市场对资源的基础配置作用和政府对市场的积极而有效的干预较为有效地实现了有机结合；

其次，它们都有一个关于现代化的强大而坚定、且得到社会较为普遍认同的政治领导集团，即有一个强大的政府，与此相连系，这些国家和地区都较为成功地实现了新教伦理资本主义精神与传统文化的统一；

再次，政府成功地起用了大批专业性的技术官僚。它们用其专业所长在政府的公共政策过程中和公共行政管理过程中发挥了重要的、积极的、不可替代的作用；

复次，国家政治领导集团不仅较为成功地实现了与专业技术官僚群体的结合，从而制定出了符合国情的、成功的经济发展战略、方针和

---

① 参见〔美〕查默斯· 约翰逊：《通产省与日本奇迹》(戴汉笠等译)，中共中央党校出版社1995年版，第3、5、7章。

② 孙鲁军等：《韩国—政府主导型的市场经济》，武汉出版社1994年版，第1—16页。

规制，而且较为成功地在经济快速发展的基础上实现了社会整合，从而使其政治制度得到了社会较为广泛的认同，并巧妙地将其政治上的统一转化成了强旺的生命力①，从而在经济快速增长的同时基本上保持了社会的稳定。

以上情况经验性地说明，政府宏观公共行政能力是那些直接影响一国发展进步、与一国发展进步有着独特的、直接的、重大的利害关系的基本的变数之一。这一点，若与世界上其他后发展国家和地区，尤其是那些同样实行国家干预的国家和地区相比较，更容易得出结论。联合国最新调查报告显示，格纳·默达尔在20世纪50年代中期指出的富国与贫国之间的经济差距正在拉大的现象到90年代不仅没有消除，反而正在加剧，世界富国与贫国之间的差距已由30年前的13倍扩大到目前的18倍②。正是在这一个时期里，东亚儒家文化国家和地区或早或晚都取得了长足的进步，并因此形成了所谓"东亚经济奇迹"。

基于历史和现实的原因，人们逐步认识到，尽管不同的国家和地区在发展水平、文化传统、基本价值观念等方面存在着明显的差异，相应选择了不同的发展模式或发展道路，政府的地位和作用亦相应存在相当大的不同，但在当今世界经济一体化程度日益加深、科学技术迅猛发展、国际竞争日趋激烈的时代，政府的宏观公共行政能力正在变得愈来愈重要。例如，无论是"盎格鲁撒克逊模式"或"莱茵模式"或"东亚模式"或其他发展模式的国家，都会要求政府在创造良好的投资条件方面发挥主要的作用，都会要求政府在加强和扩大国际贸易方面发挥重要的作用，都会要求政府在形成和提高本民族自主开发能力方面发挥扶持作用等等，但本国政府是否能够及时、有力、有效、合理地发挥这些作用，从实践的结果来看毫无疑问是"因国而异"的。正因为如此，有关政府权力和责任的重新定位、调整，以及连带的政府公共行政能力的提升和强化，就合乎逻辑地成为现代社会普遍关注的焦点问题之一，亦成为当代公共行政学等学科关注的焦点问题之一。限于篇幅，本文主要讨论现代政府宏观公共行政能力的内涵、构成与基本的价值判断标准

① 〔美〕小R.霍夫亨兹，K.E.柯德尔：《东亚之锋》(黎明译)，江苏人民出版社1995年版，第1—3页。

② 杨广志：《联合国调查报告显示全球贫富差距进一步扩大》，载《经济日报》1996年5月9日。

问题。

二、现代政府宏观公共行政能力的内涵

现代国家政府的宏观公共行政能力问题是与现代国家政府的权能扩展紧密联系在一的。政府权能的扩展是一种世界现象，也是一种历史的必然。它一方面反映了当今世界对发展问题的重视和关切，另一方面反映了对国家职能和传统法制原理的再认识，同时反映了当今世界的时代特征。从发展趋势上说，当代社会有三个较为突出的特征：(1) 发展变化的节奏明显加快、发展变化的内容趋向多元化、丰富化、复杂化；(2) 诸种“新”的事物层出不穷，譬如新思想、新观念、新学科、新技术、新行业、新文化、新财富、新需求等等并带来了一系列的新问题；(3) 竞争日趋激烈、关系趋向错综复杂。在这样一种历史条件下，“法律有限、人事无穷”的现象明显增多并造成和激化了传统国家组织体制、领导制度、管理方式与现实需要之间的矛盾。这就需要一种能够对现实变化及时作出反应并有效解决问题、对未来需要作出前瞻性判断并提前进行战略性规划的力量。在传统的国家公共权力主体的体系中，这种力量就是政府(行政)。这是因为，在传统的国家公共权力主体的体系中，唯有政府决策权力集中，并集合了管理现代社会所必需的各类专业人才。从这个意义上说，政府被推向国家公共权力的主导地位是合乎逻辑的。以“三权分立”与制衡体制较为分明的美国为例：美国最近通过的《单项法案条款否决权利法案》规定[①]，总统有权对国会通过的预算案等法案中的某项条款进行否决，实际上将美国分配预算开支的一部分权利历史性地转移到了总统手里，实现了一百二十年来美国历届总统的夙愿，从而再次提升了美国总统的地位，扩大了其行政权力，并因此为进一步锻造和展示政府的公共行政能力提供了更大的空间。

从经验分析和现象观察上不难理解，不同的政府在宏观公共行政能力方面存在着很大的差异，然而政府宏观公共行政能力却是一种“黑箱”系统，人们事实上无法直观其内里的要素、结构和运行机制，而只能通过其外在的行为表现及其社会效果，来判定其优劣、强弱、大小、高

---

① 李正信：《美国总统有了新特权》，载《中国青年报》1996 年 4 月 11 日。

低。在这里，政府宏观公共行政能力的外在行为表现及其社会后果的价值判断，是与政府的公共行政职能和公共行政权力的设定紧密联系在一起的，而现代各国政府的公共行政职能和公共行政权力的设定由于各国在宪法原则、历史传统、发展水平、法外制度等方面存在着较大的差异亦相应存在着明显的不同。因此，要在不同的国家之间进行关于政府公共行政能力的矢量性对比存在着相当多的困难。譬如，如果一个政府被赋予了制定和监督执行经济发展计划的职能和权力，而另一个政府没有，那么，这两个政府在这方面是无法进行有关行政能力的矢量性比较的。但是，这并不妨碍从普遍适用性上界定现代国家政府的宏观公共行政能力。从一般的意义上说，现代政府的宏观公共行政能力主要是指现代国家的政府在既定的宪政体制内，通过正确地制定和有效地执行公共政策，进而引导和推动本国社会快速、均衡、健康、持续发展的能力，以及有效地对全社会实施公共行政管理的能力。具体说来，其内涵可以从以下三个方面加以理解：

其一，现代国家政府的宏观公共行政能力与政府职能相关。在政府基本职能（此处所说政府基本职能主要是指由国家宪政制度所确定的政府职能）确定的条件下可以认为，政府的宏观公共行政能力实际上是政府履行政府职能的能力。“政府职能”是一个“职”与“能”互为表里、相互依存的问题。其中“职”是政府职守，主要指国家最终权力主体即全体国民通过法律及约定俗成的形式赋予政府的关于实施国家公共行政管理的任务；“能”就是政府公共行政能力，主要指政府为完成上述任务所应当建立的正确的行政观念，以及在行政观念指导之下运用公共行政权力、完善政府管理功能、解决公共行政问题、有效实现“两个提升”以及有效解决其他社会问题的能力。就“职”与“能”的相互关系而言，如果说“职”是标的物和被赋予，要考虑的是政府应该做什么、不应该做什么的问题，那么“能”就是过程物和自建立，要解决的是政府如何去做、什么时候做、通过什么方式做的问题。通过观察人们不难发现，职守确定而行政无能在当今世界并不鲜见。显然，就政府有效地履行其职能而言，“职”与“能”是互为条件、缺一不可的。在政府职能相对扩展的现代社会的历史条件下，政府的宏观公共行政能力及其提升，对于提高政府的公共行政管理水平以实现积极高效的行政，对于强化政府的自我约束或自律以取得国民的信任，对于实现政府的“促动”职能进而推动社会的发展，都具有突出的现实意义。

其二,现代国家政府的宏观公共行政能力与公共行政权力相关。在这里,公共行政权力主要是指为使政府完成其职守而由国家宪政制度规定的诸项由政府行使的国家公共权力,其中包括政府的行政裁量权。与政府职能相联系,公共行政权力要考虑的主要是政府能够做什么、不能够做什么的问题。由于政府职能是典型的公共职能之一,而充分履行公共职能总是需要相当的建立在社会契约、历史传统和现实力量对比基础之上的具有广泛社会约束力的公共权力,因此,政府的公共行政权力是构成公共行政能力的必要条件之一。一般而论,在法律上和实际运作上都获取了强大公共行政权力的政府通常公共行政作为的空间比较广大,相应的,公共行政的能力亦比较强。但这种能力作用的性质、领域、方式以及社会效果,则因国家和发展阶段的不同而可能全然不同。

其三,现代国家政府的宏观公共行政能力与公共选择相关。现代政府的宏观公共行政能力可以理解为政府正确地制定公共政策和有效地执行公共政策的能力,或者说就是政府正确地选择作为或不作为的能力[①]。在这里,作为或不作为都是与政府的公共选择联系在一起的,而公共选择本身就包含着政府的判断力、筹谋力、控制力、应变力等诸多的能力及其综合力。因此,作为是作为,不作为亦是作为,选择作为或不作为都直接反映政府的公共行政能力。政府宏观公共政策的质量是政府宏观公共行政能力的核心问题。从宏观目的上说,现代国家政府公共政策的首要目的是为了尽可能地实现"两个提升",即提升综合国力和提升国民生活质量。与此相一致,政府基本的宏观公共行政能力就是如何较快地、有效地实现"两个提升"的能力。在此基础上,又会产生维护社会公理和正义、推动社会均衡发展等一系列重大的宏观公共政策问题。这就要求现代国家政府具有全面的、综合性的宏观公共行政能力。

三、现代政府宏观公共行政能力的构成

现代政府的宏观公共行政能力的构成在理论上与现代政府面临的

① T. R. Dye, *Understanding Public Policy*, Englewood Cliffs, N. J.: Prentice-Hall, Inc, 1975, p. 1.

宏观公共政策问题相一致，主要集中在以下几个领域：(1) 生存和发展问题以及持续发展的能力问题，包括国民生产总值、国民经济年均增长速度、国民经济构成、经济增长方式、进出口总量及其构成、科学技术政策和自主开发能力等等；(2) 国民生活质量和均衡发展的问题，包括人均国民收入、住房制度、教育普及、公共交通、生态环境、医疗保健、社会保险、社会安全等等问题；(3) 社会公平和公正的问题，包括社会稳定、社会贫富差距、宗教、民族、种族、政党制度、选举制度、立法制度、行政制度、司法制度等等问题；(4) 国际政治和国际关系问题，包括国际政治的原则、国家关系的准则、外交战略和政策、军备政策、地区政策等等问题。

每一个现代国家的政府都必须处理上述四个方面的问题。从社会效果上看，不同国家的政府的处理能力在客观上存在着巨大的差别。虽然国与国、地区与地区之间存在着许多无法进行矢量性比较的因素，但凡现代国家的基本功能和社会对政府宏观公共行政能力的要求在基本范畴上是一致的。从现象上概括，本世纪以来，无论是古罗马、古希腊文化源流的西方国家，还是儒家文化源流的东方国家，其出色的、强有力的政府至少在下述诸方面表现出了令人印象深刻的公共行政能力。从经验分析上可以认为，这些能力构成了现代国家政府宏观公共行政能力的基本的价值判断标准：

1．推动本国社会经济发展的能力

第二次世界大战以来，特别是“冷战”结束以来，发展成为了世界上多数国家的主旋律，只是由于历史的原因，不同的国家在发展阶段和发展内涵上存在着差异。在这里，“发展”的基本涵义首先是指社会经济的发展，其次是指以经济的发展为基础的社会的均衡发展。任何国家的任何政府，如果不能在促进本国社会经济方面发挥积极的、直接的、有效的作用，进而通过合理的社会政策促进社会的均衡发展，就不能称之为有能力的政府，亦不能称之为负责任的政府。在这方面，经常使用的对比性的衡量指标既有经济性的，例如国民生产总值及其年平均增长率，也有科技性的，例如产业构成、尖端技术自主开发能力，还有综合性的，例如国民生活质量、社会发展综合指标等等。

诚然，由于社会制度的不同、历史文化的差异以及社会发展阶段的距离等原因，各国政府在推动本国经济、社会发展方面所承担的责任和适用的方式是存在明显差别的。一般而论，西方“盎格鲁撒克逊市场经济模式”的国家比较多地采用诸如政府投资、银行利率、税种税率等方式实施产业导向和规制，其基本的价值取向经常表现为告诉实业界“不应当做什么”；东方“东亚市场经济模式”的国家则比较多地通过诸如经济计划、产业政策、行政指导等方式实施产业导向和规制，其基本的价值取向经常表现为告诉实业界“应当做什么”。但不论是西方国家还是东方国家，判断政府经济能力优劣的主要标准都是社会经济的增长速率、增长规模和增长内涵。能够通过公共政策的有效运用以实现社会经济不断、合理增长的政府就是有效的政府；能够推动社会经济快速、超常发展的政府就是卓有成效的政府，反之亦然。

2. 维持税收和保持公共财政收支平衡的能力

与推动社会经济发展的能力相联系，税收和公共财政能力构成了当代政府的另一方面的重要能力。这是因为，税收和公共财政是一个既涉及经济的稳定与发展，又关系社会的公平与和谐的基本公共政策问题。对于现代国家政府来说，处理这一问题的首要任务在于避免和反对税收的流失。税收犹如国家的经济大动脉，税收流失如同动脉出血，在法律上或理论上为任何国家所不容。问题在于，一个政府有没有能力防止税收的流失。其中所得税和关税（包括反走私）最容易流失，因而更多地为强有力的政府所关注。

一般说来，现代国家政府在税收和公共财政方面面临的主要问题是：(1) 什么样的公共财政收入和支出的结构比较有利于经济的稳定和发展、比较有利于资源的有效配置和收入的合理分配？(2) 税收在公共财政收入中占多大的比重被认为是合理的？税收总量中应包括哪些税种？什么样的税收结构比较有利于资源的有效配置和收入的合理分配？(3) 如果现有的公共财政和税收结构不能满足资源的有效配置和收入的合理分配，如何进行调整以使其趋向合理？[①] 能够有效合理地解决上述问题的政府就是有能力的政府，正确认识和有效解决这些问题的过程，就是政府形成和提升公共行政能力的过程。

3. 维护社会秩序的能力

国泰民安历来是各国、各民族所憧憬的社会美景。为了实现和维护这种境况，最早的人类意识到并承认和创立了社会公共权威，建立了

① 厉以宁：《〈财政原理与比较财政制度〉序言》，载平新乔：《财政原理与比较财政制度》，上海三联书店、上海人民出版社 1995 年版，第 8—9 页。

国家，试图借助国家公共权威的力量来建立和维系一定的社会秩序，避免社会动荡，使人们生活在相对安定的社会环境之中。为此，人们通过契约的方式放弃了自身一部分自由的权力。人们甚至认为："人当然可以有秩序而无自由，但不能有自由而无秩序。"[①]与国家的理念相一致，千百年来"秩序原理"已经成为人类社会恒定的基本理念之一，政府则成了社会秩序恒定的"卫道士"之一。

维护社会秩序的能力就是维护典则或法律的能力，就是维护社会正义和公理的能力。但是，一如前文所述，并不是所有国家的所有政府都有足够的能力来履行自己的职能。无论反观人类社会的历史或环视当今的世界，人们都能观察到许多在维护社会秩序方面"无能"的政府。人们同样能够观察到，失序的社会是动荡的社会，动荡的社会是与经济增长和现代化无缘的社会，与经济增长和现代化无缘社会中的人们是不幸的人们。因此，维护社会秩序的能力是国民对现代政府的基本要求之一。需要特别指出的是，在现代民主社会里，政府维护社会秩序是以合法、合理和得到社会承认为前提的。政府维护社会秩序的能力有时迫不得已可能需要通过国家暴力的形式体现出来，但在绝大多数情况下，政府维护社会秩序的能力不是依靠暴力、而是依靠社会整合实现的。

4. 达成社会谅解和实现社会整合的能力

政府从历史成因和性质上说是"他建立"而不是"自建立"。在现代民主宪政的国家里，政府的社会整合能力之所以重要，是因为与公众的自我意识和民主观念的强化相联系，现代社会是价值观念多元化的社会，是群体组合或利益集团高度分化和社会化的社会。因此，如何尽可能多地寻获社会的支持，在建立"求大同、存小异"的社会共识的基础上有效地实现全社会的和谐，避免社会的冲突甚至分裂，图谋共同的事业，就成为检验政府优劣的主要标准之一。从政治学和社会学的意义上说，现代国家政府的社会整合能力主要表现在两个相互联系的方面，即社会基本价值观念的整合与社会公众利益的整合，而这两种整合最终都会集中于现行政治制度的整合。按照戴维·伊斯顿的理论，政治制度可以理解为一个政治系统，当局（权威角色的承担者）、典则（价值、

---

① 〔美〕塞缪尔·P.亨廷顿：《变革社会中的政治秩序》（王冠华等译），北京三联书店1989年版，第7页。

规范和权威结构等系统成员支持的对象)、政治共同体(政治劳动分工联合在一起的人群团体)是构成一个政治系统的三个基本的方面。系统成员是由他们都参加公共结构和一系列的过程联结到一起的,并且,他们具有起码的解决共同政治问题的意愿和能力,愿意(继续)依附于这样一个系统。这是人们服从价值权威分配的核心问题。[①] 政府作为"当局"的主导主体,其社会整合的基本能力表现为通过运用和强化"典则规范"制定和维护全社会的博弈规则(Game Regulation)的能力。在这方面,政府的最大困难在于:第一,现代社会是快速变化和多元化的社会,"典则规范"因此不仅会改变,而且在许多情况下可能会变得模糊不清或游移不定。这就需要政府在动态的过程中不断判断、确立和推行事关维系现存政治制度的"典则规范"。第二,系统成员对于政府或"典则规范"的支持,与对现有权威角色承担者的支持经常是不同的。这就需要政府通过自身的卓越表现,使两种支持合二而一,统一起来。

5. 实现和维护社会公正的能力

政府社会整合的能力是与政府实现和维护相对社会公平的能力密切联系在一起的。当代社会的社会公平问题经常表现在这样两个问题上:(1) 社会财富的分配问题。尤其在经济快速增长的社会里,如何相对合理地分配迅速增加的社会财富,常常是政府面临的重大现实问题。其中不仅涉及税收和公共财政支出的问题,而且涉及医疗保险制度、救济制度、就业制度、财产制度、养老制度等一系列重要的社会问题。在利益趋向多元化、集团化、区域化的现代社会里,这些问题常常直接构成了对政府社会整合能力的挑战和考验。(2) 腐败问题,主要表现为政府公共权力的"寻租现象"或政府官员的腐败,涉及的大多数是公共权力与经济财富之间的交换。反腐败是当代每一个国家的政府都不得不面对的问题。美国、英国、法国、德国、意大利、日本等西方发达国家都不得不为其政要人物的腐败付出政治代价。[②] 但对于现代化进程中的国家来说,问题可能更严重。这是因为,"现代化通过它在政

① 〔美〕戴维·伊斯顿:《政治生活的系统分析》(王浦劬等译),华夏出版社 1989 年版,第 11 章。

② 参见宋振国、卫灵:《权与法的较量——各国反腐败要案纪实》,世界知识出版社 1996 年版,第 1—342 页。

治体制输出方面所造成的变革来加剧腐化”[①]，从而形成了一种悖论，即由于与现代化相关联的政府权威的扩大和受制于政府的活动的增加，严厉的反腐败举措反而可能增加腐败的机会。这就要求政府自觉地建立起自我约束的机制。各国的实践一再表明，自我约束对于政府来说常常是困难的。由于政府缺乏自我约束的能力而导致政府下台甚至引发社会动荡的事例不胜枚举。正因为如此，自我约束的能力才会成为评判政府公共行政能力的一项重要的价值标准。

6. *有效的反应和应变的能力*

以“实验室出生产力”为特征的现代科学技术的迅速发展从根本上支持和推动着社会的发展进步，与此相联系，“信息”的社会性流动和扩散、变化节奏的明显加快构成了现代社会的突出特征，并衍生出了大量的现实和潜在的突发性的、爆发性的、大型的、复杂的公共政策问题和公共行政管理问题。这就要求作为国家公共权力主体的政府能够驾驭形势，大大提高输入信息的广泛性、判断信息的准确性、处理信息的有效性、输出信息的可靠性，对变化及其衍生的各类问题作出及时的、准确的、合理的、有效的反应，最优化地解决各类实际问题。作为一个完整的逻辑过程，现代政府的反应和应变能力至少包括这样一些方面：

第一，社会感应能力。社会感应能力是反应和应变能力的逻辑起点，主要是指政府对国民的要求和态度倾向、社会现实和潜在问题及其发展趋势、科学发现和发明以及新的生产技术等等现象的感受和反应能力。在这方面，敏感的政府是有能力的政府，反应快的政府是负责任的政府。

第二，分析判断能力。在充分感应社会变化的前提下，将散乱的信息和直观的感受转化为理性的、系统的、深入的分析判断，是现代政府应具备的又一种能力。信息是大量的、丰富的，经常是无序的、散乱的，有时可能是虚假的；感受是意识流的、朦胧的、多变的，有时可能是不真实的。这就需要运用一定的理念、理论和方法，经过“去伪存真、去粗取精”的过程得出符合实际的结论。

第三，迅速作出最优化对策的能力。在对历史成因、现实条件、制约因素等作出合理解析的基础上，如何在符合时效原则的前提下作出最优化的对策是对政府能力的又一重考验。在这里，对策是否最优在

① 塞缪尔·P.亨廷顿：《变革社会中的政治秩序》（王冠华等译），北京三联书店1989年版，第54—65页。

现实生活中实际上是按照“满意标准”来衡量的。对政府公共政策而言，价值评估满意与否取决于政府的自我评价，更取决于公众对政府政策的评价。政府执行既定政策的意志力或决心常常是影响既定政策成败的重要的因素，在某些条件下甚至可能是决定性的因素，因此亦是一种重要的公共行政能力。

第四，预测政策结果的能力。政策的实施结果常常是非预期性的、出乎意料的。但对强有力的政府来说，预期的、意料之中的政策结果的比率较之低能政府会高得多。在实践中，政策预测能力与政策修正能力同等重要，是紧密联系在一起的。

7. 适应环境创新发展的能力

“创新发展是一个政府乃至一个国家、一个民族的生命力和适应环境能力的主要标志之一。”①“创新”与“发展”是两个相互联系的范畴。就其经常性的关系而言，可以认为前者是“因”，是逻辑的起点，后者是“果”，是逻辑的落点。换句话说，只有推陈出新，才能日新月异。如前所述，发展变化的节奏明显加快是后工业化社会以致信息社会的突出特征。优胜劣汰的自然法则也已随着市场经济的全球化而日趋激烈。在这种历史条件下，一个国家要想尽可能多地占有资源，获得相对的竞争优势，就必须具有强烈的忧患意识，通过公共政策的有效运用，全面地引导和推动全体国民的创新意识。本世纪以来，美国的“新政”，日本的“有组织的市场经济”，中国的“一个中心、两个基本点”等，都是极富创意的宏观政策思想，也都为本国的稳定与发展创造了历史契机。正因为如此，成功的政府无不将创新发展奉为政府的基本的行政精神，强调创新发展之于国家的重大意义，甚至将创新性恒然视为政府及其官员公共行政能力的基本标准。

8. 自我更新的能力

现代政府的上述能力无疑是现代政府的基本能力。但这些能力都只在一种条件下才可能形成和得到提升，即政府自身具有自我更新的能力。一般而论，现代政府的自我更新能力是通过行政发展—发展行政的螺旋式前进的方式得到提高的。

所谓行政发展主要是指这样一种以自身为诉求对象的行政现象，即政府随着社会大环境的变化而调改和完善行政体制、领导制度、行政

---

① 张国庆：《行政管理学概论》，北京大学出版社 1990 年版，第 17 页。

行为方式、行政管理技术等等，以适应社会发展变化的需要。改革是行政发展的基调，其直接目的是通过推动行政系统自身的革新以提高政府的公共行政能力。一般说来，政府公共行政管理的现状与社会发展需求之间的矛盾或冲突，是引发行政改革的直接动因。[①] 所谓发展行政则主要是指一种以社会为诉求对象的行政现象，即政府在良好行政发展的基础上审时度势、主动进取，打破“汉承秦制、萧规曹随”的旧习，通过向社会和公众提供优质的公共产品即公共政策及其执行，来引导、推动、促进社会的快速、均衡、稳定、持续的发展进步。“促动”是行政发展的基调。[②] 无论是行政发展还是发展行政，其对提高政府自我更新能力的意义都是以政府自觉输入时代信息、有意识地转变行政观念为前提的。从根本上说，只有顺应历史潮流、反应公众意愿并为社会提供优质服务的政府才是真正有能力的政府。

① 书云等：《行政管理与改革》，中国城市经济社会出版社 1990 年版，第 2—6 页。

② 张国庆：《当代中国行政管理体制改革论》，吉林大学出版社 1994 年版，第 19—21 页。

论依法行政*

——兼论市场经济条件下的政府职能

本文试图通过对西方发达国家“依法行政”理论与实践的阐述和分析，以期对我国社会主义市场经济条件下政府职能的转变、政府公共行政权力的框定、政府行政行为的规范化等有所借鉴，进而有助于我国社会主义市场经济体制的形成和发展。

一、依法行政的历史缘由和发展

依法行政作为一种重要的政治思想和法律

* 本文原发表于《北京大学学报》(政治学与行政管理学专刊)1995 年。

原则，提出于新兴的资产阶级反对封建君主专制的斗争之初，形成了资产阶级全面控制国家权力之后，发展于资本主义由自由资本主义过渡到垄断资本主义之时并延续至今，前后历经300余年。与上述历史进程相一致，依法行政的内涵和外延也经历了一个发展变化的过程。

依法行政的一般性解释是：在三权分立的国家政治体制格局中，公共行政权力主体即狭义的政府，应当依法设定和实施行政行为：至于对法的解释则在不同的时期、不同的国家有不同的理论和实践。但法的规范性或约束性作用始终是依法行政的核心概念。换言之，“为政遵循法律，不以私意兴作”一直是依法行政的精髓所在。依法行政与其他资本主义的原则一样，从根本上都是源自资本主义经济的兴起和发展，是以资本主义的生产力和交往的发展程序为转移的经济生活状况在政治和法律上的表现。[①] 随着资本主义经济的发展变化，依法行政也出现了不同的理解和诠释。从大的历史时期划分，依法行政大致上经历了三个阶段：

（一）依法行政源起于新兴的资产阶级反对封建君主专制的需要

其直接的思想理念源自英国。因为资本主义“最初的过程总是发生在英国；英国是资产阶级世界的缔造结果”[②]。1688年“光荣革命”之后，资产阶级于1689年通过议会颁布了在人类法制史上具有重要意义的《权利法案》，1701年又制定了《王位继承法》，规定国王不经议会同意不得征税，国王没有搁置、暂停、否定法律的权力，国王不能随意更换陪审法官，国王不得拥有常备军。由此，开创了“国王临朝而不理政”的虚君制度，从而极大地限制了王权，开始了人类历史上依法行政的实践。1688年革命刚过，英国资产阶级的杰出代表者洛克，就以《政府论》为标志对革命作了符合资产阶级需要的总结，并设计了更加理想的资产阶级政治制度，即三权分立和制衡的政治制度。但洛克认为，立法、行政、联盟三种权力并不是平等并列的，立法权是国家的最高权力，行政权和联盟权同属立法权，处于隶属和辅助的地位，因为立法权经过公众的选举、受公众的委托，因而应享有至高无上的地位。即使如此，立法权未经本人的同意，也不能取去任何人的财产的任何部分。[③] 洛

① 《马克思恩格斯全集》(第3卷)，人民出版社1987年版，第412页。

② 《马克思恩格斯选集》(第1卷)，人民出版社1987年，第487页。

③ 〔英〕洛克：《政府论》(下)(叶启芳等译)，商务印书馆1981年版，第86页。

克的上述政治思想，一方面反映了刚刚取得国家主导权的资产阶级对封建警察国家专制政治的憎恨和反对，另一方面也反映了其对类似于克伦威尔军事专制的个人独裁的戒心和忧虑，从根本上则反映了资产阶级对私有财产受到国家保护的本质意愿。

与上述历史条件和理论观点相一致，这一时期依法行政的释义也严格为：一切政府公共行政行为，都必须依照法律的规定。其基本的思想，是要对以国王为主导的政府及其行为实施严格的限制，以防止专制重来、自由受限、财产受损。从整体上说，这一时期的依法行政其内涵是狭小的，其外延则是最宽泛的。

（二）依法行政形成于资产阶级完全控制国家权力，并形成资本主义国家体系之后

进入18世纪以后，随着法国大革命的胜利和美利坚合众国的独立，以及诸如德意志、荷兰、意大利等民族国家先后完成资产阶级革命，从而形成了相对稳固的世界范围的资本主义国家体系。至此，反封建虽然仍是资产阶级的重要任务，但主要任务已转变为如何通过国家政治制度的最佳构造，来实现资产阶级的两个方面并存的目标：第一，在整体上保障资产阶级的经济和政治利益，为此，国家政权机关必须法统原则明确、统一，实践坚强有力、极具效率，同时具有公正的社会形象；第二，在局部上保护各财产私有者的特殊的经济和政治利益，为此，必须分权并实行权力间的平衡，且冠之以全民的名义。显然，二者皆为资产阶级所必需。在相互关系上，共同利益与特殊利益是互为条件的，皆由私有财产的本质属性所决定。这样，维持三权分立的政治权力格局以保护不同的特殊利益，同时在三权格局中重心转移，变议会至上为适当突出行政权力就成为合理的选择。与上述主要任务的转变相一致，依法行政的概念也开始变化，其释义开始宽泛化：依法行政的严格意义在于，凡行政机关限制人民的权利或使人民承担义务时，必须有法律的依据，此外可由行政机关自由决定，即关于人民的权利和义务“法律保留”。

应当说美国的政治体制是上述变化的最典型的反映。1789年制定的联邦宪法规定：立法、司法、行政三权完全分立，总统不能解散议会，也不能免除联邦法官，但总统的命令具有与法律同等的效力，总统对国会法案拥有否决权，也享有司法赦免权，总统还是三军最高统帅，另可提名联邦法官。这种既强调三权分立和制衡，又突出行政权的思想和作法，是同时满足资产阶级维护共同利益、尊重特殊利益双重需要的最佳现实选择。

（三）依法行政发展于自由资本主义向垄断资本主义过渡之时并延续至今

19 世纪末 20 世纪初，资本主义国家逐步开始了向垄断阶段的过渡。与这一进程相一致，资产阶级在国家上层建筑方面也普遍开始突出政府地位、强化政府行政权能。这样做的历史原因在于：一方面垄断资产阶级在扩大其经济利益的同时，相应也有了较之以往更为强烈的主导政治权力的欲望，而政府正是满足这种欲望和需求的最有利的形式；另一方面，由于以“实验室出生产力”为特征的现代科学技术的迅速更新带动了社会生产力的大幅度提高，也由于社会生活的丰富化、社会价值标准的多元化等一系列的复杂原因，“法律有限、人事无穷”、法律严重滞后社会生活现实的矛盾日渐严重。这就要求调整国家权力的运行规则，改善国家权力的功能，以提高公共政策的质量。对此，唯有决策点集中，极具灵活性的政府才有可能对变化作出及时有效的反应。[①] 综合以上两个方面的原因，在既定的国家权力格局，将权力重心进一步向行政权倾斜是合乎道理的。早在 19 世纪中期，马克思就已从社会的躁动中敏锐地觉察到行政超长的迹象，指出资产阶级“先使议会权力臻于完备，为的是能够推翻这个权力。现在，当它已达成这一步时，它就会使行政权力臻于完备”[②]。列宁则在 1917 年根据已经发生的情况指出：行政权力及其官僚和军事机构日益完备和巩固，“这是一般资本主义国家现代整个进化进程中的共同特征”[③]。

以 1911 年英国《议会法》为标志，资本主义国家权力重心转移得到法律确认。该法规定：内阁财政法案不需要经过上院批准，而下院议员的任期由七年改为五年，下院也改为五年改选一次；英王根据内阁的请求，可用命令的方式宣布解散下院。由于英王是虚君，临朝而不理政，这就使内阁在实际上拥有了随时解散议会、举行大选的权力。这不能不说是行政权力的一次极大的扩展。随后，美国“罗斯福新政”和法

---

① 张国庆：《行政管理学概论》，北京大学出版社 1990 年版，第 12—13 页。

② 《马克思恩格斯全集》（第 38 卷），人民出版社，第 558 页。

③ 《列宁选集》（第 3 卷），人民出版社，第 197 页。

国“戴高乐宪法”进一步将行政权力的扩展推向了高潮。罗斯福在实施“新政”的八年之内“几乎彻底改变了美国政治的议事日程”①。他通过诸如《紧急银行法令》、《国家产业复兴法》等法案大大扩充和加强了总统的立法职能，通过设立田纳西河流域管理局和总统行政办公厅等机构大大扩展了联邦政府管理经济的权力和能力，以至于“在罗斯福时代，白宫成了整个政府的中心：思想的源泉、行动的倡议者、国家利益的代表”②，政府因此成了保护者的化身，而议会已经习惯于听从总统的指导，期待着行政部门提出“方案”进行审议。③ 应当说，罗斯福以凯恩斯经济理论为基础的国家资本主义的种种新政举措，通过国家的强制作用结束了强烈放任自由的资本主义时代，从而将美国、也将整个资本主义世界从经济衰败和政治崩溃之中解救了出来。这在社会上迎合了大多数选民的要求，在阶级利益上则符合垄断资本的利益。罗斯福也因此打破了华盛顿、杰弗逊开创的传统，连续四次获得总统提名，直至病逝，实际在位达十三年之久。总统权力如此扩张，正是“美国行政机关在国家权力系统中的优势地位的缩影”④。在法国，随着 1958 年第五共和国宪法即戴高乐宪法的通过，世界上最强大的立法机关——法国国民议会受到了极大的削弱，相反。总统则获取了在紧急状态下解散议会的权力，以及越过议会直接提交国民公决的权力，从而占据了国家权力的中心地位。以“罗斯福新政”和“戴高乐宪法”为代表的行政权能扩展的国家现象，被称之为“行政国家”。

第二次世界大战以后，随着资本主义国家的政府愈来愈多地干预经济和社会生活，人们已经不满足于行政权能的扩展，而开始对传统的三权分立学说提出质疑。有的学者直截了当地提出，为了有效地管理经济，政府必须拥有立法职能和司法职能⑤，而事实上，行政立法在数量上已经远远超出了议会立法。⑥ 正是在这样的历史环境中，依法行政的释义出现了前所未有的宽泛化：只要不违反法律的原则甚至精

① 〔美〕威廉·爱·洛克腾堡：《罗斯福与新政》（朱鸿恩等译），商务印书馆 1993 年版，第 371 页。

② 同上书，第 372 页。

③ 同上。

④ 朱光磊：《以权力制约权力》，四川人民出版社 1987 年版，第 208 页。

⑤ 〔美〕伯纳德·施瓦茨：《行政法》（徐炳译），群众出版社 1986 年版，第 6 页。

⑥ 同上书，第 138 页。

神，行政机关就可以自由裁量，而不是行政机关的一举一动都需要明确的法律依据。由此形成了内涵最为广大、外延最为狭小的依法行政的新概念。依此概念，依法行政实际上只具有了“消极的界限”。

纵观资产阶级革命以来资本主义国家依法行政的理论和实践的历史变迁，我们可以看出以下几个方面的特点：

第一，各主要资本主义国家大体上都经历了一个由重视立法、强调立法高于一切，向重视行政、突出行政职能地位转变的历史过程。这一过程的形成，一方面反映了执导国家政权的资产阶级经济利益需求和政治任务的转移，另一方面也反映了社会生活在节奏、广度和内容上的巨大的变化以及公众价值标准的改变。因此说这一过程是一种历史的必然。可以预计，在今后相当长一段历史时期内，行政权即狭义政府将沿用对依法行政的最宽泛的释义，继续发挥甚至进一步扩展最活跃、最强有力、最经常、最广泛国家权力机关的作用。在快速发展变化且极具不稳定性的未来社会条件下，与议会和法院相比较，政府公共行政管理，将继续是最有效的、最及时的国家管理形式。

第二，资本主义国家依法行政释义的宽泛化，是在300余年法制(治)基础之上出现的一种国家现象。在这个过程中，行政权力虽然扩展很大，但国家基本的宪政原则，比如，“私有财产神圣不可侵犯”并没有受到任何损害，其基本的政治制度也没有任何改变，相反，由于适应了社会历史条件的变化而得到了加强。这就是说，行政权是在受到诸种法和法的传统的限制，并在社会公众其中包括政府官员对法的普遍认同和尊重的基础上扩展的。因此，行政权力扩展的适用范围多以特定或具体事项的变化为对象，通常不涉及立国根本。换言之，“如果说依法行政概念的核心在于‘法’，以及现代行政和历史上的行政的前提或标志在‘法’的话，那么，依法行政概念的发展变化，可以说，主要是法的范围、内容和表现形式不断扩充的结果”[1]，而不是应不应该依法行政的改变。

第三，行政权力的扩展受到了三权分立国家权力体系中其他国家权力主体的制衡，使行政权力不可能恣意妄为。这种制衡一方面表现为立法机关通过法律的间接制衡，例如：1946年美国国会制定的《行政诉讼法》、《联邦程序法》，1947年英国国会通过的《国家责任法》、《侵

① 刘瀚等：《依法行政论》，社会科学文献出版社1993年版，第35页。

权法》，另一方面表现为立法、司法机关对行政机关的违法审查，例如，“水门事件”引发的国会调查，导致尼克松丢脸挂冠而去；“洛克希德飞机公司行贿案”引发的司法审查，迫使田中角荣下野；即使是辉煌的罗斯福“新政”的不少举措，也曾被美国最高法院宣判违宪。可见，在三百余年的历史进程中。行政权虽然得到了较大的发展，但以三权分立为基本形态的国家权力结构并没有改变，在可以预见到的未来也不会改变。另外，在许多情况下，行政权的作为还受到公众的直接制约，例如，丹麦全民公决对马斯特里赫特条约的有条件的否定。[①] 对行政权力的另一种经常性的制约，表现为新闻舆论对政府及其官员不法行为的揭露和抨击。上述案件的调查，就多是以新闻揭露为前导的。不难理解，在这样的环境中，政府自由作为事实上是不可能的。依法行政正因此而获得了较为坚实可靠的保障，历经三百余年而不衰没。

二、依法行政的理论基础

依法行政是一种政治思想、政治理念，也是一种法律观点、法律制度，还是一种政治道德和社会价值标准。它是资产阶级法治主义的一个重要组成部分。其理论基础构成主要有三：第一，资产阶级在反封建斗争中提出的自然法理论和契约论等构成其原理性的思想源流；第二，资产阶级的权力分立和制衡学说及其实践构成其直接的法政基础；第三，资产阶级的经济原理和市场经济实践构成其广泛的社会基础。从根本上说，依法行政的理论和实践是由资本主义生产力及其与之相适应的资本主义生产关系所决定的。在这方面；“私有财产神圣不可侵犯”作为资本主义国家本质性的宪政原则对依法行政具有最重要的指导意义。

（一）自然法理和契约论是依法行政的思想源流

16 世纪后半期资本主义生产方式开始在欧洲部分国家崛起，至 18 世纪产业革命之后逐渐发展成熟。在这个过程中，资产阶级的思想家为了论证资产阶级私有财产的合理性和不可剥夺性，首先和集中批驳了“君权神授”的中世纪神权逻辑和“王位世袭”的封建法统伦理，并在

① 丁刚：《丹麦就马斯特里赫特条约进行公决》，载《人民日报》1992 年 6 月 4 日。

此基础上从不同的侧面提出了资产阶级的国家观，其核心就是自然法理论和契约论。君权所固有的唯一性、强制性、随意性等诸般特征，是与资产阶级的几乎一切原则相对立的。因此，要发展资本主义，就必须首先从理论上摧毁封建法统。在这方面，资产阶级的思想家们表现出了异乎寻常的激情。在这点上，美国政治思想家杰斐逊的话最具代表性："我在上帝的祭坛上宣誓，永远反对对人类思想的任何形式的专制。"[①]近代以来几乎所有的资产阶级思想家都一再宣布：私有财产生来具有，是绝对不可剥夺的，而国家或政府的目的就是要保护私有财产。对此，马基雅弗利、格劳秀斯、斯宾诺莎等一批资产阶级思想家都从不同的角度进行了论证。[②]

洛克从工商业发展的和平安定的环境需要出发论证说：自然状态是一个自由、平等并有自己财产的社会。自由、平等、个人财产都是人们的自然权利，自然法统治着自然状态。但自然法统治下的自然状态存在着种种的不便。为了弥补这些不便，就要通过社会契约来建立公民社会，即国家。"人们联合成为国家和置身政府之下重大的和主要的目的，是要保护他们的财产。"[③]

洛克的这一论述，可以说是对资本主义国家本质特征的集中概括。继洛克之后，另一位政治思想家孟德斯鸠进一步提出：自然法就是人的理性，它起源于人们生命的本质。在自然法的基础上还存在着由人的理性所决定的人定法。封建专制制度既不符合自然法也违背人定法，从根本是违反人类理性的。国家不是源自上帝而是一切个人力量或意志的联合，因此，法的基本精神是不强迫任何人去做法律所不强制他做的事，也不禁止任何人去做法律所许可的事。只有这样才是合乎自然法即合乎人的理性的。[④]

综上所述，资产阶级政治思想家们提出、倡导、强调的自然法理和契约论，反映了新兴的资产阶级抑制王权，以防止和反对封建君主从经济上对资产阶级财产的索取和剥夺，从政治上对资产阶级权力的压制和践踏的要求。在封建势力依然强大，尤其是执掌国家行政权力的历

---

① 《杰斐逊文集》，商务印书馆 1999 年版，第 7 页。

② 北京大学国际政治系政治学教研室：《西方近代政治思想史》（1982 年讲义稿），第 124—297 页。

③ 〔英〕洛克：《政府论》（下）（叶启芳等译），商务印书馆 1964 年版，第 77 页。

④ 〔法〕孟德斯鸠：《论法的精神》（上）（张雁深译），商务印书馆 1985 年，第 158 页。

史条件下，提出自然法理论和契约论以为宣扬立法至上并相应强调依法行政制造理论根据，乃是新兴的资产阶级最为明智的现实选择。

（二）资本主义的经济原理和市场经济的实践是依法行政的广泛的社会基础

“私有财产神圣不可侵犯”是资本主义的最高的和根本的信条。据此，在资产阶级看来，一切不利于私有资产的保护和发展的社会主体、社会行为或社会现象都是违背自然法则和自然权利、违背人的本性和人的理性、违背社会契约和国家主权的。那么，私有财产又是怎么来的呢？为此，洛克假设和推论出了一个所谓的“财富原理”。洛克首先确定：一个人所拥有的基本财产就是他本人，对他本人他拥有充分的和完全的主权。由此推论，人的身体具有劳动力，劳动力可以创造财富，创造财富的身体既然归私人所拥有，那么，由身体所创造的财富也自然归私人所拥有。在此基础上洛克进一步推论，“我的仆人所割的草皮”也是“我的财产”，这就是说，雇佣劳动所生产的产品也是雇主的财产。概括起来说，洛克认为人归人的本体所有，财产归人所有，因此私有财产是合乎人性、合乎理论、合乎自然的，因而是不可剥夺的。洛克就这样从一个方面为资本主义奠定了理论基础。①

资本主义作为一种生产方式有着与封建社会完全不同的经济规律。受经济规律的支配，资本主义经济又有着与以往全然不同的特性以及与之相一致的法则和诉求。依法行政就是由资本主义生产方式的特性所决定的重要法则和诉求之一。资本主义经济特性与依法行政的内在联系主要有以下三个方面：

1. 财产私有制

这是资本主义的基石。与此相联系，资本主义生产方式推崇和鼓励个人谋求自我利益的动机和活动。这种动机和活动被认为是天经地义、当然合理的。因为这种动机和活动可以通过个人资金的积累达成社会财富的总量增值，促进和扩大再生产。因此，根据“法无明言不为罪”的原则，凡不触犯刑典者人人皆有充分的自由扩张他们财富的自然权利。这一权利理应受到政府的有效保护而不是相反。强调国家的这一作用具有十分重要的意义。因为唯有国家（政府）才可与人民产生公

① 参见〔英〕洛克：《政府论》（下），（叶启芳等译），商务印书馆 1964 年版，第 16—32 页。

法意义上的上下统属关系①，进而产生事实上容易发生却难以纠正的侵权行为，危及私有财产制度。这就必然要求规范和限制政府的行为，即依法行政。

2. 市场竞争

如果说资本主义生产方式发展动力的内在原因是个人致富动机的话，那么，其外在压力就是市场竞争。从一定的意义上说，市场本是为竞争而存在的，竞争则必以市场为舞台。没有市场就无所谓竞争，没有竞争也就无所谓发展。在资本主义条件下，由于竞争主体是个人的或个人组合的集团，竞争的根本动力是尽可能地争取更好的生存和发展的条件，占有更多的物质财富，扩大个人财富的积聚，因此，竞争必是激烈的、残酷的，必以物竞天择、优胜劣汰为其根本的法制。为了获取竞争胜利或竞争优势，每个人都必须奋发向上，从而不仅达到财富分配的目的，而且达成社会物质财富的增长。但是，资本主义的市场竞争也是强调自然秩序的②，因为，(1) 如果竞争过于严酷、残忍，或者社会财富过于偏聚，一定会引发社会动荡和冲突，这就必须适时、适地、适事抑制豪强、抚救无业者。战后西方国家普遍实行的"福利国家"政策③，就是典型的表现形式。(2) 如果不正当竞争，即以不正当的方法损害他人或社会公众利益，谋取暴利，其中尤以权钱交易，利用公共权力谋取私利，必会引起公愤，同样会引发社会动荡和冲突。为此，就必须制定社会普遍遵从的"游戏规则"，比如，公平竞争、等价交换、第三者权威仲裁等。"法律面前，人人平等"应是一切规则的总纲不难理解，在市场主体权利和义务同等的情况下，唯有"从社会中产生但又自居于社会之上并且日益同社会脱离"④的国家，才有足够的社会公信力和权威性，既当制法者又当执法者来维护市场竞争的公正性，使市场长期存在下去，推动社会的发展进步。从国家的社会职能上说，法是社会公正性的最集中的体现。因此，要维护市场竞争的公正性，就必须依法行政。

---

① 张孝昭：《国家赔偿法逐条论述》，台湾金汤书局 1987 年版，第 16 页。

② 〔英〕亚当·斯密：《国富论》，转引自姜占魁：《行政管理论丛》，五南图书出版公司 1985 年版，第 209 页。

③ 经济合作与发展组织秘书处：《危机中的福利国家》(梁向阳等译)，华夏出版社 1990 年版，第 198—218 页。

④ 《马克思恩格斯选集》(第 4 卷)，人民出版社 1984 年版，第 166 页。

3. 管理理性化

资本主义经济是典型的技术经济，其生产特征之一是讲求生产的准确和精细。其目的在于以尽可能低的成本获取尽可能高的利润。为此，必然要强调手段和目标的合理化，强调效率，强调管理的科学化。这样一种生产方式的特点反映在国家政治生活和社会生活中，必要求规范、约束、制裁企业和个人的各类法律、法规、法令确切、严谨，而不能仅凭原则裁处。这正是资本主义国家法律甚多且裁量细致化的原因所在。这就要求政府以理性的态度而不是感性意识实施公共行政管理，即依法行政。不仅如此，从法理上说，国家在私法关系上与人民是处于平等关系的。据此，当政府的行政行为在客观社会效果上损害国民权利和利益时，必须依据民法、刑法、行诉法的通则和规定承担行政责任，并给予相应的赔偿。只有这样，政府才能获得法律的持久认同和社会的广泛支持。

(三) 资产阶级的权力分立和制衡学说及其实践是依法行政的直接的法政基础

这方面的情况我们与下一部分合并讨论。

三、依法行政的实现机制

作为一种法律观点和法律制度，依法行政是以资产阶级的权力分立和制衡学说为其直接的法政理论基础、以分权制的政治体制为其制度表现形式的。分权论和分权制则分别是资产阶级宪政论和宪政制的重要组成部分。按照资产阶级的经典理论，“不分三权，就是专制”[①]；要做到依法行政，就必须不仅分权而且以权治权，并以国家宪政制度的形式确定下来。

资本主义生产方式因其本质的内核——私有资本而必会演化出两个方面的基本的政治理念[②]：其一，个人的独立自主权。“私有制是同工业的个体经营和竞争密切联系着的”[③]，在资本私有和市场竞争的双重条件下，个人必定形成强烈的主体意识，不仅要求完全掌握生产经营

① 〔法〕孟德斯鸠：《论法的精神》(上)(张雁深译)，商务印书馆 1985 年版，第 158 页。

② 姜占魁：《行政管理论丛》，五南图书出版公司 1985 年版，第 210 页。

③ 《马克思恩格斯选集》(第 1 卷)，人民出版社，第 691 页。

的决策权，而且会对自己的市场行为担负起成功或失败的责任；其二，社会权利扩散。在自主经营的过程中，市场主体会逐渐培养出富于冒险的精神和参与社会公共决策的愿望和能力。两个方面相结合，就使得中央集权的政治制度在资本主义社会历史条件下难以成立，相反，三权分立和制衡的政治制度成为普遍现象。

权力分立和制衡的思想源流往前至少可追溯到生于古希腊高度繁荣城邦民主政治时代的亚里士多德。他指出政治制度是对诸社会成员权力、地位和管理社会公共事务责任的分配，而“一切政体都有三个要素，即议事、行政和审判”①。当然，亚里士多德的三要素说虽名词接近但还不是后来意义上的三权分立。几百年以后，另一位希腊人波里比阿结合罗马国家制度的实践，将权力分立和制衡的学说又向前推进了一大步。波里比阿指出，国家权力可以分为三部分，即人民（大会）、元老院和执政官，三方面的关系是相互尊重、彼此配合又相互分立、彼互制衡的。其中任何一方都不可取得优越的地位，均衡才可形成不可抗拒的力量。为了维护均势，任何一方自始就得担心其他部门的干涉，任何越权行为都必然会被制止。②

真正提出近代意义上分权论的是洛克。洛克认为，每个国家都有立法权、行政权、联盟权三种权力，其中行政权就是执行法律的权力。这三种权力，尤其是立法权和行政权必须严格划分职权范围，实行分立。但立法权居于主导的和最高的地位，享有收回法律、惩处不良行政的权力。③ 真正提出完全意义上的三权分立学说并强调其间相互制衡关系的是孟德斯鸠。他指出：每个国家都有立法权、司法权和行政权三种权力。这三种权力是绝对不可混合的，因为一切权力合而为一正是封建专制的特征，所以必须分权。那么，为什么一定要权力间的相互制衡呢？孟德斯鸠理论是：“一切有权力的人们使用权力一直到遇到界限的地方才休止”；“从事物的性质来说，要防止滥用权力，就必须以权力制约权力”④。对此，美国政治思想家汉密尔顿指出：“任何权力都有侵犯性，为了防止权力之间的相互攻击和侵犯，有两点是不可缺少

① 〔古希腊〕亚里士多德：《政治学》（吴寿彭译），商务印书馆1981年版，第214页。

② 〔古希腊〕波里比阿：《罗马史》（6），转引自《世界史资料丛刊·罗马共和国时期》（上）（杨共乐译），商务印书馆，第53页。

③ 〔英〕洛克：《政府论》（下）（叶启芳等译），商务印书馆1964年版，第96页。

④ 〔法〕孟德斯鸠：《论法的精神》（上）（张雁深译），商务印书馆1985年版，第158页。

的：其一，以权力制衡权力，以法迫使任何一权都无法摆脱来自另一权的牵制；其二，以权力制止权力，以确定的政治体制确保每一权力都有抵制和防御另一权力侵权的法定权能，而且防御规定必须与攻击的危险相称。”[①]这样，孟德斯鸠和汉密尔顿实际上提出了权力制约主体独立和权力制约对等的原则。

那么，为什么三权分立最好呢？一般认为，三点成面，在力学上三角形结构最具稳定性，权力结构也是如此。三权中的每一权对另一权都处于均势状态，当任何一权试图突破障碍，破坏原均衡，取得某种优势时，就会受到其他两权的联合抵御和反对，使其回到均势中来。通常的情况下，在既定的格局中，1 加 1 之和总是大于 1 的。这就形成了一种机制，即不使任何权力绝对化，以杜绝专制或独裁，从而在首先保证资产阶级私有财产共同利益的基础之上，保证特殊的经济利益以及与之相一致的不同的政治主张。这正是三权分立学说和三权分立政治体制以及连带的依法行政原则的阶级实质所在，也正是资产阶级以“极其虔诚的心情把这种分权看作神圣不可侵犯的原则”[②]的原因所在。那么，在三权之中为什么又要突出对行政权的限制，强调依法行政呢？除了历史上反对封建王权的特殊需要以外，这是与行政权即狭义的政府的功能和特性分不开的。一言以蔽之，在三权之中，行政权最有可能越权。这一点，已为“行政国家”的理论和实践所证明。行政权的特性主要表现在以下四个方面：

(1) 在与公民、与社会的关系上，政府行政机关是最直接的、最经常的、最广泛的、最具体的，“公民从生到死的全部生活都和行政部门所提供的服务密切相关”[③]，从一体两面说，受到行政部门侵权的可能性也最大。不仅如此，由于社会事务的几乎是无限的发展，政府的职能也几乎是无穷无尽的。

(2) 在组织构成和决策程序上，三权当中的立法权是典型的“票决制”，司法也有陪审制和两级终审制，唯独行政是首长个人负责制。林肯著名的“7 人反对、1 人赞成，赞成者胜利”的论语[④]，就是关于首长负

---

① 〔美〕汉密尔顿、麦迪逊等：《联邦党人文集》，商务印书馆 1980 年版，第 264 页。

② 《马克思恩格斯全集》(第 5 卷)，人民出版社 1987 年版，第 224 页。

③ 王名扬：《法国行政法》，中国政法大学出版社 1988 年版，第 12 页。

④ 张金鉴：《行政学典范》(4)，台湾行政学会 1979 年版，第 228 页。

责制的典型写照。由于权力作为一种社会存在本身具有强烈的扩张性、侵犯性、排他性、诱惑性、腐朽性、渗透性等不良特性①,而人作为一种社会存在行使权力时并不天生就是天使,一如恩格斯所说或多或少总是带有某种兽性。② 如果没有法律的限定和其他国家权力的制约,行政首脑是有可能大权独揽,实行行政专横的。

(3) 在实际生活中而不是法理上,"权"与"事"合称"事权",权随事走乃是常态,即掌理多少事情就有多大的权力。行政权就具有这方面的特征,因而在潜能和势能上是最强大的。正因为如此,西方发达国家的总统或首相竞选才会是最激烈的争夺。

(4) 法律永远不可能对一切关于国家和社会事务的管理作出规定,法律也总是落后于现实生活的发展变化,因而法律的规定总是原则的、有限的,法律的适用也经常是模糊的、有争议的。这就为行政权自行其是提供了极大的客观空间,也提供了极大的主观可能性。例如,美国宪法规定,总统与外国缔约须经参议院批准,而总统常以"行政协议"绕开和规避国会。建国二百余年中,美国共与外国缔结了一千余个条约,却签订了四千余个其效力等同于条约的"行政协议"③。由于以上四个方面的原因,人们对行政权抱有较重的戒心,强调和突出依法行政就是合乎逻辑、势在必行的了。

分权论、分权制以及连带产生的依法行政论都是资本主义社会化大生产的产物。资本主义社会化大生产必与生产资料的私人占有制产生不可调和的对立和冲突,形成长期影响资本主义社会的基本矛盾。从资本主义社会三百余年的发展过程分析,分权之所以被称之为"永久性"的原则,是因为它在客观上体现了以资本主义生产关系为核心的种种社会关系,对于缓和、抑制上述社会基本矛盾起到了积极的、难以替代的作用:首先,它在社会形象上体现民主、正义和公平,因而有助于"将统治阶级的法律提升为国民的普遍意志"④,有利于维护社会公众对"政治"的信心,进而维护社会稳定,为资本主义的经济发展提供社会条件;它在阶级实质上体现统治阶级的共同和根本的利益,同时兼顾不

---

① 王寿林:《社会主义国家权力制约论》,东北财经大学出版社 1993 年版,第 15—17 页。
② 《马克思恩格斯选集》(第 3 卷),人民出版社 1987 年版,第 140 页。
③ 王寿林:《社会主义国家权力制约论》,东北财经大学出版社 1993 年版,第 88 页。
④ 《马克思恩格斯选集》(第 8 卷),人民出版社 1987 年版,第 214 页。

同派别或集团的特殊需求，因而为本阶级所共同维护。概括起来说，能够将统治阶级的利益与公众利益、国家的阶级职能与社会职能有机地协调起来的政治制度才有可能延续下去[①]，对统治阶级来说，这样的政治制度才是最好的政治制度。分权制就是这样一种制度。因而尽管有各种形态的结构和运行模式，同一模式在不同的历史时期也有不同的强调重点，但分权论始终是资本主义国家普遍认同的立国原则之一，分权制则是不可动摇的选择。

需要特别指出的是，分权制作为资本主义国家政治制度支撑点之一，是与制衡的原则紧密联系在一起的。如果说分权的立意在于“分”，那么制衡的目的就在于“合”[②]。就阶级的整体利益和长远利益而言，分是相对的，只是对国家主权表现形式的划分；合才是绝对的，以维护资产阶级国家主权的完整和统一。从机制上分析，三权分与合的背后还存在一种约束三权的强大的“一体化的向心力量”，这就是资产阶级的政党。政党位处法外制度即国家公共权力主体制度之外的核心，是法外制度的中坚力量。政党通过财政资助和组织服务等方法来挑选立法、司法和行政官员，并通过政纲约束他们的方法“以一治三”[③]，沟通三大国家权力机关之间的关系，共同为本阶级的利益服务。正是在这个意义上恩格斯指出：分权“不过是为了简化和监督国家机构而实行的日常事务上的分工罢了”[④]。

四、结　　语

依法行政缘起于资产阶级反对封建专制的需要并成其强大的武器，发展于资产阶级巩固政权的需要并成其有力的工具。期间，依法行政释义的内涵和外延虽几经变化，但其精神实质却一如既往地受到肯定和重视，历经300余年、跨越资本主义三大发展阶段、沿用到今日而不衰。这说明，依法行政作为一种思想、一种理念、一种制度是有其历史基础和现实需要的：

① 《马克思恩格斯选集》(第3卷)，人民出版社1987年版，第219页。

② 朱光磊：《以权力制约权力》，四川人民出版社1987年版，第208页。

③ 〔美〕F. J. 古德诺：《政治与行政》(王元译)，华夏出版社1987年版，第57—58页。

④ 《马克思恩格斯选集》(第5卷)，人民出版社1987年版，第225页。

首先，在经济基础或经济方式上，依法行政与资本主义经济的诸要素相吻合。对于生产资料私人占有制，政府依法行政的第一要旨是阻止、反对和惩罚对私有财产的阻挠、侵犯、剥夺，以国家武装力量为后盾充当私有财产的保护神；对于市场经济，政府依法行政扮演执法者和引导者，鼓励合法行为主体自主经营、自负其责，反对任何主体不正当的介入、干涉、胁迫；对于竞争，政府依法行政保证竞争的公正性，竞争规则的合理性，其中包括因政府自身的特殊地位，政府不得以公开或隐蔽、直接或间接的任何方式参与市场竞争，为政府或其官员谋取国家法定给予之外的任何经济利益。否则，市场经济必是无序的、畸形的、缺乏持续发展能力的，从而危及资本主义制度。这是资产阶级绝对不能允许的，因此，"违法行政"者必受严惩。

其次，在政治理念或价值标准上，依法行政与资产阶级的民主、自由、平等等观点和主张相吻合。资产阶级民主的对立物是封建君主专制或独裁，资产阶级自由的对立物是封建强权或强迫服从，资产阶级平等的对立物是封建特权或利益独享。[①] 显然，两个方面是格格不入的。在反封建斗争之中，资产阶级的自然权利等理论，不仅有利于资产阶级夺取政权，而且也迎合了除封建阶级之外的其他社会各阶级的要求。这就在阶级观点和公众意识之间寻获了一个平衡点，从而建立了一个为社会普遍认同的理念，并逐步演化为一种社会意识形态延续下来。资产阶级据此宣称自己是公正的社会，资本主义是永恒的。概括起来说，由于依法行政始于反对封建强权的斗争，也由于社会各界对封建专制的普遍的惧怕，还由于行政权具有前面所论及的各种特性，所以，为了维护民主、自由、平等而限制、规范行政权能就成为一种社会普遍的共识。

再次，在国家政治体制或国家权力格局上，依法行政与资产阶级的三权分立及制衡制度相吻合。如前所述，生产资料私有制必产生经济利益的差异进而产生政治主张的不同，"机会均等"、"利益均沾"等市场经济原则反映在国家政治体制上，就会强调权力分立和制衡，而为了均势，对较多握有实际权力和经常性权力、因而最有可能侵权的行政权重点框限，就成为最自然不过的逻辑结论。

① 《马克思恩格斯选集》(第 4 卷)，人民出版社 1987 年版，第 483 页。

“发展才是硬道理”[①]，这是自1840年以来中华民族几经磨难后得出的至理哲言。实践证明，要发展，就必须实行社会主义市场经济体制以解放和发展生产力，而要实行社会主义市场经济体制，完成由传统的以中央集权为特征的计划经济向新的以市场调控为特征的市场经济的转轨换型，就必须相应转变政府的职能，调整或改变公共行政权力关系，进行较具整体性和系统性的行政管理体制改革，变传统的“全能”政府为新型的“权能”政府。“依法行政”乃是这种历史性转变的前提性或基础性的不可或缺的重要组成部分。这是因为，市场经济必是以法制(治)为基础的规则经济，必要求“自主经营、自负盈亏、自我发展、自我约束”的独立的经济法人主体，必肯定经济主体正当市场行为的合法性，必承认以利益为导向的社会价值标准和个人劳动所得的合理性，必维护公平竞争、等价交换、商业信用等市场原则的正当性，必强调第三者权威仲裁的重要性，也必讲求伸张社会正义、合理地抑制强者、匡扶弱者的必要性，并要求依据这些方面制定公共政策。而这一切，无论是古希腊源流的西方国家还是儒文化圈的东方国家，无论是三权分立的国家还是议行合一的国家，只有自居于社会之一，具有广泛的社会公信力和权威性，并以国家武装强制力为后盾的政府，才能予以充分的、直接的、全面的、有效的、难以辩驳的推进和保护。同样，也只有政府，才能予以强力的、大范围的、剧烈的、有形或无形的、甚至可能是毁灭性的破坏或抑制。换言之，政府及其行政行为的匡正或定位，乃是市场经济得以顺利运转和发展的充足条件。从这个意义上说，依法行政是我国构建、完善和发展社会主义市场经济的历史性诉求。这一诉求的最终实现，有赖于经济、政治、行政三大改革的综合作用力，在现阶段则有赖于行政管理体制改革的适时展开。为此，学习和研究依法行政具有重要的理论和现实意义。

---

① 《邓小平文选》(第3卷)，人民出版社1993年版，第377页。

论行政责任的若干基本问题*

行政责任是近代国家责任政治的产物，是国家责任之一种，行政责任又是国家行政管理体制的组成部分，是国家行政管理过程的环节之一，因此，行政责任是行政管理学的重要研究对象之一。在现代国家中，行政责任直接发端和表现为两个层次的问题：其一是国家权力的权源，国家权力的分配形式和国家不同权力主体的法的地位及其相互间的制约关系；其二是与上述宏观的国家体制问题相联系，产生的国家行政组织——政府行为的法的依据后果及其责任问题，并由此产生出国家行政组织的机构、职责和国家公务人员的权利、义务、考核和惩处

* 本文原发表于《政治学研究》1988 年第 6 期。

等问题，即工作责任制度。

任何管理的问题都存在责任的问题、国家行政管理的责任问题即行政责任问题。行政责任问题既包括管理主体的法律地位、管理行为的法律效力问题，也包括管理过程的法律程序、管理后果的法律责任问题。对政府机关及其官员而言，行政责任不但意味着对宪法和法律负责，而且意味着对政府自身的行政法规负责。在实际过程中，负责具体表现为对国家权力机关负责和对上级行政机关（或行政首长）负责，在这里，负责的基本含义，即对其承担行政责任。因此，行政责任不仅是国家行政管理的重要问题，也是国家政治生活和法律生活的重要问题。

新中国成立以来，我国国家行政机关和行政工作人员的行政责任问题始终未能得到系统、明确、详尽、切实的规定和执行。本文试图通过对西方发达国家关于行政责任问题的理论和法律规范性的探讨，以期对建立和健全我国的行政责任体系有所借鉴和助益。

一、行政责任的概念

行政责任是国家责任的次级系统，是行政法学、行政学和政治学等若干学科共同的研究对象，其释义由于学科的侧重点不同而存在差异。此外主要讨论行政学关于行政责任的概念，为有比较起见，亦同时讨论行政法学的概念。

（一）行政法学关于行政责任的概念

在西方行政法和行政法学的领域里，有关行政责任的称谓和表述是复杂的，具代表性的包括：国家责任（Sate Liability）；政府责任（Governmental Liability）；联邦责任（Federal Liability）；公共责任（Public Responsibility）；政府机关侵权责任（Tort Liability of Governmental Units）。与上述称谓和表述相联系，西方国家的有关法律有：国家诉讼法（英国）；联邦侵犯行为诉讼请求法（美国）；国家官吏责任法（联邦德国）；公务员责任法（奥地利）；联邦官署委员会及公务员责任法（瑞士）；国家赔偿法（日本）等。[①]

在苏联，行政责任被解释为公民和公职人员“对于国家的较刑事责

① 城仲模：《行政法之基础理论》，台湾三民书局 1980 年版，第 628—629 页。战宁：《论西方的国家行政法律责任》，北京大学硕士学位论文 1996 年 6 月，第 3—4 页。

任为轻的责任”[1]，即故意或过失违法行为或不作为的行政违法行为所应承担的责任，并明文规定：“凡实施行政违法行为时年满十六岁的人应承担行政责任”，而“公职人员，对有关不遵守在维护管理秩序，国家秩序和社会秩序，保护自然、保护居民健康方面的规则和其他规则的行政违法行为，在保护执行这些规则其职责时，应承担行政责任”[2]。显然，苏联关于行政责任的概念，既包括公民在社会生活过程中行政违法行为所应承担的责任，也包括国家公职人员在执行公务过程中行政违法行为所应承担的责任。

在我国，有的研究者认为行政法上的行政责任应当称之为行政法律责任[3]，也有的倾向于国家赔偿责任[4]。由于国家关于行政责任的法制建设仍处在初期阶段，所以，行政责任未公之于法律性文献。

但在行政法的领域里，无论是西方还是苏联或是我国，关于行政责任的实施都倾向着眼国家行政行为的损害性后果的赔偿责任，正是在这一点上，行政管理学关了行政责任的涵义区别于行政法学和其他学科，行政管理学关于行政责任的涵义要比赔偿及其确定广泛得多。

（二）行政责任学关于行政责任的概念

现代行政管理学所说的“行政责任”(Administrative Liability)一词的涵义，在早期是由行政学的“责任”(Liability)一词来表达的，即行政责任说是责任说的沿革。这种沿革既是为了在越来越多的责任种类中区分出行政责任，也是为了对现代行政责任作为更清晰、更全面、更准确、更完整的规定性。

日本行政学者认为：“行政责任就是行政管理体制及其构成主体行政官员的职责。”[5]具体说来，行政责任可以从以下几个角度加以认识：

1. *应为—不应为行政责任*

行政责任包括两个方面的内容：第一，在性质上，是政府根据宪法和有关法律的规定，行使国家行政权、开展国家行政活动，实施国家行

---

① 〔苏〕П. Т. 瓦西林科夫：《苏维埃行政法总论》，北京大学出版社 1985 年，第 150 页。

② 《苏联和各加盟共和国行政违法行为主法纲要》，第 8 条。

③ 前揭书 b，第 4 页。

④ 刘新熙：《国家赔偿责任刍议》，载《法学研究》1984 年第 5 期。

⑤ 邹均：《日本行政管理概论》，吉林人民出版社 1986 年版，第 93 页。

政管理所承担的责任。这种责任以行政立法的形式，通过行政授权而分配给政府的所有组成部分，这一方面的责任在理论和实践上都表现为政府及其公务员有做一定事情的义务，即有应为的行政责任。第二，在后果上，根据同样的规定，政府有不超越行政权限、不实施非行政管理职能、不侵害公民基本权利的责任，在这一方面，行政责任在理论和实践上表现为政府及其公务员有不做一定事情的义务，即有不应为的行政责任，西方国家的宪法、判例法、行政责任单行法规多有以上两方面的规定。

2. 广义—狭义行政责任

行政责任包括两个层次的内容。首先政府作为国家行政主体行使行政权力，在实施国家行政管理的过程中对国家权力主体负责。在现代民主政体国家里，行政权力来源于国家权力主体即全体国民，国民授权是行政权力的权源，在这方面，政府既作为一个整体对国民负责，又作为部分（政府机关）对国民负责①。在代议制民主条件下，政府对国民负责通常表现为对代议机关负责，政府通过履行自身的职责来为国民谋利益，并接受国民的监督，从而承担广泛的行政责任，即广义行政责任。

其次，政府公务人员作为政府的基本单位，在代表国家实施行为的过程中，违反宪法、法律和行政法规所规定的义务和职务时，必须承担责任，这方面的典型表现，是政府公务人员公务性质的违法、失职和不当行为。当上述行为发生时，其行为主体必须承担由此产生的行为后果，在实践上表现为被依法追究行政责任，即狭义行政责任。

3. 国家—个人行政责任

行政责任包括两种责任主体。其一，政府从自身的法权地位出发构成行政责任的承载主体，政府承担的行政责任在理论、法律和实际执行方面均表现为国家责任，其二，政府公务人员从自身的法人资格出发构成行政责任的承载主体，在通常情况下，政府公务人员在执行职务过程中所产生的行政责任由国家承担；在特定情况下，则要由导致责任的公务人员个人承担，这方面情况，将在以下部分详细讨论。

（三）国家责任与行政责任

国家责任是一个广泛的整体概念，从一般意义上说，国家责任包括

---

① 邹均：《日本行政管理概论》，吉林人民出版社 1986 年版，第 95 页。

一切国家机关对国家权力主体即国民负责，一切国家活动所产生的责任问题都属于国家责任的范畴。立法、司法、行政和军事机关的责任问题都可称之为国家责任，并由国家承担其法律名义和实际后果。行政责任则专指政府及其公务人员对国家权力主体负责，承担由于国家行政行为所产生中，行政责任后果是大量的、经常的，所以，在多数情况下国家责任实际等同于行政责任。这就是部分行政法学学者称行政责任为国家责任的原因。但行政责任毕竟并不完全等同于国家责任，除行政责任而外，还有司法责任、检察责任等其他种类的国家责任，据此，笔者认为，还是严格的意义上使用行政责任的概念为宜，以保持概念的准确性。

二、行政责任的特征

行政责任作为一定历史条件下的特定国家现象，其"性格"特征是十分鲜明和独特的。行政责任并不像刑事、民事责任一样只限于追究行为的后果所产生的责任，而是具有更广泛的政治、社会、道德的内容及涵义的责任体系，无论是资本主义国家还是社会主义国家，其行政责任体系都具有某些共同的一般特征：

（一）行政责任是一种责任

这包括几层意思，第一，行政责任是一种责任：①责任是指分内之事，即有义务作为或者不作为；②是指一定的行为主体对自身的所作所为负责，即承担行为责任；③是指违背义务的行为要受到相应的追究和制裁；第二，行政责任是一种政治责任；政府由国民直接或者间接选举产生，因而要对国民负责，政府公务人员则由职位所规定，分担政府的责任；第三，行政责任是一种法律责任；政治责任通过法律的形式加以规范性的肯定和保障，并以国家的强制力、包括政府强制力为后盾发生约束力；第四，行政责任是一种行政法律责任；由执行职务的行政行为所产生，其责任主体恒定是政府、政府机关或政府公务人员；第五，行政责任是一种道义责任；政府及其公务人员遵循普遍的社会道德水平的基础上，对公务过错进行自我责备和反省悔过。[1]

① a.同前揭书第4—6页；b.前揭书，第94页。

(二) 行政责任是一种义务

"对国家行政官员来说，承受行政责任的过程，是一个承担为国民尽义务的过程，在这个意义上，行政责任就是一种义务"[①]，这种义务由法律法规所规定，由社会公德和社会舆论所约束，表现在两个方面：(1) 行政行为主体对国家权力主体(内阁制国家间接表现为对代议机关)承担尽责效力、谋取利益、提供服务，遵法执行的义务，这种义务具有法律的性质；(2) 与行政权力的下授和首长责任制相一致，行政下级对行政上级承担忠于职守、努力工作、提高效率，遵纪守法的义务，这种义务具有行政法规(包括行政规章制度)的性质。

(三) 行政责任是一种任务

行政机关和公务人员在承担一定义务的同时，还必须通过一定的履行义务的方式，才能实现和保证这种义务，在这里，履行义务的方式即是规定性的工作任务及其相应的制度国家权力主体以宪法和法律的形式向政府规定工作任务，在此前提下，政府则通过自身的再分配，将宏观的工作任务分解委派给各个行政机关至政府官员。各个行政机关及其公务人员通过任务的完成来履行所承担的义务。从这个意义上说，完成工作任务的过程就是履行其义务的过程。除此之外，行政机关和行政官员还可以本着对国家权力主体负责的精神，主动开展虽未明确委任，但确实有益于社会的行政活动，即通过自身主动的行政行为，为全体国民服务，从行政目的的角度看，后一种行政行为也是一种任务，完成这种任务的状况，往往是衡量行政机关及其公务人员工作精神和工作状态的标准。

(四) 行政责任是一种理论

从国王不能为非，国家无责论到国家豁免说、国家免责论，再到国家过错责任、国家无过错责任，行政责任作为一种理论经历了一个从无到有，从简入繁、从单一到全面的发展过程。这一过程反映了人类社会的进步、完整的行政责任理论体系涉及政治思想的理论和原则、法律思想的理论和原则，管理思想的理论和原则，在现代民主制国家里，行政责任的实质是"公仆的责任"，根据主权在民的思想原则，一切国家公共机关及其公务人员的一切行为，都必须符合和有利于国民的意志、利益

---

① 邹均：《日本行政管理概论》，吉林人民出版社 1986 年版，第 96 页。

的需求，都必须对国民承担责任，其中行政机关和行政公务人员即承担行政责任。为此，作为行政责任的载体，国家行政机关及其官员必须按照法律规范其行政活动，以履行其"公仆的责任"。

（五）行政责任是一种制度

首先，行政责任是国家整体政治法律制度的一部分，又自成体系。在国家整体制度内部，行政机关和行政官员的行政行为受到以法律为主要形式的明令或原则规定，并在现实的政治法律过程中与其他国家机关及其官员发生相互制约的关系。当其违反国家政治法律制度时，其行政行为就将外部受阻，并被追究行政责任，这种内在的机制，首先来自国家政治法律制度的"一套互相发生影响的程序"[①]，其次，行政责任是一种工作制度，即政府在政治法律制度的原则和规定之下，用行政立法和行政规章制度以及行政纪律，将行政责任具体化、固定化和合法化，并以此作为追究行政性行政责任的判据。

（六）行政责任是一种监控体系

这是行政责任的主要特征，在民主政体国家里，"行政责任是一种以外力的约束为支撑力的个体式群体行为"[②]，"行政责任的核心在于如何保障国家权力主体对行政部门及其管理行为的有效监督和控制"[③]。为了确保行政机关和行政官员根据国民的意志和法律的规定开展活动，就必须通过一定的形式来防止和反对行政机关肆意追求权力和特殊利益，而置国民利益于不顾的现象，这就产生了建立和健全行政责任监控体系的必要性和重要性。从这个意义上说，行政责任"实际就是对国民的利益起保障作用的机制或结构问题"[④]。凡违反法律或违背职守的行政机关和行政公务人员，都是违背行政责任，因而应当受到法律制裁或行政惩处，只有这样，才能确立和确保国民的国家最高权力主体的地位，这一点，将在下文详细论述。

---

① *The New Encydoopedin Britannica*，1980，Vol. 14，p. 907.

② 邹均：《日本行政管理概论》，吉林人民出版社 1986 年版，第 97 页。

③ 同上书，第 98 页。

④ 应松年：《行政管理学》，北京师范学院出版社 1990 年版，第 123—130 页。

三、行政责任的要素

现代国家的行政责任是一个较为周密而完备的系统，系统是“相互关联的要素的复杂组合”①。任何系统都包含若干要素，要素按照特定事物的特定的质排列组合，并通过各自独特的功能和节奏相互协调和制约，从而构成系统的总行为。认识行政责任的各要素对于认识和把握行政责任的整体性、综合性、有序性、相关性、结构性、有效性、使之制度化、法制化有着十分重要的意义。

由于行政机关所承担的行政责任是通过履行对国家权力主体所承担的行政义务，执行国家权力主体所委托的行政任务来实现的，所以，履行义务、执行义务、执行任务所必需的基本条件构成行政责任的要素。行政责任要素又可以分为两个层次，即基本要素和“要素的要素”，后者构成前者的必要条件，这种必要条件表现为三个方面：

（一）人格保障权

行政官员（在资本主义国家与文官重合）在工作中享有平等的权利，而不论其政治派别、种族、肤色、宗教、民族、性别、婚否、年龄或身残状态如何，不因上述因素而受到歧视，包括同工同酬和因工作优异而获得同等刺激和奖励的权利。② 人格保障权是确立和确保行政责任的内在条件。

（二）身份保障权

行政公务人员“一经正式任用就成为一种终生职务，按照法律规定，非有重大过失而不得对其加以免职或开除”③辞退或解聘。

（三）职务保障权

行政公务人员非依法不得被撤职、降职以及给予其他足以影响其职务的行政处分。④ 同时，政府为揭露违法行为、管理不善、消费资财、滥用职权、危害公共健康或公共安全的官员提供保障，使之不受打击

---

① 〔美〕R. M. 克朗：《系统分析和政策科学》，商务印书馆 1985 年版，第 15 页。

② 〔美〕《文官制度改革法》，第 1、3、9 条。

③ 李方：《行政管理学纲要》，劳动人事出版社 1985 年版，第 110—137 页。

④ 应松年：《行政管理学》，北京师范学院出版社 1990 年版，第 116 页。

报复。[①]

行政责任的基本要素包括：

(四) 公物使用请求权(包括公物与公款)

行政机关和行政公务人员为完成国家所委任的行政管理事务、开展行政活动在执行职务的过程中就必须有使用必要的国家物财和资财的权利，比如房屋、设备、用具、差旅费和其他行政开支，没有这种权利或在名义上有这种权利但在实际却不能得到落实，那么，相应的行政责任就是不公平的，因而在事实上也是难以确立和确保的。

(五) 行使职务了解权

行政机关和行政官员在进行行政管理活动的过程中，有权了解与其职权、职务、职位相关的表现为资料、材料、文件、指示等一切国家信息，包括属于国家机密和工作机密的信息。这种权利是特定的行政行为主体全面了解背景、准确判断情况、以正确作出行政决策、开展行政管理活动的必要条件，没有这种权利及其实现，特定的行政行为主体就很难进行在内容和行政行为方式上都完全符合国家整体行政管理需要的行政活动，没有这种权利而强调行政责任，不仅使行政责任流于形式，而且抑制工作积极性。

(六) 执行公务保障权

任何妨碍行政机关和行政官员执行其职务的行为都在法律、法规禁止之列，并要受其追究和制裁。这是因为，国家行政管理以广泛的社会生活和公民为对象，其行为主体以国家作为法人形象，即代表国家，国家一切行政行为都以法的原则和规定为依据，因此，任何妨碍行政行为的行为都要受到法的追究。国家的法权地位正在这里得到体现。另外，只有行政行为能够得到保障，国家行政管理活动才能顺利进行，行政责任也才能得以确立。

(七) 行政裁量权

又称："自由裁量权"，行政机关和政府官员在一定的法律规范之下从事行政管理活动所享有的自主酌量完成任务的方式方法和解决问题的权力，即有条件的行为选择权。这种权利主要表现为行政机关和

① 《文官制度改革法》，第 1、3、9 条。

行政官员在既定的范围以内，可以采取自以为恰当的时间、地点和方法处理所管辖的行政事务。例如，日本规定：公安审查委员会对于以团体活动进行暴力主义破坏活动的团体，可以酌情给予三种处分之一种。[①] 即行使行政裁量权。

"在行政责任诸要素中，裁量权是核心。"[②]造成这种状况的原因，主要在于国家行政管理包含非常复杂的内容，是一种非常复杂的过程，不仅涉及诸多的管理原则、条款和对象，而且涉及繁杂的管理环节、技术和方法。在现代国家中，行政管理活动由于社会生活和管理环境的复杂化而进一步复杂化，这就使国家权力主体及其代表机关以及行政上级不可能事先预测、全面了解和详尽规定每一件具体的行政务事的情况和过程，在这种条件下，自由裁量权是不可避免的。同时，享有并有效地行使行政裁量权，是特定的行政行为主体适时、适地、适人进行行政管理的重要条件。其间的关系在于，只有完成工作任务，才能履行行政义务；只有履行行政义务，才能确立和确保行政责任。

(八) 自由申辩权

行政机关和行政官员有就自身的行政行为进行申辩或说明理由的权利，特定的行政行为主体在承担一定的行政任务后，由于种种原因最终未能达到预期要求和目的，或者被指控违背法的原则和规定，这时就会产生追究行政责任的问题。在这种情况下，特定的行政行为主体就应当本着对国民负责和实事求是的精神，对法定追究主体及时做出说明，解释造成既定事实的客观原因，或对自己的行为进行合理性辩护，对特定行政行为主体来说，"如不能判断和解决工作过程中出现的各种问题，并就此向国家权力主体或与上级主管部门作出详尽的汇报或申辩，就不算是尽到了责任"[③]。但是，自由申辩并不等于狡辩，更不等于推卸责任，而是对既定事实陈述真相和制约因素，以避免不恰当的行政处分以及其他追究行政责任的形式。

在不公正行政处分已经发出的条件下，自由申辩权则意味着申诉权，即特定行政行为主体如对处分不服，可以向有关部门提出申诉，要求复查(审)。

---

① 《日本破坏活动防止法》(1952)，第 5 条。

② 邹均：《日本行政管理概论》，吉林人民出版社 1986 年版，第 96 页。

③ 同上书，第 97 页。

自由申辩权及其相应的自由申辩制度，是保证廉明公正行政原则，防止行政上级肆意妄为，杜绝冤假错案的发生，保护行政官员工作积极性，健全行政责任机制的重要一环，在这方面，我国的历史经验教训是值得总结吸取的。

（九）确认事实权

行政责任的内涵，包含着对违法失职行政行为主体的责难和处分。而责难和处分的前提是事实清楚无误，因此，行政责任的要素就包含对行政行为主体具体违法失职事实的确认，反过来说，事实不清楚就不能追究行政责任。从这方面说，无论是行为主体还是追究行为主体确认事实的权利。确认事实是保持行政责任顺利实施的准确性和原因，即动机与事实的统一，在任何情况下，认定事实都是实现行政责任所包含的制裁机制的首要条件，构成确立和确保行政责任的重要依据。[①]

① 邹均：《日本行政管理概论》，吉林人民出版社 1986 年版，第 98 页。

第三编　政策修正与国际借鉴

论政策科学的缘起及其主要研究范畴*

政策科学是第二次世界大战之后发端于主要工业发达国家的公共政策研究，发展于各行各业和许多国家及地区的一门几乎全新的学科。可以认为，政策科学是第二次世界大战结束后西方社会领域里发展最迅速、影响最大、应用领域最广泛、实验性最强、社会效用最明显的学科之一。

* 本文原发表于《北京大学学报》1992 年第 5 期。

一、政策科学的由来和发展

政策是一种与人类社会的生存和发展相联系的悠久的历史现象，现代意义上的政策(科学)则是“二战”之后兴起和发展的一门独特的学科。政者，政略、纲要；策者，谋略、方术。从现代公共政策的意义上说，政策是政府选择作为或不作为的行为①，或是权威者对社会所从事的权威性的价值分配②，也可以认为是一种含有目标、价值和策略的大型计划③。一般说来，一项政策至少应当包含三个要点，即欲达到的目标或目的、为达成目标而作的宣示或拟采取的行动以及由政策声明所引发的权威者的实际的政策行动。

现代政府所面临的已不再是个别的、单一的、简单的和基本稳定或一再重复出现的社会矛盾和问题，而是大量的相互关联、相互制约的愈来愈具复杂性、尖锐性、普遍性、专业性、变化性和发展性的各种社会矛盾和问题。与此同时，社会公众所关注问题和兴趣的焦点，也不再是抽象的理念或原则，而是那些与自身现实切身利益密切相关的特殊的公共政策问题，比如犯罪与社会安全、公平与经济发展、种族与社会和谐、战争与外交方针，污染与环境保护以及住房、卫生、社会保障、公共交通等一系列的实际问题。

由于这类问题直接关系到人们自身处境的改善和提高，因而使人们对这类问题的关注与日俱增，并因此产生了对政府制定公共政策的能力、程序、方式以及公共政策的质量的疑问和不满。这就使一批具有一定的学术素养，同时具备相当实际经验的学者、科学家和政府官员深切感到，应当建立一种能够兼容各相关学科的优势，且能够解决各种现实公共政策问题的全新的学科。这一学科就是我们现在所说的政策科学。包括社会科学和自然科学在内的诸多学科的不断发展为政策科学的形成提供了一定的理论基础和实用技术，现实压力和未来需要则为其提供了有力的发展动力。从这一意义上说，政策科学的产生和发展

① T. R. Dye, *Understanding Public Policy*, Englewood Cliff, N. J.: Prentice-hall, Inc, 1975, p. 17.

② D. Easton, *The Policy System*, N. Y.: Khopf, 1953, p. 129.

③ H. D. Laswell and A. kaplan, *Power and Society*, New Haven: Yale University Press, 1970.

是有其历史必然性的。

“政策科学”的概念最早是由美国政治学学者拉斯维尔(Harold D. Lasswell)于1951年提出来的。他认为,政策应当是一门有着基本的实践方向的科学。但它的目标并不限于科学本身,也不单纯是为了提高决策的效力,同时也是为了人类自身的尊严提供有关“需要改进的民主实践”的知识和方法。[①] 这就是说,政策科学的根本日的,是要通过运用正确的、符合规律的、反映实际的方式方法,来有效地解决人类社会所面临的各种实践问题,并以此来促进人类社会的进步与发展。换言之,政策科学与人类社会的未来紧密相关,改善和提高公共政策的质量直接关系到人类社会的命运。

拉斯维尔所提出的政策科学化的概念在20世纪50年代得到了一些人的响应和支持。其间,系统分析、统计学、数学以及经济学、社会学等研究领域里,也都先后发展出了一些新的研究工具的实用技巧。这些都为政策科学的兴起和实证化提供了条件。60年代,美国联邦政府率先吸收和采用了政策科学的研究成果,将其直接应用于联邦政府所面临的若干大型、复杂国策问题的研究和处理,成功地集中和组织了专业及生产力量,解决了诸如国防、空间探索、高尖新科技开发等领域里的某些问题,从而引起了各国政府和世界的普遍重视。其实,几乎在同一个时期里,我国以“大协作”、“大会战”形式成功研制的“两弹一星”等大型国策项目,也都包含了比较丰富的政策分析的理论和方法。可惜,由于各种原因,我们未能予以及时、系统、客观的总结升华,加以推广。

政策科学被普遍接受且得到迅速发展,是在20世纪70年代。其间,不仅涌现了大量的有关政策科学的专业性的研究咨询组织和学术刊物,而且政策科学无一例外地成为各工业发达国家主要大学的进修课程。以美国为例,仅在1975年,各主要刊物就发表了有关文章800篇以上;同年,全美计划联合会出版的实用分析研究集,则开列了4000份以上的社会计划的分析案例。[②] 在整个70年代,政策科学的理论和

---

① H. D. Lasswell, “The Policy Orientation”, in Daniel lerner and Harold D. Lasswell, *The Policy Science: Recent Development in Scope and Method*, Stanford: Stanford Univ. Press, 1931, p. 71, p. 15.

② Public Policy Science Document, Vol. 1, Pittsburgh: Univ. Center for International Studies, 1977; Arnold Katz and Julia G.. Lear, *The Policy Analysis Sourcebook for Social Program*, Washington, D. C: The National Planning Association, 1975.

技术不但在许多国家的各级政府得到了广泛应用，而且由于其潜力和普遍的适用性，同时也在私营部门得到了推广。可以认为，政策科学第二次世界大战以后，尤其是60年代之后最受注意的学科之一。进入80年代以来，政策科学的理论和方法已经成为工业发达国家政府乃至实业团体管理决策的基本方式，以至于形成了这样的现象：未作政策分析，不作政策决定。

二、政策科学的涵义与主要范畴

政策科学并不是一个或几个学科的简单的集合、发展或更新，而是一个几乎全新的研究领域。由于它具有明显的跨学科的特点并被广泛应用于各行各业、各个领域，因而迄今为止它所涉及的学科边界界线是模糊的，定义也莫衷一是。但它的主体理论、主要技术方法以及基本的学科范畴却是清晰可辨的。

一般认为，政策科学所注重的，是应用人类社会一切可能的知识以及与知识相关联的直觉、判断力、创造力来更好地制定政策。对所涉及的政策问题，它不仅强调对组成政策的诸元进行分解式的单体研究，而且要求对诸元之间关系的结构及其作用力，以及由此而产生的特质进行整体性的分析。其基本的价值衡量标准，是要设计出既符合社会大众的利益和政治、经济、文化、伦理观念，即具社会可行性，又符合政策者的既得利益和意识、目标，即具组织可行性的政策。与此同时，政策科学十分注重对政策制定系统本身的研究和改进。换言之，政策科学一方面强调政策适用者或社会对象的分析，另一方面则注重政策制定者及其所属系统、程序、方法的优化。

在哲学意义上，政策科学所主张的，实际上是一个主观与客观相统一、主体与客体相适应的过程。这一过程之所以重要，是因为任何高效益的政策都是以一个良好的政策制定系统为基础的。对这一过程的重视，是政策科学的一个突出的特点，并因此在实践中显示了充分的效用。基于这一过程中公共政策问题所涉及的动态因素之多，所以政策科学特别强调“选择性”的意义。可以认为，一切涉及选择现象的研究和应用，都可归属于政策科学的范畴。政策科学中的选择性至少具有四重涵义，即正确的社会调查方法和政策分析技术的选择性，恰当政策信息的选择性，政策讨论或争论的选择性以及政策自身的选择性。

综上所述，我们可以看出，政策科学是这样一门学科：它以现实、合理、有效、可行的政策为追求目标，通过诸如定性与定量、实际与假设、理念与创造力、想象与可行性、战略与策略等一系列理论和技术方法的有选择的应用，并通过政策制定系统的改进，来制定切实可行、行之有效的政策规范，以解决那些直接关系到社会公众生存条件和人类社会未来的公共政策问题。一般说来，政策科学主要有以下五个方面的研究和应用范畴：

（一）政策战略

政策战略主要包括为某一特定政策所制定的指导性原则、基本的政策假定、战略选择、总体构想、目标战略、政策适用范围以及政策制定所应遵循的主要方向和应有的态度等。政策战略的中心问题，是要界定既定政策问题的特质，并根据界定设定本政策的基本选择。在实际过程中，政策战略的制定通常都要经过确切的审查和反复评价，以避免疏漏潜在可能的重要的不同选择。由于政策错误而导致的重大政策失误不胜枚举，反之亦然。因此，政策战略历来为实际政策制定过程所倚重。

（二）政策分析

政策分析是政策科学中技术性、操作性最强的一大组成部分。它综合和发展了系统分析和经济学的定量分析的方法以及传统政治学的定性分析的方法，其目的和效用在于运用模型和各种解决问题的技巧，以识别和发现可能的政策选择，改进政策质量，按照所选择的政策战略制定出政策涉及各方都乐意接受且得益的优化政策。

（三）政策制定系统的改进

它所要解决的，是使政策制定系统变得更加符合社会发展进步和公众的要求。在改进过程中，通常会涉及政策制定系统政策权的归属及其运作方式，系统的组织结构和人员素质，相关政策信息的收集、选择和运用的能力，政策形成的过程或制定的程序，系统对社会环境的动态反映以及与此相一致的政策修正能力等。按照“黑箱理论”，判定一个政策制定系统是否需要改进的主要标准，是根据其所制定的政策是否具有较强的时效性因而为社会所接受。

（四）政策评估

所谓政策评估，简单地说就是根据一定的标准去分析判定一项政策的社会效用度。它实际上是一种对既定政策的监控和价值判断的过程。政策评估所涉及的活动有三,即说明所欲评估的目标,量度政策成效的标准,检讨政策的得失以及分析政策投入、政策效力和政策效率。[①] 政策评估是与政策设计要求和政策执行情况相联系的。一般而论,它是整个政策过程的环节之一,但它并不总是正当合理或必不可少的。在某些情况下,政策评估不但无益,反而有害。[②]

(五) 政策科学的发展

由于政策科学主要以现实政策问题为研究对象,而现实政策问题的生成变化条件由于人类社会的发展进步及随之而来的新的矛盾的产生几乎是永无止境的,而其解决办法也几乎是层出不穷的,因此,不断地吸收新的研究成果,总结新的研究方法,开拓新的研究领域以保持政策科学的活力,是政策科学的基本的学科使命之一。

三、政策分析模型及其意义

政策分析模型是政策科学实证技术的主要构成部分之一。大体上说来,任何科学的政策制定过程都包含有制作政策分析模型的程序。不同的政策分析模型适用于不同的政策需要,因此,正确地选择政策分析模型是十分重要的。

(一) 政策分析模型的意义

模型是客观物质世界之于人脑的精神映象,是人类用以表述、实现或检验自身理论思维成果的主要工具。但模型不是对客观世界的直观、全部或原始的摄入,而是经由人脑加工之后所形成的有选择的、由相关概念集合而成的对现实事物的简化、模拟和抽象。模型可以是实体的、观念的、象征的、过程的,也可以是等式的、图表的、图形的、声像的。它可以用于解释或证明,也可以用于描述或预测。

事实上,所有的政策制定者都是根据自身头脑中的模型作出政策选择的。但由于学识、经验以及与之相关联的直觉、个性特征等引导条件的不同,即使是同一政策问题,不同的政策制定者很可能作出不同的

---

① 林永波、张世贤:《公共政策》,台湾五南图书出版社 1973 年版,第 319—339 页。

② C. H, Welss, *Evaluation Research: Methods of Assessing Program Effectiveness*, Englewood Cliffs: Prentice-hall Inc, 1972, pp. 10—11.

甚至是截然相反的选择。因此，问题不在于是否应当使用模型，而在于如何在诸多可能的模型中自觉进行准确反映真实事物的选择。[①] 所谓科学决策与非科学决策的区别也就在此。

政策分析模型的意义就在于，它可以使用成套的理论和方法，帮助决策者突破自身的局限性，在众多的变量及其复杂的相互关系中作出正确的选择。政策分析模型基本上是一种工具。它的主要功效，在于它能够为决策者提供融假设、定义、描述、解析、对策于一体的分析模型，以提高政策质量。由于政策分析模型通常是由与既定政策无关的一组专业人员制作的，因而有助于避免既得利益或情感倾向的不利影响以及个人的好恶、偏见的干扰。

（二）政策分析的基本模型

由于公共政策问题几乎涉及社会生活的每一个领域，而不同的政策问题需要从不同的角度加以分析研究，因此政策分析模型是非常多的，相应的分类标准也众说纷纭、莫衷一是。若以模型所使用的方法论为主要划分标准，政策分析模型主要有以下几种基本的类别：

（1）描述模型，亦称行为模型。它主要以政策选择与政策选择后果之间的对应逻辑关系为研究对象。具体说来，描述性模型是要通过描述现实特定社会系统的动作途径和动作方式，来说明某些变量的改变会如何影响系统内其他变量乃至整个系统的变化。

行为与后果之间的关系是最常见也最复杂的人类社会现象之一。从一定的意义上说，政府公共行政管理的全部职能都是围绕着获求公共政策与社会效果之间的最佳平衡展开的。因果关系及其选择性正是模型的功效所在。在实践上，描述模型常被用于预测和监控公共政策所造成的社会影响。例如，提高税收将会对我国经济发展的后续力以及社会的政治过程产生什么样的影响。如果再将提高税收的种类和幅度考虑进去，即增加变数，那么，需要描述的政策后果将会复杂得多。

（2）规范模型，亦称标准模型。与描述模型相比较，规范模型的主要功效不在于阐述性的描述，而在于为实际的政策选择提供规则和建议。换言之，它是要在若干可能的政策选择中，通过一定的有规则的分析，帮助决策者作出最佳选择。通常，在程序上，规范模型首先寻得

① Edith Stokey and Richard Zeckhauser, *A Primer for Policy Analysis*, N. Y.: W. W. Norton &Company Inc., 1978, p. 8.

可能产生最大效益的政策的价值（自变量），然后评估决策所期望得到的政策结果的价值（因变量），最后提出现实选择。

规范模型一般用于客观因素相对稳定和肯定的政策类别。它可以直接用于寻求将会产生最大利益的政策选择。比如，某公司若想了解将钱存入银行将会有什么样的收益，就在以建立如下分析模型：$S_n=(1+r)^n S_0$。

模型中 S_n 是存入银行若干年之后的总额，r 是存入钱款的利息率，n 是存入年数，S_0 是最初存入的钱数。其中 r 是政策选择者所无法控制的，但却是唯一的选择依据。如果将银行的利率变化作为变量考虑进去，而政策者知道几种可能利率的概率，那么这时的分析模型就变成了确定型的概率模型。如果政策者无法肯定可能的概率，或将银行的可靠程度等也作为变量考虑进去的话，就不再属于规范模型。

（3）语句模型。语句模型是应用最广泛的分析模型。它的最大特点，是安全运用自然语言来表述对特定政策问题的分析判断。它的最大好处，是易于在专家和外行之间进行充分的沟通，因为自然语言毕竟是每一个人都熟知的工具。但语句模型的分析判断，容易出现不够严谨或过于含蓄的现象，因而理解上容易出现歧义。

（4）符号模型。符号模型使用精确的数字符号以描述那些直接影响特定政策问题属性的主要变量及其相互关系。它主要使用数学和统计学的逻辑方法进行分析、预测和提出对策。因其方法论上的这一特点，它在包括大部分政策制定者在内的人员进行沟通方面存在着明显的困难。

符号模型基本上是量化分析模型，其成本并不比语句模型高。在初中上，由于一个符号模型事实根本不可能包含一项政策问题所涉及的全部变量，所以，符号模型一般都是依据“主导矛盾决定事物的性质”的原则，来选择基本的变量。但有时候，由于客观现象的错综复杂性，即使是极富经验的专家在选择基本变量时也可能犯错误。

（5）程序模型。程序模型主要使用一系列基本的程序以阐述那些被认为足以影响一项政策问题特征的各项变量之间的动态关系。程序性模型主要用于未来研究。在程序性模型中，发展趋势预测及其相应的解决办法，主要是根据一定的发展过程或序列，通过对一组可能具有相关关系的变量的模拟或设定而实现的。之所以如此，是因为事实上根本无法得到与特定政策问题相关联的诸项变量的充分的数据资料，所以，模拟或设定是唯一的选择。

程序性模型也使用数字符号来估计政策后果，它与符号模型的主要区别在于，符号模型依据的是现实数据资料，程序性模型则主要是假设或模拟。程序模型一般是通过计算机完成的，因而成本相对较高。但其模型结果在多数情况下可以用非技术语言表达出来，因而易于进行沟通。程序性模型的最大困难，在于难以建立公正合理的模型所需要的数据资料。另外，因其是模拟和设定，因而很难进行政策讨论。

除以上诸项模型类别外，若以模型的基本假设前提或总体指导为划分标准，政策分析模型则还可以分为理性决策模型、渐进决策模型、综合决策模型、机关组织决策模型、团体决策模型、精英决策模型、竞争决策模型、系统决策模型①，以及经济合理模型、顺序决策模型、超理性模型、剧烈改变模型、无为模型等。

应当指出，政策分析模型的确具有多方面的功效，但并不是万能的。在诸如带有强烈的政治色彩、超理性因素起重要乃至主导作用、价值观念与现实生活存在尖锐冲突、现有组织无法执行既定政策等过程中，由于政策者的不足，也可能出现诸如错用模型或与现实混为一谈，或陷入过多的琐碎数据资料而自我困扰、无法自拔，或歪曲事实、削足适履，或用停止、封闭、静态的观点和方法来看待和处理发展、开放、动态的现实事物，或错用模型而付出机会成本等。

四、预测与政策选择

预测是一种建立在有关政策问题本质评估基础之上的、旨在阐明社会一定发展可能性的政策方法。它所要说明的，主要是现实与未来的因果关系。具体说，则是因未来而制定政策或因政策而产生未来。在许多情况下，这两种过程是可以循环倒置发生作用的。一般而论，一项符合要求的政策分析必然包括对不同的政策选择将产生的后果所作出的预测。

政策分析以过去（已经发生的）、现在（正在发生的）和未来（可能将要发生的）的多种变数及其相互关系为研究对象。在这一过程中，作为

---

① Y. Dror, *Public Policymaking Reexamined*, N. Y.: Chandler Punishing Co., 1968, pp. 124—138.

一个主要变量的政策选择的介入，将会使原变量及其相互关系发生新的甚至可能是根本性的变化，而变化是有好有坏或不好不坏的。因此，无论在逻辑关系上还是在实际效用上，对政策选择后果提前作出预测都是十分重要的。事实上，任何政策都是关于未来的设计和规定。对公共政策而言，从积极意义上说，预测是“主动进取”现代行政精神的体现。从消极意义上说，没有相对精确的预测，即在无法估计或没有估计既定政策所可能造成后果的条件下的施为，不但是不科学的态度，更是对公共权力的滥用，其后果极可能是不良的甚至可能是灾难性的。

科学的预测观及其技术方法，不仅有助于避免和防止公共政策的非预期的、消极的后果，而且有助于正确和全面地吸取历史的经验教训，克服由某些历史原因（如传统的道德、伦理观念，重大的历史事件和重要的历史人物等）所可能形成的偏见对未来抉择的影响，按本来的符合实际的意愿制定政策。

（一）未来与预测的对象

在政策分析中，与预测相联系的未来主要有三种情形：第一，潜在性未来，是关于未来多种可能状况的阐述。这些可能的状况之一种，最终是会实际发生成为现实的。对于潜在性未来，政策介入一般不易产生直接的重大的影响；第二，可能性未来，是建立在关于自然界或人类社会自然因果关系假设基础之上的未来。如果没有政策介入以改变起因，那么未来将按自然因果关系发生，政策介入则将会明显改变未来的性质或作用方式或范围等；第三，规范性未来。其最主要的特征有二，一是未来的可能性恰恰与政策者关于未来的需要、价值观念和机会的概念相一致，二是允许分析人员将潜在未来或可能未来限制在一定的区域里加以讨论，通过定位分析来预测未来。

以上可见，政策分析所说的未来，实际上都是以一定的政策介入为讨论前提的。因此，所谓预测，实际上是指在未来可能产生什么样的后果。在这方面，预测至少有四种对象：①其一，现有政策后果的预测，主要用于评估在没有任何新的政府行动条件下而可能发生的社会变化。因此，现有公共政策是预测未来所要考虑的主要变量；其二，新政策后果的预测，主要评估在新的公共政策作为主要变量介入社会运作过程

① William D. Coplin, *Introduction to the Analysis of Public Policy Issues: From a Problem-Solving Perspective*, N. Y.: Learning Resources in International study, 1975, p. 21.

条件下所可能发生的社会变化。一般来说，这是一种整体性预测；第三，新政策内容的预测，主要用于评估新政策技术性的或幅度性的或时效性的规定的改变所带来的影响。有时，这种预测也可用于对不同的公共政策主体所制定政策的横向的预测比较评估；其四，政策参与者和相关权力主体行为的预测，主要用于评估以上人员或团体对一定新政策的支持、反对或暧昧态度。在现代民主宪政体制的国家里，政府虽然持有制定公共政策的主导权，但在具体的公共政策问题上，相关的社会权力主体的影响力和制约力也是显而易见的。即使在政府内部，不同意见也是时有发生的。他们的态度和行为对于政策的形成及其贯彻执行是至关重要的。因此，对他们的态度和行为的预测就成为政策预测的对象之一。

(二) 预测的基础与主要形式

政策分析中的预测有三种基础及其与之相联系的三种形式，即趋势推导与设计性预测，理论假设与前示性预测，主观判断与假设性预测：

(1) 趋势推导，是一种基于对历史和现实的观察而对未来的可能的发展趋势所作的某种推论。趋势推导的基本假设是：事物的发展有一定的延续性和重复性，因此，过去发生过的和现在发生的事情将会于未来再现。趋势推导的前提条件是：没有新的政策介入或非预测性事件的发生；其落点，则是事物生成变化的诸项变量及其相互关系。趋势推导基本上是一种逻辑归纳的方法，主要通过对特定的对象的观察来推断出一般性的结论或要求。

趋势推导与设计性预测相联系。后者是一种建立在趋势推导即历史和现实之于未来的影响之上的，根据关于未来的设计要求所作的预测。所谓设计要求则是综合有关研究方法和类同案例的不同意见作出的。其中，关于特定方法和不同案例类同点的有效性的假设，常被用于对设计要求的合理性评估。

(2) 理论假设，是一种系统的结构或一组可供实证的经验性的法则或建议。它所要验证的，是基于一事件的发生而发生的事件。理论假设通常被用于说明和解释不同事件之间的因果联系。理论假设基本上是一种逻辑演绎的方法，其推理的起点常是一定的公理或法则，其逻辑结论则常构成特定政策问题的规范性原则。

理论假设与前示性预测相联系。前示性预测主要是依据一定的清晰的理论假设而对某一事件发生可能性所作的推论。这里所说的理论假设，既可以是一定的公理、法则，也可以是一定的定理、定律，还可以是一些具有一定普遍适用性的理论。前示性预测的最大好处，是可以详细说明一般性的力量，如权力、权威、关系、程序、高技术等对特定事物的影响。

（3）主观判断，是一种主要依靠悟性、直觉或灵感的思维方式。在政策预测中，主观判断主要由专家或学识渊博者提出，一般被用于理论或经验资料不充分乃至无效的预测类别。主观判断通常使用逻辑反证的方法，即推理的逻辑起点是未来的某种需要而不是现实的要求。未来，需要的合理性则是以一定的假设为支撑的。根据未来需要回溯现实所制定的政策，是主观判断的逻辑终点。

主观判断与假设性预测相联系。后者主要是一种基于未来社会一定发展前景的主观认同的预测。这里所说的主观认同，主要是指与关于未来的一定的动机相联系的直觉、悟性、心智创造力或由于参与政策制定过程而得到启发的潜意识。无论是哪一种情况，都可以作为判定现实政策的依据。

除了上述所讨论的一些问题外，属于政策科学次级研究范畴的主要问题还有：政策问题的认定与政策问题的构成，政策规划与政策合理化、次优政策选择与政策行动推荐，政策执行与政策监控，以及各个部分相一致的较为细致的众多的技术方法。

论理性主义公共政策分析的局限性*

一、导　　言

自19世纪以来，“理性主义”作为一种价值观念、一种思维方式、一种方法论逐渐盛行于世。在这里，“理性主义是指用理性方法去解释宇宙间的现象、用理性去分析各种问题，和用理性方法去管制个人和社会的生活的各种活动”①。工业化大生产构成了理性主义直接的物质基础和现实基础。这是因为，工业化大生

* 原文发表于《北京大学学报》1997年第4期。

① 伍启元：《公共政策》，香港：商务印书馆1989年版，第338页。

产既具有典型的技术特征，又具有明显的资本特征，前者在客观上要求生产的准确性和精度，后者则在主观上要求成本的最低化和利润的最大化，而这两个方面为了实现既定的目的都会要求决策和管理的理性化。这种主观与客观相一致的诉求扩大到国家和社会公共生活领域里，就会要求政府公共政策的理性化和政府公共行政管理的理性化。第二次世界大战以后，随着大量的相互关联、相互制约的公共政策问题的出现及其日趋复杂化、尖锐化、广泛化、动态化，政府的经济政策、社会政策、外交政策等公共政策再度成为实际政治的中心问题；相应的，有关公共政策的质量开始引起社会的普遍关注并逐步发展成为一种专门的学科即公共政策分析。从那时以来，用理性的观点和方法建立最佳的政策分析模型并以此为基础推导政策决定逐渐成为了一种基本的价值观念，继而在广泛的公共政策领域里发展演变成为理性主义（理性化）的公共政策分析。“理性决策”几近为“科学决策”的同义语。但是，随着人们政策实践的进一步丰富化，人们亦愈来愈感觉到，在公共政策分析的领域里，尤其在宏观公共政策的关键性抉择方面，现行诸多的理性主义的公共政策分析方法不仅常常无济于事，在某些情况下还可能将人们导入误区；相反，某些超理性或非理性的、甚至被理性观点视为“反理性”的方法—例如：判断、直觉、灵感、意志、隐含的知识、超感觉交流等等，却帮助人们在许多涉及方向性或倾向性的问题上作出了正确的判断。这就促使人们思考这样一个问题，即在公共政策问题上、尤其在涉及其中关键性抉择的问题上，什么是理性？理性主义存在误区吗？为什么理性主义存在误区、存在哪些误区？这些误区能够克服吗？本文试图讨论这些问题。

二、理性主义公共政策分析的缘起

在哲学的意义上，理性（reason）或理性论（rationalism）是与经验论（empiricism）相对立的。其哲学意义在于确定理性是知识的主要来源及其检验标准。这种理性自 17 世纪开始始终是科学发展的主要动力之一。它依靠逻辑和数学的方法寻求普遍适用于客观世界的自然法则，并因此建立了近代自然科学的基础。当人们将理性的理念和方法应用于社会现象和历史现象的研究时，便开始了近代社会科学的研究，亦同时产生了理性主义研究的某些误区和困境。社会生活领域里的所谓理性(rationality)，与哲学思想史上所说的理性和理性论不大相同，其一般意义通常是指一种趋利避害的思维模式和行为模式；在实际过程中，这种思维模式和行为模式主要表现为扩大目标成就的行为选择①。受理性支配的"理性人"通常具有以下特征：

(1) 当其面对多种选择时，他会作出一个决定；

(2) 他会根据自己的价值偏好在各种可能的选择中列序和优序；

(3) 他的价值偏好会随着时空转移；

(4) 面对同样的选择他会作出同样的决定。②

现代公共政策所说的理性主义或理性化，主要是指特定的政策主体为着一定的目的，利用一切可能收集的资讯，经过客观和准确的计算或度量，以寻得最佳的政策手段和最大值的政策结果③。就其理论渊源而言，现代公共政策分析中的理性主义倾向与现代公共行政学的兴起与发展有着密切的关系。1887 年，伍德罗·威尔逊在标志着现代行政学发端的《行政之研究》一文中，提出了政治制度决策、行政制度执行的观点④；之后，古德诺又提出了政治与行政"两分法"的观点⑤。他们都认为，由于公共行政(人员)只在执行由政治(人员)所决定的政策，因此，他们完全可以在价值中立的基础上，客观地运用科学的方法，即理性的方法有效率地执行政治决定。至于政治决定，由于涉及复杂的人与人之间的关系以及其他变数，因而不适宜作科学的探讨。同一时期马克斯·韦伯提出的理想的"官僚制科层组织理论"⑥和这一时期兴起的"科学管理运动"⑦，从理论和实践两个方面为上述理论提供了支持。但是，在两次世界大战之间，一部分政治学者受到科学管理实践效用的鼓舞，开始对政治现象进行较为细化的分类研

---

① R. A. Dahland, C. E. Lindblom, *Political Economics and Welfare*, N. Y.: Harper &Brothers, 1953, p. 38.

② A. Downs, *An Economic Theory of Democracy*, N. Y. Harper &Brothers 1975, p. 6.

③ 参见伍启元:《公共政策》,香港:商务印书馆 1989 年版，第 332 页。

④ Woodrow Wilson, "The Study of Administration", *Political Science Quarterly*, Vol. 2, June, 1887, pp. 197—222.

⑤ Frank J. Goodnow, *Political and Administration A Study in Government*, Macmillan & Co. Ltd 1914.

⑥ Marx Weber, *The Theory of Social and Economic Organization*, Free Press, 1947.

⑦ 〔美〕哈罗德·孔茨、海因茨·韦里克:《管理学》(郝国华等译)，经济科学出版社 1993 年版，第 28—31 页。

究，并主张应用经济学、统计学、数理逻辑等方法对政治现象进行验证性的或实证性的研究，试图将政治决策和社会管理亦建立在理性的基础之上。在政治领域里，理性的基本概念被定义为通过理性的行为选择以实现既定的政治目的，或者通过理性的政治行为以实现既定的社会目的。[①]

特别在第二次世界大战以后，鉴于理性化的"作业研究"、"系统分析"、"管理科学"一类研究方法在工程技术、经济管理等领域里显示出了惊人的效用，亦由于公共政策质量不佳所引发的社会问题日益成为社会关注的焦点，还由于电子计算机的产生、发展和广泛应用大大提高了人们解决多变数、大容量计算问题的能力，从而激起了人们用理性主义的观点和方法解决一切人类自身问题的欲望和热情。一些国家的政府和研究人员开始把理性化的研究分析方法广泛应用于各种公共政策问题，并因此形成了以提升公共政策质量为主要诉求对象的现代公共政策分析。一直到 20 世纪 80 年代，以理性化的公共政策分析为基础的政府的公共决策不仅被认为是唯一科学的、必须的，而且被认为是高度可行的、现实的。

不可否认，在世界的范围内，用理性化的观点和方法看待、分析和解决问题，是第二次世界大战之后自然科学和人文社会科学研究的主流，亦是现代公共政策分析的主要特征之一。但是，过分强调理性主义政策分析理念的合理性、分析方法的可靠性，相信其可以适用于一切领域、一切时空、一切问题，亦形成了一种观念和思维方式上的"迷思"(myth)，并在制定和实施公共政策的实践中造成了相当的误区、困境和消极后果，以致出现了这样的现象：一方面，在专业和学科的领域里，提出和形成了一整套的关于理性化公共政策分析的理念、知识和经过详尽诠释的方法；另一方面，在具体的政策实践中，政策者却往往因为这一套理念和知识在技术水平或具体操作上不得要领而无所适从，不得不依靠自身在实践中积累和运用的一些政策经验。在美国，理性主义的公共政策分析大约只对 20%—25%的公共政策产生了影响，其余大部分的公共政策都是由另外一些方法及其组合决定

---

① 参见 A. C. Isaak，*Scope and Methods of Political Science*，Homewood The Dorsey Press，1969，pp. 188—189.

的。[1] 在宏观公共政策分析领域中，情况尤其如此。[2] 理性主义公共政策分析的这种理论与实践相脱离、理论不能直接服务于政策实践的状况直接引发了关于理性主义公共政策分析局限性的讨论，促使人们从各种不同的角度去探讨其产生局限性的缘由，进而研究有效的解决办法。

三、理性主义公共政策分析的局限性

一般而论，一项理性主义的公共政策分析及其理性选择要求同时具备以下要件：

(1) 知道所有的社会价值偏好及其在社会人群中的比重；

(2) 详尽了解相关资料，并以此为基础制定各种可能的政策方案；

(3) 充分把握每一种政策方案各种可能的结果；

(4) 准确估计每一种政策方案的损益期望值和社会价值比；

(5) 合理选择最为经济有效的政策方案。[3]

从实践的情况来看，要在一项政策过程中同时具备上述诸方面的要件几乎是不可能的。按照上述标准进行理性主义的公共政策分析，要么事实上无法进行，要么会陷入各种可能的误区或困境。这主要是因为，对任何具体的、实际的公共政策问题来说，政策的分析过程和决定过程都是一个极具复杂性和挑战性的过程。这种复杂性不仅来自人类认同自身现实生活和未来社会基本原则的感情倾向和利益追求，而且来自人类判别自然界运动法则和相互关系的时空界限；前者导致了政策决定者对社会基本价值标准的不同理解，后者则造成了政策分析者应用理性化分析方法的有限性，从而使得理性主义的公共政策分析只具有部分的、过程的意义，而不具有全部的、结论的意义。

通常，一项理性主义公共政策分析的全过程包括两个相互联系的

---

① 林德金等：《政策研究方法论》，延边大学出版社 1991 年版，第 63 页。

② 〔以〕叶海卡·德罗尔：《逆境中的政策制定》(王满传等译)，上海远东出版社 1996 年版，第 135—136 页。

③ T. R. Dye, *Understanding Public Policy*, Englewood Cliffs: N. J. Prentice Hall Inc. 1975, p. 27.

阶段，即公共政策决定(public policy decisionmaking)与公共政策分析(public policy analysis)；相应的，亦存在两个互为条件的主体，即公共政策决定者和公共政策分析者。两个阶段和两种主体在地位层次、责任性质和范围、价值标准、判断方法等方面存在着较为明显的不同。前者的基本任务表现为一种或多种价值的判断和取舍，后者的基本功能表现为一种或多种科学方法的应用。但“理性选择”(choice rationality)是对二者的共同要求。在公共政策分析的领域里，“价值中立”和“最优化”是基本的理念之一。所谓理性选择，主要是指政策决定者和政策分析者在公共政策分析的过程中，依据“价值中立”和“最优化”的基本价值标准在特定的公共政策问题上选优。就两个阶段、两种主体的关系而言，通常，政策分析者首先要从政策决定者获得一定的经过政策决定者选择的价值标准或价值倾向，然后选择和应用一定的分析方法进行具体的分析，并通过政策分析结果影响政策决定者；而政策决定者在给定价值标准或价值倾向时，已经具有和确定了一定的价值偏好，并对政策分析者形成了一定的影响。换言之，无论是政策决定者还是政策分析者，在具体的公共政策分析问题上，从一开始就不可避免地具有一定的价值取向，并在彼此互动的过程中相互影响。如果把互动扩大到社会主体的层面上，那么，与政策决定者和政策分析者相关的直接和间接的相互影响则几乎是无限的；如果再考虑到利益关系之于政策分析者和政策决定者的作用力，那么，以“价值中立”为逻辑前提的“理性选择”的结果，在实际生活中实在很难实现所谓“最优化”。不难理解，任何理性化的公共政策分析都是以政策决定者和政策分析者的理性态度、理性思维和理性方法为前提的。在这一方面，没有“人”的理性化就没有“事”的理性化，而人的理性化总是一个由“必然王国”向“自由王国”发展的过程。正是在人的理性化问题上，理性主义公共政策分析的逻辑起点显得先天不足。

理性主义公共政策分析的误区还在于，作为一种分析方法，它过于重视研究架构的合理性，过于相信研究模型的真实性，以至于忽视了这样一个基本的事实：研究架构和研究模型都是人为设定的，都只有真实世界的仿真或类比，都不可避免地要使用加权或模拟的方法，因而其真实性总是有限的[①]。其实，无论是人类社会还是自然界，无论是现实还是历史，无论是科学、技术还是意识、心理，都存在许多的偶然因素、不确定因素、不可预知因素和变化性因素。这些因素会造成研究架构的不完整性和研究模型的不稳定性，从而使得主张建立静态研究架构和数理研究模型的理性主义的公共政策分析常常出现预期目的与实践结果之间的距离，甚至背道而驰；同时，由于过分强调工具理性化(instrumental rationality)，理性主义的分析还可能出现"手段代替目的"的现象，进而导致所谓"理性虐政"，并且，理性工具愈强大，产生"理性虐政"的可能性就愈大[②]。这种手段于目的的本末倒置必定会导致公共政策的分析结果与实际情况的差距，进而导致政策失败。

理性是一种理念。在实际的公共政策分析过程中，实现这种理念的可能性由于主、客观条件的不同而存在着明显的差异。一般而论，由于主、客观条件的差异而造成的理性主义公共政策分析的局限性主要集中在以下几个方面：

1. 政策制定者和政策分析者的局限性

理性主义的公共政策分析有一个基本的假设前提，即政策制定者和政策分析者是公正的、客观的、理智的。从政策实践的情况来看，政策制定者和政策分析者的公正、客观、理智常常是极为有限的，有时甚至是不可能的，这主要是因为：

(1) 社会价值标准变动不居。由于利益、权力、信仰、道德、习惯、情感等等因素的交织影响，人们在同一公共政策问题往往会形成不同的抑或是相互冲突的价值选择。例如，在政府里，民选的、任期制的政治家(政务官)与考选的、终身任职制的行政官(常任官)，因其产生方式、任职期限、行为规范及责任对象的不同，相应的，亦会出现价值选择方面的差异和不同的政策取向。[③]

(2) 面对错综复杂、彼此冲突的价值选择，政策制定者和政策分析者常常难以进行合理的比较和妥当的权衡，政策选择在主观上也将

---

① R. J. Thierauf and R. C. Klekamp, *Decision-making Through Operation Research* NY: John Wiley & Sons Inc, 1975, pp. 22—24.

② 参见伍启元：《公共政策》，香港：商务印务馆 1989 年版，第 365—373 页。

③ W. I. Jenkins, *Policy Analysis: A Political and Organizational Perspective*, NY: St. Martin Press, 1978, pp. 142—145.

随之陷入困境。例如，在公民个人权利与国家利益、公民个人自由与社会秩序孰重孰轻、孰先孰后一类的问题上，公共政策的价值选择常常会定位困难、左右为难。东、西方国家由于在这一类问题上存在着深刻的、源自历史文化的差异，迄今仍在发生激烈的有关价值标准的冲撞。

(3) 政策制定者和政策分析者个人的能力、智慧、知识、经验等方面的局限性使其无法针对具体的公共政策问题作出理性的选择。例如，在众多的产业中确定基本的或重要的价值并相应实行政府产业扶持，常常由于决策者判断失误而出现政策偏差，造成国民经济产业结构失调、朝阳产业发展滞后和国家资财的浪费。另外，政策制定者和政策分析者的个人动机的复杂性、因循守旧的保守性、不负责任的工作态度以及惰性等等，都会在相当的程度上影响他们的理性选择。

2. 政策分析方法的局限性

理性主义的公共政策分析主要依靠数学模型(计算机)和逻辑推理的方法进行分析，而这两种方法不仅在政治性、社会性公共政策问题上具有相当大的不可为性，即使在技术性、经济性公共政策问题上也存在着一定的误区：

(1) 理性主义的公共政策在数理分析方面的假设前提是：几乎一切资料都是可以数量化的，而数字是最真实的，因此经过精确计算的量化分析的结果是最可靠的。不可否认，第二次世界大战以来，由于电子计算机的发明、普及和长足的进步以及与之相一致的计算方法的丰富化，人类的计算能力有了巨大的增长，以数字为基础的量化分析较之其他许多方法亦的确具有准确、严谨、客观等特点。但这并不足以克服其先天性的缺陷。这可以从三个方面加以认识：

第一，理性主义的公共政策分析过于重视数字或数据以及建立在数字或数据基础之上的数学推理方法，而数字恰恰可能是“最大的谎言”。诚然，数字本身是不会说谎的，但提供数字的人或组织则有可能不诚实，收集和计算数字的方法也有可能脱离实际情况，从而导致计算错误，进而导致政策偏差。在宏观公共政策问题上，数字或数据的失真会导致整个政策的方向性的错误。在这方面，理性主义公共政策分析方法的严重局限性，表现在过分抬高数学程序的重要性而将其应用于不适合数学计算的领域。[1]

第二，迄今为止，不论何种分析模型，最大限度上只可能是“仿真”而不可能是“全真”。分析模型就其性质而言只是对现实事物的简化、类比、模拟和抽象，而不是、也不可能是现实事物本身。在通过数理模型进行实证性公共政策分析的过程中，模型时常与现实混为一谈，或者陷入过多的数据而无法自拔，或者倒因为果、削足适履、歪曲事实以符合模型，或者用封闭的手法截断现实因素的联系及其发展变化，或者错用模型而付出机会成本。[2]

第三，公共政策在某种意义上可以理解为是公众政策，它在本质上是关于社会价值的一种权威性的分配[3]，具体则表现为政府选择作为或不作为的行为[4]。在现代民主国家里，政府的每一次政策选择都应当抑或不得考虑到公众的态度倾向和心理状态，而态度、心理、动机、感情、情绪、潜意识等人类特质及其相应的行为选择，事实上是很难准确地进行量化处理的。许多例证说明，即使在上述人类特质问题上进行加权量化处理，其准确性仍然不大可靠。例如，在涉及民族、宗教、领土以及财产关系等问题上，人们的行为倾向经常由于一定的“情结”而具有强烈的感情或情绪色彩以及与之相一致的盲动性、冲动性、激烈性、坚韧性、长期性，使政策制定者和政策分析者难以把握。

（2）理性主义的公共政策分析在逻辑推理方面的假设前提是：逻辑推理、尤其是数理逻辑推理是最严密和精确的，因而其结论是最可靠的。的确，任何科学都离不开逻辑，任何科学都是在应用逻辑，甚至反逻辑也离不开逻辑，公共政策分析亦不例外。在科学的公共政策分析中，诸如引入和建立概念的问题、提出假说和预测的问题、发现（归纳的方法）和思索（演绎的方法）的问题、检验和修正的问题等，都有赖于逻辑科学的支持。但逻辑科学的严密性和精确性并不等于应用逻辑科学的准确性和真实性，更何况逻辑学自亚里士多德以后的嬗变

---

① 〔美〕J. N. Kapur：《数学家谈数学的本质》（王庆人译），北京大学出版社 1989 年版，第 149 页。

② 〔美〕R. M. 克朗：《系统分析和政策科学》（陈东威译），商务印书馆 1985 年版，第 11—12 页。

③ D. Easton, *The Political System*, N. Y.: Knopf, 1953, p. 129.

④ 参见 T. R. Dye, *Understanding Public Policy*, Englewood Cliffs: N. J. Prentice Hall Inc. 1975, p. 1.

已使自身变成了一个激烈争论的场所[①]。逻辑在现代公共政策分析中的局限性可以作如下理解：

①多元的逻辑导致多元的结论。逻辑在本质上是一种思考的方法。现代社会是多元的社会，多元的社会必然有多元的思考，多元的思考需要多元的逻辑，多元的逻辑必然导致多元的结论。这一现象之于特定的公共政策分析，极易形成缘起于逻辑悖论的政策歧见，从而造成政策决定以及政策执行方面的困难。

②逻辑推理的有效性不等于逻辑结论的真实性。推理是逻辑的基本形式，推理的有效性构成了现代逻辑的主题。在逻辑科学中，推理是指从前提(已知命题）导出结论(新的命题）的思维过程，推理的有效性则是指结论是其前提的合乎逻辑的结果。但作为现代逻辑的主题，推理的有效性既不等于结论的真实性，也不等于前提的真实性，因为“有效的推理未必产生真的结论，而产生真的结论的推理未必有效；有效的推理中可能包含假的前提，而无效的推理中却可能包含真的前提。”[②]换言之，推理的有效性与现代逻辑的基本宗旨相一致，只在于寻求判断有效性与无效性的标准，在于前提与结论的一致性，而不在于寻求判断真与伪的尺度。但真实可靠恰恰是一切实证性公共政策分析的基础。这就使实证性的公共政策分析既不能不大量运用逻辑推理的方法，又不得不极力避免陷入其可能的迷宫。

③逻辑推理之于未来只具有或然性。公共政策分析在本质上是关于“未来或明天”的一套理念和方法，即根据过去和现在的知识对未来将要发生的情况作出预测，并相应作出政策规制。在理性主义公共政策分析的过程中，由于知识和资料的不完整性，借助逻辑进行推理或演绎以弥补其不足是经常的，尤其在涉及未来的分析中，借助逻辑进行推理其实是主要的选择，然而逻辑推理的结论可信与否却是或然的而不是必然的：其一，知识和资料的不完整性可能导致假设前提的错误，而假设前提的错误则一定会导致政策结论的错误；其二，即使知识和资料是完全的、充分的，基于现有的知识和资料推论明天的实际情况，亦难免由于“未来或明天”具有的不确定性(uncertainty）而出现目前推论与未来真实之间的偏差。所以，以逻辑推论作为分析和制定

---

① 《马克思恩格斯选集》(第3卷)，人民出版社1972年版，第465页。

② 尚志英：《思维的镜子——现代逻辑概述》，湖南教育出版社1988年版，第2页。

公共政策的主要的甚至是唯一的方法，在“未来或明天”出现非预期的政策后果是不足为奇的。

3. 政策分析条件的局限性

理性主义公共政策分析的又一个假设前提是，人类拥有、分析者具备完全的知识(perfect knowledge)、掌握全部的资料。这一假设立论显然过高估计了人类在一定发展阶段上的认知能力：

(1) 人类知识的局限性。在哲学的意义上，人类关于自然和自身的知识永远是相对的、有限的、发展的。在具体的问题上，由于个人所受教育和个人经历的有限性，其认知和理解问题的能力和水平亦是十分有限的；即使是高级专家，在学科快速分化的现代社会里，亦只具有狭窄的专业优势，面对错综复杂的公共政策问题，亦很难作出完整的政策判断。理性主义公共政策分析中所谓的“全知分析”(omniscient analysis)无论对于全人类还是对于个体人其实都是无法实现的。

(2) 分析资料的局限性。首先，知识的局限性难以避免地会导致政策分析模型在所需资料的收集、认定及其方法方面的盲区或误区，进而可能误导政策方向和政策结论；其次，即使资料的收集和认定及其方法一切正确，然而是否可以实际获取足量的真实资料仍然没有保障，因为出于各种复杂的动机和原因，资料持有者可能拒绝提供资料或者会提供虚假的资料。在另一些情况下，虽然在理论上可以获得足量的真实的资料，但由于成本太高而不得不放弃。[①]

(3) 时效的局限性。任何特定的公共政策都有其适用的时间跨度。离开了时间的有效性，任何公共政策分析都是无功的、无益的。在实际的公共政策分析中，存在三种直接影响公共政策分析理性化程度的时效因素：其一，事实上，就每一次政策过程而言，政策制定者和政策分析者都很难有足够的时间去全面学习相关的知识和收集充分的资料，因此，几乎全部的政策决定都是在有限分析的基础上做出的；即使如美国兰德公司这样有着悠久历史的专业政策研究机构，其完整和充分的政策分析充其量亦只占其全部政策分析 50％弱[②]；其二，政策分析模型是相对稳定的，现实生活却是快速变动的。这就有可能出现一种情况，即在政策分析的过程中、或在即将作出政策决定的时候，

① 林水波、张世贤：《公共政策》，台湾五南图书出版公司 1980 年版，第 23 页。

② 参见林德金等：《政策研究方法论》，延边大学出版社 1991 年版，第 70 页。

相关现实因素已经发生了变化，因而不得不另作打算；其三，由于时间错位，依据现实的知识和资料并不能够准确地预测每一种政策方案的可能的结果及其成本效益比，甚至不能够准确地预测主要政策方案的可能的结果及其成本效益比。这就大大降低了政策分析的可靠性和有效性。

四、关于理性主义公共政策分析的修正

从20世纪50年代开始，随着政策科学的建立和理性主义公共政策分析的兴起，相应亦出现了关于理性主义公共政策分析理念和分析方法的挑战性的批评，以及建立在批评基础之上的关于理性主义公共政策分析的修正。概括起来说，对理性主义公共政策分析的批评主要集中于它对主、客观条件的理想化的要求上。批评者认为，诸如知识的广博性、动机的纯正性、价值标准的中立性、数据资料的完整性、分析模型的真实性、政策方案的周全性、未来预测的准确性等项理性主义公共政策分析要求，都不是现实人类的知识和能力所能实现的。① 因此，理性主义公共政策分析的理念和分析方法不应当亦不可能是实际公共政策分析的唯一理念和唯一工具。尽管如此，批评者认为，如果进行适当的改进，那么理性主义的公共政策分析就可以成为基本的、重要的、现实可行的政策理念和政策研究方法。于是，人们开始研究如何弥补理性主义公共政策分析的某些不足，使之尽可能地克服局限性，以进一步适应实际政策的需要。研究的重点，则在于使理性主义的公共政策分析建立在"合理性"的基础之上。在对理性主义公共政策分析的所有批评中，渐进主义政策理论和有限理性政策理论最具代表性。

1. 渐进主义政策理论

渐进主义(incrementalism)政策理论前后演变为边际调适科学(science of muddling through)和断续渐进主义(disjointed incrementalism)，但其内涵和理论主张是前后一致的。渐进主义政策理论认为，由于多重主体的参与与制衡，政府的公共政策实际上只是过去政府活动的持续，只是根据过去的经验而对现行的政策作出的局部的、

---

① Y. Dror, *Public Policymaking Reexamined*, NY: Chandler Publishing Co. 1968, p. 133.

边际性的调适。这种调适源自渐进的政治、渐进的政府决策，并主要通过政党政治来实现。调适的成功与否则取决于是否能够在一种渐进演变的过程中逐步寻获关于既定政策的共同看法。因此，关于政策的社会趋同程度是政策成败的关键。[①]

与此相联系，渐进主义政策理论认为，基于广博理性(comprehensive rationality)的政策分析存在难以克服的局限性：首先，它是容易出错的，并且大家相信必会如此；其次，它不能全面解决价值与利益的冲突；再次，它耗时耗力耗资巨大；复次，它无法肯定地告诉人们可以有效地解决哪些问题；最后，它相对加强了政府集权的地位，违背了民主政治的原则。[②] 为了解决这些难以克服的矛盾，渐进主义政策理论主张援用"民主智慧寓于社会互动之中"的市场运作的原理，另行开辟一种分析和制定政策的途径，其要旨，不在于专家作出周详完备的全知分析，而在于广泛的参与主体了解彼此的价值偏好，透过妥协调适、良性互动进而实现政策的动态均衡(dynamic equilibrium)。渐进主义政策理论认为，其断续渐进政策模式与广博理性政策模式有着较为明显的不同，见下表[③]：

渐进主义政策理论如其批评对象一样亦受到了批评。批评意见认为，该理论不仅过于重视短期目标和现实行为，因而偏于保守，而且不适用于战争等基本的、重大的公共政策问题；同时，其党派调适的主张极易变成党派利益之争，失却公共政策的社会目的[④]。但是，渐进主义政策理论源于市场交易原理的"社会互动"，"有限分析"、"渐进调适"等理论确实大大拓展了公共政策分析的视野[⑤]，加强了公共政策分析的现实可行性，使之更倾向成为一种行动方法，而不仅仅是一门科学哲学。

---

① C. E. Lindblom, "Policy Analysis", *American Economic Review* Vol. 48, June, 1958, pp. 300—301; R. A. Dahl and C. E. Lindblom, 前揭书，第 82 页。

② C. E. Lindblom, *The Policy Making Process*, 2nd ed, Englewood Cliffs, New Jersey: Prentice Hall, 1980, pp. 19—25.

③ C. E. Lindblom, "The Science of Muddling Through", *Public Administration Review*, Vol. 2, Spring, 1959, pp. 79—81.

④ A. E. Tzioni, "Mixed Scanning A Third Approach to DecisionMaking", *Public Administration Review*, Vol. 27, No. 4, December, 1967, pp. 387—388.

⑤ 林钟沂：《政策分析的理论与实践》，台湾瑞兴图书股份有限公司 1994 年版，第 19 页。

广博理性政策模式与断续渐进政策模式比较

模式标准	广博理性政策模式	断续渐进政策模式
1. 目标与行动	两者明确区分，明确的目标是政策方案分析的前提。	两者不区分。两者相互混淆。
2. 目的与手段	明确目的与手段先确定目的再找手段。	目的—手段分析并不适宜且有限。
3. 好的政策	好的政策经由达到。	好的政策经由同意产生的最佳手段产生。
4. 分析的情形	广博的、周全的。	极有限：忽略了重要目的的后果、可行方案、价值标准。
5. 注重理论的情形	太依赖理论。	由于连续比较，减少对理论的依赖。

2. 有限理性政策理论

有限理性(limited rationality)政策理论认为，人类理性是有条件性的，是相对的。虽然在数学中理性可能是无与伦比的(即使这种高级创造活动也会受到)潜意识的支配，但在实际的社会活动过程中人们难以避免地会受到直觉或判断、经验、信息的准确程度、价值判断取向等等因素的影响。因此，“理性就是要用评价行为后果的某个价值体系，去选择令人满意的备选行为方案”[①]，而不是去追求最优、最大值的所谓客观理性(object rationality)。因为客观理性的政策方式只是理性政策方式的一种假定模式，只是一种形式理论，而不是真实世界中的政策方式。[②]

有限理性政策理论认为，在政策过程中，必须区分事实与价值，因为价值偏好并不能代替事实；必须区分手段与目的，因为一定的政策目的只是更远大政策目标的工具，理性只存在于这样一种系列式、层级式的手段—目的动态过程之中[③]。事实上，政府从来只是对有限

① 〔美〕赫伯特·西蒙：《管理行为——管理组织决策过程的研究》(杨砾等译)，北京经济学院出版社 1988 年版，第 74 页。

② 彭怀：《决策论奇才——西蒙》，台湾允晨文化实业股份有限公司 1971 年版，第 98—101 页。

③ 参见〔美〕赫伯特·西蒙：《管理行为——管理组织决策过程的研究》(杨砾等译)，北京经济学院出版社 1988 年版，第 4 章。

的政策选择进行有限的成本效益分析，并且从来不能肯定有限的选择已经包括了最佳的解决办法。除此之外，政府从来没有拥有、也不可能拥有完全的权力，随心所欲地设定和推行公共政策。据此，有限理性政策理论认为，现实政策分析和政策决定的选择标准、评估标准不应当、也不可能是最佳的(optimizing)，而应当、也只能是满意的(satisfying)或次佳的(second best)。确实，只有建立这样的政策标准，才有可能实现政策理论与政策实践的统一，进而提高公共政策的质量。

五、余　　论

理性主义追求的是理想化的纯理性，理性主义公共政策分析追求的是全知全觉、尽善尽美的分析，但迄今为止的人类的政策实践从来就没有达到过这样的境界。根据已往政策实践的情况人们有理由认为，纯理性只存在于人们的希求之中，而不存在于现实生活之中。人们若想有效地解决现实生活中的问题，就只能按照现实生活的逻辑制定和执行公共政策。在这里，现实生活的逻辑在于不仅要建立"真不真"、"对不对"的价值标准，而且要建立"好不好"、"行不行"的价值标准。从现在开始到可以预见到的未来，公共政策的最突出的特征和所面临的最大问题，将不再是它的理性化，而是它的复杂性、多元性、变化性、尖锐性以及因此而产生的分歧性。与此相联系，如何建立起综合了理性(数字、模型、推理、计算机应用等)与超理性(经验、直觉、潜意识、想象等)的政策理念和方法的公共政策系统，用以正确地制定和有效地执行公共政策，乃是下一个世纪政策科学的一项重要的使命。

重塑公共政策价值基点*

一、我们现在面临着什么样的结构失衡？

结构失衡状态处于若干个层面上，一方面，存在经济增长与环境保护失衡、收入分配失衡或社会财富分配失衡等，另一方面，也存在政府公共权力和政府管理的失衡。在这方面的失衡，更关键的是经济体制改革和政治体制改革的失衡、公共权力与公共责任的失衡，公共权力与社会权利制约体系的失衡，中央政府和地方政府关系的失衡。从可持续发展的角度看，还

* 本文系会议论文，原发表于《经济观察报》2003年10月13日。

存在发展目标与政府能力失衡、政府社会治理能力和自我能力约束的失衡、短期发展目标与中期发展目标的失衡。如果把失衡分成若干个类型，包括不可避免的失衡与可以避免的失衡；改革过程中预期到的失衡与始料不及的失衡；正面作用的失衡与负面作用的失衡等等。如果按照失衡的程度来分，可以大致分为临界点失衡、危险期的失衡和产生严重负面影响的失衡。

失衡可能带来的后果，在经济方面是导致经济发展失速、经济秩序紊乱、国际竞争力下降，影响可持续发展战略目标；在社会方面，导致社会矛盾的尖锐化、复杂化；在人文环境方面，导致生存环境急剧恶化，贻害全社会；在政治方面，危害到宪政体制。

这些失衡是当代社会诸方面矛盾的表现。有鉴于中国政治制度的特征，以及过去25年中国的政府主导政府推动的发展模式，我们现在所描述的某些系统结构失衡与政府宏观公共政策的价值选择有直接关系：

首先，从国家宏观经济政策价值基点来分析。

第一，我们一直以来以经济建设为中心，在现实情况里，以经济建设为中心变形为以GDP为中心甚至以项目为中心；第二，允许一部分人先富起来变成某些人通过不正当行为攫取社会不正当的财富，由此形成了社会的富豪群体，与此同时形成了贫困群体；第三，市场经济为主导的国家价值观在某些方面变形为市场规则至上，以至于几乎一切都具有可以量化的交换价值，都可以用来交换。由此，国家的主导意识形态—"效益优先、兼顾公平"，在实践中变形为目的高于一切。

其次，从国家发展战略与失衡的关系来分析。沿海发展战略导致了地区间差距的持续扩大；跨越式发展战略导致经济发展与社会发展出现落差；优势发展战略导致产业结构的失衡。

由此可见，过去25年的宏观公共政策选择，就是要通过非均衡发展道路、通过超常规、高速度的跨越式发展战略，实现国家的现代化目标。我们创造了"经济奇迹"，因此我们没有理由否认过去所采取的非均衡发展战略，但我们必须注意，在我们的国民生活水准得到比较明显改善之后，在国家经济总量得到大幅度提升之后，我们有可能遭遇同样创造了"经济奇迹"的东亚其他国家在1997年遭遇的类似的经济挫折，甚至经济危机。有鉴于中国与"东亚模式"国家及地区发展模式的某些同构性，我们有理由认真对待那些在1997年遭遇经济危机的东亚其他国家的经验教训。从经验分析，当我国的人均年收入达到1000美元左右时，我们将处于一个转折点：或继续高速发展，或陷入比较长期的徘徊。

“东亚金融危机”之所以发生在东亚地区，说明在东亚地区经济高速发展的历史进程中，确实内蕴和隐含着一些重大的问题。由东亚地区发展模式的主体特征所决定，问题的存在、发展及其交互作用，无不与政府的经济发展战略、金融政策、产业政策、公共事业政策等公共政策的质量有着直接的、重大的关系，无不与政府的宏观经济调控能力和公共行政管理能力有着密切的、甚至决定性的关系。换言之，政府公共政策的滞后、失误以及缺乏足够的前瞻性，政府公共行政能力的走低、弱化以及缺乏足够的坚定性，是造成这次金融危机的主因之一。

以史为鉴、以邻为鉴，我们有理由重新审视既定的发展战略和治理模式，通过积极调整国家宏观公共政策，有效地控制结构失衡问题，使政府继续成为推动国家发展的主导力量之一。

二、政府如何应对结构性失衡？

首先，我们需要调整国家宏观公共政策的价值基点，进而调整国家发展战略。

这包括两个层面的价值选择问题：

第一，变“效率优先、兼顾公平”为“效率与公平并重”。当然这种调整需要一个过程，并非一夜之间可完成。维护公平一定会影响到效率，一般而论，公平强调得越多，效率失去的可能性会越大，这是一般规律。如果单求效率，出台一个政策可以很快，但是政策有没有考虑到多方面的利益、是否会引发其他问题或在他方面付出代价就很难说了。例如拆迁问题，政府要完成城市改造，如果细致处理动迁居民的利益问题能会需要一个相对较长的过程，效率自然会受到一些影响。但如果政府的公共政策比较高明，可能会相对好地处理效率与公平两者的协调。需要强调的是，“公平与效率并重”，并不是说我们就不再注重效率，毕竟落后、不够发达是我们国家的现实，是主要矛盾，所以还要注重经济建设，而且还要注重发展速度。另外说的“公平与效率并重”是指从现在开始到未来20年的一个历史过程，表现在政策调整上也会有一个相应历史过程。

第二，变“以经济建设为中心”为“以经济建设为中心，实现社会均衡发展”。“以经济建设为中心”的提即使是在未来20年也并没有错，因为我们仍然是发展中国家，但关键是要再加上一句话：“实现社会均衡发展”，即“以经济建设为中心，实现社会均衡发展”。

只有把“效率与公平并重”和“以经济建设为中心，实现社会均衡发展”这两句话都作为国家宏观经济策的价值基点，我们未来20年的价值取向才是全面的、符合中国发展实际的。这是解决目前结构性失衡的个重要价值理念。

其次，我们需要辨证、重塑政府的公共管理典则。从政府改革角度来说，中国过去25年中已经发生了非常深刻的、具有制度变迁性质的改革。从本质与现象、主体与客体、理论与政策、观念与技术、内容与形式、制度与过程、历史与未来相结合的角度重新审视新时期的政府管理，我们可以从十个方面考虑政府新的公共管理的典则规范：

第一，制度保障，包括提供制度和实行制度优化。鉴于制度短缺与中国跨越式发展之间的矛盾，提供制度保障构成了21世纪初期中国政府新公共管理典则规范的核心内容。第二，社会正义与社会公平，是中国政府公共政策的基石，也是中国实现社会基本稳定、进而得以持续发展的基础。第三，依法行政，新时期中国政府行政行为的基本准则。第四，民主行政，新时期中国政府行政理念的基础。第五，效率行政，主要的绩效衡量标准。第六，规则行政，新时期中国政府公共管理的制度基础。第七，信用行政，新时期政府的公共道德准则。第八，民本行政，或曰善政，是一种政府公共管理的思想境界。民本行政的核心理念在于国民利益至上、国民意志至上。第九，专业行政。专业行政带来专业精英、专业思想、专业理论、专业方法和技术，进而有助提高中国政府公共政策的品质，提高行政效率，提高公共管理的有效性，进而有助于解决前所未有的问题。第十，发展行政，只有通过行政改革与行政发展交互影响、协调发展，中国政府才可能成为我们所希望的有能力继续推进国家现代化进程的公共权力主体。

有效执行*

——新时期中国政府公共政策的理性选择

一、有效执行：相关诠释

在本文中，“新时期”指中国共产党第十六次全国代表大会之后至21世纪初期；“有效执行”主要指各级、各类享有国家公共权力、承担国家公共职能的国家机关和国家公职人员，对两类国家意志—法律和上级政府，尤其是中央政府的符合法律的政策规范的遵从和执行的状态或程度，包括上述国家机关和国家公职人员对两类国家意志的遵从和执行的意愿或态度。

* 本文原发表于《北京行政学院学报》2004年第5期。

在这里，状态或程度与意愿或态度是统一的，其政策评价标准在忠实贯彻、全力以赴、不折不扣与阳奉阴违、有所保留、似是而非两个维度之间移动；"理性选择"在一般意义上主要指趋利避害的思维模式和扩大目标成就的行为模式，在公共政策的意义上特指寻求最佳政策手段和最大值政策结果的选择。

二、有效执行：现实缘由

"科学的发展观"的形成和提出[①]，事实上调整了国家主导意识形态，确立了新时期中国国家宏观公共政策的价值基点，势必对21世纪中国的可持续发展战略、国家公共管理模式，以至国家与社会，政府与市场的关系产生深刻和长远的影响。相应的，"正确的政绩观"的形成和提出[②]，则为实现科学发展观的"以人为本"、"协调发展"等新时期的国家宏观公共政策的价值基点，以及2004年宪法修正案的"公民的合法的私有财产不受侵犯"、"国家尊重和保障人权"等许多新的宪法原则[③]，提供了政策执行的价值标准和各级政府组织的行为规范，同样会对21世纪中国的可持续发展战略、国家公共管理模式，以至国家与社会、政府与市场的关系产生深刻和长远的影响。在公共政策分析的意义上，尽管科学发展观与正确政绩观都可以被视为宏观公共政策规范的范畴，正确的政绩观亦可以被视为新时期中国国家宏观公共政策的价值基点的一部分，但后者的着力点却明显归属于公共政策执行规范的范畴。本文认为，正确的政绩观的核心含义在于维护法律的尊严，维护中央政府宏观公共政策的权威性。新时期中国政府之所以注重科学发展观与正确政绩观的高度的一致性、协同性，在根本上是因为由正确政绩观所引领的关于科学发展观的公共政策执行的有效性，因而，作为一种重要的公共政策的选择，事实上对于在新时期继续推进国家的建立在人本和法制（法治）基础之上的现代化的历史进程具有决定性的

① 参见《中共中央关于完善社会主义市场经济体制若干问题的决定》，人民出版社2003年版。

② 温家宝：《提高认识统一思想牢固树立和认真落实科学发展观——在省部级主要领导干部"树立和落实科学发展观"专题研究班结业式上的讲话》，载《人民日报》2004年3月1日。

③ 《中华人民共和国宪法修正案》，载《人民日报》，2004年3月16日。

意义。

与此同时，在经历了具有制度变迁历史涵义的深刻变革，付出了25年艰苦卓绝的巨大的努力之后，人们越来越强烈地感受到这样一个令人困惑的问题：我们制定了一系列的法律和公共政策试图保护我们的自然资源，但我们的生态环境却一直在恶化；我们制定了一系列的法律和公共政策试图维护社会正义和基本的公平，但我们的社会贫富差距却不见缩小；我们制定了一系列的法律和公共政策，试图规范国家机关及其工作人员的行为，但贪赃枉法、漠视法纪、侵害公民权益的事件却一再发生；我们制定了一系列的法律和公共政策试图提升人们的道德水平和行为的文明程度，但拜物、冷漠，以及损害国家、公众、他人利益的一类现象却依然如旧。对这样一个问题的解析，人们可以有太多的立论的角度和分析的方法—政治的、经济的、文化的、历史的，制度的、技术的、意识形态的、国民素质的，结构的、行为的、民族心理的、地缘的等等。从公共政策分析和政府公共管理的价值标准出发，我们有理由认为，公共政策执行有效性程度偏低，是造成上述现象的主因之一，而部分国家机关和国家公职人员对法律和国家宏观公共政策的轻视、漠视甚至蔑视，又是造成公共政策执行有效性程度偏低的主因。在更为深刻的程度上，对法律和国家宏观公共政策的轻视、漠视甚至蔑视，其实表现的是对公理、生命和国民权益的轻视、漠视、蔑视。仅以见诸于媒体的典型事例为证：

开发区：现有的6015个开发区中，只有1818个经国务院和省级政府批准。各类开发区规划面积3.6万平方公里，超过了现有城镇建设用地总量。全国省级以上900余家开发区“圈地”不开发，3000万亩规划用地开发不到一成四。截至2002年底，全国累计收取土地出让金7300亿元。一些市、县的土地出让金收入已经占到当地财政收入的35%，有的竟然高达60%。①

土地：据国土资源部执法监察局统计，2000年至2002年，全国共立案查处土地违法案件40多万件，2003年全国共发现各类土地违法

① 李自良等：《全国省级以上900余家开发区“圈地”不开发3000万亩规划用地开发不到一成四》，载《人民日报》2003年1月9日；田永胜：《我国人增地减矛盾越来越明显》，载《光明日报》2004年4月19日。

行为17.8万件，今年一季度，又发现1.6万件土地违法案。[①] 高尔夫球场：根据保守数据，我国已建成176座高尔夫球场，遍及27个省、自治区、直辖市。据不完全统计，这些球场总占地约33万亩，但只有10座经国家有关部门审批。在建或即将完工的高尔夫球场大约还有500个到1000个。以一个标准的18洞高尔夫球场至少需占用土地1200亩计算，这些高尔夫球场就占地上百万亩。这些越权批准的高尔夫球场，在“审批”过程中大都违反土地利用总体规划，很多球场在项目批准设立后才调整规划，在一些地区形成了“规划跟着领导走”、“规划跟着违法走”的不正常现象。[②]

水电站：截至2004年1月，全国共查出无立项、无设计、无验收、无管理水电站3000多座。[③] 江苏铁本钢铁有限公司，未经国家有关部门审批，违法占地近6000亩，去年6月在长江边开建800万吨的钢铁项目，其中60%是耕地，涉及140多户、4000多个农民被迫搬迁。不少过上小康生活的农民已有八个多月无“家”归、无地种，有的甚至住进窝棚、桥洞、废弃的渔船。常州市高新区管委会将整个钢铁项目一分为四，为办理土地等手续，又将项目分成14个基建项目。常州市委市政府的有关材料显示，这14个项目在投资规模上都属于越权审批。环保审批在运作中分成了五个项目，其中除一个年产150万吨的宽厚板项目由江苏省环保厅立项，其余项目至今“审批手续在办理之中”。一些金融部门已对铁本公司及其关联企业发放各类贷款43.4亿元。[④]

环境：四川化工股份有限公司第二化肥厂，违规技改并试生产，设备出现故障，氨氮含量超标数十倍的废水倾泻而下，导致沱江流域严重污染，造成简阳市、资阳市、内江市、资中县等地近百万群众饮用水中断时间为26天；沿江污染影响地区大量工业企业和服务行业停产，损失严重，直接经济损失约为3亿元；沱江生态环境遭受严重破坏，据专家

---

① 王维香、周朗：《“圈地”热惊人的背后——关于地方政府土地违法案件的调查与思考》，载《人民日报》2004年4月23日；刘世昕：《我国一季度发现1.6万件土地违法案立案近万件》，载《中国青年报》2004年5月15日。

② 周倩：《经国土资源部审批的高尔夫球场只有10个》，载《经济日报》2004年2月27日。

③ 姚峰：《水利部上陈国务院小水电该由谁管？》，载《21世纪经济报道》2004年1月19日。

④ 陈芳、张洪河：《违法占地6000亩连闯“红线”上钢厂常州800万吨钢铁项目被叫停》，载《经济日报》2004年4月6日。

估计，约需五年时间才能恢复到事故前的水平。①

显而易见，在上述事例中以及许许多多类似的事例中，法律规范和国家宏观公共政策规范事实上形同虚设，应有的尊严和权威性几乎荡然无存。这些典型事例说明，现阶段的与法律和中央政府的博弈是广泛、强烈和深刻的，法律的尊严和国家宏观公共政策的权威性因此面临前所未有的挑战。问题的严重性在于，力道最强、能量最大、方式最多、后果最严重的博弈主体并非社会的法人或自然人，而恰恰是承担着维护法律尊严和国家政令统一的法定职能、同时享有国家公共权力的一些国家机关和国家公职人员。毋庸置疑，在价值观和利益趋向多元化的时代，合理的博弈不但是必然的，而且是必须的，但博弈同时亦必然、必须是有规则的。就博弈的规则而言，现代法治国家的唯一选择，就在于尊重、服从法律以及得到法律授权、符合法律规范的政府公共政策。除此之外，人们别无出路。

上述典型事例同时说明，在新的发展时期，"有效执行"即如何确保新的法律原则和新的宏观公共政策的价值基点，能够成为各级、各类国家机关和国家公职人员的共同的价值标准和行为准则，进而履行法定职能，维护法律的尊严和国家宏观公共政策的权威性，已经成为一个紧迫的、严肃的、基本的公共政策问题。在政治的层面上，其重要性甚至直接关系执政党的执政能力问题。解决这样一个问题的出路，就在于首先牢固地确立"规则至上"的原则，进而寻求全社会的良性博弈之道。

三、有效执行：规范理论

有效的公共政策执行的意义在于，政策本是为了解决一定的政策问题而制定的，或者说政策的社会价值只在于解决政策问题即获得可以明确表述的政策效果，而政策执行是决定政策社会效果的关键之一。换言之，政策研究不应当仅仅是理论科学，而应当同时是行动科学。这就必须重视政策执行问题，不仅要重视政策执行本身，而且应当在政策执行与政策制定之间建立起密切的联系。

---

① 李柯勇、丛峰、刘海：《大祸是这样酿成的——四川沱江特大污染事故调查》，载《人民日报》2004年4月6日；丛峰、刘海：《沱江污染：直接损失3亿元肇事单位被罚100万》，载《人民日报》2004年4月16日。

在一般的意义上，“政策执行乃是将一种政策付诸实施的各项活动；在诸多活动中，又以解释、组织和施用三者最为重要。所谓解释，是将政策的内容转化成一般人所能接受和了解的指令；所谓组织，乃是设立政策执行机关，用以拟定执行的办法和落实政策；所谓施用，即由政策执行机关提供例行性的服务与设备，支付各项经费，进而完成政策目标”①。关于公共政策执行的理论是比较丰富的。其中，关于公共政策执行的组织理论学派的观点应当对理解单一制国家公共政策执行有效性的问题有所帮助。

组织理论学派认为，在三个方面的规范或状态与政策执行的有效性直接相关：

第一，组织原则。组织原则是组织价值取向和价值标准的集中表现。按照传统组织原则—行为主义组织原则—系统及权变组织原则规范组织行为将对组织的政策执行的意愿和能力产生直接的影响。通常，三种类别的组织原则在政府政策执行的过程都是不可缺少的，只是在不同的政策执行问题上和政策执行的不同阶段上需要侧重不同的组织原则。

第二，组织结构。结构涉及组织的权力分配，涉及集权与分权的安排，涉及组织的控制力，涉及组织资源的集结方式以及与之相联系力量的使用方式。通常，在需要集中力量在较短时间内取得突破的政策执行问题上，倾向于采取较为集权的组织结构，反之，较为分权的组织结构在现代国家条件下可能更优。

第三，运作方式。运作方式主要表现两种情形：其一，在政府内部，政策决定与政策执行之间是依靠建立共识和有效沟通的方法进行协调以取得一致，还是依靠命令和指挥的方法强制推行；其二，在政府外部，政府既定的政策决定的实际执行与政策对象之间是依靠政府公共权力的权威强制推行，还是依靠政府政策决定的权威性加上政府与公众之间的良性互动、在相互理解和信任的过程中实现政策目标。通常，建立共识的途径政策代价最小，政策效果最佳。

按照组织理论学派的观点，有效的公共政策执行具有若干方面的可以观察的特征：

---

① C. O. Jones, *An Introduction to the Study of Public Policy* (2ed). North Scituate, Mas: Duxbury, 1977, p. 139.

(1) 政策执行是一种活动或行动的过程。其目的是试图将既定的政策目标由一种法权的规定性变为一种可供观察、可供比较的实际结果。

(2) 政策执行是一种有组织的活动或行动。它通过组建机构、召集人员并获取必要的授权的方式形成组织特有的力量，进而依靠组织的力量有计划地实现政策决定规定的政策目标。

(3) 政策执行是一种法权活动或行动。它向社会公众解释政府的既定政策，要求社会公众遵从法律并与政府一道执行法律。

(4) 政策执行是一种广泛的活动或行动。它综合利用信息、资讯、沟通、权力、财政等政府手段推进政策执行。

(5) 政策执行是一种持续的活动或行动。它在一个动态发展的进程中分阶段、有步骤地实现政策目标。

(6) 政策执行是一种追求政策效果的活动或行动。它以最大限度地实现政策目标为最高的价值判断标准，但以不违反法律为限度。

(7) 政策执行是一种需要不断总结来自实践的经验教训、不断修正行动策略的活动或行动。它强调在既定的政策规定性的条件下，根据具体情况的变化随时调整工作方式和方法。

影响政策执行有效性的因素众多，概括地看，主要集中在三个方面，即政策决定、政策资源、政策执行环境。其中：(1) 政策决定是指经由完整的法定程序，由法定的公共权力主体用自然语言表述出来并昭告公众的、关于某一特定政策问题的具有社会公共权威性的规定。这种规定的合法性、合理性、可行性直接影响政策执行的效果。(2) 政策资源大体上等同于政策执行条件，指政策执行主体执行既定的政策决定时必须具备的那些客观的和主观的条件。客观条件主要指政府为执行特定的政策所提供的公共资源的种类和数量。政策执行主体实际获取和实际使用的国家公共资源种类和数量，既构成了有效执行政策的条件，又构成了检验政策执行的政策效果的价值评判标准之一。主观条件主要指政策执行人员的效忠国家的政治信念，忠于职守的专业精神，严于自律的职业操守，以及遵从宪法和法律、维护社会正义的坚定性。(3) 政策执行环境指除政策执行机构自身之外的诸多社会因素和自然因素的总和。环境的改变将可能增加或减少政策执行的难度。

中外政府公共管理的实践一再证明，政策执行是一种与政策制定同样艰难的过程，其复杂性并不低于政策制定。在假定政策规定正确的条件下，政策执行的复杂性在观念形态上主要来自对既定政策决定的轻视，在群体关系上主要来自对既定资源（利益）分配的不满和抵抗，在客观情势上则可能来自执行者能力不够、政策资源不足、抵抗过于强烈等与政策决定相关联的问题。“有法不依”可以用来概括所有这些现象。“有法不依”即在行动上规避政策是一种较为普遍的政策现象，表现为一项既定的政策在经过合法的政策议程并决定之后，在实际的政策执行过程中却不能得到执行，或者不能得到完全的执行，或者被歪曲后得到执行、或者表面上得到执行而实际上没有得到执行，甚至可能完全背道而驰，不但不能解决政策问题，反而导致原有政策问题的恶化。所谓“上有政策、下有对策”指的就是这些现象。政策决定的社会效力因此大大降低。这就促使人们不能不重视政策执行问题。与此相联系，关于现代公共政策的基本任务的完整表述为：如何正确地制定政策和如何有效地执行政策。后者构成了现阶段中国政府推进可持续发展战略、构建法治国家的基本命题之一。

“平衡计分卡”与公共行政执行的有效性*

张国庆　曹堂哲

一、“平衡计分卡”的管理要义

平衡记分卡（Balanced Scorecard）是一种着眼于组织发展战略有效性的新的管理理念和系统管理方法。因其在工商管理、公共管理、非政府组织等多领域的比较广泛的成功应用，而成为近十年来世界“管理革新运动”的标志性理论和方法之一。

* 本文原发表于《湖南社会科学》2005 年第 2 期。

(一) 平衡计分卡的主要内容

在线性和单向关系占据主导的工业时代，以泰罗（Frederick W. Taylor）为代表的科学管理思想认为，企业的投入和产出的精确化和标准化能够提高生产率和管理效率，也能够改善公司与顾客的关系，进而，以科学管理思想作为指导，单一的财务数据就能够很好的浓缩企业的信息，反映出企业的绩效。因此，单一财务指标的企业绩效考核是最节约企业家的"注意力资源"的最佳考核方式。

但是，进入后工业化—信息时代以来，知识、人力资本、管理技术等，越来越成为企业发展的重要的约束变量，企业的投入和产出的线性和单向关系变得越来越复杂，以至于非线性关系大量存在于企业的生存和发展的过程之中。为了应对这方面的难题，1990 年，美国哈佛大学教授、著名管理会计学家卡普兰（Robert Kaplan）和诺顿研究所的执行长诺顿（David Norton）合作开展了"未来组织绩效衡量方法"研究计划。该计划基于"财务绩效指标对于现代企业组织而言是无效的"这一假定，试图找出超越传统的以财务会计量度为主的绩效衡量模式，从而在信息时代开发出多变量的企业战略规划和战略实施系统。正如卡普兰和诺顿所说："平衡记分卡保留了传统的财务测量指标，但是财务测量指标对于反映企业的长期投资和资本获利能力以及消费关系方面是不成功的。为了引导和评估信息时代的方向和进程，必须着手创造贯穿于投资、消费、供应者、雇员、流程、技术发明诸环节的未来价值。"①

作为研究成果，卡普兰和诺顿于 1992 年、1993 年和 1996 年在《哈佛商业评论》（*Harvard Business Review*）杂志上分别发表了《平衡计分卡：驱动绩效评估体系》（The Balanced Scorecard：Measures that Drive Performance）、《平衡计分卡的应用》（Putting the Balanced Scorecard to Work）和《将平衡计分卡用于战略管理系统》（Using the Balanced Scorecard as a Strategic Management System）三篇论文，阐述了平衡计分卡的含义和操作方法。1996 年，卡普兰出版了《平衡记分卡——将战略转化为行动》（*The Balanced Scorecard：Translating Strategy into Action*），2001 年又出版了《战略核心组织：实施平衡记分卡的组织如何在新的竞争环境中立于不败之地》（*The Strategy-Fo-*

① The Balanced Scorecard Institute，*What is the Balanced Scorecard*？http://www.balancedscorecard.org.

cused Organization: How Balanced Scorecard Companies Thrive in the New Business Environment)，使平衡计分卡的理论与方法得到了系统化。

平衡记分卡是具有绩效考核功能的管理系统。它的主要功能在于实现内部过程和外部产出之间的反馈循环，使组织的发展战略落实为行为，从而能够持续地改善战略绩效，实现组织目标。所以，战略的实现构成了平衡记分卡的核心问题。作为一个管理系统，平衡记分卡同时设置了四个关键管理层面：(1) 财务层面：由营业收入成长与组合、成本下降生产力提高、资产利用投资策略等指标构成。(2) 顾客层面：由市场占有率、顾客延续率、顾客争取率、顾客满意度及顾客获利率等五大核心指标构成。(3) 企业内部流程层面：可以分解为创新、营运、售后服务等三大流程。企业通过界定一个完整的内部流程以发展新的解决方案，满足顾客与股东的需求。(4) 学习与成长层面。包括企业通过增强员工潜力、信息处理能力、明确权责和目标来提升员工满意度、员工留职率及员工生产力。①

平衡记分卡一经问世就获得了巨大的成功。根据美国《财富》(*Fortune*)杂志的报导，美国一千家大企业中，有高达40%的企业实行平衡计分卡。而《哈佛商业评论》更推崇平衡计分卡为75年来最具影响力的策略管理工具。②

（二）平衡计分卡的管理理念

平衡记分卡不仅是一种管理系统，而且是一种管理理念和管理技术。平衡记分卡的初衷是为了解决信息时代，在非线性关系取代了线性关系的条件下，战略如何有效执行的问题。着眼于有效执行，通过系统平衡与和谐实现组织的战略是平衡记分卡的基本理念。

一般而论，平衡是各个矛盾之间的相生相克的良性状态，平衡的过程就是不断修正各个子系统的比例，增强整体的协同性，克服失衡的过程。管理学当中的平衡，主要指按照平衡的理念系统集成管理系统，以及在持续变化的过程中认知和掌握管理运动的节律，进而不断调整或修

① Robert S. Kaplan & David P. Norton, "Using the Balanced Scorecard as a Strategic Management System", *Harvard Business Review*, Vol. 74, No. 1, 1996, pp. 75—84.

② 〔美〕保罗·尼文：《平衡计分卡》(胡玉明等译)，中国财政经济出版社2003年版，第21页。

正不合理的倾斜，实现系统的动态平衡。在此意义上，平衡意味着新的回归。诚然，平衡并不意味着永恒，失衡更是一种常态。在一定的条件下，一定的失衡有助于打破静态的均衡状态，唤醒意愿、引起警觉、触发进取、消除惰性，促进组织的良性演化，但动荡是不可避免的。进而言之，过于激烈的失衡往往会引发组织系统的存续危机，甚至导致组织的崩溃。所以，组织管理需要基于哲学思考的动态的平衡，而平衡的过程就是改革的过程，就是理性整合的过程，就是不断提升系统有效性的过程。平衡记分卡的平衡理念的意义就在于，它提出了信息时代组织存续和良性发展的关键因素，并确定了这些关键因素之间的平衡机制：(1) 外部评估(如股东与顾客)与内部评估(如企业程序、创新、学习与成长)之间的平衡。从而使得战略、结构和前景结合起来。(2) 结果、动因和过程之间的平衡。平衡记分卡突破了结果管理和过程控制两者各自的局限性，找到了动因、过程和结果之间的内在联系，实现了动因、过程和结果的平衡。(3) 客观方面(如成果衡量)与主观方面(如成果衡量的绩效动因)之间平衡。也就是说平衡计分卡的各方面指标具有业绩结果与业绩驱动因素双重涵义，是包含业绩结果与业绩驱动因素双重指标的绩效考核系统。(4) 战略与业绩、现实与未来之间的平衡。通过建立长期战略和短期目标、现实状况和未来期望之间的因果联系链条，实现战略与业绩、现实与未来之间的平衡。将绩效评估与战略管理融合，使之成为战略执行的有效管理工具，是平衡计分卡的主要特点之一。

系统平衡是实现子系统之间(或者系统的要素之间)和谐的前提。管理学中和谐可以理解为不同管理要素、不同管理行为比例适当，管理职能、机构和人员协同一致相互配合以贯彻和落实组织战略和组织目标。平衡记分卡在系统平衡的基础上描绘出了平衡记分卡四个层面之间的相互因果关系，确立了各个指标的权重，使得四个层面的职能、机构和人员能够围绕战略协同一致，实现了时间、空间、主体和综合的平衡，达到了和谐的状态，从而使战略能够得到有效执行。

总之，着眼于有效执行，通过系统平衡与和谐实现组织的战略是平衡记分卡的基本理念。

二、“平衡计分卡”与西方国家公共行政执行的有效性

行政执行的有效性，换言之，如何消弭公共政策目标与行政执行之间差距，是长期困扰各国政府管理的难题之一。平衡记分卡之于政府管理的意义，就在于提出了解决这一难题的一种有效的方法。

（一）行政执行有效性问题的提出

公共行政执行的有效性主要指政府实现既定政策目标的（结果）程度。对公共行政执行有效性的关注主要集中在以下几个方面：

其一，政治学—政治经济学的视角。20 世纪 80 年代政治学研究中“回归国家”学派开始兴起，国家自主性和国家能力问题开始再度受到学者的普遍关注。[①] 其中，亨廷顿(S. P. Huntington)在研究了世界范围内的政治发展和经济发展后指出：“国与国之间最大的政治分野其实不在于政府的组织形式，而在于政府的有效程度”[②]。随后，研究政府能力及其构成要件以及如何提升政府能力成为一个热点话题。1997 年的世界发展报告通过观察世界各国发展态势的优劣和反差，指出：“这些反差极大的现象背后所潜存的决定因素是政府行为的有效性”[③]。所谓“政府能力就是政府有效的采取并促进集体性行动的能力。有效性是指利用这些能力以满足社会对这些物品的需求的结果”[④]。鉴于政府执行能力是政府能力的构成要件，因此，上述观点也实际上从正面论述了公共行政执行能力和有效性的重要性。

其二，发展经济学—社会学的视角。缪尔达尔(G. Myrdal)从反面关注了公共行政执行无能的问题。他把公共行政执行无能这类现象命名为“软政权”现象。在他看来，“软政权”词义丰富，“包括所有各式各样的社会法律，主要表现为缺乏立法和具体法律的遵守和实施，各级公

---

① Peter B. Evans, Dietrich Rueschemeyer, Theda Skocpol, *Bringing the State Back in*, New York: Cambridge University Press, 1985.

② 〔美〕塞缪尔·亨廷顿：《变革社会中的政治秩序》（李盛平等译），华夏出版社 1988 年版，第 1 页。

③ 世界银行：《1997 年世界发展报告——变革世界中的政府》（蔡秋生译），中国财政经济出版社 1997 年版，第 1 页。

④ 同上。

务人员不遵从交给他们的规章制度和指令，并常常和那些他们本应该管束其行为的有权势的人们串通一气”[①]。缪尔达尔的研究是非常有见地的，就目前世界存在的经济发展模式来说，拉美模式、印度模式和俄罗斯模式等后发展国家或转型国家就是因为公共行政执行能力走低而导致了国家意志、国家目标以及法律、法规、公共政策难以遵循和贯彻落实，直接影响了国家在满足社会公共需求方面的有效性，阻碍了经济和社会的发展。

其三，公共行政—公共政策分析—公共管理的视角。在西蒙出版《行政行为》(*Administration Behavior*)之前，以威尔逊(Woodrow Wilson)、古德诺(Frank Johnson Goodnow)、怀特(Leonard D. White)等人为代表的古典公共行政理论倾向于认为，执行过程只是一种纯粹的官僚行政功能，通过自上而下的官僚控制结构，能够使政策偏离最小化。与此相联系，那个时代注重制度规范和一般原则的研究，因而对于执行的有效性，即政策目标与政策结果之间的差距问题，一直没有给予足够的重视。大致从20世纪30年代开始，以“罗斯福新政”为标志，美国开始推行国家干预主义，直至“里根革命”之前，公共投资、政府管制和福利国家构成了政府管理的基本特征。其间，美国历届政府陆续制定了许多的政府规划项目，按照古典执行模型，这些目的正当、公共财政投入巨大的工程理应达到预期的目的，但是结果却多事与愿违。在这种条件下，执行的有效性问题日益成为一个引起公众广泛关注、不可回避的、尖锐的政府公共管理问题。大致从20世纪70年代开始，一批学者通过对约翰逊政府的“城区新镇”(New Towns in Town)项目、约翰逊政府的“伟大社会”(Great Society)项目、约翰逊政府的“初等和中等教育规划”(Program of Elementary and Secondary Education)等多项政府项目的系统研究，全面提出了政府公共管理—公共政策的执行的有效性问题。以1973年佩尔兹曼(J. L. Pressman)和威尔达夫斯基(A. Wildavsky)发表的《执行：联邦政府的期望如何在奥克兰市落空》(*Implementation: How Great Expectations in Washington are Dashed in Oakland*)一书为标志，行政执行的有效性成为当代政府公共管理—公共政策的一个基本问题。自那以来，人们建立了许多行政

① 〔瑞典〕冈纳・缪尔达尔：《世界贫困的挑战：世界反贫困大纲》(顾朝阳等译)，北京经济学院出版社1991年版，第215页。

执行模型，开发了许多有效执行的管理方法，其目的就在于寻求提升行政执行能力和有效性的策略。

（二）“平衡计分卡”与第三条道路理论

行政执行有效性的问题，其管理要义在于寻求一种管理方法以消弭政策目标（战略、前景）与实际结果（绩效、产出）之间的差异。平衡记分卡就是信息社会时代的这样一种方法。在这一点上，将平衡记分卡引入政府管理当中以提升政府管理的有效性，是与人类进入信息社会的步伐相一致的。

就公共管理领域而言，与新自由主义的强盛相一致，以“撒切尔革命”和“里根革命”为实践形式，伴随着经济全球化的进程，西方国家20世纪70—90年代的新公共管理运动和重塑政府运动，使企业管理的理念和方法全面引入了公共部门，用“企业家精神”改造政府成为这二十年公共行政的时尚。但是，新自由主义或许走得太远了，历史需要某种回归。作为回归的理论形式，以欧洲为源头的第三条道路理论应运而生。就认识论的特征而言，第三条道路理论试图超越“左”与“右”的极端，追求公平与效率的协同、政府与市场的协同、顾客目标与组织成本的协同、个人利益与组织使命的协同，所以，第三条道路可以理解为一种宏观平衡理论。它为平衡记分卡全面引入公共部门提供了宏观理论的支持。不仅如此，建立在第三条道路理论基础之上的诸多新的公共行政理论，包括质量取代效率运动、公民宪章、治理、公私伙伴关系、政策对话、政策网络、第三部门等，正在成为西方国家继20世纪70—90年代的“新公共管理运动”之后的新的行政改革的方向。

平衡计分卡用于解决公共行政执行的有效问题是合宜的：

（1）平衡计分卡的平衡理念与政府的公共性相契合。政府的公共性的基本含义在于政府的使命、政府的管理、政府的权力和政府的行为具有公共性。在这里，政府的公共性首先体现在政府的政策是经过利益综合的政策，政策的执行过程同样是不断进行利益综合的过程；其次体现在政府政策目标的需要多元性和必要的弹性；最后体现在政府管理的民主参与、经济和节约上。政府的这些特质决定了政府的执行和绩效评估不能用单一的指标去衡量，否则，单一的指标会吸引资源过多地集中在单一指标上，导致其他使命和指标难以执行和落实。

（2）平衡计分卡将执行过程、结果和绩效评估结合起来保证了行政执行的有效性。以往的绩效评估方法主要是关键业绩指标（Key Performance Indication,KPI)体系的方法,成果是关注的焦点。但是,从制定战略到产生成果有一个过程,相同的成果会有不同的达致手段,会有不同的执行过程。关键业绩指标只能单一地测量成果,而不能很好的度量组织的生存状况和持续发展的能力,也很难持续保证组织使命的完成。譬如,促成一个国家、一个地区 GDP 增长的原因是多方面的,如果没有一个全面的、平衡的考核标准,那么,正如人们所看到的那样,在获得 GDP 增长的同时,人们事实上可能丧失了对组织的存续和发展同样重要的诸多资源,例如,环境、信仰等等。作为一种管理理念和管理方法,平衡计分卡的功能就在于实现战略—执行—结果的统一,实现政府使命。

(3) 平衡计分卡的四个层面与行政执行的影响因素相契合。按照政策执行的霍恩—密特模型(Horn-Meter's model),政策执行涉及六个关键的变量,即目标与标准、资源、执行方式、执行机关的特性、系统环境、执行人员的价值取向。① 这些因素之间的互动直接影响到执行能力和有效性。传统的关键业绩指标体系的方法,忽视了这些因素之间的互动,这些因素之间的互动也没有反映在评估的指标体系当中,因此执行的有效程度很难保证。平衡计分卡正好与霍恩—密特模型的六个变量相契合,并形成了执行的指标与评估体系,因此平衡计分卡能够有效的提升行政执行能力和有效性。

以上可见,公共部门的性质以及影响政策执行的多因素与平衡记分卡管理理念是相吻合的。政府的管理实践亦证明,利用平衡计分卡能将执行的有效性与绩效评估很好的结合起来,直接提升政府管理的有效性。

(三)"平衡计分卡"的政府管理实践

在政府管理领域里,最近十年来,"平衡计分卡的观念和方法逐渐在全世界的公共部门和非营利组织中得到了比较广泛的采纳与使用"②。这种在公共部门运用的平衡记分卡称为公共部门平衡记分卡。

---

① D. S. Van Meter and C. E. Van Horn, "The Policy Implementation Process: A Conceptual Framework", *Administration and Society*, Vol. 6, No. 4, 1975, p. 463.

② Robert S. Kaplan and David P. Norton:《策略核心组织:以平衡计分卡有效执行企业策略》(ARC 远擎管理顾问公司策略绩效事业部译),台北城邦事业股份有限公司 2001 年版,第 205 页。

公共部门平衡记分卡"将顾客或者利益关系人构面移到最上层"[①]，突出了公共部门的特殊使命，并且兼顾了公共部门的其他关键层面，在完成公共部门使命的同时保证了执行的有效性。

在实践层面上，美国、英国、加拿大等发达国家以及不少发展中的国家，都开始将平衡记分卡引入到政府管理当中。一大批成功的案例昭示着平衡记分卡的卓越效能。就美国来说，自从 1993 年克林顿签署了《政府绩效与成果法案》(Government Performance and Results Act)以来，改善政府绩效成为政府的重要目标。在副总统戈尔的主持下，有关机构为了改善政府绩效开展了为期半年的研究，提交了《重塑政府的国家伙伴关系》法案(National Partnership for Reinventing Government)。该法案规定：联邦政府机构必须制订使命宣言、组织影响目标、组织绩效目标。这种系统的绩效评估方式促使美国政府将平衡记分卡引入到政府的绩效评估当中，并且取得了显著的成效。美国的北卡罗纳州夏洛特市、美国国防部、美国交通部、美国联邦航空署、美国国防后勤总署、美国空军和美国海军等机构，都广泛而成功地运用了平衡计分卡。其中最值得一提的是夏洛特市政府对平衡记分卡的运用。1972 年夏洛特市就形成了传统的绩效考核办法，传统的绩效考核办法将注意力集中在财政预算这一单独指标和个人的绩效考核上。但是从 1990 年开始，夏洛特市提出了"成为居住、工作、休闲的最佳选择城市"这一战略目标，希望为市民提供高品质的服务。但是传统的绩效考核方式因为忽略了政府流程再造和顾客导向等维度，很难有效地执行这一战略目标。为此，1994 年夏洛特市开始实施平衡计分卡，将战略目标落实在顾客与使命层面、财务层面、流程层面和学习层面，最终使得战略得到了有效执行。仅仅一年时间夏洛特市就获得了最适合人居的城市奖。1996 年夏洛特市在政府管理的各个层面、各个方面形成了自己独特的平衡记分卡，使夏洛特市在过去八年中增长率达到 20%，仅次于凤凰城(Phoenix)，并因此成为美国第 26 大城市，一跃成为美国第二大银行业和财政金融中心。不仅美国，目前英国、澳大利亚、瑞典、加拿大等国政府，都开始以平衡计分卡作为战略和绩效管理

① Robert S. Kaplan and David P. Norton：《策略核心组织：以平衡计分卡有效执行企业策略》(ARC 远擎管理顾问公司策略绩效事业部译)，台北城邦事业股份有限公司 2001 年版，第 206 页。

工具。澳大利亚的布里斯班(Brisbane)、奥地利维也纳财政部、伦敦自治区(The London Borough of Barking and Dagenham)、英国国防部、挪威空军等就是具有代表性的案例。

在理论层面上,作为对20世纪90年代末期以来平衡记分卡在政府管理当中应用的理论总结,已经出现了一大批理论成果。例如,1999年11月卡普兰在《平衡记分卡报告》(*Balanced Scorecard Report*)上发表了《公共部门组织的平衡记分卡》(The Balanced Scorecard for Public-Sector Organizations)一文,通过加利福尼亚北部的城市作为案例阐明了平衡记分卡怎样应用到公共部门组织中去。再如,2000年维特科尔(James B. Whittaker)出版了《在联邦政府中运用平衡记分卡》(*Balanced Scorecard in the Federal Government*)一书,详细阐述了政府组织如何运用平衡计分卡提高战略执行的能力和有效性。其他如,2000年卡普兰出版了《克服公共部门使用平衡记分卡的障碍》(*Overcoming the Barriers to Balanced Scorecard Use in the Public Sector*)一书,概括出了阻碍公共部门成功实施平衡记分卡的一些障碍,设计出了克服障碍方法。2001年卡普兰在《非营利管理和领导》(*Nonprofit Management and Leadership*)杂志上发表了《非营利组织的战略绩效衡量方法和管理》(Strategic Performance Measurement and Management in Nonprofit Organizations)一文,阐明了非营利组织的目标和绩效的特征,概括出了非营利组织的平衡记分卡的基本框架。2002年卡普兰在《医疗管理杂志》(*Journal of Healthcare Management*)上发表了《在医疗组织用应用平衡记分卡》(Applying the Balanced Scorecard in Healthcare Provider Organizations)一文,进一步阐明了平衡记分卡在非营利组织中的应用原则和方法。2003美国的平衡记分卡研究所也发表了《用平衡记分卡改善公共部门成果》(*Improve Public Sector Results With A Balanced Scorecard: Nine Steps to Success*)一书,总结了公共部门平衡记分卡实施的9个步骤。2003年尼文(Paul R. Niven)出版了《面向政府和非营利组织平衡记分卡实施步骤》(*Balanced Scorecard Step-by-Step for Government and Nonprofit Agencies*)一书,较为全面地阐述了公共部门平衡记分卡的理论和实践。总之,公共部门平衡记分卡的研究已经取得了丰硕的成果,对提升公共行政执行的有效性起到了重要的作用。

以上说明,平衡记分卡的理念、管理方法和技术,已经成为了许多国家政府以及非政府组织实施战略管理和绩效评估，以提升行政执行有效性的一种现实、有效的方法。

三、“平衡计分卡”与中国公共行政执行的有效性

公共行政执行的有效性问题，同样是长期困扰中国政府管理的严重问题之一。仅就过去的25年而言，我国既存在关于发展观、政绩观方面的某种偏差，亦存在政府绩效管理方式的不足。从许多国家政府实践的经验分析看，平衡记分卡有理由成为新时期中国政府合用的管理方式、管理工具之一种。

（一）发展观、政绩观与绩效标准、执行的有效性

不可否认，过去25年，中国的发展战略是跨越式的、非均衡的发展战略。与这种发展战略相适应，政府的绩效考核方式主要采用关键业绩指标体系的方法。具体来讲，我国20世纪80年代中期开始形成的官员政绩考核体系，是一种与非均衡发展战略一致的考核体系，其中，GDP增长构成了考核体系的核心指标，而公共财政收入、政绩（形象）工程、经营城市（城市化）等等，则构成了与GDP增长相匹配的次级评价指标。

中国发展失衡——经济增长与环境保护失衡、收入分配失衡或社会财富分配失衡等，政府公共权利和政府管理的失衡，发展目标与政府能力失衡、政府社会治理能力和自我能力约束的失衡、短期发展目标与中期发展目标的失衡等等[①]，其原因是复杂的。管制型政府的行政构建、行政执行的准政治动员模式、习惯于运用下达任务指标的方法和手段推行各种方针政策，无疑是造成失衡的重要体制原因[②]，而关键业绩指标的单一化，则是导致失衡的管理原因。

进而言之，鉴于中国模式的政府主导特征——政府在经济发展和社会发展中扮演领导者、发动者、引导者和组织者的角色，考核政府和政府官员的指标体系会引导整个社会资源的配置，形成经济和社会的发展态势。因此，从战略的执行和绩效考核体系的角度来看，上述的诸

① 张国庆：《重塑公共政策价值基点》，载《经济观察报》2003年9月29日。

② 徐湘林：《行政审批制度改革的体制制约与制度创新》，载《国家行政学院学报》2002年第6期。

多失衡其实是政府治理绩效考核指标体系的失衡。譬如，将目标管理引入政府管理过程当中——诸如“一票否决制”，将完成经济指标作为提拔干部的主要指标——但由于在实施目标管理的过程中，某些目标的确定缺乏公众的参与、目标的实施缺少上下级的沟通以及政府与公众的沟通、目标实施结果的评估缺少一套系统的绩效标准等等，所以，出现目标偏离、甚至背离在所难免。重庆开县井喷案①、湖南嘉禾拆迁案②、河南大平煤矿和陕西陈家山煤矿的矿难等等③，都是显证。一言以蔽之，从比较长期的观点看问题，关键业绩指标体系的方法，因其缺乏必要的整体或平衡的考量，管理失效和政策失败是注定的。正如温家宝总理指出的：“科学发展观与正确的政绩观紧密相关，要树立和落实科学发展观，必须树立和坚持正确的政绩观；不坚持科学发展观，就不可能有正确的政绩观。”“全面的观点、实践的观点和群众的观点是科学政绩观的基本价值。”④随着“北京共识”和“中国模式”的显化，人们开始系统探索总结中国发展模式的独特性。人们认为，持续的制度创新，是中国发展模式的核心⑤。中国共产党第十六次代表大会以来，中国进入了一个以构建新国家为历史诉求的新发展时期，制度创新持续成为国家宏观公共政策的基本选择，国家初步形成、正在丰富和完善新的执政理念、新的宏观公共政策的价值基点：以人为本，全面、协调、可持续的发展，加强执政能力，构建和谐社会，以及相应的所有权和产权制度、土地制度、人权制度、社会保障制度等；进而，制度创新持续成为政府提升公共管理整体有效程度的基本选择，政府初步形成、正在丰富和完善新的公共管理的价值标准、行为准则、评价体系：市场准入和行政审批制、监督和权力制约制度、官员问责制、政府信息公开制、听证制、机构改革等。现在突出的问题是，我们需要一种系统的，具有引导、规范、整合功能的绩效管理方式，以保证正确的政绩观转换成为政府绩

① 孙展、陈利华：《重庆井喷危险来自何方？》，载《新闻周刊》2004 年 1 月 2 日。

② 《湖南嘉禾拆迁事件大调查》，载《扬子晚报》2004 年 5 月 15 日。

③ 《温家宝主持召开国务院常务会议，严肃处理河南大平煤矿特大瓦斯爆炸事故责任人，要求抓紧调查陕西陈家山矿事故原因》，载《经济日报》2005 年 1 月 20 日。

④ 温家宝：《提高认识、统一思想、牢固树立和认真落实科学发展观——在省部级主要领导干部“树立和落实科学发展观”专题研究班结业式上的讲话》，载《人民日报》2004 年 3 月 1 日。

⑤ 〔美〕约书亚·库珀·拉默：《“北京共识”提供新模式》（李丽译），载《环球时报》2004 年 5 月 31 日。

效考核的首要、现实、长效、常态的途径和方法。

鉴于公共部门平衡计分卡的系统平衡理念、和谐理念和有效执行的理念，以及在许多国家政府的成功实践，在中国政府的绩效评估当中引入平衡记分卡，或许将成为中国政府以正确的政绩观为导向，进一步提升政府公共管理的有效程度，进一步推进行政改革的一项重要的政策选择。

（二）应用平衡计分卡提升中国行政执行有效性的政策选择

本文认为，这包括三个方面的工作：首先，构建公共部门平衡计分卡的中国模式。平衡计分卡的中国模式的基本含义，是指平衡计分卡的基本构成——使命层面、财务层面、组织流程层面和学习层面，要充分反映中国经济社会和文化的现阶段的发展特征。在政府绩效评估方面，中国政府已经做出了努力：《中国政府绩效评估研究报告》[①]将地方政府的绩效分解为三类指标，即影响指标、职能指标和潜力指标。如果用平衡计分卡的观点来看，职能指标和影响指标是典型的使命层面的指标。中国地方政府的基本使命包括促进经济、社会、人口与环境的均衡发展、经济调节、市场监管、社会管理、公共服务和国有资产管理。潜力指标包含了财务层面的、运作流程层面和学习成长层面的内容。用平衡计分卡来实现这些指标，还需要进一步将三类指标细化、归类，根据地方的情况设计合理的分指标或子指标，同时，使命层面、财务层面、流程层面和学习成长层面之间的关系也需要通过细致的设计理顺，形成执行的协同效应。

其次，在行政执行中树立平衡计分卡的平衡理念，将执行的有效性、绩效评估与执行的过程结合起来。如上所述，关键业绩指标体系的绩效评估方式，是导致行政执行失衡和执行扭曲现象的管理原因。这是因为，由于缺少系统评估的激励，加之各个指标之间缺少紧密的制约和联系，所以，必然导致资源分配流向关键绩效指标，形成扭曲的失衡的发展。要提升行政执行能力和有效性，必须树立平衡理念，将诸多层面的指标作为一个整体看待，做到有效的、均衡的执行。

平衡计分卡作为一种有效的战略执行管理工具，它的四个维度作为一个整体，是协同增效的关系。具体说来，政府在确立使命或目标的

① 刘世昕：《中国政府绩效评估指标浮出水面》，载《中国青年报》2004年8月2日。

同时，需要确立相应的预算指标和预算执行方式，确立相应的组织结构和组织流程，确立相应的绩效评价体系，并通过确立相应的学习机制，使公务员能够领会政策的意图并不断推动组织发展。值得强调的是，作为一种战略执行管理工具，平衡计分卡具有强烈的"时空"诉求，换言之，平衡计分卡强调在预定的时间（阶段）和空间（地域）的限度内，通过其四个维度的准确、有力的执行，实现系统整合，进而实现政府使命。

最后，通过平衡计分卡方法整合行政执行的要素。按照系统论的原则，特定的要素只有通过合理的结构组合才能发挥特定的功能。同理，政府管理要素之间关系的失调会导致执行失效或执行不力。应当承认，中国政府在行政执行的过程中忽视有效协同的现象是比较普遍的。譬如，在行政执行当中缺乏有效的成本控制，行政程序不规范，行政伦理失范，偏好准政治动员和下达任务指标的方式进行执行等等。因此，有必要通过平衡计分卡的本土化的研究和应用，全面梳理影响中国政府行政执行有效性的诸元，包括目标、样式、标准、信息、权责、财政资源、执行方式等等，分别归入平衡计分卡的相应层面，并进行系统整合，进而形成一个综合性的、动态的、有效执行的政府管理体系，不断提升行政执行能力，实现政府的使命。至于该体系的本土化的诸元、诸元的结构方式和整合方式，还有待于深入的研究。

集权与分权的悖论及其公共政策的价值选择*

——兼论新时期我国政府公共行政管理的有效性

一、后发展国家集权与分权悖论的由来

集权与分权的命题是公共行政研究恒久的主题之一，也是公共政策选择经常不得不面临的基本问题之一。集权与分权涉及的问题是广泛和复杂的。本文从讨论后发展国家，尤其是单一制传统的后发展的民族国家在实现现代化

* 本文原发表于《天津行政学院学报》2000年第1期。

的历史进程中，公共行政权力的一般性的归属、再分配及其有效性问题入手，讨论现阶段我国公共行政管理中的集权与分权的两难抉择及其公共政策选择。

一般而论，后发展国家公共行政管理中的集权与分权的悖论，与一个国家启动现代化的努力和实际的现代化进程相联系，主要指政府在调整、修正、改变传统的行政权力关系模式，建立新的与市场经济体制相匹配的权力典则(Power Paradigm)的过程中所遇到的两难抉择，即集权导致经济落后，分权导致秩序混乱，具体主要指这样两种相互联系的矛盾现象：

其一，在国家与社会、政府与市场的关系上，政府高度集权、尤其是长期高度集权，会导致资源配置失调，窒息社会持续发展的活力，而政府大力分权，尤其是急剧式的大力分权，又会导致社会秩序失控，产生严重的社会冲突或社会公平问题，诱发诸如环境保护一类的问题；

其二，在中央政府与地方政府的关系上，中央政府集权、尤其是长期集权，会抑制各级地方政府的首创精神和积极性，丧失行政效率尤其是行政效果，诱发官僚主义，而中央政府大力分权，尤其是急剧式的大力分权，不仅会导致自身的公共权威、公信力和公共行为能力的降低，甚至产生政治危机，而且可能诱发地方政府自为行政和“寻租”行为的泛化。

在一般原则的意义上人们可以认为，解决上述悖论的正确选择就在于寻得和建立同时满足集权与分权双重需要的平衡点，进而实现集权与分权目标的统一。但在建立理论规范和实际公共政策选择的过程中，问题却复杂和艰难得多。其复杂性在于，集权与分权是一个直接与政府的行政职能定位紧密相关，也与政府的公共行政权力和权威直接相关，甚至与关于国家的定义相关的问题；其艰难性则在于，任何集权或分权的改变，都不可避免地会要涉及一定的利益和利益主体，引起既定利益关系的改变。因此，关于集权与分权的命题不仅是学界长期争论不休的问题之一，而且是经常引起公共政策价值判断的困惑和公共政策的两难选择的问题之一。

集权与分权的悖论几乎是所有的后发展国家在现代化进程中不可避免的、迄今尚未有效地加以解决的问题，亦是我国80年代启动和加速推进现代化以来所面临的最大的理论与实践问题之一。这种悖论在本质上缘起于后发展国家的传统权力典则(Traditional Power Paradigm)

与实现现代化所要求的自由市场典则(Free Market Paradigm)的矛盾，在形式上则端启于国家现代化进程中的一种持续存在的两难抉择：

一方面，政府必须拥有足够的以法律形式确认的职能和权力，足够的通过公共政策的有效性显现的公共行政能力，以及足够的建立在职能、权力、能力基础之上的公共权威，才有可能通过全面的改革启动和推进国家的现代化进程。这是因为：(1) 现代化不仅仅是一种物质生产活动，一种技术革新运动，一种经济发展过程，更是一种经济利益和社会权利再分配的活动，一种观念、文化、道德规范革新的运动，一种与“传统”决裂的过程。在这样的活动、运动、过程中，政治价值观的激烈争执和社会秩序的某种失序几乎是不可避免的。从经验判断来看，通常为实现现代化所做的努力愈大、经济发展的速度愈快，物质财富总量积累愈丰富，在一定的发展阶段上产生政治秩序和社会秩序混乱的可能性就愈大，而基本秩序的稳定却是现代化进程必不可少的条件。这就需要一个强大而稳定的、享有广泛社会权威和公信力的、具备卓越公共政策能力的政府，以国家和民族利益的至上名义平衡利益、缓和矛盾、化解冲突，维持社会的基本的政治秩序，防止在事关国家发展道路、社会公平等问题上形成社会性的、激烈的、通过政治理念冲突表现出来的不同社会政治力量的尖锐对立，避免形成足以影响国家现代化进程的社会对抗甚至分裂。(2) 经济全球化是当今世界经济发展的主流特征之一。以网络为基础的信息革命大大缩短了人类的空间距离，进而引发了包括生产方式、交易方式、产权结构在内的世界经济生活方式的深刻变革。与此相联系，出现了两种相反的现象：一方面，信息革命引起了信息流、物流、人流等物质存在形式前所未有的、大规模的跨国界流动，世界各国相互依存的程度空前深化，以至于有人认为世界经济已经进入了一体化的阶段；另一方面，信息革命使得国家的间竞争空前激烈。部分国家凭借资本、技术优势，尤其是信息、观念优势，正在以前所未有的速度积累财富。根据联合国的统计，事实上国与国之间的贫富差距已经由 50 年代的 13 倍扩大到 90 年代的 18 倍。[①] 尽管如此，人们相信，在信息革命的当今世界范围内，参与世界经济活动是一个国家尽快取得经济发展的唯一正确选择。对后发展国家而言，这就产生了一

① Gunnar Myrdal, *Richlands and Poor*, New York and Evanston, Harper and Row, 1975, p. 6;《经济日报》1996 年 5 月 9 日。

个无法回避的问题：在民族资本弱小、国内市场发育不全、技术水平落后、工业化国家林立、世界市场已经被瓜分完毕的历史条件下，后发展国家除了积极的政治观及其相应的政府支持之外，事实上没有别的具有竞争优势的资源。(3) 政府负有一些独特的、不可替代的公共职能和责任，主要表现为通过制度创新推动形成统一的国内大市场、倡导新观念、应用和开发新技术、促成经济增长方式的转变等。为此，适度的集权是必要的、合理的。与此相联系，对于后发展国家而言，创造"东亚经济奇迹"的"强政府"经济发展模式，迄今尚不能断言已经完全失去进步意义。

另一方面，后发展国家普遍选择了市场经济作为实现国家现代化目标的发展方式。这意味着，在理念和政策实践上市场经济的原则被定位为国家意识形态的一部分。但是，现代市场经济是利益驱动的经济、规则的经济、法制的经济。在市场经济的建立、完善和发展必然要经历的历史过程中，市场经济的原则能否得以全面确立和普遍受到尊重，市场经济的发展能否形成公平的竞争进而带来生产效率的大幅度提高，在很大的程度上取决于政府的价值观念和公共政策选择。为此，政府需要在与社会形成良性互动关系的过程，不断重新审视并不断调整公共职能和公共权力关系，政府与市场的关系，通过分权尊重和保护经济主体的独立的法人地位，需要重新审视并不断调整中央政府与地方政府的关系，通过分权赋予和发挥地方政府的职能，从而在渐进的过程中适时建立一种以法治为基础的新型的控制体系。这就意味着自己限制自己，自己去削弱自己原有的某些权威。这种集权与分权两难的公共政策选择，将始终贯穿后发展国家现代化的全过程。[①]

二、我国集权与分权悖论的现实问题

由我国单一制多民族国家的历史特征所决定，集权与分权的问题在我国可以说源远流长。在计划经济时期，集权与分权的关系一直没

① 参见兰比尔·沃拉：《中国：前现代化的阵痛——1800年至今的历史回顾》(廖七一等译)，辽宁人民出版社1989年版，第4页；塞缪尔·P. 亨廷顿：《变革社会中的政治秩序》(王冠华等译)，北京三联书店1989年版，第37—54页；张国庆：《"东亚经济奇迹"的系统分析——关于"东亚政治经济学"的阐释》，载《南京大学学报》1997年第1期。

有得到妥善的解决；在市场经济时期，集权与分权的悖论主要集中在政府与市场的关系，中央政府与地方政府的关系的两难抉择方面。

建国伊始，毛泽东就提出，中央与地方的关系对于我们大国大党是十分重要的问题，而且提出，中央与地方两个积极性较之一个积极性好得多。[①] 但在计划经济的条件下，我国长期实行、也只能实行以中央政府为主的"条块结合"的部门管理体制，并长期处于"一统就死、一死就放、一放就乱、一乱就收、一收就死"的统分循环之中。高度集权是那个时代的基调。改革开放以来，随着商品经济的发展和市场经济体制的确立，分权无疑成为时代的主旋律，经济主体的生产经营的积极性、社会经济的活力因此大大增强，国家的现代化因此进入高速发展时期。这是分权的经济效应和社会效应。与此同时，人们不难观察到，亦出现了诸如中央政府的财政能力连带宏观经济调控能力明显走低的现象，以至于有人严重提出，与国家主权、政府职能等基本理念相联系，中国政府分权已经越出了底线，如不能有效地加以纠正，无限制的分权将导致国家分裂的"底线论"。[②] 且不论问题是否如此严重，仅就政府公共行政管理的有效性而言，不当行政分权所造成的问题是显而易见的：

1. 在国家与社会、政府与市场的关系上，国家法律、法规、政策的普遍适用性和约束程度明显降低，政府公共行政管理的有效程度降低，以至于有了"中央的红头文件出不了北京城"的说法

诸如制售假冒伪劣商品、走私、贩黄、欠废税收、逃汇骗汇、毁坏生态环境、黑社会势力猖獗等本应主要由政府及时、实地加以公共管制的不法行为，在许多地方不但没有得到有效的制止，反而有愈演愈烈、泛滥成灾之势。不难判断，其利益的获得，在相当程度上是通过蚕食公共资源、侵蚀国家和公众利益实现的。这些问题凸显出政府公共行政管理有效性的问题，产生了通过加强公共产品的输出，譬如，强化市场规则和社会行为规则，进而有效地建立市场秩序，维护社会公平和公共安全的客观需要。

2. 在中央政府与地方政府的关系上，地方政府贯彻国家意志的意愿和能力双双走低，"上有政策、下有对策"几乎成了一种时尚

某些地方政府及其官员罔视国家法律及政令，以不正当运用公共

---

① 《毛泽东著作选读》(下)，人民出版社 1986 年版，第 730 页。

② 王绍光：《分权的底线》，中国计划出版社 1997 年版，序言第 5 页。

权力为手段、以“自利”为目的而各自为政差不多到了无以复加的地步。在利益的强烈驱动下，地方保护主义盛行，弄虚作假成风，关于市场规则、社会行为规则、行政行为规则的政府公共政策及其执行的无效、低效、失效甚至反效现象是显而易见的。这些政府及其官员的自为、不良甚至不法的行政行为，事实上已经成为了阻碍我国政府有效地规范市场、进而发展市场的危害性力量。另外诸如盲目投资、重复投资、乱收费、乱罚款等不良行政行为，也有屡禁不止之势。问题还在于，改革开放 20 年来，分权的最大受益者既不是经济实体，也不是公民个人，而是各级地方政府。地方政府从中央政府获得了大量的行政权力和经济资源，其中很大一部分转化成了地方政府成为一级市场主体、进而追求利益最大化的资本，地方政府对企业的行政管制却没有因此而放松，甚至有所加强。[①] 显然，这与政企分开、激活生产经营者内在动机的改革初衷是相悖的。

不当行政分权是行政分权的异化形态。行政分权主要是指，在关于国家政治权力的制度规范不发生改变的条件下，基于特定的缘由而调整政府职能和公共行政权力关系，通过政府职能和公共行政权力的再分配，将原本在名义上归属且在实际上由中央政府承担的某些政府职能和行使的某些公共行政权力，转移给地方政府或委托给被委托主体承担和分使，同时由地方政府或被委托主体承担相应责任的行政现象。不当行政分权主要是指，行政分权中关于权力、职能、责任再分配的规范不清或错位，以至于预期目标与实际效果相背离或偏离的不良行政现象。通常，理念错误、理论滞后、价值判断和价值选择自相矛盾，以及由此产生的政策规范的模糊不清和政策举措的乏力，是导致不当行政分权的主要原因。不当行政分权主要的外在表现形式有：(1) 地方政府或委托给被委托主体没有足够的意愿和公共行政能力承担新的责任、行使新的权力，或者虽然有意愿却没有足够的公共行政能力，公共管理事务因此被搞得一团糟；(2) 地方政府或委托给被委托主体有足够的意愿和能力行使新的权力，但不愿意承担或有意识地忽视、模糊由此产生的相应的政府职能和公共责任，“权力”被定义为“权利”；(3) 地方政府或委托给被委托主体

① 丛明：《中长期振兴我国财政的几个问题》，载董辅礽：《集权与分权——中央与地方关系的构建》，经济科学出版社 1997 年版，第 104—105 页。

借行政分权的契机反制中央政府，力图实现地方利益的最大化和责任的最小化。

不当行政分权的最突出的现实问题，在于造成了分权等于自行其是的错误理念，诱发了行政效率与行政效果的价值观念的错位，并在实践中产生了极坏的示范效应和连锁反应，进而扩大了集权与分权悖论的两难抉择。一般而论，效率(efficiency)和效果(effectiveness)都是考量政府主观动机和能力卓越与否的主要标准，也是考量组织绩效(organizational performance)的主要标准。但效率与效果表现不同的价值理念。效率追求的是在单位时间内做了没有、做了些什么，注重的是政府运用资源实现目标的状况和能力。效果强调的则是政府做过的事情对不对、好不好，注重的是政府实现既定目标的程度。不难理解，效果评估、尤其是全面效果评估，由于一般同时会涉及政府行为的动机、出发点、方式等等的是非评价问题，所以，不可避免地会涉及错综复杂的价值判断和价值选择问题。相比之下，追求效果更能在综合层面上体现行政目的，更能体现通过公共管理过程实现公共政策价值的程度，因而更应成为政府行政行为的价值标准。行政效率与行政效果价值观念错位的典型的行为表象在于：片面追求数量、进度等可视指标，或者片面强调地方或单位的特殊性，淡化客观规律和国家法律，漠视品质和规范；其本质特征则在于：追逐个人或小集团的在正常条件下不应、不能得到的利益。利益形式包括经济利益、政治资本、社会声誉等等。这才有了綦江虹桥垮塌类似事件，有了“形象工程”、“人情工程”、“豆腐渣工程”类似现象。

以上现象从不同的侧面说明在进入可持续发展阶段之后，集权与分权悖论再次成为我国重大的公共政策选择的命题，说明我国政府迄今为止尚没有积累起足够的在市场经济新的历史条件下正确看待和有效处理集权与分权悖论的经验，以至于各级政府尤其是各级地方政府的价值考量标准和行为考量标准存在某些缺陷，说明我们还没有形成一种有效的权力与责任相匹配制度规范和制度机制，

三、处理集权与分权悖论的公共政策价值选择

我们历史性地选择了市场经济以作为加速实现国家现代化的基本的经济增长方式。与此相联系，分权，尤其是行政分权，同样是历史性

的选择。这是我们价值判断的基点。在此意义上，处理集权与分权悖论的要义，不在于是否需要分权，而在于如何分权。现在看来，通过典则转换，逐步构建确保权力、职能、责任、能力一体化的行政制度，是有效处理集权与分权悖论唯一正确的公共政策价值选择。这种价值选择的要点可以概括为：

1. 我国的历史文化传统、现实政治制度、经济发展模式、国际生存环境等基本因素的交互作用，决定了我国的现代化将长期在市场逻辑与国家逻辑并存、并重的过程中发展

与此相一致，在我国构建和发展市场经济的历史转型期，将始终存在着集权与分权两难的悖论。在更深的层面上，集权与分权的悖论来自"诺斯悖论"所描述的情形："国家的存在是经济增长的关键，然而国家又是人为经济衰退的根源。"①

2. 集权与分权的悖论

这一悖论表现为：一方面，政府、尤其是中央政府需要坚强有力的公共权力或权威，以及足够的财政经济资源，以维护国家主权和统一，进一步推动市场经济体制、社会保障体制的完善和发展，履行和扩大公共服务的职能；另一方面，为了实现前一个目标，政府必须首先在理念上摒弃高度集权的领导和管理体制，尊重和充分发挥各方面的积极性、能动性，向地方政府、企业、社会、公民分权。

3. 集权与分权的悖论长期存在意味着，中央政府需要建立动态和互动的观点，根据国家发展的进程，准确地判断集权与分权的利弊，及时地调整集权与分权的尺度，同时满足集权与分权的双重需要

制度创新是解决集权与分权两难抉择的可行、有效、稳定的途径。其中，合理地界定和分配利益与责任、权利与义务的对应关系，是解决集权与分权矛盾、实现制度创新的内涵和基础，明确地划分主权、事权、财权、人权是解决集权与分权矛盾、实现制度性创新的制度原则，而制定明确、明示的法律、法规规制，则是解决集权与分权矛盾、实现制度性

① 〔美〕道格拉斯·C.诺思：《经济史中的结构与变迁》(陈郁等译)，上海三联书店、上海人民出版社 1994 年版，第 20 页。

创新的制度形式。而这一切，只有通过理性、系统的改革才能实现。①

4. 新的制度规范

新的制度规范包括确定中央政府与地方政府关系准则，例如，地方政府的政策法规不得与中央政府政府的政策法规相抵触的原则，税种税率决定权归属中央政府的原则，中央税收优先的原则，中央政府享有和实际保有国家行政监督权等；划分中央政府与地方政府关系的种类，包括明确区分政治关系、行政关系、经济关系，在此基础上确定中央与地方关系模式的制度架构；建立衡量和监控集权与分权合理界限的考量标准，并建立相应的指标体系和预警系统。例如，如果确定中央政府财政收入和财政支出占全部财政收入和支出的比例不低于50%，50%就成了一种警戒线；建立明确的反应机制，即在设定的指标值出现低于预警线的条件下，通过预定的法规和政策措施及时加以有效的修复；建立明确的惩戒制度，对违反制度规定的行为给予应有的惩戒，包括经济惩戒——没收非法所得、终止或取消某种资格，行政惩戒——撤消行政职务、给予行政处分，政治惩戒——开除党籍，解散或重组领导集体，法律惩戒—承担相应的刑事、民事责任等。

5. 人类社会正在经历新的时代变迁

信息化社会的时代已经到来，知识经济的时代已经到来，经济全球化的时代已经到来。发展变化的节奏明显加快、发展变化的内容趋向多元化、丰富化、复杂化，"新"的事物层出不穷、新的问题不断出现，竞争日趋激烈、关系趋向错综复杂是已见端倪的新时代的主要特征。在这样一种历史条件下，"法律有限、人事无穷"的现象明显增多并造成和激化了传统国家组织体制、领导制度、管理方式与现实需要之间的矛盾，从而需要一种能够对现实变化及时作出反应并有效解决问题、对发展趋势作出前瞻性判断并提前进行战略性规划和部署的主体力量。在

---

① 第二次世界大战前夕美国行政改革的政策思想对我们有启发。1937年1月，美国罗斯福总统任命的总统行政机关管理委员会(President Committee on Administrative Management)提出了通过扩展和加强总统执行机构(The Executive Office of the President)以达到提高行政效率的目的的《布朗洛报告》。该报告引发了美国历史最重要的行政改革之一。1939年4月，美国国会通过改组法，授权总统改革现行的国家行政机构。同年9月，罗斯福总统发布8248号总统行政命令，实际启动了以扩展总统执行机构为主要内容的行政改革。总统执行机构因此得以大大加强，总统的行政权力相应得以扩大。8248号总统行政命令被认为是美国历史上加强行政权力的里程碑，其开创的制度原则和制度安排迄今没有改变。

新的历史条件下，“我们面对的不是‘国家的逐渐消亡’。相反，我们需要一个有活力的、强大的和非常活跃的政府。但是我们面临着选择，选择一个庞大的但软弱无力的政府，还是选择把自己局限于决策和指导从而把”实干”让给他人去做的强有力的政府。……（我们需要）一个能够治理和实行治理的政府。这不是一个‘实干’的政府，不是一个‘执行’的政府。这是一个‘治理’的政府”①。

6.“总统需要帮助”

在目前的条件下，强化政府首脑对政府的督导是必要的。在制度化的条件下，进一步强化行政首长负责制是建立上述主体力量的必然的、合理的选择。但是，即为了帮助政府首脑执行职务，提高领导的前瞻性、督导的有效性，有必要在国家和省级政府建立直接隶属政府首脑的执行机构。这是因为，如果没有一个力量雄厚的辅助机构的帮助，很难想象政府首脑能够有效地领导庞大而复杂的政府机构，能够实现高度的行政效率，能够承担沉重的公共责任。然而，在扩大政府首脑行政权力的同时严格实行政府首脑的任期制和责任制。

① 〔美〕戴维·奥斯本、特德·盖布勒：《改革政府——企业精神如何改革着公营部门》（周敦仁等译），上海译文出版社 1996 年版，第 25 页。

动态平衡*

——新时期中国政府管制的双重选择

张国庆　王　华

由中国大国转型期的历史和现实条件所决定，在可以预见的未来，中国政府关于政府管制(government regulation)的理念以及相应的公共政策选择，既是制约中国实现可持续发展战略目标的主要因素之一，又构成了影响新时期中国政府公共政策质量和公共管理有效性的主要问题之一。这是因为，党的十一届三中全会以来，随着国家主导意识形态的“与时俱进”的不断调整和修正，中国政府管理经济的模式正

* 本文原发表于《湖南社会科学》2004 年第 1 期。

在发生嬗变之——在经由了政府控制经济(计划经济)、政府主导经济(双轨制)的历史阶段之后,正在加速走向政府推动经济(市场经济体制),中国政府的职能和管理方式相应正在经历深刻的制度变迁。在此意义上我们可以认为,中国的新公共管理的时代已经到来。在这个新的时代,以WTO规则和全面融入世界主流经济为新的发展背景,以政府与市场(经济主体)、国家与社会(公民)、中国与世界(不同国家及民族)的关系为基本线索,以跨越式的相对均衡发展和国民生活质量的普遍提高为价值基点,以深化改革为主要的制度创新形式,中国政府势必加快构建新型的国家公共管理制度,而政府管制恰恰是构成这种新型国家公共管理制度的基本"模块"以及基本问题之一。在政治、经济、社会、文化等综合的而不只是经济的全景视角内,其命题可以表述为:由中国的发展条件所决定,新时期中国政府管制具有双重属性—管制与放松管制俱为新的发展时期中国政府制度创新的价值基点,亦同时构成了新时期中国政府继续实现有效公共管理的宏观公共政策思路。

一、发展模式与新时期中国政府管制的双重选择

通过强化"额外的政府作用"以创造"额外的发展速度"[①],是"东亚模式"也是"中国模式"有别于"盎格鲁—撒克逊自由市场模式"、"莱茵协商福利模式"的基本要义之一,其历史的合理性在于中国没有条件重走自由放任的市场化道路,经由"试错"、危机和波动等代价而逐步建立"自然拓展的"或者说是"自发"的市场秩序[②]。同时,鉴于历史性的巨大落差,中国唯有选择非均衡的发展道路,才有可能实现高速度、超常规、跨越式的发展战略。这已为历史所证明:从1978年到2002年,中国的国内生产总值(GDP)年均增长9.4%[③]按目前的市场汇率计算,已超过1万亿美元;按购买力平价口径计算,中国已跃升为仅次于美国的

① 樊纲:《发展中国家政府的额外作用》,载樊纲:《发展的道理》,上海三联书店2002年版,第212—214页。

② 〔英〕弗里德里希·冯·哈耶克:《经济、科学与政治——哈耶克思想精华》(冯克利译),江苏人民出版社2002年版,第343页。

③ 胡锦涛:《携手努力,促进亚太经济持续增长——在亚太经合组织工商领导人峰会上的演讲》,载《人民日报》2003年10月20日。

第二大经济强国。[1] 更为重要的是，在新的世纪里中国的发展势头依然强劲 并以此为依据制定了到 2020 年再“翻两番”，使 GDP 超过 35 万亿人民币(4 万亿美元)的宏伟目标[2]。与此相联系 由经济辉煌所印证的中国的发展战略、发展模式、治理模式正在逐渐显化，在可持续发展的意义上，正在形成有别于“东亚模式”的某些新的发展特征，“中国模式”呼之欲出：建立在“与时俱进”价值基点之上的坚定的改革开放的国家意识形态和国家意志；明确的发展方向、发展思路、发展战略；持续推进的市场化、国际化、多元化的进程；强烈的创新意愿、渐进而不坠的理论与制度创新；以经济增长为中心的协调和相对均衡的发展；市场、社会、政府的良性互动等。

中国经济的持续强劲增长是一个不争的基本事实。在这样一个基本事实的背后，人们不难观察到非国有经济的迅速崛起以及相应的市场经济的巨大能量，观察到政府市场化价值取向的积极意义。这可以用来证明放松管制之于转型国家经济增长的积极意义，但并不足以证明笼统放松管制或放松一切管制的合理性。以史为鉴，对比俄罗斯及东欧那些更快、更彻底实行私有化—市场化的国家，至今人们并没有看到预期的大幅度的经济增长，相反，看到的却是未曾料想到的经济衰退。对此，俄罗斯前总理盖达尔(Y. Gaidar)指出：松弛的预算约束和名存实亡的行政控制的灾难结合是转轨国家经济衰退的根源[3]。据此，在比较的意义上可以认为，市场经济并不是中国在过去 25 年取得巨大经济成就的唯一原因，与政府管制相关的国家在意识形态、政府的权威(威权)、政府的公共政策/公共管理等方面的广泛的制度创新、制度安排，对于经济的高速发展同样起到了关键性的作用。换言之，“与所有权相比，围绕商业企业的市场结构和制度安排在绩效、效率和低利率上所起的作用更大”[4]，更何况产权革命同时亦是中国市场化进程的

① 胡祖六、约翰·安德森等：《关于中国与世界的五大神话》(潘功胜等译)，中国金融出版社 2003 年版，第 1—2 页。

② 江泽民：《全面建设小康社会，开创中国特色社会主义事业新局面——在中国共产党第十六次全国代表大会上的报告》，载《人民日报》2002 年 11 月 18 日。

③ 〔俄〕盖达尔：《俄罗斯危机给转型国家带来的教训》(全顺芳译)，载《国外社会科学文摘》2000 年第 3 期。

④ 〔美〕托尼·赛奇：《中国改革中变化的政府角色》(丁开杰等译)，载《经济社会体制比较》2002 年第 2 期。

支点之一。对比"拉美化"现象则更容易理解[①]，对于制度架构远不够稳定、完善的后发展国家，经济增速愈高，伴生的经济、政治、社会的成本就愈高，风险就愈大。在这方面，中国政府管制的积极作用在于，在高速增长的同时，维持了相对稳定的经济、政治、社会的秩序。这种相对稳定的秩序，仍为未来20年中国的进一步发展所必须。

但是，同样在比较的意义上，东亚以至中国的经济辉煌并不足以证明笼统管制或加强一切管制的合理性，尤其不能证明长期管制的合理性。以邻为鉴，"东亚金融危机"及其引发的严重的经济衰退，值得与"东亚模式"国家具有发展战略、治理模式同构性的中国极大的警醒。"东亚金融危机"说明，"东亚模式"之下的东亚地区，在经济高速发展的历史进程中，确实内蕴和隐含着一些重大的、结构性的问题。由政府主导型发展模式的主体特征所决定，问题的存在、发展及其交互作用，无不与国家的主导意识形态、与政府的发展战略、发展模式、治理模式等基本的公共政策选择、与政府的公共管理的意愿和能力有着直接的、重大的、甚至决定性的关系。在"东亚模式"国家公共政策失误背后，人们不难看到这些国家在发展观方面的问题：醉心于已有的经济成就和比较制度优势，迷信政府和既定发展战略的作用，以至于在远没有形成新的、稳固的、坚实的足以支持可持续发展的制度结构条件下，不仅市场化的进程缓慢，而且政治和社会改革亦严重滞后。相应的，政府管制的作用和控制力被高估，政府长期占据着经济生活的"制高点"，偏袒萎缩产业，补贴低效率部门，干预银行监管，以至于"管制过度"，终不能有效地化解金融风险。

经过25年的高速发展，中国的确取得了巨大的经济成就，但是，中国仍然是一个发展中国家，落后仍然是社会发展的主要矛盾，国家整体发展水平和人民普遍生活水准仍然低下，仍然尚有数以千万计国民没有解决温饱问题[②]。与此同时，与现代化进程相伴生的某些尖锐而复杂的、曾经和仍在严重困扰几乎所有发展中国家的综合性矛盾已经无可回避地摆在了中国的面前。这就注定了未来年中国政府历史责任的双重性，并因此衍生出新时期中国政府管制的双重性：

---

① 〔美〕芭芭拉·斯托林斯、威尔逊·佩雷斯：《经济增长、就业与公正——拉美国家改革开放的影响及其经验教训》（江时学等译），中国社会科学出版社2002年版，第121页。

② 《温家宝总理答记者问》，载《人民日报》2003年3月19日。

一方面，“政府主导型”的发展模式必须在渐进改革的过程中得到修正，与此相联系 中国政府必须放松管制，不仅要从经营性经济和微观企业管理的活动中退却，而且要从“制高点退却”[①]更要破除不必要的垄断和规制，从公共权力的不合理的制度或非制度的领域退却。其目的，在于大大拓展自由经济的活动空间，由此培植更为广泛的经济主体，释放经济能量，增强社会经济的活力、潜力、国际竞争力，增加国民财富，进而实现新时期可持续的跨越式发展目标；另一方面，“政府主导型”的发展模式气数未尽，中国政府必须实施管制，不仅要确立公平的竞争规则，维持市场秩序，合理保护民族经济，而且要不断增强自身的能力，继续承担起筹谋、推动国家发展与社会进步的历史责任，更要弥补制度的罅漏、缺失，维护公众的利益，维护社会正义和公平。其目的，在于在动态的过程中维系制度的相对均衡，培植民族经济的长远竞争力，通过相对均衡、协调的发展实现新时期可持续的跨越式发展目标。

二、国际经验与新时期中国政府管制的双重选择

在西方的学术语义系统中，政府管制通常被分为经济性管制（economic regulation）和社会性管制（social regulation）两大类。前者的合理性在于解决由自然垄断、过度竞争和信息不对称所产生的问题，如垄断租金、进入壁垒、欺诈竞争、强行交易等；后者的合理性在于解决由外部性和信息不对称所产生的问题，如环境污染、自然资源的掠夺开发、传染性疾病、消费者权益维护、职业安全与健康等。政府管制的生成、发展已经经历了上百年的历史。以美国为例，百余年前后共出现了三次政府管制的高潮：

（1）19 世纪末 20 世纪初，以限制垄断、确立公平合理的价格为特征；（2）20 世纪 30 年代，以经济大危机为背景，配合《紧急银行法案》、《失业救济法案》、《工业复兴法案》、《以工代赈法案》等一系列法案，由此形成了管理经济又不控制经济机构、“管制而不是公有制或国有化，反托拉斯而不是集中和合理化，分散控制而不是计划”的“管制资本主义”国家；（3）20 世纪 60 年代至 70 年代。以广泛的社会危机和提高生

① 〔美〕丹尼尔·耶金、约瑟夫·斯坦尼斯罗：《制高点：重建现代世界的政府与市场之争》（段宏等译），外文出版社 2000 年版，序言第 7 页。

活质量为背景，美国政府管制的重点开始从经济性管制向社会性管制转变，形成了新的、更为广泛的政府控制。

在以秉承亚当·斯密自由经济原理的自由主义经济理论为基础的“里根革命”之后，“放松管制”成为政府的主导价值观和公共政策选择的基调，且一直延续到20世纪末。在这个时期，布坎南（James. M. Buchanan）的“保护性国家”理论、诺齐克（Robert Nozick）的“最低限度国家”等，都在不同程度上影响了美国的公共政策选择。尽管如此，美国业已形成并且一再得到强化的政府管制机构及其功能并没有因此而被削弱。事实上，美国联邦政府管制机构的人员在1998年就已经达到了前所未有的126147人，政府部门在制定规章、裁决、监督等方面对私人企业的干预仍然保有强劲的能力。以至于有研究者指出：“美国经济的突出事实已经不是政府控制了经济生活的多少方面，而是多少方面政府还没有控制。”[①]美国联邦政府实行政府管制的结果是：以19世纪的标准，或从“自由放任”的观点来看，美国已远非一个自由经济国家，因为尽管有关私人企业经营方面的大多数决策仍由这些企业做出，但是政府也可谓无所不在，深深地影响着微观经济结构和机制的具体动作[②]。2001年发生的“安然现象”，再一次唤起了人们对政府管制的思考。“安然现象”再次证明，鉴于“资本”和人类的天性，以及“市场失灵”的客观性，即使在市场化、制度化程度很高的条件下，类似安然公司的“纯市场的典范”的可靠度也仍然值得怀疑。换言之，政府需要约束，资本同样需要约束，管制与放松管制的失衡是导致安然事件的直接原因之一。

以上可见，在美国政府公共管理的历史上，关于管制与放松管制的理论和政策争论在“市场失灵”与“政府失灵”的问题上，甚至“国家悖论”[③]的背景下一直绵延不绝，但事实上政府管制历来是一种基本的政府职能 也是一种主要的公共政策工具，更是一种重要的制度规范。对此，我们可以借鉴的是：从历史的角度看问题，政府管制与放松管制并

---

① 〔美〕乔治·斯蒂纳、约翰·斯蒂纳：《企业、政府与社会》（张志强等译），华夏出版社2002年版，第319页。

② 傅殷才、颜鹏飞：《自由经营还是国家干预——西方两大思潮概论》，经济科学出版社1995年版，第379页。

③ 〔美〕道格拉斯·C.诺思：《经济史中的结构与变迁》（陈郁等译），上海三联书店、上海人民出版社1994年版，第20页。

不存在非此即彼的零和博弈关系，存在的是“钟摆”式的价值倾斜及其合理性；不论是政府管制还是放松管制，它们都不是自然选择的产物，相反，它们是人类为了实现一个成功的社会秩序体系而创设的工具。对于这一工具的认识、利用、评价和改进还需要另一种互补的方式来进行[①]。概而言之，问题不在于是否需要管制，而在于管制谁、管制什么、什么时候管制和怎样管制。

作为有着传统政府公共权威的后发的市场经济国家，中国市场经济的创生、发展从一开始就不是哈耶克式的“自然演化”的过程，而是在国家现代化领导集团的主导之下，经由强大的政府推动——开掘社会内在动力、排除原生不兼容性的过程，并因此形成了具有进一步市场选择价值取向的“中国模式”。但是，如前所述，这并不意味着政府在国家现代化进程中的独特功用已经完结，并不意味着我们有理由“像戒毒一样戒除管制”[②]。至少在可以预见的新的发展时期，我们需要放松管制，同时也需要管制。本文将这种基于双重需要而双向选择的管制称为新管制。新管制是新时期政府职能的一部分，亦是新时期政府履行职能的基本方式，其目的在于在继续实现跨越式经济发展目标的同时，实现相对的社会均衡发展。在现阶段，新管制的价值合理性主要集中在以下几个方面：

首先，应对 WTO 需要新管制。加入 WTO 意味着中国以国家主权为信用凭证承诺遵守国际既定的游戏规则。与此相联系，按照市场导向进一步更新公共管理理念、转变政府职能、加快放松管制以至修正治理模式势在必行。与此同时，为了实现既定的发展目标，推行可持续的跨越式发展战略同样势在必行。这意味着，中国政府的意愿、能力、能量仍然是有效推进中国现代化进程的决定性的系统因素和战略资源之一，而管制则是政府发挥作用的必要条件之一。只是，在新时期，中国政府管制的价值重点必须加快转向宏观调控，转向社会性管制。另外，经济全球化的趋势事实上并没有减缓国家间的竞争，相反，而是大大增加了这种竞争，这就迫使中国政府在遵从国际规则的同时 不仅要

---

① 〔美〕凯斯·R.孙斯坦：《自由市场与社会正义》(金朝武等译)，中国政法大学出版社 2002 年版，第 520 页。

② 张维迎：《政府管制的陷阱》，载张维迎：《产权、政府与信誉》，北京：三联书店 2001 年版，第 134 页。

积极参与制定国际规则，而且要学习发达国家的经验，最大可能地利用现有规则保护国内市场，为中国企业参与国际竞争创造更为有利的条件。在这方面，管制是中国政府的必不可少的政策工具之一。

其次，进一步推进体制改革需要新管制。其要义在于以创新为基调的产权革命、经济结构调整、生产方式及交易方式变革，以及公共行政体制改革。在深化改革的过程中，由于广泛存在新旧制度结构与制度规范的冲突，在关于管制与放松管制的问题上，中国政府事实上亦面临着许多发展中国家面临的"两难抉择"的政策困境："许多发展中国家发现他们不得不建立规制体系来监督新近私有化的经济部门。其他一些国家发现他们需要某些工序来计算规制成本，以免规制变成发展中国家经济的过度负担。还有一些国家发现，他们需要摆脱数量超常的规制以便促进商业繁荣"①。鉴于中国的集权的政治传统，以及与公有制相一致的计划经济的历史，加之大国转型的复杂性，中国政府的政策困境尤为明显。与中国的"渐进式"的改革战略的选择相一致，走出上述政策困境的唯一可行的路径，就在于实现动态的政策平衡。换言之，"破"与"立"从来就是任何一种改革过程中相生相克、相互依存的两个方面。改除旧的规制体系与建立新的规制体系同样具有客观性质。这样，在大幅度废止旧有的（管制）制度规范的同时广泛建立新的（管制）制度规范，在动态的过程中不断实现管制与放松管制的平衡，就成了一种合理的公共政策选择，平衡度的掌握，则取决于政府与法人、自然人的交互作用的性质、内容和方式。

最后，制度构建需要新管制。毫无疑问，新时期是中国进一步构建市场经济制度的重要的历史时期，就制度模块的内在相关性而言，进一步构建政府公共管理制度，包括进一步构建政府管制意在其中。在此意义上，新管制构成了进一步构建市场经济制度的不可或缺的支持性制度，博兰尼（Karl Polanyi）在对英国早期市场经济的兴起所做的描述分析中指出：只有当市场经济的制度设定存在时，市场规律才能自动发挥作用，资本主义的生命力一直依赖于市场与对市场的限制的特定结合，而且放弃限制会削弱资本主义经济的活力。诺斯的观点则更为明确："由于新古典理论关注于有效的要素和商品市场的运作，西方经

---

① 〔美〕艾琳·卡马克：《全球化与公共行政改革》（何增科译），载《经济社会体制比较》2002 年第 3 期。

济学家很少理解创建这种有效市场所需的必要制度条件，因为他们将此视为想当然。只有一套能够提供较低交易成本和可信承诺的政治和经济制度，才能使支撑经济增长的有效的要素和商品市场成为可能。”①其实，中国政府剔除纷繁复杂的旧有的政府管制并不那么艰难，难的是作为公共权力的委托主体，如何在动态的过程中实现制度供给，构建适应市场经济要求的一整套有效的管制制度。

三、公共政策的价值基点与新时期中国政府管制的双重选择

可以预计，在新的发展时期，管制与放松管制都将是广泛而持续的。这无疑将大大增加中国政府实施新管制的复杂性，从而对中国政府的正确地制定和有效地执行公共政策能力提出了新的挑战。为此，借鉴历史，确定关于管制与放松管制的公共政策的价值标准是必要的：有进有退、动态平衡。

鉴于中国现阶段的发展特征以及相应的可持续跨越式发展战略，有进有退、动态平衡应是中国政府在动态的过程中不断调整、修正管制政策的合理的价值选择，其要义在于增强中国政府的在市场化进程中或市场经济体制下的政府管制能力及其有效性。至于是否能够实现“进退有据”，甚至“进退自如”，则取决于政府的在与国内、国际诸多行为主体的动态的交互影响的过程中的政策意愿、政策能力。这存在三个主要的公共政策价值判断问题：

其一，改变管制重点。管制是不断变换政府行为的重点和焦点的动态过程。它来源于市场和社会中一个连续的事件整体，其开端几乎不可能准确定位而其结果几乎很少经久不变。就中国目前的发展阶段而言，承认市场在资源配置方面的基础作用，进而进一步放松管制无疑构成了政府管制政策的主要矛盾。政府管制的边界只在平衡市场的失灵，以及那些社会不愿管、不能管、管不了、管不好的事务，而政府放松管制的策略之一，在子利用政府的特殊力道，培植、促成足以替换政府职能的社会行为主体，譬如，行业协会、中介组织、消费者自组织等，直

① 钱颖一：《中国市场化过渡的制度基础》，载胡鞍钢：《中国走向》，浙江人民出版社2000年版，第15页。

至达成由自由市场、强大社会与合理政府管制边界三方形成的均衡。这意味着，政府在大大放松关于垄断、市场准入、行政性审批等经济性管制的同时，需要大大加强关于消费者权益、国民健康安全、职业保障等社会性管制。换言之，管制应当尽快回归于消费者代理人的公权力地位，注重维护公共利益。从 20 世纪 80 年代到 21 世纪初这 20 年里，从超管（全能管制）到弱管（卸载管制）再到限管（有限管制），应该是中国政府管制的一段合理的演变过程。

其二，修正管制方式。与中国的进一步的市场化的进程相一致，修正的方向，在于更多地用现代的激励性管制和协商性管制替代传统的制约性管制。一般而论，激励性管制是通过引人竞争或明确奖惩的方式来给予企业提高内部效率的诱导和刺激。它包括特许权竞标、区域间竞争、价格上限管制、稀缺资源公开拍卖等方式。协商性管制是管制者与被管制者之间就如何进行管制所达成的协约。被管制者在这一管制模式中由原来的被动接受管制转变为主动参与决策，制定管制政策。协商性管制的常见方式是社会契约制度，它是管制者与被管制者双方就社会目标、经济目标、行业进入标准、产品质量标准和违约惩处方式等内容所达成的协议。作为政府管制的两种创新工具，激励性管制和协商性管制之于中国政府管制的积极意义，在于在新的发展阶段上实现管制和谐。

其三，管制管制者。只要政府进行管制，客观上就存在管制失败的风险，就存在如何防止管制权力的专断与腐败的问题。因此，管制管制者即管制主体必须同时受到管制，构成了“管制”命题的一部分。理论研究证明，鉴于“经济人”的普遍的自利性，在由管制者、管制对象和公众三方所形成的交易模型中[①]，管制者与管制对象结成同盟具有某种必然性，表现为追求政绩、税收甚至个人收益最大化的管制者与追求利润最大化的企业之间具有的某些利益的一致性、共生性。从实践的情况看，这一点之于转型期的后发展国家尤为明显。对后发展国家而言，即使没有任何的私利、私欲，管制者在客观信息缺失、法制约束稀疏、责任意识淡漠的情况下，线性决策、随意决策以及短视、短期的政策行为都有可能造成管制失败。至于管制管制者的有效性，在根本上取决于国家？制度创新及其有效性。

---

① 〔美〕拉雷・N. 格斯顿：《公共政策的制定——程序和原理》（朱子文译），重庆出版社 2001 年版，第 120 页。

美国联邦政府食品药物管制的公共政策分析*

张国庆　李丹阳

美国是信奉自由市场经济的国家，同时亦是实施政府管制最为广泛和严格的国家。食品与药物管制作为美国社会性管制的一部分，有着几乎与这个国家的历史一样长的历史。本文试图以主要的历史事件和相应的法案为主要线索，廓清美国关于食品药物政府管制的公共政策的历史轨迹，分析当代美国关于食品药物政府管制的公共政策的发展特征，以期对中国制定和执行符合国情的关于食品药物政府管制的

* 本文原发表于《中山大学学报》2003 年第 6 期。

公共政策，提供一些可信的借鉴。

一、美国联邦政府食品药物管制公共政策的演变

制法、行法是美国食品药物政府管制公共政策的制度基础，也是其合法性和公信力的基础。美国的食品药物管制政策系统，主要由管制政策、管制机构、管制对象、管制环境四个要素组成。下文将以制法、行法为中心，结合管制机构、厂商、消费者之间的交互影响关系，梳理美国联邦政府近百年来关于食品药物管制的公共政策的发展史。

（一）管制的建立：1906 年的《纯净食品和药物法案》

1906 年，美国国会比较顺利地通过了“威利法案”，即《纯净食品和药物法案》①。一般认为，该法案拉开了现代美国全面实施食品药物政府管制的序幕。其政策要点在于：(1) 在美国领土内制造掺假食品或药物为非法行为，违者将处以罚款或监禁；(2) 禁止在州际间从事掺假或错误标识货物的贸易；(3) 财政部部长、农业部部长和商务劳动部部长制定一致的规章制度，以贯彻食品药物管制政策的理念；(4) 对食品药物样品的检验，由农业部下属的化学局进行，或者在该局的指导和监督下进行；(5) 农业部部长必须将任何对食品药物管制规定的违反情况报告检察官。

该法案影响深远，不仅明确提出了政策规范，明令禁止州际贸易中的掺假和错误标识货物，规定对进出口贸易中同样的违法行为进行管制，实际启动了一种非关税壁垒，而且明确规定了该政策的执行机构及其职责，并且要求同为执行机构的农业部、财政部以及法院、检察官必须相互配合、协同确保管制政策的执行。1927 年，化学局被重组为食品药物和杀虫剂管理局、化学和土壤局两个局。其中管制职能由食品药物和杀虫剂管理局承担 1927 年，食品药物和杀虫剂管理局的名称在一项农业拨款法案中被简称为“食品药物管理局”(FDA, Food and Drug Administration)。自此，美国联邦政府有了统一的对食品药物实施管制的机构，其公共政策亦有了合法性、正当性以及行为依据，开始对食品药物实行全面的政府管制

---

① Russell S. Sobel, “Public Health and the Placebo: The Legacy of the 1906 Pure Food and Drugs Act,” *CATO Journal*, Vol. 21, No. 3, 2002.

(二) 管制的加强：1938 年的《联邦食品、药物和化妆品法案》

1938 年，美国国会通过了美国食品药物管制政策史上具有里程碑意义的法案——《联邦食品、药物和化妆品法案》。[①] 该法案规定：(1) 把管制的范围扩展到化妆品和医疗设备；(2) 新药物投入州际运输之前必须向 FDA 提交一份新药申请报告；(3) 禁止危险药物的生产和销售，以及虚假和误导性的标注；(4) 必须公布新药中所有有效成分的分子式及作用机理；(5) 非处方药必须标有对可能的错误使用行为的指南和警告；(6) 加重对所有违反食品药物管制的行为的处罚；(7) 新药在上市前必须被证明是安全的；(8) 取消雪利修正案要求联邦管制机构在药物假冒案中必须证明当事人具有欺骗意图的规定；(9) 必须设定对不可避免的有毒物质的法定容许量；(10) 批准与食品的特性、质量以及容器容量相关的标准；(11) 批准工厂检查；(12) 规定法院可以纠正行政部门进行的查封和起诉行动。

严厉的《联邦食品、药物和化妆品法案》起因于 1937 年发生在美国的"万灵磺胺"灾难。在这一悲剧性事件中，全美国共有 105 人因为肾衰竭死亡，248 位幸存者的身体健康也受到不同程度的伤害。美国国会关于 1937 年"万灵磺胺"事件的调查报告认为，从根本上说，悲剧的产生源自疏松的联邦食品药物管制。因而，有必要着重从这个角度对旧有的食品药物管制政策乃至整个食品药物公共政策系统进行调整和优化。这直接反映出美国食品药物管制的公共政策理念发生了某些重大变化：(1) 从公共政策的目标来看，更为关注食品药物管制的社会目的，即为美国公众提供更为完备的食品药物安全网；(2) 从管制机构的权限来看，倾向于建立统一高效的联邦食品药物管制机构，同时加强政府对企业经营行为的干预。作为以国家干预为核心的"新政"的一部分，该法案在某种意义上甚至改变了美国食品药物工业界与政府之间长久以来的关系模式。

(三) 管制的强化：1962 年的《柯弗瓦-哈里斯药物修正案》

1962 年的《柯弗瓦-哈里斯药物修正案》又称"零风险管制"(Zero

---

① Peter Barton Hutt, *Philosophy of Regulation: Under the Federal Food, Drug and Cosmetic Act*, Food and Drug Administration Sixteenth Annual Educational Conference Washington, 1972.

Risk Regulation)[1],在美国食品药物管制政策史上具有特别重要的意义。这是因为,作为标志性的公共政策文本,该法案奠定了20世纪90年代末以前整个美国药物管制的法律基础,并且作为美国20世纪60年代激进消费者权利运动的产物,该法案与1960年的《有色添加剂修正案》、1962年的《消费者权利法案》、1965年的《药物滥用控制修正案》、1966年的《儿童保护法案》、1966年的《清楚包装和标签法案》以及1968年的《动物药物修正案》一道,共同组成了美国食品药物以"零风险管制"为基本价值取向的政策体系。进而,"零风险管制"的政策理念,不但影响了此后数十年美国食品药物管制具体政策和规定的制定与执行,而且还在国会、FDA这些政策机构中形成了一种反对风险的政策传统和组织文化。[2]

《柯弗瓦-哈里斯药物修正案》直接起因于20世纪60年代美国所面临的一场公共卫生危机。[3] 其主要内容包括:(1) 药物生产商必须在新药上市前向FDA证明产品的有效性;(2) 免除德莱尼修正案的限制性条款关于政府管制机构必须证明动物药物及动物喂养添加剂将引致癌症才能进行起诉的规定;(3) 规定在供应给人类的食品中的残留物必须低于有害剂量;(4) 要求自1938年到1962年间仅在药物安全基础上通过审批上市的4000多种药物,必须重新进行有效性实验,以证明产品的效能。否则不得继续销售(5) 要求FDA对新药开发的每个步骤进行严密的监视;(6) 规定进行研究性新药开发,必须在启动扩展的人体试验前进行全面的动物试验;(7) 取消对FDA处理新药申请的时间限制。

从单纯追求安全性到追求有效性(不仅无害,更要有益),这是一个巨大的进步。此外,该法案还规定,FDA必须扩展职能,从一个只对单一事件作出反应的机构转变为一个主动监测新药开发的机构。这意味着,在食品药物领域。美国的政府管制进入了全面介入企业经营管理过程的历史阶段,刚性规则和具有封闭性的FDA单一管制构成了这

---

① Henry G. Grabowski and John M. Vernon, *The Regulation of Pharmaceuticals*, Washington: American Enterprise Institute for Public Policy Research, 1983.

② Henry. I. Miller. To America's health-A Proposal to Reform the Food and Drug Administration, Standford; Hoover Institution Press, 2000, p. 18.

③ McFadyen RE, "Thalidomide in America: a brush with tragedy," *ClioMed*, No. 11, 1976.

个阶段的管制特点。由此，政府对食品药物市场的干预达到空前的程度。

（四）管制的放松：1988 年的《食品与药物管理法案》

20 世纪 60 年代在当代美国发展史上是具有重要转折意义的时期。在这个时期，以弗里德曼、哈耶克、布坎南等人的理论为代表的具有强烈的改变传统理论规范冲击力的西方新自由主义的经济理论逐步兴起，不仅替代主导了西方经济学说达三十五年之久的凯恩斯经济理论而成为新的主流经济理论，而且成为政府制定经济政策的理论依据。美国 1988 年的《食品与药物管理法案》，就是信奉自由主义经济原理的里根总统所进行的社会性管制改革的成果之一。该法案集中反映了里根政府提出的"放松管制"(Deregulation)或"管制放松"(Regulatory Relief)的政策理念。它主要包括以下内容：(1) 正式把 FDA 建为卫生和福利部(HHS)下属的一个局；(2) 在 FDA 设置一个食品和药物专员的职位，FDA 从此由专员直接领导执行食品药物管制；(3) 规定食品药物专员必须由总统根据参议院的建议和同意任命；(4) 规定卫生和公共事业部以及 FDA 的食品药物专员在研究、管制执行、教育和情报方面的职责；(5) 要求对 FDA 提议的新食品药物管制规则进行成本一效益分析(Cost-Benefit Analysis)。

在里根政府看来，管制，特别是在 20 世纪 60 年代颁布的一系列社会管制政策，可能比其他任何联邦活动更多地反映了联邦政府对私人决策的非法侵入。管制是造成美国经济在 70 年代持续低迷和难以重新振作的重要障碍。因此，必须改革不合时宜的社会管制系统。为此，里根政府明确提出了"管制放松"的治国理念，于 1981 年 2 月 17 日发布了关于"放松管制"的行政命令(E. O. 1229：Federal Regulation)。集中阐释了政府放松管制的最为重要的一些内容①。虽然里根的政策受到了批评②，但是，《食品与药物管理法案》以及"放松管制"所倡导的管制放松的政策理念、政策主张、政策规范，表明美国联邦政府开始对食品药物管制进行理性的思考。不再迷信曾经盛行的关于社会管制有

---

① George C. Ends；Michael Fix. *Relief or Reform? Reagan's Regulatory Dilemma*, Washington；The Urban Institute，1984. p. 2.

② Henry. I. Miller. *To America's health—A Proposal to Reform the Food and Drug Administration*，Standford；Hoover Institution Press，2000，p. 18；p. XIV.

利于经济福利的神话，转而更加注重食品药物管制的成本效益比。自此，美国联邦政府的食品药物管制政策开始进入一个现代化管制范式阶段。

（五）管制的现代化—信息化：1997年的《食品和药物管理现代化法案》

1997年《食品和药物管理现代化法案》的政策目标[①]，在于优化FDA原有的管制程序，在保证食品药物安全有效的基础上提高管制的效率。其主要内容包括：(1) 重新批准《处方药使用者费用法案》(PDUFA)；(2) 加快药物审核的速度，建立药物审批的快速通道；(3) 建立全国临床试验数据库；(4) 允许厂商披露药物某些未经批准用途的信息；(5) 要求药物公司提供药物的经济信息；(6) 加强国际间的管制合作；(7) 降低审批医疗产品的标准。该法律及其制定过程，以及最近几年的发展标志着：美国食品药物管制政策进入了以合作与开放为特征的现代化管制阶段[②]；美国食品药物管制政策进入了重视开发信息、开放信息、信息共享以及全方位提供公共信息的信息化管制阶段。由此，形成了美国食品药物管制政策的新范式，本文称之为现代化—信息化范式。该范式表明，美国关于食品药物管制的公共政策理念正在发生深刻的变化，其新的公共政策的价值取向主要表现为优化管制方式、改变管制结构、加强管制责任、提高管制效率、注重信息开发和共享、强调提供全方位和高品质的公共信息服务：

(1) 从单一主导型管制转向和谐化管制。该法案同时照顾了FDA、制药业、消费者长方的诉求和利益，明确要求FDA在管制过程中必须加强与制药业、消费者团体以及卫生保健专业人士的沟通，在执行政策、发布管制条例前必须全面征求各方意见。这意味着，法律要求管制机构与管制对象、消费者之间形成交互合作的关系，FDA不再能够单方面强制性地制定、解释和执行管制政策。

(2) 从程序管制转向结果管制。1962年之后的"零风险管制"着

---

① Bill. Clinton, "Statement on signing the Food and Drug Administration Modernization Act of 1997," *Weekly Compilation of Presidential Documents*, Vol. 33, No. 48, 1997, p. 17.

② Robert T. O'Neill and Ana Szarfman, "Some US Food and Drug Administration perspectives on data mining for pediatric safety Assessment," *Current Therapeutic Research*, Vol. 62, No. 9, 2001.

力于程序/过程管制。从政策实践的情况看，尽管政策意愿良好，但其着力于程序监管的管制方式在造成 FDA 管制效率低下的同时，也严重阻碍了美国相关企业的经营效率的提高。因此，该法案明确要求 FDA 以结果为取向进行管制，例如，设立药物审批的快速通道。

(3) 从国内管制转向管制国际化。该法案要求 FDA 扩大管制的运作空间，广泛参与国家间的管制合作。这直接促成了 FDA 的职能从国内市场管制迅速扩大到了国际市场管制，并且成为其中的主导力量。这也是美国依据国内法介入国际事务的典型之一。

(4) 从规则管制转向信息管制。该法案确定，管制机构本质上是一个服务机构，有责任成为信息服务的提供者而不是信息资源的垄断者。这就要求 FDA 的食品药物管制从规则管制向信息管制转变，逐渐转变为一个搜集、发布信息的公共信息机构，为业界、消费者及社会大众提供充分的信息服务，进而，通过信息的分享实现管制结构的分权化。为了有效地实现政策目标，法案明确要求 FDA 建立一个关于药物临床试验的数据库，为厂商及广大患者提供公共信息服务。之后，FDA 制定和执行了一系列体现现代化—信息化管制范式的公共政策：FDA 顾问委员会提供免费信息热线，让公众在《信息法案》的范围内，及时了解 FDA 开展的各项活动；通过 FDA 官方网站发布及时更新的关于食品药物的审批情况、最新出版物，以及《联邦注册》的权威信息；启动医药观察(MEDWATCH)项目方便公众报告各类与食品药物相关的不良事件等。[1]

"9·11"国际恐怖主义袭击之后，美国迅速调整了 FDA 的职能。2002 年美国国会通过的《生物恐怖主义法案》明确要求 FDA 在食品药物管制方面承担起防范恐怖主义分子进行生物袭击的新职责。这表明，美国食品药物管制政策具有非常强的调控性，它可以而且应当随着国家目标的变化而改变，但这并未影响既定的公共政策的价值取向。同年，美国国会通过了《医疗设备使用者费用和现代化法案》[2]，进一步强化和扩展了《食品和药物管理现代化法案》的公共政策理念，进一步

① "Accessing the Food and Drug Administration: telephone or internet," *Clinical Microbiology Newsletter*, Vol. 23, No. 18, 2001.

② Richard L. Wolgemuth, "Realizing the promise of the US food and drug administration modernization act," *Clinical Therapeutics*, 20 (Supplement 3) 1998.

优化了 FDA 的管制程序。促使美国食品药物管制政策系统加速转向现代化—信息化新范式。

二、当代美国联邦政府食品药物管制的危机与问题

美国的食品药物管制公共政策系统是有效的，然而，随着社会变迁，现行的美国食品药物管制公共政策系统却面临着有两大合理性危机：

其一，政府管制的必要性、权威性正在降低。20 世纪 90 年代末以来，组合化学、基因研究以及药物经济学的发展，使美国食品药物行业的面貌发生了革命性的变化。与新的科学技术和理论的专业化的、快速的发展相比较，FDA 的专业水准实在相形见绌，这种知识、信息的不对称严重影响了 FDA 的管制效能，使 FDA 经常由于专业水准低下而陷入尴尬的境地。① 与此同时，美国食品药物企业却建立起了比较系统的行业规范体系。其对行业行为的约束功能甚至在某些方面超过了政府管制机构。②

其二，食品药物管制的"社会管制悖论"负面效应。如同其他社会管制一样，美国食品药物管制设立的目标，也是为了满足社会和政府在卫生健康方面的需要。但是，由于管制政策、管制机构、管制过程等方面的问题，实行食品药物管制总是不能很好地实现这些目标，相反，有鉴于法律总是落后于现实，总是显得有些僵化、陈旧的食品药物管制，事实上成为阻碍美国民众卫生健康水平提高的重要因素。③

以上危机由此产生了一个问题，与大众理性相一致，在自我管理、自我规范不断发展的市场经济时代，人们需要什么样的食品药物管制呢？这需要对当代美国联邦政府食品药物管制存在的问题有所了解。

---

① Mark S. Frankel and Parisa Morris, "A view from the field on food and drug administration regulation: report of a 2002 survey of U. S. fertility clinics," *Fertility and Sterility*, Vol. 79, No. 5, 2003.

② 同上。

③ Sanford H. Roth and Allen Mackenzie, "Drug Development, Guidelines, and the Food and Drug Administration," *Annals of Internal Medicine*, Vol. 101, No. 1, 1984.

(一) 管制机构被"政治俘获"[①]

与经济管制政策相比，社会管制政策因其与公民之间存在更为直接的利害关系，因而在某些条件下更容易受到政治因素的影响。美国是个崇尚"票决制"的国家，其制度优势是明显的，但也因此为在国会占主导地位的利益集团左右立法提供了可能。从美国食品药物管制政策发展史来看，那些在一个时期占优势的利益集团，并不一定就是受管制的产业厂商，而常常是在某一特定时期里声势较大的团体，比如某些消费者团体。这些团体从自身利益出发建立政策诉求，进而影响管制政策的制定。他们的要求一般具有片面性，从宏观角度并不一定有利于国家整体利益的维护和发展。问题在于，基于制度约束，政府的食品药物管制执行机构必须严格执行法律，由此产生了食品药物管制机构被"政治俘获"的危险。

(二) 审批程序造成"管制悖论"[②]

长期以来，关于食品药物管制政策最为人所诟病的是 FDA 对食品药物的审批程序。虽然 1997 年的《食品和药物管理现代化法案》对 FDA 的审批程序进行了改革，使食品药物的审批周期大大缩短，但仍然存在繁复、耗时而又不必要的审批程序，这一点对新药上市的影响最大。由于针对各种严重病症的新药无法尽快上市，事实上直接或间接增加了美国民众的生命损失，形成了一种"管制悖论"：本意在于保护和提高民众卫生健康状况的食品药物管制，由于审批程序的问题，反而阻碍甚至扼杀了提高人民卫生健康水平的机会。这种"管制悖论"促使人们重新思考政府管制在食品药物领域的适当界限。

(三) 管制扩张引发争论

事实上，美国食品药物管制在范围和程度上一直在不断扩张，加强管制是一种政策趋势。这一趋势既反映了美国社会对食品药物管制的需要，也表现出政府管制具有惯性扩张的特性。近年来，FDA 开始寻求对更多的产业和领域实行管制。比如，对烟草行业的管制、对医疗技

---

① Brimelow, et. al., "Food and drugs and politics (cover story)," *Forbes*, 152 (12) 1993.

② Fisher, LIoyd D. "Carvedilol and the Food and Drug Administration (FDA) Approval Process: The FDA Paradigm and Reflections on Hypothesis Testing," *Controlled Clinical Trials*, 20 (1) 1999.

术的管制等等。[1] 这些管制得到了一些消费者团体的支持，但却受到另一些消费者团体、业界和专业人士的强烈反对。面对 FDA 管制扩张的趋向，人们已经不仅怀疑 FDA 的管制效果，而且开始怀疑 FDA 的管制目的，怀疑 FDA 的公信力。[2]

（四）单一机构管制受到置疑

美国食品药物管制的政策系统以 FDA 为主要的管制机构。如前所述，在食品药物领域里，随着科学技术的迅猛发展和信息的社会化，业界的产品创新、推广的意愿和能力都在急剧增强，而单一、集中履行审批管制的 FDA，却由于动机、专业人才、经费、工作制度等多方面的因素，不可能形成对应的意愿和能力 这就难免出现失衡，导致管制效能降低，引发社会不满。业界强烈要求改变目前 FDA 单一机构实行管制的模式，也就在情理之中了。[3]

（五）管制政策效果评估方法缺失

经过近百年的发展，美国的食品药物管制政策已经演变成为一个庞杂的亚制度系统。因其管制过程之复杂、管制规范之广泛、管制标准之繁复，使得对其进行合理的政策效果评估从来就是一件高难度的工作。迄今为止，已经实行的几种对食品药物安全管制进行评估的成本效益分析方法[4]，并不令人满意，而对管制效果的客观评估，恰恰是不断完善和提高食品药物管制正面效应的基础。因而，发展出适应当代美国食品药物管制实际需要的管制影响评估方法（RIA，Regulatory Impact Assessment），成了 FDA 和业界共同关心的问题。

三、当代美国联邦政府食品药物管制的未来政策走向

从 1906 年的《纯净食品和药物法案》到 1997 年的《食品和药物管

---

① Judith D. Wilkenfeld, "The food and drug administration's regulation of tobacco products," *Lung Cancer*, 18 (Supplement2) 1997.

② John, Roberts, "Food and Drug Administration under assault," *British Medical Journal*, 310 (6972) 1995.

③ Richard L. Wolgemuth, "Realizing the promise of the US food and drug administration modernization act," *Clinical Therapeutics*, 20 (Supplement 3) 1998.

④ Antle, John M. "Benefits and costs of food safety regulation," *Food Policy*, (6) 24.

理现代化法案》，在将近一个世纪之间，美国食品药物管制的公共政策，经历了一个以刚性规则和具有封闭性的 FDA 单一管制为特点的传统管制范式，向以合作、开放、信息共享、信息服务为特点的现代化一信息化管制范式转变的过程。从发展趋势看，美国正在加快调整食品药物管制公共政策的进程，现代化信息化管制范式正在进一步向信息化管制范式转变：

（一）转换管制范式（Regulation Paradigm Shift）

在美国食品药物管制史上，每一次重要法案的颁布，都是一次管制改革（regulatory reform），1997 年《食品和药物管理现代化法案》颁布至今，以信息革命的理念为基础，美国食品药物管制新的管制改革的焦点，日益指向以信息革命为中心的管制有效性问题。包括管制方式的信息化取向、管制理念的合作化取向、国际管制的和谐化取向、管制结构的分权化取向等[①]。可以预计，随着信息革命的进一步发展，美国食品药物管制信息化范式还会呈现更多的发展特点。

（二）尝试间接管制（Indirect Regulation）

按照植草益的分类，社会管制属于直接规制的范畴，其特点在于通过微观规则的制定和执行，以直接管制的方式实施对企业经营行为的制约[②]。美国食品药物管制政策实践的历史经验说明，通过直接管制的方式确实能够在很大程度上限制企业经营活动的不良后果，但在另一方面，过度的直接管制可能削弱企业创新发展的动力，还可能直接造成企业经营成本的大幅度上升，形成“管制悖论”，最终影响国家的经济福利。在这方面，美国正在调整食品药物管制政策，试图逐渐减少对企业经营管理的直接管制，转而通过以法律和市场力量为主的间接管制方式来实施管制。

（三）倡导自我管制（Self-Regulation）

一般来说，管制分为三个层次：自我管制、政府管制、第三方管制。[③]

---

① Michael Beatrice, “FDA Regulatory Reform,” *Current Opinion in Biotechnology*, Vol. 8, No. 3, 1997.

② 〔日〕植草益：《微观规制经济学》（朱绍文等译），中国发展出版社 1992 年版，第 281—289 页。

③ Spencer Henson and Julie Caswell, “Food safety regulation: an overview of contemporary issues,” *Food Policy*, 24(6) 1999.

从管制成本的角度来讲，自我管制是最优的选择，但需要一个基本的前提条件，即比较完善的市场信用制度以及具有约束力的行业规范。在美国目前的食品药物行业中，企业的自我管制已经成为规范企业行为的重要方式。在这样的制度环境中，食品药物企业唯有建立自己严格的产品标准，才有可能在激烈的市场竞争中立足。与此相联系，更多地借助市场信用机制的力量，通过企业的自我管制，弥补和加强政府管制的不足，从而达到管制结果正效应的最大化，正在成为美国食品药物管制的一种时尚。①

（四）推行第三方管制与认证（Third Party Regulation and Certification）

所谓第三方管制，就是以管制对象和管制机构之外的团体或机构为主体实施管制。这种管制模式的出发点，主要在于打破管制垄断(Regulation Monopoly)，节省管制成本，较好地解决政府与市场之间存在的信息不对称问题。认证则是指由一些在某一专业领域中享有盛誉的组织，凭借其专业知识和信用，为企业的产品提供质量认证，使管制机构成为“认证者的认证者而不是产品的认证者”，从繁重的管制任务中解脱出来。在政府直接管制放松、加强利用私人资源的大背景下，通过支持专业组织进行第三方管制和认证，来完善对食品药物的管制，正在成为美国食品药物管制政策的一项公共政策选择。

（五）开放管制程序（Openness of Regulatory Procedure）

公众批评美国食品药物管制的焦点之一，就在于管制程序的封闭性。这种封闭性体现在两个方面：参与管制程序人员的内部化倾向，管制程序信息的非公开性。这种旧有的管制程序缺乏可预见性、责任感、透明度，有“黑箱”操作之嫌②。在批评者看来，这些问题不但阻碍新的食品药物产品上市，使厂商蒙受重大经济损失，还使食品药物管制机构的信用受到损害。实际上，从 1997 年《食品和药物管理现代化法

---

① Vivian I. Orlando. “The FDA’s Accelerated Approval Process; Does the Pharmaceutical Industry Have Adequate Incentives for Self-Regulation?” *American Journal of Law &. Medicine*, 25 (543) 1999.

② Fred R. Shank and Catherine J. Bailey, “Trends of FDA Resource Allocations over the Past 20 Years; Expected Future Resources and Work load,” *Regulatory Toxicology and Pharmacology*, 24 (3) 1996.

案》生效之后，FDA一直在试图改进管制程序，包括延用外部专家和及时公开审批信息等。进入21世纪之后，作为一种既定的政策，寻求开放管制程序的进程还在延续着。①

（六）推进国际管制的和谐化趋势（Harmonization of International Regulation）

经济全球化的进程是不可逆转的，20世纪90年代以来，国家间相互依存的程度空前提高，与此同时，各国之间由于管制标准不同而引发的贸易冲突亦随之大量增加。为了有效地控制、解决争端，美国作为世界上最大的单一生产和消费主体，推动成立了国际和谐化会议（ICH），启动了国际管制的和谐化进程。其目的，不仅在于使本国消费者能够享受到安全有效的外国食品药物产品，更在于帮助本国的食品药物企业占领国外市场。在客观上，国际管制和谐化趋势的发展的确进一步促进了各国经济的交流和融合，大大活跃了国际食品药物市场。美国因此占领了道德、语义高地，获取了最大的经济利益，进而，美国将会为进一步推进国际管制的和谐化而不懈努力。

综上所述，美国联邦政府食品药物管制公共政策演变的轨迹，直接反映了美国的国家与社会、政府与市场关系的历史进程。由于每个时代的历史情境和元政策的不同，美国联邦政府对食品药物企业经营行为的干预范围和程度也处于不断的变化之中，但在可以直观的管制现象背后，起作用的却是美国不同时期的物质发展水平，以及国民的普遍的自我意识，而联邦法律始终是政府食品药物管制的前提和基础。

① Jeffrey E. Shuren, "The Modern Regulatory Administrative State: A Response to Changing Circumstances," *Harvard Journal on Legislation*. 38 (291) 2001.

“安然现象”与美国政府管制*

张国庆　曹堂哲

一、安然现象引发的话题

作为前世界500强第7位的世界能源业巨头，安然公司倒闭所形成的震撼和冲击是极其强烈的，其引发的思考是极其广泛而深远的。从某种意义上说，其影响并不亚于“9·11”事件。这是世界经济史上最大规模的破产案，以及紧随其后的世通(World Com)、施乐(Xerox Corp)、默克(Merck)、强生(Johnson & Johnson)、奎斯特(Qwest Communications)、在线时代华纳(AOL Time Warner)等美国巨型跨

* 本文原发表于《学术研究》2003年第1期。

国公司虚报盈余和掩盖巨额债务案，安达信审计公司(Arthur Andersen LLP)销毁有关信息资料以及世界著名五大会计师事务所提供不实会计资料案，摩根士丹利(Morgan Staley)，高盛(Goldman Sachs & Co.)、美林(Merrill Lynch)等享誉世界的证券公司发布不实分析误导消费者案[①]，共同形成了以安然公司为代表的在高速成长期利用信息不对称欺骗投资者以谋取不当利益的所谓安然现象。就共同点而言，这些公司都是曾经创造过辉煌业绩的享誉世界的跨国大司，又都是曾经给市场带来过热切的期望，因而获得公众投资者、基金投资者青睐的质地优良的上市公司。

从后果看，安然现象不仅直接导致了美国乃至世界的股票、债券、外汇、信贷等资本市场的剧烈动荡，而且引发了能源、就业、保险、抵押等诸多市场的动荡，使美国经济付出了惨重的直接和间接的代价。更重要的是，它不仅动摇了消费者对跨国公司的"诚信"的信心，而"诚信"正是美国公司制度以至整个经济制度赖以健康生存的基石之一，而且动摇了人们对政府公共管理合理性、时效性信心。正如美国《商业周刊》(*Business Week*) 2002 年 1 月 28 日发表的《我们还能相信谁?》的文章所指出的，"有些商业丑闻的影响是如此深远，它们从根本上动摇了我们的信念：公司文化是否诚实和正直？安然公司丑闻就是其一"[②]。诺贝尔经济学奖获得者保罗·克鲁格曼(Paul Krugman)甚至认为："安然公司的崩溃不只是一个公司的垮台问题，它是一个制度的瓦解。而这个制度的失败不是因为疏忽大意或机能不健全，而是因为腐朽。"[③]

本文认为，安然事件未必意味着一个制度的完结，但确实可以证明，这个制度存在着某些比较严重的制度缺失，而制度缺失的背后，则在历史的螺旋式发展进程中，再一次彰显了政府对政府与市场、国家与社会关系的认知偏颇可能造成的后果。本文简要结合安然公司以及 20 世纪 80 年代以来美国政府公共政策的轨迹说明这一点。

---

① 袁铭良：《安然事件引爆五大诚信危机》，载《新财富》2002 年第 1 期。

② 李长久：《现代市场经济是信用经济》，载《经济参考报》2002 年 7 月 18 日。

③ 陆亨俊：《安然事件和信用危机》，载《经济参考报》2002 年 3 月 13 日。

二、安然现象与政府管制的缺失

在破产之前，安然公司的总资产负债已经达到 618 亿美元的惊人数字[①]。在过去的 20 年中，安然公司扩张的速度即使是在崇拜自由市场经济原则、一再创造经济奇迹的美国也是十分惊人的，而这种发展速度显然与美国政府的“放松管制”取向有着直接的关系。从 20 世纪 80 年代开始，“放松管制”(deregulation)成为美国政府公共政策的基本价值取向。1985 年，美国联邦能源管制委员会(FERC)开始放松对能源业的管制，由此，能源业的竞争加剧，能源企业面临的机遇和挑战以至风险同时增高。也就是在这个时期，安然公司在以经济全球化为背景的“创新”经营理念的指导之下，在“成为全球的最大的能源公司”的目标引导下[②]，进行了一系列的大规模的业务扩张、技术创新和运营、管理制度的改革。到了 20 世纪 90 年代，安然所属的各类子公司及合伙公司已经超过 3000 家[③]，在巨额利益的驱动下，安然公司与相关会计师事务所、审计事务所、证券公司心照不宣地结成同盟，成心利用股民与跨国公司在信息通道、信息获取能力等方面的信息不对称，以及政府管制机构对于跨国公司信息真实性的怠慢，通过“虚拟”经济的运作，获取了丰厚的公司利益。

一般而论，在一个制度化程度很高的国家里，面对几乎无所不在的“规则”，企业事实上是不可能为所欲为的。然而，在“放松管制”成为国家公共政策主导价值观和“新经济”成为主流经济的新的历史条件下，在大量新拓展的经济活动的疆域中，出于趋利动机的企业，是可以通过抢占语义高地进而诱导舆论、动员利益集团等方式，借以规避政府管制，甚至限制或抵消政府管制的。在传统上，自罗斯福新政以来的美国是典型的管制资本主义(Regulation Capitalism)[④]，然而，安然现象

---

① 张新：《从安然丑闻看证券市场监管》，载《新财富》2002 年第 1 期。

② 陈志武、杨林：《从安然事件谈媒体和市场对上市公司的治理监管效率》，载陈志武：《安然——华尔街完美案例》，中国城市出版社 2002 年版，第 59 页。

③ 陈志武：《安然——华尔街完美案例》，中国城市出版社 2002 年版，第 9 页。

④ 吴敬琏：《制高点：重建现代世界的政府与市场之争(序言)》，参见〔美〕丹尼尔·耶金和约瑟夫·斯坦尼罗斯：《制高点：重建现代世界的政府与市场之争》(段宏等译)，外文出版社 2001 年版，第 2 页。

说明，自 20 世纪 80 年代以来，在企业与政府的交互作用的博弈过程中，企业获得了某种优势。换言之，美国的政府管制出现了某些重要的缺失。

1. 安然现象与能源(电力和天然气)管制

在美国，鉴于电力、天然气等能源行业具有自然垄断的性质，所以，一直是受到管制的行业。联邦能源管制委员会是能源管制的主要行政机构。但是，放松管制在 70 年代晚期已经成为一个流行的话题①，进而逐步成了政府公共政策的价值标准。从已经知道的情况看，放松管制事实上为各种利益集团可能的活动打开了更为广阔的空间。在这方面，安然公司游说加州政府和联邦政府放松管制的活动是富有成效的。安然游说的理由是，放松管制引入竞争性的市场机制，可以降低电价，从而有利于消费者和全社会的福利。然而，实际后果是，在安然运用关闭部分发电机组等方法人为地制造了电力短缺，又用低价买进高价卖出等方法赚得了丰厚的利润的同时，造成 PG&E 和另一大能源商——爱迪生国际公司(Edison International)破产，②加剧了加州的能源危机，损害了消费者的利益。之后，美国联邦能源管制委员会开始对安然操纵市场进行调查。

与新兴的电力市场相比，天然气批发市场更为成熟、规模更大、流动性更强、垄断程度更高。在放松管制的条件之下，包括安然在内的大型能源公司在全美范围内通过数次倒手买卖天然气合约，获得了高额的垄断利润，而消费者却要为此支付更多的费用。

安然现象说明，鼓励竞争必须与完善的市场规则、公正的竞争环境相结合才可能形成良好的制度效应。在市场规则不完善的条件下急急忙忙放松管制，不仅会破坏市场必要的秩序，损害消费者的利益，而且会形成制度空缺，进而为不正当的市场投机行为提供新的制度空间。

2. 安然现象与金融中介机构的管制

金融中介机构具有很强的专业性，并以专业性为基础，在与股民和政府交互影响的过程中经常占据信息优势。金融中介机构位于公司治

---

① 〔美〕赫伯特·斯坦：《美国总统经济史》，(金清等译)，吉林人民出版社 1997 年版，第 355 页。

② 高世揖：《更自由的市场、更复杂的交易、更严格的规则——安然倒闭引发的对市场规则和监管的反思》，载吴敬琏：《比较》(1)，中信出版社 2002 年版，第 97 页。

理结构的中端，相对公司内部治理结构而言，具有一定的中立性，相对于政府而言，又具有很强的自主性和灵活性。因此，在规范的意义上，金融中介机构是保证公司信誉、维持有序的市场、保证信息披露真实性的重要的防线。但是，金融中介机构作为营利性的组织具有经济人的一切特征，他们同样可能产生“内部性”(internality)，因此，政府同样有必要对他们实施必要的管制。在传统上，政府对金融中介机构的管制主要集中在筛选和认定中介机构的入市资格，制定中介标准，监督中介机构所披露信息的真实性，从而达到最大限度的消除公众与机构之间的信息不对称性、防止诱导或欺诈、保护股民利益、维护健康的市场的目标。

在美国，为了应对 1929—1933 年经济危机，1934 年，国会通过了《证券交易法》(Securities and Exchange Act)，并相应成立了证券交易委员会(SEC)。证券交易委员会具有比较广泛的管制权限，涉及企业财务、证券交易市场、证券交易中介机构、养老金投资于证券的部分等许多方面的管制。安然现象暴露了政府关于会计中介机构和证券中介机构管制的重大问题。

首先，在放松管制的条件下，美国的会计公司集诸多相互矛盾以至存在利益相互冲突的角色于一体，既提供审计服务，又提供咨询服务，还进行直接投资。这样，如果缺乏道德的约束和有效的管制，是很容易出现会计中介机构与其服务的客户合谋欺骗投资人的情况的。在安然事件中，安达信的雇员兼任安然公司的重要的财政职位，直接为安然公司会计核算，同时为安然提供咨询和投资服务，并收取高额的审计费和咨询费用。资料显示，仅在 2000 年度，安达信在安然公司中获得的咨询收入就高达 2700 万美元，审计费用高达 2500 万美元[①]。这种利益过于紧密交织的合作和运作方式，其制度安排的正当性、合理性是值得怀疑的，如果再缺乏管制，那么合作方串通一气，合谋欺骗投资者几乎是不可避免的。

其次，与“法无明言不为罪”的司法原则相一致，美国资本市场通用会计准则(LAPP)具有极大的模糊性，“只要不告诉什么不允许做，那我都能做”，同时，美国的会计制度允许“利用一个特殊实体(Special Purpose Entity)将公司的债务隐藏起来，使公司的负债率下降、提高公

① 袁铭良：《安然事件引爆五大诚信危机》，载《新财富》2002 年第 1 期。

司的融资能力和盈利能力"[1]。这就为会计中介机构的行为提供了犯错误的制度空间。在扩张的过程中,安然正是利用了这些制度漏洞与安达信等合谋,提供虚假信息,隐藏债务,欺骗股民,最终走向了反面。

安达信等美国的五大会计事务所,在同样的制度条件下从事了类似的欺诈活动。安然事件发生后,五大会计事务所联合发表公开声明,表示将致力于财产公开业务的改革,制定新的标准,对企业运营中可能的欺诈行为进行监督。这恰恰从反面证明了美国政府对会计中介机构疏于管制。正如克鲁格曼所说:"安然事件表明现代审计准则、证券和金融管制、禁止内部交易制度安排都腐化了。"[2]

证券公司连接上市公司和股东,也是重要的金融中介机构。就其基本功能而言,证券公司具有专业优势,可以通过发布上市公司信息、评定上市公司的债券等级等方式,向投资者提供关于上市公司的真实的信息,为投资者服务。然而,如果券商提供完全真实信息的收益低于提供不完全甚至虚假信息的收益,那么,后者构成券商的理性选择,而出现这种情况的基本原因,就在于制度安排的缺失和无效。这同样适用于会计师事务所。从后来披露的情况看,摩根士丹利、高盛、美林等证券公司在宽松的制度环境中,都程度不同地卷入了无视公众利益和诚信原则,相互勾结,共同欺诈投资人的丑闻。例如,摩根士丹利从安然购买了天然气和石油合同,不几天又回售给安然,而安然将其纳入了自己的收益表中。与此同时,高盛、美林的分析师则不顾真实情况,向股民大力推荐安然的股票。安然破产后,这些证券公司也遭到了起诉[3]。

3. 安然现象与金融衍生品交易的管制

20 世纪 70 年代以来的金融衍生品交易和网络技术在商业上的广泛应用是新经济的标志之一,也是安然现象中违法违规行为的主要的工具之一。金融衍生品交易和网上能源交易具有典型的"内部性"特征,信息不确定和信息不对称充满了整个交易过程。在这种条件下,原本需要的是加强市场监控系统和财务安全保障系统。然而,与新经济

---

① 高世揖:《更自由的市场、更复杂的交易、更严格的规则——安然倒闭引发的对市场规则和监管的反思》,载吴敬琏:《比较》(1),中信出版社 2002 年版,第 103 页。

② Paul Krugnan, "Enemies of Refom", *The New York Times*, May, 21, 2002.

③ 李永敬:《安然提出集体诉讼,美林、花旗等国际金融巨鳄成为被告》,载《北京晚报》2002 年 4 月 14 日。

和放松管制的公共政策理念相一致，美国的金融衍生品交易却一直不受证券交易委员会和商品期货交易委员会(CFTC)的管制。1998 年，美国政府曾经试图加强对这类交易的管制，但受到了包括安然在内的产业联盟的强烈抵制，并且，这些产业联盟通过游说、政治交易等方式，促成通过了有利于安然等跨国公司的 2000 年《商品期货现代化法》(Commodity Futures Modernization Act)，事实上基本免除了对金融衍生品交易和网上交易的管制。安然现象证明，当金融中介机构违背诚信原则，尤其伙同制造商、审计机构共同作弊时，政府管制的滞后、失控，将大大加剧欺诈行为，并有可能客观上鼓励仿效，扩大作弊的群体和范围，进而造成灾难性的后果。

4. 安然现象与养老金的管制

安然现象与美国的养老金制度存在着颇高的关联度。在传统上，鉴于养老金之于国民权益以及社会稳定的特殊重要性，美国政府对养老金的筹集、管理和使用是有着严格规制的。1974 年，美国通过的《雇员退休收入保证法》(Employee Retirement Income Security Act)中的 401(k)计划，规定雇员以固定缴付的方式，按照一定的数额在税前将资金存入一个特殊的个人账户中，同时雇主也按同等的比例为员工缴付养老金。该基金的投资收益不用缴税而用于再投资，一直到雇员退休时该资金才能使用①。为了保证养老金投资的相对安全，法律规定由证券交易委员会负责对养老金投资于证券的部分进行管制。这就激励了雇员把养老金投入到业绩好、具有成长潜力的公司，或者投资自己所在的公司②。但是，这种制度安排是建立在商业信用受到业内普遍尊重、政府管制行之有效的基础上的，反之，其风险是显而易见的。根据美国工会基金的一项研究，到 2000 年 1 月 11 日，美国拥有 401(k)计划账户的人数已经超过了 4200 万，总资产达 18000 亿美元，其中 20%投资于雇员自己的公司。安然宣布破产前后，随着市场泡沫的破灭，通用电气(General Electric Co.)、杜克能源(Duke Energy)、斯迈尔能源(Sempra Energy)、福特汽车(Ford Moter Co.)、戴尔电脑(Dell Computer)、奎斯特通信、在线时代华纳等公司股票都出现了大幅度的

① 高世揖：《更自由的市场、更复杂的交易、更严格的规则——安然倒闭引发的对市场规则和监管的反思》，载吴敬琏：《比较》(1)，中信出版社 2002 年版，第 100 页。

② 同上。

下挫[1]。这意味着，至少在现阶段，投资在公司股票中的养老金几乎化为乌有。这对于成千上万当事人心理预期的打击是可想而知的。这至少从一个侧面说明，在跨国公司呼风唤雨的时代，以政府管制为核心的政府功能对于维护社会公正、保护弱势群体是多么的重要。

三、安然现象与宏观公共政策的价值基点

安然破产后，美国能源和贸易委员会民主党人约翰·戴格尔(John-Diagell)发出了一连串的质问："证监会干什么去了？会计师协会干什么去了？公司审计委员会干什么去了？会计干什么去了？律师干什么去了？投资行干什么去了？分析师干什么去了？机构投资者干什么去了？人们的投资常识呢？"[2]其实，这正是问题所在。显然，安然公司之所以能够快速崛起，与其敢于、善于利用无效制度空间和制度漏洞纵横捭阖是紧密联系在一起的。由此，也引发了人们对美国放松管制运动中形成的一系列运作规则和互动关系的合理性、有效性的反思。

自罗斯福新政开始，美国逐步在传统的普通法律体系之外，专门设立了各类政府管制机构。其宏观公共政策的价值取向，在于制定市场游戏规则，矫正市场失灵，限制垄断资本，建立市场秩序。换言之，政府管制构成了那个时期国家制度安排的中心内容。但 20 世纪 70 年代后期开始这种情况发生了变化：

第一，放松管制。20 世纪 70 年代末的滞胀风暴，使人们对凯恩斯主义及其与之相一致的管制资本主义经济体制的有效性产生了怀疑。更多的人开始"转向更少相信政府纠正市场失灵的能力，更多地相信市场自我调整的能力"[3]。其实，在此之前，基于传统的对于政府的犬儒主义和怀疑主义价值观的新自由主义的思潮已经泛起，以芝加哥学派为代表的新保守主义已经开始占据着美国人思维的制高点，与此相一致，从福特政府和卡特政府时期开始，政府已经开始从国民经济的制高点退却。在前后大约二十年的时间里，货币主义、供给学派、新制度

---

① 高世揖：《更自由的市场、更复杂的交易、更严格的规则——安然倒闭引发的对市场规则和监管的反思》，载吴敬琏：《比较》(1)，中信出版社 2002 年版，第 101 页。

② 张新：《从安然丑闻看证券市场监管》，载《新财富》2002 年第 1 期。

③ 〔美〕丹尼尔·耶金和约瑟夫·斯坦尼罗斯：《制高点：重建政府与市场之争》(段宏等译)，外文出版社 2000 年版，第 471 页。

经济学、公共选择理论等以自由市场竞争为基本价值取向的理论，事实上构成了西方经济学的主流。他们“主张的是全面维护亚当·斯密‘看不见的手’的历史传统和全面恢复‘自由放任’的理论纲领，倡导的是对新古典的回归和对凯恩斯经济干预主义的抗衡，坚持的是哈耶克为代表的经济新自由主义的理论经济学体系和市场自由竞争的根本原则”①。并且，以撒切尔主义、里根革命作为政治语言和公共政策的实践形式，掀起了一场以减少国家干预、放松政府管制为核心内容的重新界定国家与市场关系的现实运动。这场运动在 20 世纪 80 年代末期达到了高潮②。进入 20 世纪 90 年代之后，随着克林顿政府持续推行以“重塑政府”——结束大政府时代为标志的公共管理革新运动，政府进一步卸载了包括许多管制在内的政府职能，市场自由竞争的功能再次勃现，包括安然公司在内的许多大公司由此进入了高成长、高利润、高风险的快车道，但同时也为后来的灾难埋下了祸根。

第二，制度创新。与盛行的新自由主义的价值观相一致，这一时期形成了以美国为发展中心，以网络和高新技术为发展基础，以大规模并购为主要的扩张手段，以全球经济一体化为发展空间的新经济的发展态势。与此同时，在美国国内，广泛实行了经济制度和公司治理结构、运行模式的变革，出现了诸如期权、CFO 制度、跨行业经营、虚拟资本、风险投资(基金)、远程交易等等新的经济形式。创新成为这一个时期的时尚，并引发和推动了美国经济的超常规的高速增长：自 1991 年 4 月至 2001 年 3 月，美国经济持续增长了 120 个月，打破了 20 世纪 60 年代由肯尼迪和约翰逊两届政府创造的 106 个月的增长周期记录，不仅如此，1998 年度，美国联邦财政预算出现了近 30 年来的首次盈余，2002 年度，财政盈余进一步增加到 2370 亿美元，美国国内生产总值同时接近 10 万亿美元③。

历史再一次创造了一个关于市场经济和美国的神话，安然公司无疑是这一个神话中的最为耀眼的实证案例之一。1995 年，安然公司被美国《财富》杂志评为“最富创新”的公司④，并很快成为世界第 7 强。

① 郑秉文：《20 世纪西方经济学发展历程回眸》，载《中国社会科学》2001 年第 3 期。

② 〔美〕丹尼尔·耶金等：《制高点：重建政府与市场之争》(段宏等译)，外文出版社 2000 年版，第 467—520 页。

③ 邹华生：《美国经济“歇脚”还是“歇菜”》，经济日报出版社 2002 年版，第 17 页。

④ 陈志武：《安然-华尔街完美案例》，中国城市出版社 2002 年版，第 9 页。

应当承认，安然公司以至美国，在近十余年的高速增长的过程中，的确创造不少新的理念、新的原则、新的技术、新的文化、新的财富、新的运作模式、新的制度等，然而，从现在的情况看，安然公司以至美国走得距离国家与市场关系的中轴线太远了，大大超越了这种关系的“钟摆”的极限。于是，安然等一系列大公司不能不宣布破产，并承担欺骗投资者、公众和美国政府的法律责任，而美国经济则从 2001 年 3 月开始又一次陷入了衰退，不仅股市持续下跌，而且工业生产持续下降。根据美国联邦储备委员会的统计，至 2001 年 9 月，美国工业生产已经连续第 12 个月出现下滑，同样创下了自二战结束以来美国工业生产持续下滑的最长纪录①。

安然事件发生之后，美国政府迅速做出了反应：2002 年 3 月 7 日，美国布什总统在华尔街发表讲话，呼吁坚决地与公司假账和贪污腐败行为作斗争，并提出了一个涉及加强对公司领导层的监督、严惩公司的欺诈行为、加强公司信息公示等内容的广泛的改革计划。根据这项计划，为了加强对审计行业的监管和对公司的约束、更好地保护投资人的利益，美国将改变传统的由审计业实行自我管理的做法，转而成立一个接受证券交易委员会监督的、在机构组成和费用方面独立的联邦政府会计审计监督机构。该机构将完全独立于审计行业，负责制订职业行为标准和道德规范，同时负责对审计公司进行监督和调查，并有权对违规的会计师进行惩罚。美国政府管制峥嵘再露②。

2002 年 7 月 26 日，美国国会以绝对多数通过了关于会计和公司治理一揽子改革的《公司责任法》，即萨班斯—奥克斯利法案（Sarbanes-Oxley Act，简称 SOX Act）③；7 月 30 日，美国总统布什签署了这项旨在严厉制裁那些渎职和做假账的企业主管，进而从根本结束“低道德标准和虚假利润时代”。这被认为是自 20 世纪 30 年代经济大危机和美国企业法规基本框架建立以来的最大的一次公司制度的改革。④

2002 年 8 月 1 日，纽约证券交易所颁布了一套新的上市公司治理

① 邹华生：《美国经济“瘸脚”还是“瘸菜”》，经济日报出版社 2002 年版，第 41 页。

② 胡晓明、谭新木：《汲取安然事件教训，布什宣布加强审计监管计划》，新华网，2002 年 3 月 8 日。http://news.xinhuanet.com/newscenter/2002—03/08/content_306264.htm。

③ 易宪容：《“9·11”——经济生活的转折》，载《中国经济时报》2002 年 9 月 12 日。

④ 席雪莲：《严惩企业违规作假，布什公司责任法案杀气腾腾》，载《中华工商时报》2002 年 8 月 1 日。

标准。新标准强调建立内部审计制度来加强公司内部控制。同时，美国证券交易委员会明令 2001 年营业额超过 12 亿美元的 947 家国内大企业，必须在 8 月 14 日前呈交由公司首席执行官和财务官签字的财务报告，试图通过提交个人宣誓文件，强化对公司最新出具的财务报告的真实性、准确性、完整性的监管。①

或许，在强调政府作用的年代，人们对管制的合理性确实倾注了过多的热情，以至于忘记了市场毕竟是现阶段人类实现经济增长和实现资源有效配置的基本形式。在此意义上，政府放松管制是合理的。如前所述，这可以从美国经济连续 120 个月的高速增长中得到印证。然而，安然现象从另一个极端再次敲响了警钟，告诫人们只要逐利动机仍然是社会发展的原始动力，政府管制就是不可缺少的。

所以。问题只在于管制的合理界限和动态的有效性。美联储主席格林斯潘在美国众议院金融委员会做质询时说："安然事件从长远看，该事件的发生可能会改变我们对企业的监管方式。"②不仅如此，安然现象的最重要的启示之一，正如克鲁格曼所指出的：就在于市场经济本身不能解决所有问题，国家行政部门至少应该保持对经济运作的监控能力。③

在经历了东亚金融危机、拉美金融危机和安然现象带来的冲击之后，无论发达国家还是发展中国家的人们，都确实有必要再反思国家与社会、政府与市场关系永恒主题的哲学内涵，进而思考在经济全球化的新的历史条件下，合理的宏观公共政策的价值基点。

---

① 昌智：《美国颁布上市公司治理新规则》，载《证券时报财经周刊》2002 年 9 月 9 日。

② 国家会计学院诚信教育教材开发组：《安然，安达信事件冲击波的思考》(上)，转引自 http//eto.esnai.com。

③ 李长久：《现代市场经济是信用经济》，载《经济参考报》2002 年 7 月 18 日。

“东亚经济奇迹”的系统分析*

——关于“东亚政治经济学”的阐释

一、引　言

“东亚经济奇迹”和“东亚模式”打破了现代化等于西化的一元发展观和一元发展模式，开创了东、西方“两型现代化”并存的新时代，并因此大大丰富了世界、尤其是发展中国家关于通过改革以实现经济增长、进而谋求现代化的理念、思想以及行为模式和发展道路的选择，甚至改变了世界经济的格局。“东亚经济奇迹”证明，除古希腊、古罗马文化源流即西方文化源流

* 本文原发表于《南京大学学报》1997 年第 1 期。

之外，世界上至少还有另外一种同样优秀的古老的文化源流，即儒家文化源流。

上述结论是建立在下述事实基础之上的：(1) 迄今为止，已经实现了经济现代化和正在加速实现经济现代化并备受世人瞩目的东亚国家和地区，主要是日本、中国、“四小龙”等，大体上是“儒文化”圈的国家和地区，或是受到儒家文化影响的国家和地区。毫无疑问，这些国家和地区都是独特的个体、都具有独特的个性，但却在超常规、高速度的发展的过程中显现了某些理念、体制、政策、行为等方面的同构性；(2) 在由前现代化国家向现代化国家过渡的历史过程中，这些国家和地区形成了一定的发展序列或阶次，从加工产品出口到制成品出口再到资本和技术的输出，接二连三地表现出了某种发展优势，从而向世人展示了与其经济高速增长相适应的儒家文化的深厚的底蕴、巨大的潜能以及连带的兼容性、适应性和自我更新的生命力；(3) 这些国家和地区经济的快速增长日益显示出其特有的经济体制和经济运行机制的强大生命力，其经济和社会已经达到的总体发展水平和表现出来的持续发展能力，与拉丁美洲和非洲若干国家的经济发展现象形成了对比。按照目前的发展速度测算，到下一个世纪的初期，东亚和东南亚地区将成为多元化世界经济的名副其实的中心地域之一。资料显示，35 年前东亚经济还只占世界总产值的 4%，而今已经占到了 24%，到 20 世纪末，将有可能占到三分之一[①]，以致不少人预测，下一个世纪将是亚洲和太平洋的世纪。正因为如此，自人类创造现代工业文明以来，亚洲国家第一次以比较独立自主的姿态，通过“亚太经合组织”和“亚欧会议”的方式，开始与北美和西欧列强进行比较平等的对话、磋商与合作。这至少从一个角度证明，东亚和东南亚已经成为了世界经济和国际政治的新的中心之一。

二、“东亚政治经济学”及其构成要件

上述事实向世人提出了这样几个问题：

第一，就“东亚经济奇迹”的辉煌而言，一百多年前由德国思想家马克斯·韦伯提出、并在西方几成圭臬的论断：儒家伦理培养的特殊心

① 参见〔美〕约翰·奈斯比特：《亚洲大趋势》，外文出版社 1996 年版，第 246 页。

态是妨碍工业资本主义形成和发展的结构性因素，从经验上说是否被证伪了？

第二，在"东亚经济奇迹"可以直观的巨大的经济成就的背后，是什么在导引、支持和推动着相关国家和地区的经济现代化？"东亚模式"与"盎格鲁撒克逊模式"和"莱茵模式"相比较，又有什么明显的区别和突出的特点？

第三，"东亚经济奇迹"是一种思想的结果，还是多种理念交互影响、交互作用的产物？如果说是多种理念交互影响、交互作用的产物，那么又是哪些基本的理念在发生主导的作用呢？

本文试图通过对东亚及东南亚"儒文化"国家和地区经济现代化过程中某些同构现象和主要特点的分析论证："东亚经济奇迹"既不是文化决定论派所认定的那样，主要是儒教特质文化的结果，否则我们就不能解释，为什么在工业革命二百多年后，多数东亚国家和地区才开始了经济现代化的进程；"东亚经济奇迹"也不是新古典主义学派所主张的那样[①]，大体上是自由市场经济的结果，否则我们就不能说明，为什么那么多学习欧美发展模式的落后国家，要么至今仍然未能发展起来，要么虽曾一度辉煌，终不免回落平缓、再入依附发展的道路；"东亚经济奇迹"同样不是制度学派所强调的那样[②]，基本是政府强力主导的结果，否则我们就不能诠释，为什么实行计划经济的国家或实行独裁统治的强权国家反倒无法实现经济现代化。

本文认为，"东亚经济奇迹"是"东亚政治经济学"的实践结果。

"东亚经济奇迹"是东亚经济现代化发展模式的产物，而东亚经济现代化发展模式是一种特定的经济、政治、文化交互作用的系统模式。这一系统模式之所以能够形成并在实践中显示出明显的比较优势，是因为这些国家和地区在启动、推进经济现代化的过程中，不仅学习了西方先进的观念和技术，而且遵循了本民族、本地区传统文化的轨迹，从而探索、形成和运用了一套独特的缘起于东方传统文化又不局限于东方传统文化、借鉴了西方工业文明又不等同于西方工业文明、在他们的

① 参见〔美〕贝拉·巴拉萨：《世界经济中的新兴工业化国家》，载任晓：《韩国经济发展的政治分析》，上海人民出版社 1995 年版，第 190—195 页。

② 参见〔美〕查默斯·约翰逊：《通产省与日本奇迹》（戴汉笠等译），中共中央党校出版社 1992 年版，第 10—19 页。

实践中却具有相当同构性的某些处世哲学、价值标准、思维方式、生活态度、伦理道德，以及相应的宪法原则、政治典章、权力法统、社会规范和行为模式。这一套与其经济现代化密切相关的理念或思想，笔者称之为“东亚政治经济学”。在这里，“东亚政治经济学”尚不是一个十分严谨的学术概念，而只是关于东亚及东南亚“儒文化”国家和地区用以指导其经济现代化的一套理念或指导思想的统称。不言而喻，“东亚经济奇迹”是一种复杂的历史和现实现象，与之相关的一套理念的构成及其相互关系也因此是复杂的。对这一套理念的把握，是解析“东亚经济奇迹”的关键所在。

可以这样认为，“东亚政治经济学”构成了东亚经济现代化系统模式的理念体系。在这样一个系统模式中，也在这样一个观念体系中，有三大构成要件或次级系统是基础性的，即市场经济体制及其运行机制、坚定的现代化领导集团及其领导下的强大且具卓越行政能力的政府、被市场经济激活且得到巧妙运用的传统儒家文化。正是这三大要件或次级系统的相互激荡、融合和良性互动，创造了令世人瞩目的“东亚经济奇迹”，并形成了不同于西方国家的经济发展模式。

就上述三个构成要件或次级系统的互动关系而言，可以认为，政府的权威地位和“促动”能力与市场经济体制及其运行机制的有效结合构成了东亚经济发展模式的现实基础，而对这种现实基础的社会理性认同，则有赖于儒家传统文化所造就的普遍且相对固化的国民价值取向和基本态度，也有赖于对新教伦理资本主义精神及其促成的理性主义的某种认知和肯定。其中，儒家传统文化中的国家观、权威观、功利观、和谐观、中庸观、宗族观和重商主义，基督教新教教义中关于勤奋工作、禁欲自律、改造世俗的伦理道德①，都是对东亚经济现代化产生了直接作用的重要理念。那么，这些理念，主要是关于上述三大次级系统的理念，是怎么样发生交互作用、形成良性互动的呢？我们通过对上述国家和地区某些同构现象的阐述，分两个范畴进一步加以分析。

① 参见〔德〕马克斯·韦伯：《新教伦理与资本主义精神》（于晓等译），三联书店1987年版。

三、政府权威的同构性与东亚经济现代化

后发展的国家在现代化起步的时候由于不存在先发展的国家内蕴发育而成的政治与经济分化、即政府与市场分离的社会性结构，因此，从一开始就面临着一种两难的抉择："一方面，它得运用权威推行现代化改革，另一方面又得适时地建立一种新控制体系（法制），这就意味着自己去削弱自己的权威"[①]。正是在这一点上，许多国家颇多犹疑，致使现代化的进程颇多曲折、时断时续，始终无法走上一条迅速、持续发展的道路；也正是在这一点上，不同的国家采取了不同的改革方略，选择了不同的发展道路，结果导致在发展速率、发展规模和发展内涵等社会结果方面出现和形成了巨大的差异。一般说来，第二次世界大战以来绝大部分后落后国家和地区都是在发展进步的，相比之下，东亚及东南亚"儒文化"国家和地区的经济成就之所以被称之为"经济奇迹"，不是因为他们有了经济增长，而是因为他们实现了超常规、加速度的经济增长，并因此区别于大多数后发展的国家；同时，他们保持了长期、稳定的增长速度，扩大了经济增长的内涵，因而又有别于拉丁美洲和非洲的一度辉煌的若干国家。所以，问题不在于是否取得了经济增长，而在于增长了多少、增长了多久、增长了什么。

20 世纪 50 年代中期，缪尔达尔曾经指出：发达国家与不发达国家之间的经济差距正在拉大，而且富国致富的速度远远超过了贫国追赶的速度。[②] 40 年过去了，根据联合国最新调查报告显示，缪尔达尔所指出的现象在总体上不但没有得到改变，而且正在加剧，世界贫富之间的差距已由 30 年前的 13 倍扩大到了目前的 18 倍。[③] 但也有少数国家和地区脱颖而出，或者已经进入了发达国家的行列，或者正在加速缩小与发达国家的差距。东亚及东南亚大部分"儒文化"圈的国家和地区就属于这样一批新兴的工业化国家和地区之列，而且是最引人注目的一群。东亚及东南亚"儒文化"国家和地区成功发展社会经济的基本原因之

---

① 〔美〕兰比尔·沃拉：《中国：前现代化的阵痛——1800 年至今的历史回顾》（廖七一等译），辽宁人民出版社 1989 年版，第 4 页。

② Gunnar Myrdal, *Richlands and Poor*, New York and Evanston: Harper and Row, 1975, p. 6.

③ 参见《经济日报》1996 年 5 月 9 日。

一，就在于他们运用历史文化的传统，摸索出了一条兼顾“两难”的发展道路，即突出政府权威作用与强调市场调节作用并存的发展道路，也即适度政经分离的发展道路。

“现代化”是一个内涵丰富的概念，它包含着均衡发展的涵义。但毫无疑问，现代化是以经济的快速增长为基础的。对于后发展国家来说，经济的快速增长与否至少在现代化进程的启动阶段和前期取决于两个方面的必要条件：

首先，必须有一个相对稳定的政治环境和社会环境。这是实现经济快速增长的基本条件之一。从政治的角度说，由于后发展国家的社会发展水平低下，不同的社会阶层或利益集团又都急于在既定的现代化过程中占有和获取尽可能多的利益，而不同的发展模式将直接关系到社会资源的分配和再分配，这就极有可能在事关国家发展道路的问题上形成社会性的、激烈的、通过政治理念冲突表现出来的不同社会政治力量的尖锐对立，使社会陷入失序的状态之中。这就需要一种强大而稳定的、享有广泛社会权威的政治力量以国家利益的至上名义来调和矛盾、化解冲突，维持社会的基本的政治秩序，避免社会出现足以影响国家现代化进程的对抗甚至分裂。在东亚及东南亚“儒文化”圈国家和地区，这种强大而稳定的政治力量就是一个坚定的政治领袖、一个组织严密的执政党和一个强大的中央政府。至于权威地位的形成方式和受尊重的程度，则取决于本国或本地区的历史缘由和现实力量的对比；从经济的角度说，稳定则直接关系到投资以及其他投入的增加，而资金的投入对于后发展国家来说通常是促使经济有效增长的主要方式；

其次，这一个政府必须是有着良好的通过改革以实现社会整合、实现制度变迁的意愿和能力、有着卓越的公共行政管理能力的政府，具体表现为制定优化的公共政策的能力和坚定地执行公共政策的能力，并且，这种能力必须在实践中得到充分的验证。这种建立在政府权威基础之上的实践能力，构成了东亚及东南亚“儒文化”国家和地区与其他后发展国家的主要区别之一。[①] 在这里，公共行政管理的基本内涵，是政府为实现既定的发展目标而对社会行为主体、尤其是经济行为主体作出的具有较强约束性的导向和规制。不难理解，上述两个条件都是

① 参见〔美〕乔恩·沃伦诺夫：《人为的奇迹》（罗龙等译），华夏出版社 1989 年版，第 70 页。

以政府的权威地位和作用为前提的。没有这样一种权威地位，政府就不能够有效地制定和实施公共政策，就不能够维持经济快速增长所需要的相对稳定的社会秩序，其结果，只能是滞缓经济现代化的进程。对于开发中的国家来说，政府权威的主要意义就在于此，“东亚政治经济学”的逻辑的合理性就在于此，东亚及东南亚“儒文化”圈国家和地区的成功也就在于此。

在儒家文化国家里，自古以来政府就居于社会生活的中心地位。从第二次世界大战结束到20世纪80年代末的情况看，东亚及东南亚国家和地区的政府作为国家政治上层建筑的主体，其权能地位与其历史一脉相承亦是十分突出的，表现在政府不仅统辖着社会公共事务，而且承担起了筹谋、主导社会经济发展，扶持和推动企业进步的责任。可以认为，政府是“儒文化”圈国家和地区经济现代化历史进程的直接和主要的推动力，政府权威则是政府推动力的能量源泉，而政府权威，则来源于传统儒家文化和现实政治制度的结合。与政府在国家经济发展过程中的权能地位和责任相联系，战后上述国家和地区的政府普遍地程度不同地带有某种“集权”的特征：

日本：日本国虽然在19世纪通过明治维新早已成为了资本主义世界的一员，但“现代日本”却发端于第二次世界大战的结束。[①] 根据《波茨坦公告》第6款、第10款的规定，战后的日本在美国占领军的强制之下按照西方民主政治的标准重新构建了国家的宪政体制，实行了多党制、普选制、三权分立制、政府首脑任期制以及文官制度等一系列重大的涉及国家建制的变革，日本的国家制度和社会制度因此发生了比较深刻的变化。尽管如此，日本作为一个国家、一个民族的内蕴并没有因此发生根本性的变化。这可以作三点分析：第一，战后的日本虽然从法律上废除了天皇制，天皇已经不再是国家元首并不得干预国家政务，但在实际上天皇不仅继续是日本国家主权和统一的象征，而且是日本民族道统的象征，同时还是社会权威的象征。事实上，与“神道”相联系的日本天皇的非世俗化的精神号召力和影响力迄今仍然清晰可见；第二，西方民主政治的原则虽然在形式上直接对日本国家政体发生了影响，但日本政府制度仍然保留了相当多的“柔性集权”(Soft Au-

① 参见〔日〕林直道：《现代日本经济》(色文等译)，东北财经大学出版社1995版，第1页。

thoritarian)的特征，日本政府仍然是极为强大且不受监督的政府[①]；与此同时，日本的政治文化虽然也开始有了开放的特征，但却远没有发生与其政体的改变相一致的改变。按照阿尔蒙德的理论，政治文化是指政治体系的心理方面，是一个民族在特定时期流行的一套政治态度、信仰和感情。政治文化由本民族的历史和当时的社会、经济、政治的活动过程所形成。以民众对政治过程和对自己的潜在影响力的不同认知为标准，政治文化可以区分为褊狭型、顺从型和参与型三种类型。[②] 若以此为框架分析日本的主体政治文化，可以这样认为，1945 年战败以前的日本近现代政治文化，其主体政治文化是典型的顺从型的政治文化；1945 年以后，随着政治体系民主化的历史进程，情况虽然有了较大的改观，但传统的顺从型政治文化的要素却没有因为政治结构的改变而立即出现和形成对应的变化，而是顽强地从深层心理方面继续作用于日本社会和国民。所以说，1945 年以后的日本政治文化，可以称之为"顺从参与型"的政治文化，其中传统政治文化的要素，主要表现为政治参与和政治决策过程中的趋同从众、依赖权威、强调协调一致、强调中庸的政治观等等[③]；第三，战后日本虽然从宪制上实行了以选举为基础的多党制的政党政治制度，但一直到 90 年代初期，日本事实上一直是自民党一党执政，并出现了诸如池田勇人、佐藤荣作、岸介信、田中角荣等政治强人；第四，在以上三个方面的条件下，日本广泛采取了"官、产、学"一体化的经济发展和运行体制。在具体作法上，日本通过宣示产业政策等方式实行国家导向，通过组建通产省(MITI)等方式实行经济计划管理，通过推行"行政指导"等方式实行政府微观干预，并因此形成了明显有别于西方国家的政府与企业的关系模式。[④] 上述作法在一个几无资源的岛国创造了经济奇迹，使日本迅速崛起、成为世界第二大经济强国。

---

① 参见〔美〕查默斯·约翰逊：《政治制度和经济运行》，载〔美〕弗里德里克·C. 戴约等：《东亚模式的启示——亚洲四小龙政治经济发展研究》(王浦劬译)，中国广播电视出版社 1992 年版，第 140 页。

② 参见〔美〕加布里埃尔·A. 阿尔蒙德、小 G. 宾厄姆·鲍威尔：《比较政治学：体系、过程和政策》(曹沛霖等译)，上海译文出社 1987 年版，第 29 页。

③ 参见王家骅：《儒家思想与日本的现代化》，浙江人民出版社 1995 年版，第 219—239 页。

④ 参见〔美〕查默斯·约翰逊前揭书，第三、五、七章。

在此期间，东亚“四小龙”国家和地区走过了一条与日本类同或相近的快速发展经济的道路：

韩国：韩国是一个面积只有加利福尼亚或日本的四分之一、自然资源匮乏而人口稠密的国家。战后的韩国一直到金泳三文人政权之前，事实上都是军政府执政。从朴正熙开始直到80年代中后期，韩国的社会经济改革基本上都是在军政府的策划和强权措施之下完成的，并因此形成了长达20余年的所谓“开发专制”时期。在军政府看来，经济革命和经济保障是韩国这一类不发达国家的最紧迫的任务，因为对于饥饿的人们来说，选举权是毫无价值的。[①] 由于军政府强烈奉行经济第一主义，因此，政府对经济生活的干预尤甚于日本。政府借助经济立法和使用极多的行政手段，强制性地规范企业的经济行为，推行政府经济政策，并大量和直接地介入经济活动过程。在这方面，韩国基本的指导思想是“为了实现开发政策，采取强权措施也在所不辞”[②]。韩国由传统的农业社会发展成为发达的工业社会的历史性进步恰好发生在这一时期：1960年时，韩国的人均国民生产总值仅为80美元，年出口额不过3000多万美元。但从1960年到1988年，韩国的GNP迅速上升为1720亿美元，人均GNP则达到了4040美元[③]，按当年统计，已经进入了世界20个主导工业国家的行列；1965—1990年，韩国人均GNP年均增长率为7.1%，据世界各国之首[④]；1990年韩国国内生产总值(GDP)高达2364亿美元，约为其三十年前的99倍，[⑤]由此创造了所谓“汉江边的经济奇迹”。可见，就经济成就而言，韩国政府在韩国现代化过程中的积极作用是非常明显的。从日韩两国政府介入社会经济的程度和方式的角度分析，如果说日本是政府指导型的发展体制，那么韩国就可以说是政府主导型的发展体制。

中国台湾：60年代以来，中国台湾经济增长的速度和规模是有目共睹的；同样不言而喻的事实是，台湾地区的经济起飞是在蒋经国的主导下开始和实现的。“(中国)台湾(地方)政府一直干预了几十年，而且

---

① 参见〔韩国〕朴正熙：《我们国家的道路》(陈琦伟译)，华夏出版社1988年版，第158—180页。

② 〔日〕恒川惠市：《权威主义机制和开发专制》，载《世界》1983年第3期。

③ 参见任晓前揭书，第2页。

④ 参见世界银行：《1992年世界发展报告》，财政经济出版社1992年版，第1—308页。

⑤ 参见张志超：《韩国市场经济体制》，兰州大学出版社1994年版，第1—22页。

经常是相当的大胆，按照政府认为有利的方法来改变经济中贸易和工业的形象。”①

中国香港：香港原是一个殖民地，其情况有些特殊。在香港地区经济迅捷发展的过程中，香港特区政府并没有承担直接的责任和提供有力的支持，也没有实行过强力的规范和约束，而是实行了自由开放的经济政策；与此同时，香港特区既没有议会民主，也没有政党制度，而是实行了由宗主国委派的港督负责制。因此，至少从形式上说，港督的权力是唯一的，因而政府的权力是十分集中的。

新加坡：新加坡凭借 600 平方公里国土、200 万国民所创造的巨大的经济成就和社会成就都是足以自傲的。目前，新加坡人均国民收入已经超过 1.5 万美元，成为名副其实的新兴工业化国家。与其经济和社会成就相对应，其政府和政党之强大、政治领袖之恒定同样令人留下深刻的印象。新加坡人信奉儒家政治文化，强调儒家伦理道德，认为舆论一致和注重政治领导集团对于国家建设是非常必要的。② 从 1965 年 8 月 5 日新加坡正式从马来西亚联邦中分离出来、独立建国开始，一直到 1990 年 11 月 28 日吴作栋正式宣示就任新加坡第二任总理为止，在长达 25 年的时间里，新加坡一直由政治强人李光耀担任人民行动党中央执行委员会主席并政府总理，并由人民行动党执掌着几乎全部的国家公共权力，而且基本上实行了执政党与政府的一体化，即执政党的中央执行委员会大体上与政府的内阁部长重叠。新加坡虽然没有党禁，自独立以来先后成立了 20 余个政党，但人民行动党“一党独大”的局面迄今仍然没有改变，在鼎盛时期，甚至出现了人民行动党连续四届囊括议会全部议席、形成人民行动党一统天下的局面。③ 正是依靠了这种事实上的“贤明集权”的政府体制，政府才得以在长达数十年的现代化过程中审时度势、制定出了“进口替代”、“面向出口”、“第二次工业革命”等具有明显阶段性、连续性和发展性的宏观经济政策，通过政府强有力的导向，成功地实现了一次又一次的经济飞跃，并以此充分显示了政府惊人的效率和能力。

---

① 〔美〕罗伯特·韦德：《驾驭市场》(吕行建等译)，企业管理出版社 1994 年版，第 75 页。

② 参见〔美〕杜维明：《新加坡的挑战——新儒家伦理与企业精神》(高专诚译)，三联书店 1989 年版，第 86—127 页。

③ 参见张锡镇：《当代东南亚政治》，广西人民出版社 1995 年版，第 172—175；第 269—273 页。

其他一些东南亚国家，比如，信奉伊斯兰教的马来西亚、印度尼西亚，信奉佛教的越南、泰国、缅甸，甚至信奉基督教的菲律宾（大部分地区）等，虽然在主体文化上不属于“儒文化”圈的国家，但从历史的情况来看，也都或多或少、在不同程度上受到过儒家文化的影响，也都在试图以东亚“儒文化”国家和地区的成功经验为借鉴，通过政府强力干预的发展道路推动社会经济加速向现代化过渡。在经济现代化的过程中，这些东南亚国家政府的权威地位和促动功能、以至政党制度和政治强人的影响力，都表现出了与创造“东亚经济奇迹”的国家和地区的较为明显的相似形，甚至同构性。① 以被认为最有可能在不太长的时期内成为新兴工业化国家的马来西亚为例：

马来西亚：马来西亚是以伊斯兰教为主体文化的国家，这一点是毋庸置疑的。但是，考虑到华人曾经在新独立的马来西亚联合邦的总人口中占到 38.4%②，后来虽然由于新加坡的分离华人所占的比例下降了，但儒家文化的影响仍然由于历史的延续性和华裔在马来西亚经济生活中的突出地位而不可低估。因此，称马来西亚是受到儒家文化影响的国家应是符合实际的。马来西亚独立以后，先有政治强人拉扎克和以“巫统”为核心的执政党联盟—国民阵线事实上长期掌握着几乎全部国家权力，并以此为基础制定和推行了“新经济政策”，使马来西亚在 70 年代出现了一个经济高速发展的时期，人均收入超过 2000 美元，国民贫困率从 1970 年的 49%下降到 1980 年的 17%③；从 1980 年开始，又有政治强人马哈蒂尔继承国民阵线，继续事实上执掌着几乎全部国家权力，并以此为基础推行改革，使 1988—1990 年马来西亚的国内生产总值年平均增长率达到 9.2%；之后，马哈蒂尔又提出了以“第二个远景规划纲要”为核心的“新发展政策”，要在 2020 年使马来西亚成为先进的工业化国家。不难看出，战后马来西亚的政府是强大且具有延续性的，执政党联盟是垄断性的，政治强人则是唯一性的。这些特点都与典型的儒家文化国家类同，并成为马来西亚经济快速增长的基础。

中国：在所有的“儒文化”圈国家和地区中，中国是极为特殊的一

① 参见刘重力、依维明：《东盟国家市场经济体制》，兰州大学出版社 1994 年版，第 199—202 页。

② 参见张锡镇：《当代东南亚政治》，广西人民出版社 1995 年版，第 140 页。

③ 参见 R. S. Milne and Diane K. Mauzy, *Politics and Government in Malaysia*, Singapore: University of British Columbia Press, 1980.

部分。这不仅因为中国是“儒文化”的发源地，有着源远流长、博大精深的历史文化，更因为中国地大物博、幅员辽阔、人力资源极为丰厚且具有中华民族特有的聪慧和勤奋。这就使得中国内蕴、蓄积了巨大的发展潜能。问题只在于如何开掘这种潜能。中国现行的“社会主义市场经济体制”就是开掘这种潜能的金钥匙。中国政府、执政党和政治领袖的强大与权威是无与伦比的，传统儒家文化所凝结的价值观念及其思维定式也是深重而久远的。从实践的情况来看，当建立在儒家正统文化基础之上的强大的政府认同了市场经济的理性逻辑的合理性进而与市场经济体制结合到一起的时候，中国内蕴的巨大的潜能就被释放了出来并很快转化为势能，进而形成了强大的生产力：1995 年，中国国民生产总值达到 5.76 万亿元；从发展速度上看，在 1988 年比 1980 年翻一番的基础上，1989 年至 1995 年又翻了一番，国民生产总值年平均增长达到 12%；与此同时，近五年实际利用外资超过了 1600 亿美元，进出口总额超过了 1 万亿美元。[①] 这种高速增长在东亚及东南亚其他“儒文化”国家和地区的经济发展过程中是比较普遍的。根据世界银行数字：英国从 1780 年起用了 58 年使其人均收入翻了一番，美国从 1839 年起用了 47 年，日本在 1767 年明治维新后用了 31 年，韩国从 1966 年起只用了 11 年。[②] 尽管中国由于人口众多人均收入水平还比较低，但综合国力的迅速提高和已形成的发展势头表明，“中国将成为一个新的世界强国”[③]。

通过以上对东亚及东南亚“儒文化”国家和地区政府权威同构现象的分析，我们可以进一步概括性地阐述“东亚政治经济学”隐喻的理性及其对适用国家和地区的合理性：

1. 一个强大而稳定的政府、一个庞大而组织严密的执政党，以及一个或前后几个有着坚定信念的政治强人，并以此作为推进国家经济现代化的体制基础，是上述国家和地区的共同理念和做法

政治稳定被认为是取得经济快速增长的基本先决条件。这一点，经验性地佐证了亨廷顿的观点：处于现代化之中的国家缺乏很多的东

① 《中华人民共和国国民经济和社会发展“九五”计划和 2010 年远景目标纲要》，载《人民日报》1996 年 3 月 20 日。

② 参见任晓前揭书，第 172 页。

③ 参见〔美〕约翰·奈斯比特：《通产省与日本奇迹》（戴汉笠等译），中共中央党校出版社 1992 年版，第 248—249 页。

西，但在深层的意义上，这些国家严重短缺的不是食品、住房、健康水准等资源，而是政治上的共同体和有效能的、有权威的、合法的政府。因此，对这些国家来说，首要的问题不是自由，而是建立一个合法的公共秩序；人们应该认识到，必须首先使政府能够控制被统治者，然后才能迫使它控制自身；“人当然可以有秩序而无自由，但不能有自由而无秩序。必须先存在权威，而后才谈得上限制权威”①。强调和突出政府的权威地位和作用正是东亚及东南亚“儒文化”国家和地区经济发展模式的主要特征。

东亚及东南亚儒学国家和地区经济现代化的历程表明，这些国家和地区信奉“经济第一主义”的发展逻辑，认为首先通过经济改革以实现经济的快速增长对于国家和民族的命运具有决定性的意义，而“经济改革不在于是威权的政府或是民主的政府，而是需要一个有权力、有能力推行改革的政府”②。这些国家和地区还认同：“自由、理性、法治与民主不能经由打倒传统而获得，只能在传统经由创造的转化而逐渐建立起一个新的、有生机的传统的时候才能逐渐获得。”③因此，与突出政府的权威地位和作用相联系，这些国家和地区无一例外地选择了通过政府的积极的导向和规制以推动经济快速增长的经济发展战略，并逐步形成且从 90 年代初期开始凸现出了经济—行政—政治的改革发展的序列。不仅如此，这些国家和地区还认为“基本法至上以及权威的分散与现代化是不相容的。现代化要求具有变革能力的权威。……人们必须拥有权力以实施变革。因此，权威必须集中于某些坚强有力的个人或集团手中”④。正是基于这种与儒家传统政治文化相一致的理念，东亚及东南亚国家和地区普遍地将追求经济的快速增长视为了最高的国家目标，并相应地实行了中央政府对经济生活的导向和规制，而在政府背后，则都有一个以某位政治领袖或政治强人为核心的长期执政的强大的执政党（香港地区是唯一的例外）。

---

① 参见〔美〕塞缪尔·P. 亨廷顿：《变化社会中的政治秩序》（王冠华等译），三联书店 1989 年版，第 4—7 页。

② 〔美〕塞缪尔·P. 亨廷顿：《经济改革与政治改革》，载刘军宁等：《市场逻辑与国家观念》，三联书店 1995 年版，第 295 页。

③ 林毓生：《中国传统的创造性转化》，三联书店 1988 年版，第 5 页。

④ 塞缪尔·P. 亨廷顿：《经济改革与政治改革》，载刘军宁等：《市场逻辑与国家观念》，三联书店 1995 年版，第 20 页。

2."东亚政治经济学"在实践方面的成功,不仅在于政府据有广泛的权威地位,而且在于这种权威地位得到了社会的比较普遍的认同和遵从,更在于政府从权威地位出发,通过发展规划、产业政策、行政规制等合理的方式有效地促进了社会经济的发展和国民生活水平的提高,并因此唤醒了国民的民族自信心和自豪感

也就是说,在因果关系上,社会对政府权威地位的认同和遵从,除了传统文化观念的影响以外,主要是以政府通过实践表现出来的有效地发展社会经济的意愿和能力为基本前提的。在这一方面,东亚及东南亚儒学国家和地区的政府,通过本国爆发式的社会经济的快速增长令人信服地向其国民证明了既定国家领导体制的可靠性,证明了政府公共政策的合理性,证明了政府公共行政管理能力的有效性,从而获得了多数社会阶层或群体的理解和认同,进而为相对的国家政治稳定和社会安定创造了条件并与之形成了良性的互动。由此证明,后起的工业化国家和地区只有在强大政府即既具有权威又具有卓越政策制定和政策执行能力政府的基础之上,实行政府主导或指导型的、政府与市场相接合的经济发展战略、经济体制和经济政策,实行适度的政一经分离,才有可能最快、最合理、最大限度地动员、开发和组合资源,在较短的时间内形成发展势头并及时调整产业结构,实现经济的快速增长和社会财富的快速积累,缩短与发达国家的距离,进而实现国家经济现代化。它们的经验还证明,经济现代化的过程不可能是纯经济的过程,而只能是特定的政治、经济、社会、文化等诸方面因素互动的过程。从基本价值认同的角度说,如果将尽快实现经济现代化作为国家的最高目标,那么,在一定历史时期内遵从政府的导向和经济规制,暂时放弃有关政治理念的纷争,避免社会动荡,对于后发展的国家来说可能是最明智的选择。

其实,在信奉经济自由主义的西方主要国家的资本主义发展史上,国家干预经济生活不仅由来已久,而且从来就不是个别或偶然的现象。毫无疑问,在性质上近代以来的西方经济体制是以市场为基础的自由经济体制,但与此同时,早在资本原始积累阶段的重商主义晚期,西方国家就出现过以法国的柯尔培尔主义和德国的官方主义为代表的原始

的国家干预主义。[1] 随着资本主义的需要和发展，又出现了马尔萨斯的“适度干预”学说、约翰·穆勒的“国家适度干预学说”等主张国家干预经济的理论及政策，“自从19世纪后期……政府在经济上的作用稳步增加”[2]，及至凯恩斯主义的提出和罗斯福“新政”的推行，国家干预经济更是成为西方主要资本主义国家的一种普遍的既定国策。鉴于政府干预经济不可避免且在实践中显示出的效用，因此，第二次世界大战之后，一种主张市场经济与国家干预相调和的新经济学即“混合经济”理论开始在西方国家占有统治地位。[3] 90年代初期，又出现了以国家干预为基调的“现代主流经济学新综合”或曰“新凯恩斯主义”的理论与“克林顿经济学”的实践。[4] 可以认为，“新凯恩斯主义”的兴起既反映了西方社会对新自由主义理论与实践的失望，也在一定程度上反映了东亚“经济奇迹”对世界的启示。

3. 东亚及东南亚“儒文化”国家和地区经济快速增长的经验证明，在列强林立、国际经济体系已经形成、世界市场已经被瓜分完毕、国际竞争日趋激烈的历史条件下，那种以自由资本主义和自由资产阶级为基础的“原发”型、渐进式的经济发展道路在后发展国家已经是不可能的了[5]

这种西方式的、受其社会内部发展规律制约的、通过强烈放任的自由资本主义方式，也即通过价值规律等“看不见的手”作为引导和推动社会经济发展主要力量的经济现代化方式之所以无法再现，不仅是因为通过这种方式实现了现代化的国家，现在早已都是世界强国，并一直力图通过自身已经形成的具有相当垄断性的综合国力对国际经济秩序进行控制，对世界市场实行垄断，对发展中国家实行技术封锁，而且是因为后发国家社会内部，通常都缺乏自发生成现代生产方式的经济条件和社会条件，比如，资本、生产技术、信息、市场、有效的管理方式、所

① 参见傅殷才、颜鹏飞：《自由经营还是国家干预——西方两大经济思潮概论》，经济科学出版社1995年版，第6—10页。

② 〔美〕保罗·A.萨缪尔森、威廉·D.诺德豪斯：《经济学》上册（高鸿业等译），商务印书馆1979年版，第59页。

③ 〔美〕A.H.汉森：《20世纪60年代的经济问题》（张伯健等译），商务印书馆1964年版，第76页。

④ 参见傅殷才、颜鹏飞前揭书，第十二章。

⑤ 参见〔美〕戈登·怀特：《为什么中国未能走上日本式道路?》，载罗荣渠、牛大勇：《中国现代化历程的探索》，北京大学出版社1992年版。

有权与经营权的分离以及职业企业家阶层的形成等等。在存有巨大时空差距的历史条件下，后发展的第三世界国家通过运用与先发展的西方经济强国同一的经济发展模式，虽然在较短的时期内也可以取得一定的经济成就，但这一定的经济成就是作为世界资本主义体系的边陲地带取得的，一如拉丁美洲和非洲某些国家所表现的那样，结果不仅会在经济方面造成国内经济的结构性畸变，形成依赖于世界经济中心地带的"依附发展"的经济模式，而且会在政治方面形成试图保持现有经济发展模式的利益集团，并至少在经济决策上反映外国政府和国际资本的利益及价值标准，忽视本民族应有的发展内容。①

后发展的国家要想在已经基本一体化的世界经济体系中寻得一席之地，在尽可能短的历史时期内实现工业化，向现代化国家过渡，就必须组合起一个具有前导意识和民族责任感的现代化领导集团，并借助传统的国家权威以形成一种强大的导向和推动力量，通过一系列的具有诱导性、扶助性的政策以及带有一定强制性、压迫性的举措，使本国经济不仅能够比较迅速地实现生产方式的转变，实现经济的快速增长，而且能够形成一定的竞争优势和持续发展的能力。在"儒文化"国家和地区，这种导向和推动力量就是一体化的领袖—执政党—政府。在这方面，国家权力表现为一种暴力，这种"暴力本身就是一种经济力"，"利用国家权力，也就是利用集中的有组织的社会暴力"②的方式以破除甚至摧毁那些不利于发展的社会性障碍，较为迅速地实现生产方式的转变，同时充分地、积极地、合理地、有效地利用国家公共权力这只"看得见得手"来干预社会经济，通过诸种必要的政府行为以调动、集合、配置、开发、获取、优化资源，乃是比较快捷地缩短与发达国家距离的唯一行之有效的发展道路。对比研究可以证明，利用国家政策导向和强制性的规制不仅可以在较短的时期内实现由小农经济向工业经济、计划经济向市场经济、粗放经济向集约经济、加工经济向高科技经济、模仿经济向开发经济的转变，而且政府的力量"能够支配和限制外国资本在本地经济中的作用"③，保护和支持民族工业的发育、生长及持续发展。

---

① 参见戴约·C. 等前揭书，第1—6页。

② 马克思：《资本论》，参见《马克思恩格斯全集》第23卷，人民出版社1972年版，第819页。

③ 参见戴约·C. 等前揭书，第10页。

4. *政府引导和推动社会经济发展的权威地位及作用的合理性，在与市场经济体制和民营经济法人主体共生、共存的交互过程中得到体现和证明*

也就是说，政府干预社会经济的目的不是为了形成国家垄断，而是为了鼓励、扶持和推动民营企业或独立经济主体走上现代企业的发展道路，使之形成竞争能力和自我更新、自我发展的能力，为了建立、完善和发展市场经济体制，进而尽快实现向现代生产方式的转移，并以此作为政府干预社会经济的基本原则，作为整个国家经济制度的基础。中国的"洋务运动"之所以失败，日本的"明治维新"之所以成功，在很大的程度上就是由于当时的两国政府在对待国内民营资本和民营企业的问题上采取了截然不同的态度和政策，结果导致了中、日两国近代发展道路和发展水平的巨大差异。[①] 从东亚及东南亚国家和地区的共同现象上看，社会经济高速发展的时期，也同时是民族工业大发展的时期和民营资本快速积累的时期。所以，可以这样认为，政府导向和规制的原则界限，在于不但不妨碍、而且有助于企业的经营和发展。

5. *政府与企业的良性互动关系是"有组织的市场经济"的基础*

从东亚及东南亚"儒文化"国家和地区实践的情况来看，企业界不但没有因为政府的权威性的甚至是强制性的导向和干预而抵制和反对政府，反而由于政府提供了企业发展所必需的资源而得到了广泛的遵从，市场也因为企业界的经济活动的意愿和行为而生机勃勃、充满活力。这说明，在这些国家和地区，政府与企业界之间通过市场的中介存在着一种独特的良性互动关系，形成了一种独特的、建立在传统文化和对国家目标认同基础之上的"官民协同体制"。企业家承担政治责任和政治家承担经济责任是东亚及东南亚儒学国家和地区经济现代化过程中的一个突出的现象，也是其经济成功的主因之一。这使得这些国家和地区的经济发展有了相当的整体推进的性质，进而有助于形成和强化持续发展的能力。

值得强调的是，在东亚及东南亚"儒文化"圈的国家和地区，企业界对政府的基本态度是"遵从"而不是服从或屈从。这种"遵从"一方面直接反映了这些国家和地区的国民对国家权威的传统的遵从态度，另一方面则间接反映了这些国家和地区的政府通过驾驭和管理市场推进国

① 参见朱荫贵：《国家干预经济与中日近代化》，东方出版社 1994 年版，第 18—22 页。

家经济现代化的能力，同时反映了这些国家和地区的国民、企业、政府三种主体在提升综合国力、提升国民生活质量方面的共同愿望和一致目的。一般说来，国民、企业的愿望和遵从与政府的目的和能力是互为条件的，而这一双向的条件性在东亚及东南亚"儒文化"国家和地区的经济实践中得到了统一，使得东亚及东南亚新兴的工业化国家和地区在实现高速经济增长的同时，实现了社会财富的相对均等的收入分配，从而避免了拉美和非洲某些国家曾经出现过的、由于社会分配严重失衡而导致社会动荡的现象，加强了制度的社会基础。

6. 在后发展的国家追求现代化的过程中，政府干预经济是明智的，有效的

对于不同的国家和地区而言，由于历史文化、社会制度、政党制度、原有经济和社会发展水平等存在着巨大的不同，因此，政府干预经济的范围、程度、方式、时效、频率等相应也会出现明显的差异。在这方面，矛盾的同一性与矛盾的特殊性是统一的。"儒文化"圈诸多国家和地区的发展经验证明，只有走内生化发展的道路①，从本民族、本国社会特有的思维模式和行为模式中汲取力量，保持发展的原创性，将发展模式植根于自身的社会文化环境之中，才有可能动员国民、组合资源，形成国民经济的持续发展能力。

在总体特点上，东亚及东南亚"儒文化"国家和地区的发展模式既与西方国家强烈放任自由的经济发展道路和以自我为中心的价值观念形成了鲜明的对比，也与拉丁美洲和非洲若干国家的有限繁荣形成了强烈的反差。造成这种对比和反差的基本原因，在社会直观形象上是由突出政府的权能地位和作用促成的，在内里则与儒家传统文化的同构性密切相关。

四、传统文化的同构性与东亚经济现代化

根据马克思主义的历史唯物论的观点，历史是由人创造的，但不能随心所欲地按照自己的主观意愿创造，而是只能在"直接碰到的，既定

① 参见联合国教科文组织行政管理问题专家会议论文：〔韩〕金庸健：《公共行政管理：不同社会文化环境的若干问题》(李朝增译)，中国对外翻译出版公司 1987 年版，第 1—9 页。

的，从过去继承下来的条件下创造”[①]。“东亚经济奇迹”就是在儒家传统文化的历史条件下创造的一种历史。这种历史同时受到了新教伦理资本主义精神的影响。数千年文明史的积累和沉淀，造就了儒家文化传统博大、丰厚、繁杂的内涵。本文仅就其与“东亚经济奇迹”直接相关的若干主要理念进行阐述。这些理念是：国家观与权威观、和谐观与中庸观、事业观与功利观，以及传统的道德观和教育观。从实践的情况来看，“东亚政治经济学”之于以经济快速增长为基础的国家经济现代化的有效性在于，它主张并在实践中巧妙地实现了传统文化与经济现代化的四个方面基本条件的统一：

1. 儒家思想中最具优势的国家观和权威观在新的历史条件下转化为“秩序原理”[②]

在现代条件下再生并得到了合理的运用。表现为政府主导（指导）型的经济发展模式得到了社会的较为普遍的认同和遵从，从而不仅有利于有限资源的合理配置和社会生产的相对序化，而且有利于阶段跳跃式经济发展战略的推进。

国家至上主义在儒家文化国家里是根深蒂固的，其在实践方面的社会认同，一方面表现为“国家利益”的凝聚力、号召力，另一方面表现为“国家利益”的不可侵犯性，而“国”的存活是与“家”的存在紧密联系在一起的。如果说“家”是社会的原点，“国”就是“家”的集合或扩大，所谓“国以家为本”，讲究的就是传统家庭之于国家的基于血缘根据的亲和力，而无论是“国”或是“家”，都是以建立在“三纲五常”、“三从四德”基础之上的等级伦理作为存续和行为规则的。因此，诸如“精忠报国”、“长幼有序”一类的观念长期以来一直是儒家倡导的正统观念和行为规范，并且，通过二者的结合即忠孝一体，实现了国家制度与家族、宗法制度的合二而一，与服从长辈相一致，“国家”也因此成了国民效忠的对象。在长期历史积淀的过程中，上述观念事实上已经内化成了相关民族大多数成员所共有的、反复出现的心态和活动方式，亦即成为民族性的一部分。[③] 在日本，儒学的国家

① 《马克思恩格斯选集》第1卷，第603页。

② 参见〔韩〕金日坤：《儒教文化圈的伦理秩序与经济》（邢东田译），中国人民大学出版社1991年版，第32—64页。

③ 参见沙莲香：《中国民族性·二》，中国人民大学出版社1990年版，第3页。

观和权威观作为文化积淀于日本现代社会的实态，在大的社会层面上表现为日本社会的家族式构成或纵式构成[①]，以及对居于结构顶层的国家公共权利主体的遵从；在经济和生活层面上则表现为对团体、对企业的归属，以及对团体首领的认同和依赖。在这样的结构和文化氛围中，国家利益和团体利益往往被认为是至高无上的，个人服从国家和团体的需要相应地也被认为是天经地义的事情；反之，个人将由于受到其他团体成员的非难而很难在团体中继续存活，团体则由于受到其他团体的谴责而很难在社会中继续存活。这种通过叠加上升、扩大以确认和巩固权威的方式，为政府制定和推行一体化的国家经济发展战略及其配套的经济规制，提供了稳固的价值观方面的前提和坚实的社会结构方面的基础。

2. 儒家思想中的"和谐观"构成了儒家文化的核心精神和特有的神韵

孔子说："礼之用，和为贵，先王之道，斯为美。"[②]这就是说，"和"即是美，追求和谐美因此成为儒家追求的最高境界，追求自身、人类社会及其与自然界的和谐也因此成为儒家文化的终极目标。儒学的和谐观广泛体现在儒家社会的世界观、审美观、人生观等等方面。[③]

值得强调的是，儒学讲求和谐但并不逃避矛盾，古人早已知道"和实生物、同则不继"的道理，因此主张"君子和而不同"，实际讲求的是"刚柔相推而生变化"的对立面的统一。与西方的二元论思想不同，儒学虽然承认对立面的存在，但更注重的是"天人合一"、"水乳交融"、"阴阳和德"、"刚柔相济"等各种对立面的相互依存、相互转化、相互包容、相互统一以及由此而形成的整体结构和整体功能。这一特点直接生成了儒家文化圈相关民族在思维方式方面的注重整体性的特质，以及与之相一致的注重"相反相成"转化矛盾的价值取向和方法论特征。在市场经济的历史条件下，和谐观作为儒家思想的核心理念转化成为独特的经营思想和团队精神：企业不是像西方国家那样被仅仅视为工作的场所，而是被视为命运的共同体，企业的决策方式也不同于西方国家的

---

① 参见〔日〕川岛武宜：《日本社会的家族式构成》；中根千枝：《纵式社会的人际关系》，转引自王家骅前揭书，第 242—248 页。

② 《论语·学而》。

③ 参见郑师渠：《中国传统文化漫谈》，北京师范大学出版社 1990 年版，第二章。

命令—服从方式，而是经由事前的沟通和协商的理解—合作方式，从而大大增强了企业的内聚力和存续能力；同时，“和谐观”也在市场竞争机制之外，通过同业公会等组织促成了儒学国家特有的以“契约合同”为基本存在形式的企业间的关系[①]，从而缓解了市场经济条件下由于竞争的白热化而可能对社会造成的震荡，对个人可能造成的伤害，避免了强势对抗的发生及其对社会的冲击，并与传统的国家观和权威观等理念一起构筑了社会稳定、秩序的基础。

作为“和谐观”的一种自然的逻辑延伸，“中庸之道”是一个较之本体理念流传更为广泛、应用更为具体的理念，其经常的社会存在形式表现为以祥和平实为准则的处世哲学。可以认为，“中庸之道”是构成儒学社会的最基本的价值标准和行为准则之一。“中庸”的本意，是为肯定和维护概念与事物的质的相对稳定性而寻求对立两端的平衡，“中庸之道”则是主张人们保持矛盾的统一，追求事物的整体和谐，力求事物的质的相对安定的自觉。[②] 与“中庸之道”或“中和主义”、“中正主义”的原则相一致，儒学国家在长期的历史演进的过程中形成了众多的诸如“过犹不及”、“叩其两端”但“厥允执中”、“执两用中”、“不为已甚”一类的思想方法和行为方式。这就在一定的程度上促成了常态的社会、常态的组织、常态的个人，直接有助于社会的稳定。

值得指出的是，“和谐”与“中庸”对儒家文化国家和地区政治领袖或政治家的影响较之一般民众可能更大、更为直接、更为深重、更为长久。根据可以查证的资料，战后日本的多位首相如鸠山一郎、大平正芳、中曾根康弘等都对“和谐”与“中庸”发表过推崇备至的感叹；[③]新加坡前总理李光耀也就儒家文化提出过至重至要的看法；[④]新加坡现任总理吴作栋上台伊始就主张将儒家的基本价值观升华为国家意识。[⑤]毛泽东曾经称赞孔子提出的“中庸”是“一大发现，一大贡献”[⑥]。由于政治家们特别是那些德高望重或深得人望政治家们通过自身的言行对

---

① 参见〔日〕今井贤一等：《现代日本企业制度》(陈晋等译)，经济科学出版社 1995 年版，第一、二、五章。

② 参见《毛泽东书信选集》，人民出版社 1983 年版，第 145—146 页。

③ 参见王家骅前揭书，第 234—236 页。

④ 参见李光耀：《李光耀 40 年政论选》，现代出版社 1994 年版，第 218 页。

⑤ 参见新加坡《联合早报》，1988 年 10 月 29 日。

⑥ 毛泽东前揭书，第 145 页。

本国国民深具影响，加之他们执掌着国家公共权利，可以通过制定公共政策和社会运筹体现自身的价值取向，因此对于形成特有的儒家文化氛围起着特殊的作用。

3. 儒家思想本质上所具有的内养性的“实质理性”蕴涵着一种强旺的成就动机

这种动机常常会促使人们去追求表现为某种社会存在的“形式理性”[①]。比如，“人皆可以为尧舜”的平等道德观，“扬名声，显父母”的传统家族伦理观，都给人以追求卓越成就的强烈动机，教人不可妄自菲薄，而需努力奋进。中国封建社会的学子不辞艰辛通过“赶考”以追求功名，就是典型的实质理性与形式理性相统一的社会现象。这种强烈的成就动机在现代工商社会的历史条件下通过个人利益驱动转化成了竞争意识，从而为激活社会原始发展动力和培育市场提供了必要的条件。对外扩大通商、对内建立市场经济体制都是实现上述转化的社会性条件。

在理论上，儒学国家和地区对“利”的追求是与对“义”的肯定并存并举的。这与西方国家强烈的个人主义倾向及其对个人利益的赤裸裸的追求相比是不大相同的。在这方面，日本的涩泽荣一关于“论语加算盘”的“义利合一”说[②]，可以认为是一种经典的表述。此外，儒家“勤”与“俭”的古训，恰与韦伯所推崇的新教伦理的“勤”与“俭”的两大要目相吻合。在商品经济的条件下“勤”转化成了敬业精神并形成了社会性扩散，直接作用于企业和社会生产力的提高，日本人甚至因此被称作了“经济动物”；“俭”则促进了本国货币资本的积累，增强了本国经济的自我支持和自我发展的能力，增强了民族经济的持续发展能力。“儒文化”国家和地区的国民储蓄率普遍比较高与“俭”的文化传统是存在直接联系的。

4. 人本主义作为儒家思想的基础与“东亚经济奇迹”存在着密切的内在联系

所谓人本主义，可以理解为就是以人为中心、注重人及人的修养、人的行为的一套理念。可以这样认为，孔教就是“仁”教，“仁”教就是“人”教。孔子说：“仁者人也”，仁字从二从人，就是强调通过道德的修

① 参见黄国光前揭书，第3页、275页。

② 参见王家骅前揭书，第四章。

养完善自我，实现人与自然、人与社会的在现世的积极的和谐统一。[①]这就与西方以上帝为中心的注重来世的基督教教义产生了明显的差别。首先是日本，尔后是其他儒学国家和地区，通过建立和运行以人本主义为特征的体制，不仅形成了不同于古典资本主义的有组织的市场经济体制[②]，而且创造了巨大的生产力。具体说来，人本主义的思想从道德和人才两个方面支持了东亚及东南亚儒学国家和地区的经济快速增长：

首先，重德精神。德就是道德，就是操行，就是品德修养。在这一点上，儒学的先哲们无不强调，人之所以为人而区别于动物，是因为人有善恶之心，有精神境界，可以通过人格的修养不断超越自我，追求至善至美，而只有人格高尚的人才可以建功立业，即所谓“内圣成德、外王事功”，而高尚的人格主要表现为于国家和民族大义的“舍生取义”，于“纲常”、法度的“克己复礼”。所以，儒学主张通过强烈的“内省”和“自律”以实现人格的升华，进而抱负人生、兼养天下。这等于是将人格的净化视为了建功立业的出发点和先决条件。“修齐治平”说作为儒学关于道德与功业的经典表述，集中反映了儒学将“做人”与“做事”相连，讲求做人先于做事、做事与做人相通的伦理观。这种伦理观之于儒学国家的影响是深远的，之于儒学国家“政治精英”和企业管理阶层的修为更具有独特的意义。从一定的意义上可以说，这种伦理观成就了“儒文化”国家推动经济现代化的政治领导集团，成就了支持国家经济现代化、具有责任感和献身精神的一大批政府官员、企业家以及知识分子。他们构成了国家经济现代化的栋梁。此外，“德”所内含的功业观不仅支持了“勤”的敬业精神，而且与“和”一道构筑了社会秩序和团体精神的伦理基础。

其次，重视教育。儒学之于教育的重视在世界诸多传统文化中可以说是独具一格、首屈一指的。孔学本身最初亦是通过“游学”的方式方得以宣示并初步得到传播的。“十年树木，百年树人”，“百年大计，教育为本”一类的传统教育观不仅在“儒文化”国家和地区为官府所倡导，而且为民众所欣然。在儒学国家里，教育的发展大体上是与社会经济的增长成正比例的。例如，20 世纪初，日本的六年制教育就已达 99%，

① 参见〔美〕杜维明：《儒家传统的现代转化》(岳华译)，中国广播电视出版社 1992 年版。

② 参见今井贤一等前揭书，第三章。

1950 年普及了九年制义务教育，1970 年 25—34 岁青年中高中毕业生已占 60%，青年高学历化的速度较之欧美国家还要快。[①] 经过千百年的积淀，“万般皆下品，唯有读书高”，通过读书以求闻达，通过读书博取功名，以践“学而优则仕”之理想，早已内化为一种根深蒂固的民族禀性。这种民族禀性融入现代科技理性后形成了极具特色的“人力资本思想”，从而不仅为现代化的大生产方式提供了大批优质的劳动力，为企业培养了一批卓越的技术管理人员，而且为政府培养了一群出色的经济官僚。这就为官民协同一体、政府权威与市场经济相接合的经济增长体制奠定了广泛的领导、组织和人员方面的坚实基础。

五、结　　语

“东亚经济奇迹”是“东亚政治经济学”合乎逻辑的结果，后者则是关于东亚及东南亚“儒文化”国家和地区在其经济现代化的过程中形成并运用于快速推进其经济现代化的一套价值观念和思想方法的总称。这一套价值观念缘起于传统的儒家文化，但却明显地受到了西方新教伦理资本主义精神的影响。可以这样认为，即儒家思想的现代觉醒得益于科学理性和市场经济体制的激荡。“东亚政治经济学”是一种价值系统，其中，政府权威的确立及其积极、合理的运用，市场经济体制和现代科学理性，传统儒家文化的转化和更新构成了这一价值系统的三大次级系统。“东亚经济奇迹”是以人为本、和谐为中、仁爱为上的古老儒家伦理与现代经济民主和现代生产技术经由政府的推动有机糅合在一起的结果。“东亚政治经济学”之于落后国家经济现代化的最重要的意义在于，在一定的发展阶段上实行政治与经济的适度分离，即社会认同、遵从政府的公共权威与政府保护、支持企业的经济民主二者有机结合，通过市场形成一种动态的平衡，乃是实现经济快速增长、较快提升综合国力和国民生活水准的、经过实践验证的一条可靠的发展道路。一个具有前导意识和坚定信念的强有力的现代化领导集团是这条发展道路必不可少的基本条件之一。东亚及东南亚“儒文化”国家和地区现有的经济成就和经济发展势头都是极为可观的，但这些国家和地区最终能否走出“依附发展”的道路，则还有待于时间的进一步检验。

---

① 参见万峰：《日本资本主义史研究》，湖南人民出版社 1984 年版，第 327—340 页。

政府政策选择与东亚金融危机*

——关于东亚金融危机的公共政策分析

一、导　　论

震撼全球的东亚金融危机，对于东亚那些创造了“东亚经济奇迹”的国家和地区来说，损失是极其惨重的：1997 年底与 1997 年 6 月底相比较，泰国、印度尼西亚、马来西亚、韩国本币对美元汇率的跌幅分别达到 48.4%、49.4%、34.8%、48.4%，股市价格分别下跌了 29.9%、

---

* 本文原发表于《北京大学学报》1998 年第 5 期。

本文所指东亚是广义的东亚，即狭义的东亚加上中南半岛和马来群岛诸国，其中由于日本和中国的情况比较特殊，本文基本不讨论。另外，本文主要以接受 IMF 紧急援助的泰国、印尼、韩国为数据分析对象。

44.6%、45.4%、49.5%。这等于说,这些国家的国际购买力几乎降低了一半。①

在外汇储备急剧减少、国际货币支付信用发生危机的条件下,泰国、韩国和印度尼西亚被迫向国际货币基金组织提出了紧急援助的要求,并以接受后者的监管为代价,分别获得了该组织的高达上百亿美元的紧急货币援助。与此同时,这些国家的政府先后提出了应急和改革的方案,相应采取了一系列的措施。但进入2月中旬之后,由于印度尼西亚拟实行联系汇率制而与国际货币基金组织发生重大意见分歧,印尼盾应声下跌,并带动了东南亚区域内各主要经济体的股、汇两市再次大幅度下挫:新加坡、马来西亚、泰国的股市分别下跌了4.6%、3.4%、3.2%,新元、泰铢、马来西亚林吉特分别下跌了1.7%、2.3%、4.7%。②从1998年第一季度的情况看,东亚各国本币对美元的汇率普遍继续走低,其中韩元对美元的汇率一度跌至1770∶1,日元对美元的汇率一度跌至134∶1③,印尼盾对美元的汇率一度跌至11000∶1,泰铢对美元的汇率一度跌至56.10∶1④,均创下了历史的最低点。

由于各当事国自身做出了艰苦的努力,也由于世界多个组织和国家多方给予了较为有力的支持和帮助,进入4月以来,东亚国家及地区的金融业的总体情势已经得到了控制并开始有所好转。4月6日,国际货币基金组织宣布:亚洲经济危机最严峻的时刻已经过去。⑤ 但是,与过去长达十余年的强劲的增长势头相比较,东亚地区经济增长率的大幅度降低已成定局。自1997年7月危机开始以来,东亚各国和地区已经纷纷大幅度调低了1998年度的经济增长率,广泛实行了紧缩银根、紧缩开支、紧缩需求、紧缩进口等一系列的经济紧缩政策。例如,印度尼西亚将铝和铜的进口量分别削减了50%和20%⑥,马来西亚削减了18%的政府开支,正副部长减薪10%。⑦ 泰国、印度尼西亚等国家纷纷取消或推迟了一批价值数十亿美元、乃至上百亿美元的公共交通

① 参见《国际经济信息》1998年第1期。

② 参见马海量:《东南亚股市汇市何以再次下跌》,载《经济日报》1998年2月18日。

③ 参见《参考消息》1998年1月7日。

④ 参见《经济日报》1998年1月14日。

⑤ 参见《参考消息》1998年4月8日。

⑥ 参见《参考消息》1998年2月17日。

⑦ 参见吴定保:《金融风暴中心的马来西亚》,载《瞭望》1998年第7期。

投资等基础建设和大型工业项目。韩国等国家则大笔撤消或搁置了在海外的大型项目投资，大批关闭了在海外的公司，大幅度减少了在海外的开支。总量估计，东亚诸国将有上万个拟定的投资项目将因为金融危机而被迫取消。① 与金融危机和经济紧缩直接相联系，这些国家先后出现了物价大幅度上涨、国民收入急剧降低、企业大批倒闭、社会性失业普遍增加、社会保障水平明显降低等一系列的社会后果。例如，仅在1997年12月，韩国就有约3000家企业倒闭。② 从这些现象上看，东亚地区无疑已经进入低增长、高通胀的经济衰退时期，或经济调整时期。

那么，是否因此可以得出结论，“东亚模式”已经走到尽头、“东亚模式”已经终结呢？③ 是否因此可以断言，“东亚经济奇迹”已经破灭、与“东亚模式”和“东亚经济奇迹”直接相连的“亚洲价值观”已经失败呢？④ 本文认为，对涉及“模式”和“价值观”等根本性的问题目前作出结论尚为时过早。至少，人们还需要看一看，受到这次金融危机重挫的国家和地区，能否在21世纪的初期走出困境，再现昨日的辉煌。这如同在1929—1933年的经济大恐慌之后，人们对那些遭受了接近灭顶之灾的、实行“盎格鲁—撒克逊模式”的国家的态度一样。毕竟，从60年代初到90年代初，除先期发展的日本外，东南亚和东亚的“四小龙”、“四小虎”以及中国等国，在世界范围内先后都创造了最高或很高的经济增长率。仅以韩国为例，60年代韩国开始第一个五年经济发展计划时，其国民生产总值是21亿美元，人均国民生产总值82美元，如今韩国的国内生产总值及其人均占有已经分别达到2600亿美元和6000美元，出口总额达720亿美元，是1961年4100万美元的1700倍。⑤ 资料显示，这些国家和地区的实际年增长率超过了6％。一如1992年诺贝尔奖获得者、美国芝加哥大学教授贝克尔指出的那样，“即使……当前的危机使今后五年的经济增长完全停滞，这些国家在将近25年中的经

---

① 参见《参考消息》1998年1月21日、1998年2月17日。

② 参见《参考消息》1998年1月9日。

③ 参见吴曙明：《“东亚模式”是否走到尽头》，载《经济日报》1998年2月3日；陈炳才：《从日本金融风波看东亚模式终结》，载《经济日报》1997年12月11日。

④ 参见《参考消息》1998年2月14日。

⑤ 参见《参考消息》1997年11月29日。

济增长也将大大超过世界平均水平"[1]；毕竟，这些国家和地区在较短的时间内迅速摆脱了贫困和落后，国民平均收入数倍得到了提高，社会积聚了巨量的财富[2]；毕竟，35 年前东亚和东南亚经济还只占世界总产值的 4%，而 90 年代初期已经占到了 24%。[3] 如果对前 25 年东亚和东南亚地区的经济发展模式进行历史假设，即如果不是实行或没有实行"东亚模式"，那么，就总体发展水平和相对位置而言，今天的东南亚和东亚的国家及地区将处于什么样的发展阶段呢？显然，对在实践中创造了巨大经济成就的东亚经济发展模式抑或价值观，是不应当轻易从根本上加以否定的。

这一次金融危机对东亚地区的金融业、制造业乃至整个国民经济造成的损失是灾难性。这次金融危机之所以发生在东亚地区，说明在东亚地区经济高速发展的历史进程中，确实内蕴和隐含着一些重大的问题。譬如，在较长一个时期里，银行存贷利率过高，外债借贷失控、外债数额过大且与国家外汇存底不成比例、短期贷款在国际借贷中权重过大，紧盯美元的区间浮动汇率制实施时间过长且缺乏应有的弹性，制成品出口单一且技术含量长期偏低，经常收支项目出现巨额逆差，房地产和股市过热，基础设施和教育投资严重不足，超前开放资本市场且缺乏对金融市场的必要和强有力的监督，政府与大企业关系过于紧密且透明度太低，经济结构的调整和经济增长方式的调整明显落后于世界主导经济的发展、落后于国际经济格局的演变，社会平均工资上升速度过快、国民崇尚奢侈性消费等等。

由东亚地区发展模式的主体特征所决定，上述问题的存在、发展及其交互作用，无不与政府的经济发展战略、金融政策、产业政策、公共事业政策等公共政策的质量有着直接的、重大的关系，无不与政府的宏观经济调控能力和公共行政管理能力有着密切的甚至决定性的关系。正如韩国新任总统金大中所指出的那样："造成我国金融、外汇危机，进而使经济面临破产局面的根本原因，在于政府和执政党的政策失败、政策不落实以及实施政策不及时。"[4]这一点，如果我们对缘起于同一类

---

① 参见《参考消息》1998 年 1 月 26 日。

② 参见《参考消息》1998 年 3 月 3 日。

③ 参见〔美〕约翰·奈斯比特：《亚洲大趋势》，外文出版社 1996 年版，第 246 页。

④ 〔韩〕朴成元：《当选总统金大中书面答记者问》，载《参考消息》1998 年 1 月 10 日。

发展模式、同一类价值观的不同国家和地区进行横向比较，那么，不难发现，中国台湾地区、新加坡和中国香港特区虽然也受到了这次金融危机的直接冲击，但却避免了灾难性的损失。其间的主要原因，在于东亚不同的国家和地区虽然通过同一种经济发展模式在过去的30年内创造了“经济奇迹”，但由于彼此奉行了许多不同的政策，因而在同一种国际条件下产生了不同的经济结果。因此可以认为，这次金融危机与政府公共政策的滞后和失误有着直接的逻辑因果关系。毫无疑问，在过去的30年中，东亚区域在由农业社会向工业社会的转变过程中已经取得了历史性的进步。但是，必须看到，东亚诸国和地区的经济发展是非均衡的。这种非均衡性主要表现在制造业与金融业、第三产业、高科技产业、基础产业的不平衡发展方面，即劳动密集型产业的相对成熟、相对规范与金融业、第三产业、高技术产业、基础产业的相对不成熟、不规范并存。非均衡发展虽然是后发展国家普遍存在的问题，但东亚国家政府公共政策的滞后和失误显然激化了矛盾，加速了非均衡的运动过程。

本文认为，政府公共政策的滞后、失误以及缺乏足够的前瞻性，政府公共行政能力的走低、弱化以及缺乏足够的坚定性，是造成这次金融危机的主因。东亚相关国家政府的公共政策的滞后和失误，虽然在表现形式和表现领域上不尽相同，但在性质上都表现为在经济的高速增长时期，其宏观公共政策缺乏足够的应对性，未能根据国际形势和国内条件的变化而及时主动地调整本国的宏观经济政策，以至于为国际投机资本提供了可乘之机，进而触发了金融危机。从这个意义上说，这次的东亚金融危机，实际上是一次政府公共政策的危机，而危机的解决以及连带的经济复兴和经济发展，则有赖于该地区政府的以宏观经济调控能力为核心的公共行政能力的提升。

二、政府的汇率政策滞后与金融危机

政府的汇率政策明显滞后于国际金融、国际贸易形势的发展变化，是诱发东亚金融危机的第一个主要因素。

1973年，始创于1944年的“布雷顿森林”国际金融体系崩溃以后，世界金融体系实际上进入了一个没有制度的“制度”时期。其特征，表现为随着世界经济趋向多极化，世界金融相应形成了若干个由世界经济强国主导或组合主导的大的信用板块。美元、日元、德国马克等是这些大的信用板块的主要的货币表现形式。这些大的信用板块共同构成了世界“金融领域秩序及其变更的结构性力量”①，而众多小的经济体要进入世界经济体系，实现国际结算，则不得不依附于这些大的信用板块。其“依附性”的表现之一，在于实行紧盯美元的联系汇率制度。由于价位浮动区间极小，因此紧盯美元的联系汇率制几乎等同于固定汇率制。从80年代中期直至金融危机爆发前，东亚诸国和地区实行的基本上都是这种汇率制度。

在正常情况下，固定汇率制“便于国际贸易结算，增强国际投资者信心，有利于吸引外资和控制通货膨胀”②。就东亚地区的情况而言，从1985年至1995年，在美元疲软的条件下，固定汇率制确实给这些国家带来了许多的好处：外资大量涌入，出口持续走强，并且形成了直接投资与外贸出口的良性循环，以至国民经济持续高速增长，社会呈现一片繁荣景象。但是，被紧盯国家的宏观经济政策从来都以本国的经济利益为转移的，国际金融关系就其基本性质而言从来就是通过“利益”而不是“道义”驱动的，也就是说，紧盯和被紧盯汇率的国家之间从来就不存在任何义务或约束性的关系。这样，每当大的信用板块之间的关系发生较大变化时，首当其冲、深受其害的就是那些依附于大的信用板块的小的经济体——诸如东亚各国和地区。

1995年以来，随着美国国内经济的好转和美元在国际货币市场上持续走强，相应带动了与美元直接挂钩的各国货币的升值。与此同时，日元和德国马克(多数欧盟成员国的货币与马克挂钩)对美元的比价一直趋向下降，其中1995年4月以来日元对美元的比价降低了66%。③这等于日元和德国马克对与美元实行固定汇率的东亚国家和地区的汇率也在下降。这样，从1995年开始，东亚一些国家陆续出现了出口锐减、经常项目收支巨额逆差、公共财政赤字增加、外汇储备减少等多种不良经济现象。这些现象说明，由于美元飙升，东亚国家和地区的本币币值随之普遍被高估，已经远远超出了其实际的国际竞争力。可见，危

---

① 徐强生：《从国际金融制度看东南亚金融危机》，载《经济日报》1998年1月8日。

② 张其佐：《墨、阿、泰、韩金融危机成因与教训比较分析》，载《经济日报》1997年12月1日。

③ 参见《参考消息》1998年1月10日。

机至少在1995年就已经浮现。但是,东亚相关国家并没有因此而及时调整汇率政策,而是继续坚持实行了始于80年代中期的固定汇率制度,因此给国际金融投机商提供了有利可图的炒作商机。

从经验来看,维持联系汇率制、尤其是维持稳定的固定汇率制其成本是很高的。一般说来,它至少同时需要几方面配置条件:(1)有足够的外汇储备,且外汇储备与外债呈合理的比例关系;(2)有较为健全的金融管制制度;(3)国际贸易经常收支项目保持盈余。显然,能够长期具备这些条件的国家并不多。正因为如此,根据国际货币基金组织的统计,1990年至1997年七年中,实行管理浮动汇率制的国家从23个增加到48个,同期实行完全自由浮动汇率制的国家则从25个增加到51个[①],而东南亚国家和地区只是在金融危机爆发后才被迫改变了汇率政策。

从这一次金融危机爆发后显示的各种资料看,除我国香港、台湾地区及新加坡外,东亚其他实行紧盯美元的联系汇率制的国家,在近几年已经不具备或不同时具备上述三个条件。其中,印度尼西亚的外债总额高达1361亿美元,而其外汇存底最高时也不过240亿美元。[②] 韩国外债1570亿美元,而其外汇存底在1996年底至1997年6月不过330亿美元左右。[③] 泰国的外债总额高达1060亿美元,而其相应的外汇存底却只有380亿美元。[④] 不仅如此,爆发金融危机的东亚国家的公共财政赤字和经常项目的收支赤字亦相应大幅度上升。据国际货币基金组织统计,泰国经常项目的赤字1994年为80亿美元,1995年增至135亿美元,1996年高达147亿美元,1997年第一季度已达33亿美元。菲律宾近两年经常项目的赤字大约为30亿美元,但1997年头四个月却暴增为38亿美元。[⑤] 相比之下,中国香港、台湾地区和新加坡之所以与这一次金融危机"擦肩而过",其中一个重要原因,就在于这几个国家和地区奉行比较谨慎的金融政策,表现为都有较为丰厚、充足的外汇储

---

① 参见徐强生前引文。

② 参见李国章:《外债过多——印尼金融危机的主要诱因》,载《经济日报》1998年3月3日。

③ 参见《经济日报》1997年11月25日。

④ 参见《亚洲金融风暴揭秘》,载《参考消息》1997年11月17日。

⑤ 参见巴曙松:《东南亚货币危机发人深省》,载《国际商报》1997年8月22日;《参考消息》1997年8月5日。

备。资料显示，截止到 1997 年 10 月，香港外汇基金约有 720 亿美元，地产基金组织还要向政府金融管理局交出约 160 亿美元的政府土地销售收据。[①] 截至 1997 年年底，我国台湾的外汇存底高达 878 亿美元。[②] 截至 1998 年 2 月初，新加坡外汇存底约为 750 亿美元。[③] 除外汇储备充盈外，我国香港、台湾地区和新加坡的共同点还在于没有外债或外债少、公共财政长期平衡、国际贸易持续顺差等。例如，1997 年我国台湾地区的外债只有 1 亿美元，国际收支经常项目的顺差却有 109.7 亿美元。[④] 1997 年前 9 个月，新加坡国际收支盈余达到了 107 亿美元。[⑤] 我国香港特区政府长期以来的财政预算除个别年份外基本上盈余。

以上可见，对在这次金融危机中遭受了沉重打击的东亚国家来说，问题不在于当初在 80 年代中期实行了紧盯美元的联系汇率政策，而在于后来在 90 年代中期，没有根据国际金融形势和国际贸易条件的变化，以及国内相关条件的变化及时调整汇率政策。政府汇率政策的滞后是显而易见的。

三、政府的金融监管政策失控与金融危机

政府的金融监管政策严重失控，是诱发东亚金融危机的第二个主要因素。

东亚新兴工业经济群体国家金融政策严重失控集中到一点，就在于这些国家通过资本市场的快速、完全的自由化迅速融入了国际金融市场，“但它未像西方那样建立起一些‘护栏’。金融界完全摆脱了现代经济所必需的一些制约，吸引资金成了唯一的目标。这种体制运行了近八年，这期间成了投机的大好时光”[⑥]，金融危机接踵而至。这可以作如下四个方面的分析：

---

① 参见《参考消息》1997 年 10 月 28 日。

② 参见《参考消息》1997 年 12 月 30 日。

③ 参见〔美〕戴维·拉姆：《新加坡以效率克服区域危机》，载《参考消息》1998 年 3 月 5 日。

④ 参见《参考消息》1997 年 12 月 30 日。

⑤ 参见《经济日报》1997 年 12 月 10 日。

⑥ 《东南亚饱尝盲目金融自由化苦果》，载《参考消息》1997 年 8 月 20 日。

1. 金融自由化开放过快

从20世纪80年代中期开始，东盟各国相继进入了加速工业化的阶段。这时面临的主要问题之一，在于资本严重短缺。为了有效地解决资本投入问题，进而解决扩大再生产的问题，东盟各国先后走上了金融自由化的道路。泰国从1989年开始，分阶段解除了全部经常项目和部分资本项目下的外汇管制，同时完全放开利率，允许商业银行扩大经营范围，允许成立多种形式和规模的金融公司，资本市场因此得以形成并在短期内迅速得以扩张。同年，印度尼西亚政府取消了关于银行和非金融机构对外借贷的限制。① 其他国家陆续采取了类似政策。由于政府实际上放弃了对金融市场的管制，同时实行固定汇率制度，加上银行利率高达两位数，再加上出口旺盛、国内需求不断增加，经济长期高速增长，因此，国际资本、尤其是短期借贷国际游资迅速涌入了该地区。从实践的情况看，这些国家的金融自由化是在既缺乏经验、又没有做好充分准备的条件下加速放开的。这些国家的政府在放开金融市场的同时，并既没有像西方国家一样相应制定出明确的、行之有效的市场行为规则，也没有如我国香港、台湾地区或新加坡一样实行坚强有力的金融监管制度，而是基本上采取了放任自流的政策，以至于银行以及投资公司、财务公司等各种金融机构，由于缺乏监管和自律，普遍深深地陷入了高利率的借款—放款的恶性循环之中，造成金融市场事实上在无序的状态中高风险地运行。在经济持续高速增长的特有氛围中，这些国家的政府和民众显然高估了国际金融资本对发展本国经济的积极意义，而忽视了国际金融资本和全球经济一体化对后发展国家可能造成的消极影响，忽视了本国政府的经济政策对本国金融市场健康发展的宏观调控作用。

2. 外债借贷总额严重失控，债务结构严重失调

应当承认，东亚大部分国家实行的固定汇率与高利率并举的政策，对于在较短的时间内迅速吸引外资是行之有效的。因为，这种政策可以使国际投资者、包括国际投机者在获取较高的投资回报率的同时免去汇率波动的风险，因而促成了国际资本快速流入，进而确实为经济的高速增长注入了活力。但是，长此以往，当借贷无序和非理性地扩大、借贷总额超过一定的临界点，譬如，远远超出本国的外汇支付能力时，

① 参见李国章前引文。

其危险是与经济的快速增长同步增长的。资本市场放开以后，东亚大部分国家国际资本借贷的无序和非理性是显而易见的：1991—1995年，泰国外债的年增长率约为20%，1995年底外债总额已相当于其出口总额的114.2%，达到国内生产总值的49.3%，1996年底，经常项目赤字高达162亿美元，占其国内生产总值的8.3%，1997年外债总额超过900亿美元。① 印度尼西亚的情况类似：1990年，印尼的外债已经达到643亿美元，1997年9月攀升至1173亿，年底摸高为1361亿美元，而印尼的外汇储备最高时不过240亿美元。② 韩国同样在不知不觉之中欠下了1570亿美元的外债。③ 应当说，与其外汇存底和经济规模相比，这些国家的外债都已经是天文数字。这表明，这些国家"自由化了的银行和准银行通常是在高度扭曲的冲动下运行的"，④考虑到这些国家国内自然资源匮乏，硬通货结算的原材料、辅料等进口量较大，因此，即使这些国家的出口没有因为国际市场的波动而继续强旺，其国际支付能力亦是值得怀疑的。在接近疯狂的借贷过程中，政府的漠视态度和非理性行为同样是显而易见：直至金融危机爆发，泰国、印度尼西亚、韩国等国的政府尚不能确切地知道国人到底欠下了多少外债。除我国香港、台湾地区和新加坡外，其他国家几乎无一例外地一再修改外债总额统计数据。这直接说明这些国家的政府在金融统计方面存在着明显的盲区，间接反映出政府对本国金融监管的严重失控。

另外，东亚国家债务成分也存在明显结构性问题，主要表现为债券市场开发过晚，债券在整个资本市场所占比重过小。据统计，发达国家债券市场的资本总额通常是同期股票市场资本额的2—3倍，而亚洲的情况正好相反，股票市场资本总额高达约3万亿美元，相当于债券市场资本总额6000亿美元的约5倍。⑤ 这从一个角度反映出亚洲金融投资的投机性和泡沫经济的特征。

3. 短期借贷权重过大

在东亚国家的外债中，短期借贷所占的比重显然过大：泰国的短

---

① 参见陈晓军：《泰国金融危机备忘录》，载《经济日报》1997年10月17日。

② 参见李国章前引文。

③ 参见朴成元前引文。

④ 〔美〕杰弗里·萨克斯：《泰国货币危机的教训》，载《经济导刊》1997年第6期。

⑤ 参见严恒元：《提高引资水平、规避金融风险》，载《经济日报》1997年8月13日。

期债务一度达到440亿美元，超过了其380亿美元的外汇储备[①]；印尼719亿美元的私人外债中，短期外债为105亿美元[②]；韩国的短期外债占其外债总额的58.8%[③]；根据国际清算银行的统计，马来西亚银行的短期外债占其外债总额的56%，而不是早先估计的30%[④]。短期外债借贷利率低，周转快，对于补充短期资金需要尤其是流动资金需要确实大有益处。但是，当外债借贷无节制、无限制地膨胀，同时借贷不是为了补充短期流动资金的不足，而是像泰国那样直接大量进入股市、房地产等套利性、投机性的领域，或者像印尼那样为偿还旧债而借新债，或者像韩国那样用短期借贷支持长期投资，那么，短期贷款是潜伏着巨大风险的。对这种潜伏的风险，东亚国家的政府显然估计不足，以至于从未认真地试图加以解决。

4. 金融机构不良资产比重过高

从东亚国家实践的情况看，当国际资本在银行高利率和超稳定汇率制度的双重吸引下涌入本国资本市场、外债总额迅速升高时，问题开始严重化：由于银行存款利率高达两位数，例如，泰国的贷款利率长期高大15%左右[⑤]，而贷款利率必然高于存款利率，因此，制造业、能源、交通、基础设施等承受不了高利率重负的行业实际已经很难申请或获得新的贷款，有可能承受两位数贷款利率的只有股市、房地产等投机领域。就资本的趋利性而言，资金集中流向这些部门是很自然的。从1995年底开始，东亚国家和地区开始出现物业大量过剩、股市套牢盘增加、外资出逃、外贸出口萎缩、经常项目赤字猛增、外债还本付息期密集到来等现象，与此相一致，银行和金融机构的呆账、坏账开始大量增加，流动资金趋于枯竭。根据统计，1996年底，泰国商业银行的呆账率已经高达7.73%[⑥]，基本上与国际清算银行规定的8%的银行准备金底线持平，危险是显而易见的；1997年底，泰国银行的呆账、坏账超过了200亿美元，而整个金融的呆账高达370亿美元。[⑦] 就整个东亚地

① 参见潘乃巩：《来势凶猛的东南亚金融危机》，载《国际展望》1997年第16期。
② 参见陈晓军前引文。
③ 参见〔韩〕金载浩：《韩国巨额外债用在何方》，载《参考消息》1998年1月17日。
④ 参见马海亮：《病来如山倒，病去如抽丝》，载《经济日报》1998年1月9日。
⑤ 参见巴曙松前引文。
⑥ 参见陈晓军前引文。
⑦ 参见张其佐前引文。

区的情况而言，在金融危机爆发之前，金融业的呆账总额已经高达1万亿美元[①]，此时，以银行支付信用为核心的金融危机已经呼之欲出。但东亚国家的政府为了继续维持表面的经济繁荣，防止外资出逃并继续吸引国际资本，不但没有加强金融监管，及时改变资本结构、信贷结构、外资结构的不合理状况，进而通过金融改革理顺关系、建立和健全金融秩序，反而选择了维持、甚至提高银行利率，坚守紧盯美元的联系汇率制，进一步扩大国际借贷、尤其是短期借贷的政策，从而错过了最后的机会，终于以金融危机的形式付出了高昂的机会成本。

四、政府的宏观经济政策失调与金融危机

政府的以经济结构和经济增长方式的调整为核心内容的宏观经济政策明显滞后于世界经济发展的主流、滞后于世界经济格局的变化，是诱发东亚金融危机的第三个主要因素。

从20世纪80年代开始，以转变观念为先导、以创新为主旋律，发达国家开始了一场新的经济革命。通过经济结构的调整实现产品的升级换代，实现产品“从高产量到高价值”的转换，进而提高国际竞争力，是这一场革命的主要内容。在观念上人们已经认识到“大规模生产标准化商品不再能带来高收益”[②]，追求高附加值的质量将成为经济进一步发展的目标，成为财富继续增长的同义词。进入90年代以来，这一场革命的进程明显加快。例如，自1993年美国提出NII即国家信息基础设施的建设不过五年，以信息高速公路、国际互联网为代表的信息技术革命，已使国家之间的开放程度空前提高，物流、人流以及资本、文化等的跨国界流动已经成为不可阻挡的潮流。信息化社会的时代已经到来，知识经济的时代已经到来，全球经济一体化的时代已经到来。伴随着这一场世界范围的、革命性的跃进，国家间的竞争日趋转向高技术、高附加值产业的竞争。

在上述新的历史背景下，通过政府公共政策的导引，进而通过改革较为迅速地实现经济结构的调整，实现主导产品的升级换代，实现新的

---

① 参见陈鹤高：《东亚经济进入全面调整期》，载《经济日报》1998年1月5日。

② 〔美〕罗伯特·赖克：《国家的作用——21世纪资本主义的前景》（上海市政协编译组等译），上海译文出版社1994年版，第80页。

产业平衡，无疑是任何国家在新一轮的国际竞争中继续保持竞争优势的唯一正确的选择。在这方面，经济结构的优化是以政府宏观经济政策对企业的有效的诱导和促动为前提的，而公共政策的导向和促动正是金融危机爆发之前大多数东亚国家最为缺乏的公共资源。

这次金融危机与东亚国家产业结构调整进展缓慢存在着直接的关系。以泰国为例。多年来，泰国经济的高速增长一直是依靠大量出口实现的：1986年，泰国的国际贸易已占其国内生产总值的42.2%，1996年则进一步上升为85%。[①] 可以认为，国际贸易是泰国由农业社会向工业社会转变的基础。泰国的大量出口长期主要集中在有限的数种劳动密集型产品上。“三低一大”即技术含量低、附加值低、劳动成本低、生产批量大一直是泰国出口产品的特点。这种以“三低一大”为特征的外贸出口，确实在80年代以至90年代初期为泰国带来了可观的利润，大大促进了泰国的经济繁荣。其他东亚国家和地区的情况与泰国类似。但是，进入90年中期以来，随着国际金融和国际贸易形势的变化，东亚国家和地区出口商品的国际竞争力已经明显减弱。这可以从两个方面来看：

首先，随着90年代中期以来美元在国际汇率市场上的逐步走强，带动了与美元直接挂钩并实行固定汇率制国家货币名义币值的上扬，使这些国家出口商品的竞争力受到了重大打击：1996年，泰国的出口增长率由前一年的20.1%灾难性地下降为－0.8%，韩国则由前一年的30.3%下降为3.7%。[②] 金融危机爆发前，泰国、马来西亚、印度尼西亚、菲律宾都出现了巨额国际收支逆差，国际收支赤字分别占其国内生产总值的百分之10.2%、6.3%、5%、3.1%。[③] 对于国内自然资源贫乏、国内市场狭小、以出口为经济增长基础的国家来说，出口增长率的下降意味着经济增长率的下降，而出口增长率的剧降，则会造成国际收支经常项目的巨额逆差。如果国际收支经常项目的巨额逆差与巨额外债同时生成并表面化，银行及其他金融机构随之就会出现支付能力危机。此时如果出现国际性的金融投机炒作，银行及其他金融机构发生信用危机是不可避免的——如同这次东亚金融危机那样。

① 参见〔泰〕龙翁塞：《独善其国》，载《参考消息》1997年8月25日。

② 参见贺力平：《东亚金融动荡的背后》，载《经济日报》1998年1月7日。

③ 参见汪小亚：《东南亚货币危机事出有因》，载《经济日报》1997年9月9日。

其次，国际市场风云变幻、需求量有限，而国家间的出口竞争却日趋激烈。资料显示，1996 年发达国家的进口总量严重萎缩，大部分发达国家的进口量事实上都在减少。其进口总量的增长率从 1995 年的 8.7％骤然下降至 1996 年的 5.3％。与此同时，发展中国家同类出口商品的竞争却在不断加剧。这对东南亚国家和地区来说，无异于雪上加霜。由于劳动密集型产业发展过快，熟练劳动力短缺，造成东亚国家和地区的平均工资增长率长期接近两位数，劳动成本不仅在绝对数方面上升过快，而且在增长速度方面也超过了实际的劳动生产率的增长。这样，在传统的劳动密集型行业里，面临来自发展水平更低国家的竞争、进而导致出口商品国际竞争力的不断下降是不可避免的。例如，在纺织、服装等领域里，泰国的劳动成本已经相当于孟加拉国的 6 倍[①]；对于东亚持续高速发展了 30 余年的国家和地区来说，在这种条件下，唯一正确的选择在于审时度势、顺应潮流，通过政府公共政策的诱导和促动，及时完成经济结构的调整，实现产品的升级换代，实现经济增长方式的转变。换句话说，在出口的国际空间缩小、国家间竞争日趋激烈的双重挤压下，如果不对前期成功实施的、以劳动密集型产品的出口为经济增长支柱的经济发展战略及时做出战略性的调整，挫折只是早晚的问题。从近年来东盟各国出口构成的情况分析，多数国家采用新技术和更新设备的进程一直比较缓慢。这从一个侧面反映了政府宏观经济政策的滞后和公共政策“促动”职能的相对弱化。

五、政府的产业政策走偏与金融危机

政府的产业政策走偏，是诱发东亚金融危机的第四个主要因素。

由于政府的金融政策和产业政策的错误导向，使大批涌入的国际资本流向了房地产市场和证券市场，少部分流向了石化工业、钢铁工业等传统工业领域，而基础产业以及代表未来的信息产业、高科技产业等新兴产业却没有获得应有的资金支持。这样，一旦房地产市场和证券市场出现波动，再加上出口锐减，经济发展很快就失去了动力。东亚地区政府产业政策的失误因国而易。其中东南亚各国政府产业政策的失误主要表现在对房地产开发的过度的资金倾斜方面，而韩国则主要表

① 参见严恒元：《引导外资投向，调整产业结构》，载《经济日报》1997 年 8 月 12 日。

现在对大企业的过度追求规模化、多元化发展的资金支持方面。

从东南亚的情况看，由于政府在80年代末期放开了资本市场同时实行高利率政策，也由于政府对土地稀缺资源和房地产的交易基本不加限制，所以，从90年代初期开始，大量外资涌入了短期获利较高的房地产业。房地产业实际被视为了带动经济发展的支柱产业。资料显示，1996年泰国金融机构实际贷给房地产发展商的资金占其贷款总额的50%，马来西亚、印度尼西亚、菲律宾房地产业获得的资金也分别占到本国金融机构实际贷款总额的29%、20%和11%。结果，仅在泰国首都曼谷市，空置的房屋就有40万套，同时还有40万套正在兴建之中。预计1997—1998年，还将有220万平方米的办公用房投入市场，而1996年建成的60万平方米的办公楼宇，至少还有一半空置。[①] 不算正在建设之中的部分，泰国全国的房屋空置率已达20%，实际积压的房屋已高达85万套。印度尼西亚的房屋空置率也高达18%，马来西亚、菲律宾也都出现了大量的房地产积压，而且，房地产呆滞已持续四年之久。[②] 据统计，泰国私人部门所借贷的大约700亿美元外债中的大部分、外国在泰国直接投资的三分之一被投向了房地产市场，[③]而所有房地产贷款的约40%由于房价飙升、供过于求成为了呆账或坏账。[④] 这样一来，不仅房地产业普遍陷入了呆滞，而且由于广泛实行银行抵押制度，牵动银行也陷入了支付危机。这都说明，东亚地区房地产业早已"虚火上升"，连带的泡沫经济的综合特征早已出现。只是，政府对此缺乏正确的、足够的估计，在房屋空置率逐年上升、银行放贷本息无归等预警信号一再出现的情况下，仍然放任房地产市场的无序发展，因而一再错过了主动进行产业调整、避免金融危机的机会。相比之下，新加坡政府未雨绸缪，由于提前采取了减少房地产开发用地、对购置3年后出售的房地产增加资本收益税等政策，从而有效地阻止了房地产价格的飞涨，抑制了泡沫经济的生成和扩大。[⑤]

韩国政府产业政策的失误同样明显，但在性质、领域、运作方式等

① 参见潘乃巩前引文。

② 参见宗禾：《金融风暴侵袭东南亚》，载《青年报》1997年8月27日；殷小茵：《泰国金融动荡的原因及影响》，载《经济日报》1997年7月11日。

③ 参见《东亚金融动荡告诉我们什么》，载《经济日报》1998年1月21日。

④ 参见陶湘：《对东南亚金融动荡的思考》，载《经济日报》1997年9月5日。

⑤ 参见戴维·拉姆前引文。

方面完全不同于东南亚国家。如果说东南亚国家产业政策的主要失误在于放任房地产的盲目、无序的发展，那么，韩国产业政策的主要问题则集中在政府对大企业的长期和过分的政策扶持方面。从60年代韩国开始经济起飞直至金融危机爆发以前，韩国政府在与大企业交互作用的过程中，始终无法割舍缘起于60年代经济高速增长时期的经济理念，一直对大约30家大企业实行政策倾斜，鼓励大企业采取外延扩张的发展战略。为此，政府通过一系列的优惠政策——包括信贷、融资、税收、配额等，为大企业提供各种资源并实行保护，结果导致大企业无休止地扩张。资料显示，韩国政府、金融机构和企业分别借贷的20亿美元、1115亿美元、434亿美元的外债，大部分最终流入了大企业。截止1997年11月，仅韩国金融机构直接贷给企业用于购买设备的外汇就达240亿美元，而其中的70%被大企业占有。[①]

韩国的大企业迄今为止基本上是由家族管理的大型工商财团。这些集团在与政府交互作用的过程中同样不能割舍缘起于60年代经济高速增长时期的经济理念，以至于在世界政治格局变迁、世界经济一体化程度加深、国际贸易竞争关系日趋复杂化等新的历史条件下，由于不能适应变化而采取了过时的企业发展战略，并因此诱发了一系列的经济问题：(1) 继续为增强实力而实行纵向一体化的、封闭式的经营管理，并与政府而不是市场保持过于密切的政经关系。(2) 过于依靠政府指导下的银行贷款的支持，长期在巨额负债的条件下超大规模经营、多元化经营、多边化经营。据统计，韩国30家大企业集团的平均负债率达350%，有的企业竟高达1200%[②]，既自有资金与负债额之比经常维持在4∶1左右。换言之，韩国大企业的外延性扩张基本上是在借贷的基础上实现的。(3) 企业发展战略和经营管理严重失误，具体表现为产业领域过于狭小、产业投资长期重复、企业过快进入不熟悉的领域并过早在国际市场上与世界工业强国在重工业领域直接竞争等。例如，韩国服务于国内狭小汽车市场的就有大宇、现代、起亚、双龙等五大汽车制造商。这不可避免地会要造成严重的设备过剩和生产能力过剩。(4) 盲目追求产业规模，“大”即企业规模的意义在经营理念中被

---

① 参见金载浩前引文。

② 参见林毅夫：《正确总结东南亚金融危机的经验教训，促进我国经济稳定持续快速发展》，载北京大学中国经济研究中心：《简报》1998年第3期。

被夸大，以至于追求发展规模成为了企业最重要的目标，而企业利润却长期被忽视。据统计，韩国工业企业的股本回报率只有1%左右[①]，远低于银行贷款的利率。于是，为了支撑急剧外延性扩张的经济规模，企业不得不走上了“以债养债”的道路，直至国际信用等级骤降，再也筹措不到资金为止。这样，长此以往，企业经营陷入困境，进而牵动金融机构陷入支付和信用危机只是早晚的事情。资料显示，1996年年底，韩国银行的不良债权已高达14.84万亿韩元。进入1997年，随着在韩国企业中排名第十四的韩宝集团、排名第八的明星企业起亚集团等一批企业的倒闭，9月份银行的不良债权猛增至28.5万亿韩元，加上非银行金融机构的不良债权，形成了总额高达32.41万亿韩元的不良债权。[②] 这表明，韩国长期以来潜伏的经济问题已经严重化，经济危机的征兆已经表面化。但此时政府的政策仍然是通过中央银行动用数十亿美元外汇储备[③]，试图挽救陷入困境的金融机构，进而挽救陷入困境的企业，而不是果断地进行有效的经济改革，从而失去了避免金融危机的最后的机会。

除以上长期的公共政策失误外，东亚各国政府在金融危机爆发后的对策亦有多处值得检讨。例如，在危机爆发后先是大量抛售美元，并试图通过扩大基准汇价幅度的办法稳定联系汇率，尔后又在国家外汇储备急剧下降、趋于枯竭时完全放弃抵抗，任由股、汇两市一路狂泻；在是否要求和接受国际货币基金组织紧急援助的问题上犹豫不决、贻误战机；金融干预政策的宣示与金融干预政策的行为不相吻合，加剧了市场信心的崩溃等等。

六、政府的公共事业政策落后与金融危机

政府的公共事业投资政策落后于国民经济的发展速度，是诱发东亚金融危机的第四个主要因素。

第二次世界大战以来，东亚“雁形”发展序列中的每一个国家和地区的经济发展速度都是惊人的。这正是为什么东亚的经济成就被称之

① 参见《韩元危机显示韩国经济模式失灵》，载《参考消息》1997年12月4日。

② 参见世功：《韩金融危机与发展模式无关》，载《经济日报》1997年11月27日。

③ 参见《泰铢危机凸显东南亚汇率问题》，载《参考消息》1997年8月3日。

为"东亚经济奇迹"的原因所在。事实上，先期发展的亚洲 ANIES 即亚洲新兴工业经济群的国家和地区，在人均国民收入方面都已经进入发达国家和地区的行列。ASEAN 即东盟，经过 30 年的高速发展，国民人均收入和生活质量也有了大幅度的提高，但是，除新加坡外，东盟各国公共事业投资的增长却普遍滞后于经济增长的速度，主要表现为基础设施和国民教育投入与其经济发展速度相比较严重不足。因此，交通拥挤、通讯不畅、能源供应不足、环境恶化等已经成为东盟多数国家的普遍的城市问题。相比之下，教育投资滞后构成了更深层次的问题。以泰国的教育投资为例。泰国虽然基本完成了文化普及，国民的文化普及率达到 90%[①]，但问题在于，第一，文化普及的确切含义是扫盲而不是专业教育或职业教育。识字与技能相比仍存在着质的差异。第二，国民教育投资总量太少。例如，尽管新加坡的人口比泰国少得多，但教育投资却是泰国的 10 倍。[②] 第三，国民教育投资中高等教育和职业培训投入量不足，以至于每 10 万人口中只有 17 名工程师。结果造成熟练工人和技术人员严重短缺，而熟练工人和技术人员严重短缺直接阻碍了泰国新技术、新设备的采用，进而阻碍了产品的升级换代。据统计，由于缺乏工程师，泰国的工程师们平均每三个月就要调换一次工作，且一般能够获得 10%的加薪。[③] 可见，泰国的国民教育水准虽然在当初直接支持了泰国的劳动密集型产业的发展，却不能在后来为泰国的高技术产业的移植和开发提供足够的帮助，以至于即使企业界打算广泛采用新技术、新设备，事实上也找不到足够的熟练工人和技术人员。这从一个侧面反映出泰国政府公共事业政策的落后。

另外，用理性社会的观点看问题，在金融危机爆发之前，东南亚包括透支和抵押消费在内的社会性消费差不多已经到了着魔的地步。[④] 应当承认，国民中泛起的贪图享受、崇尚豪华的社会风气等，也都与政府公共政策的导向有着直接的关系。

综上所述，"政府机构没有及时跟上经济迅速增长所带来的变化，

---

① 参见《参考消息》1997 年 10 月 26 日。

② 参见龙翁塞前引文。

③ 参见严恒元：《引导外资投向，调整产业结构》前引文。

④ 参见《参考消息》1997 年 10 月 26 日。

尤其是在金融市场全球化之后”[①]，是造成这次金融危机的主因。可以认为，这次金融危机在本质上是一次政府公共政策的危机、政府公共事务管理的危机。这次危机的产生和发展，在直观原因上表现为东亚各国政府对这次金融危机的到来及其严重程度普遍估计不足，以至于在危机爆发前没有通过及时和有效的公共政策提前释放危机的能量，避免危机的全面爆发，在危机爆发后又未能通过连续和坚定的公共政策抑制危机的扩大化，减少危机的损失；在根本原因上则源自东亚各国政府对世界的发展进步和国际形势的变迁认识不足，对原有成功的、于后发展国家行之有效的经济发展战略的局限性认识不足，对国际资本的两面性认识不足，以至于未能及时进行全面、系统的行政改革，以提升自身的公共政策的质量和公共行政管理的能力，未能及时进一步建立和完善市场规则，进而建立起理性、规范的市场，未能及时通过调整和改变公共政策，主动诱导企业改变经营理念、改变发展战略，有效推动企业的技术进步和产品的升级换代，进而实现整个国民经济结构的优化和经济增长方式的转变。

政府对社会经济生活的合理的导向和规制，曾经是东亚国家和地区昨日辉煌的主要的历史成因之一。可以预计，只要仍然处在民族工业弱小、市场发育不全的历史阶段上，东亚地区今日的复兴、明日的进一步发展，仍将取决于政府公共政策的质量和公共事务管理的能力。只是，政府作用力的范围、程度、方式、频率、时机、限度、机制、有效性、权威性等，将因为人们对这次东亚金融危机历史成因的分析而重新定位。

① 《东亚可望两三年内摆脱危机——新加坡内阁资政李光耀谈亚洲金融危机》，载《参考消息》1998年3月9日。

东亚金融危机与东亚国家政府改革*

一、金融危机与政府改革

对于那些在过去的20多年的历史区间强劲崛起、超长发展，已经习惯于经济高速增长和社会繁荣的东亚各国和地区来说，尚未结束的东亚金融危机的损失是灾难性的：1997年底与1997年6月底相比较，泰国、印度尼西亚、马来西亚、韩国本币对美元汇率的跌幅分别达到48.4%、49.4%、34.8%、48.4%，股市价格分别

* 本文原载《政治与行政管理论丛》，天津人民出版社1999年版。

下跌了29.9%、44.6%、45.4%、49.5%。[①] 其中韩元对美元的汇率在1998年年初一度跌至1770∶1[②]，印尼盾对美元的汇率一度跌至11000∶1，泰铢对美元的汇率一度跌至56.10∶1[③]，均创下了历史的最低点。

在外汇储备急剧减少、国际货币支付信用发生危机的条件下，东亚各国和地区纷纷广泛实行了紧缩银根、紧缩开支、紧缩需求、紧缩进口等一系列的经济紧缩政策。其中，金融危机的"重灾区"泰国、韩国和印度尼西亚被迫以经济主权为代价，向国际货币基金组织提出了巨额紧急援助的要求。与金融危机和经济紧缩直接相联系，这些国家先后出现了物价大幅度上涨、国民收入急剧降低、企业大批倒闭、社会性失业普遍增加、社会保障水平明显降低等一系列的社会后果。例如，仅在1997年12月，韩国就有约3000家企业倒闭。[④]

1998年以来，金融危机的后果进一步显现。据统计，今年第一季度马来西亚的经济增长率为－1.8%，是1985年负增长1%以来的第二次负增长。印尼同期的增长率为－6.69%，通货膨胀率达40.6%，失业人数超过1500万，实际生活水平降低至贫困线以下人口数已达8000万。韩国第一季度GDP的增长率为－3.8%，为1980年来的最低值，5月的失业率由去年11月的2%上升到6.9%。泰国政府预计，泰国今年将出现4%—5.5%的负增长。[⑤] 我国台湾地区7月份的出口出现了16.3%的负增长，预计年内出口负增长将不低于6.47%。[⑥] 香港恒生指数则在8月11日跌穿7000点大关，收报6779.95点，创下了历史的新低。[⑦] 在经济总量方面，在过去的12个月里，韩国经济萎缩了5%，泰国经济萎缩了10%，印尼萎缩了20%，日本连续三个季度出现负增长，按年度计算萎缩了5%，同时，由于出口额大幅度降低，预计年内东亚的贸易额将下降1650亿美元。[⑧] 更为严重的是，1990年"泡沫

① 参见《国际经济信息》，1998年第1期。
② 参见《参考消息》1998年1月7日。
③ 参见《经济日报》1998年1月14日。
④ 参见《参考消息》1998年1月9日。
⑤ 参见《人民日报》1998年7月2日。
⑥ 参见《参考消息》1998年8月12日。
⑦ 参见《中国证券报》1998年8月12日。
⑧ 参见《参考消息》1998年8月17日。

经济”破灭以来，长期低迷的日本经济终于酿成了日元对美元汇价的暴跌：8月11日，东京外汇市场日元对美元的汇率一度跌至147.42∶1[①]，直逼1990年8月20日的147.96的历史最低点，10月5日，日经平均股价跌至12976.42日元，自1986年以来首次跌破13000日元大关。[②]日元疲软和日本经济不振已经使今年上半年亚洲主要国家对日出口分别减少了10%—40%。[③] 这对于与日本有着直接、广泛、重要经济关系的东亚各国和地区的经济复苏来说，无异于雪上加霜。从上述现象上看，东南亚和东亚国家及地区无疑已经进入低(负)增长、高通胀的经济衰退时期，进入了宏观经济的全面调整时期。

尽管人们现在还不能因此断言，灾难性的金融危机及其引发的严重的经济衰退是否足以证明“东亚经济奇迹”已经破灭、与“东亚模式”和“东亚经济奇迹”直接相连的“亚洲价值观”是否已经失败、“东亚模式”是否已经终结[④]，但人们有充分的理由肯定，这一次金融危机之所以发生在东亚国家和地区，表明在这些国家和地区的高速发展的历史进程中，确实内蕴和隐含着一些重大的问题，譬如，在较长一个时期里，银行存贷利率过高，资金流向畸形，外债借贷失控、外债数额过大且与国家外汇存底不成比例、短期贷款在国际借贷中权重过大，紧盯美元的区间浮动汇率制实施时间过长且缺乏应有的弹性，制成品出口单一且技术含量长期偏低，经常收支项目出现巨额逆差，房地产和股市过热，基础设施和教育投资严重不足，超前开放资本市场且缺乏对金融市场的必要和强有力的监督，政府与大企业关系过于紧密且透明度太低，经济结构的调整和经济增长方式的调整明显落后于世界主导经济的发展、落后于国际经济格局的演变，社会平均工资上升速度过快、国民崇尚奢侈性消费等等。

这些问题反映出，实现和初步实现了现代化发展目标的东亚国家和地区，其社会内蕴着的“传统”与“现代化”的矛盾较之启动现代化的时期更为严重和深刻，反映出在当代人类社会发展进步的主流特征急剧发生质量变换——工业化社会向信息化社会转换、工业经济向知识

---

① 参见《参考消息》1998年8月12日。

② 参见《参考消息》1998年10月7日。

③ 参见《经济日报》1998年10月7日。

④ 参见陈炳才：《从日本金融风波看东亚模式终结》，载《经济日报》1997年12月11日；吴曙明：《“东亚模式”是否走到尽头》，载《经济日报》1998年2月3日。

经济转换、区域经济向全球经济转换的历史性过程中，东亚国家和地区对新的、正在形成的主流经济显然认识、准备和参与不足，同时，在经济持续高速增长的特有的乐观氛围中，显然高估了国际金融资本对发展本国经济的积极意义，低估了国际金融资本和全球经济一体化对后发展国家可能造成的消极影响，以至于未能及时而有效地调整政府的职能和公共行政管理方式，未能及时而有效地改变经济体制和经济增长方式，未能及时而有效地修正政府的公共政策，因而失去了继续引导和推动社会经济持续增长的契机，终于以金融危机及其引发的严重经济衰退的方式付出了惨重的机会成本。

由“东亚模式”的特质和属性所决定，东亚金融危机与东亚国家和地区的政府职能、政府权力、政府体制、政府能力、政府管理方式有着直接的关系。在此意义上可以认为，东亚金融危机实际上是一种政府公共政策的危机，一种政府公共行政管理的危机。换言之，在信息时代已经到来、世界性的知识经济和国际金融格局初步形成、世界经济一体化程度不断加深的新的历史条件下，东亚各国和地区政府公共行政管理体制的僵化、失效以及缺乏足够的灵活性，政府公共政策的滞后、失误以及缺乏应有的前瞻性，政府公共行政能力的走低、弱化以及缺乏必要的坚定性，是造成东亚金融危机的主因之一。与此同时，由于历史文化和现实体制的原因，东亚各国和地区能否在较短的时间内克服金融危机、实现经济复苏，亦首先取决于政府对危机的理解，取决于政府克服危机的意愿、理念以及相应的公共政策的选择。其中，关于政府自身的改革及其涉及的政治、经济、社会等各种关系的调整、修正、改变，是政府行为选择的关键问题。这就形成了一种矛盾现象：一方面，东亚金融危机清楚不过地表明，现行政府的理念、体制、方法等，距信息时代的客观要求存在着较为明显的误差和较为严重的缺陷，另一方面，严酷的现实又要求政府首先承担起克服危机、引导本国经济走出误区的历史责任，并为此动员公共资源和组织全体国民。解决这一矛盾的唯一出路，就在于全面进行具有深重历史含义的、系统的政府行政改革，也就是说，只有在政府的理念、职能、体制、政策、能力具有前瞻性、前导性、坚定性、可行性、有效性的条件下，政府才能负重举纲，引导本国和本地区经济走出困境。从发展的意义上说，这种改革同时构成了东亚国家和地区在21世纪初期顺利实现可持续发展战略的首要的制度创新的内容和途径，成为这些国家和地区社会全面、均衡发展的最大的历史性诉求。就东亚国家和地区的具体情况而言，政府改革就是对政府的行政理念、行政职能、行政责任、行政权力、行政管理体制、行政管理方式等重新作出定义，而改革的成功与否，首先取决于东亚国家和地区如何从观念形态上审结历史。

二、“东亚模式”与政府改革

对“东亚模式”的重新审视和理解，是东亚国家和地区顺利实现政府改革的前提条件，也是东亚国家和地区成功克服金融危机、实现经济复苏进而在新的历史条件下实现可持续发展的前提条件。

一般认为，“东亚经济奇迹”是“东亚模式”的结果，而“东亚模式”是市场经济体制及其运行机制、坚定的现代化领导集团及其领导下的强大且具卓越行政能力的政府、被市场经济激活且得到巧妙运用的传统儒家文化相互激荡、融合和良性互动的模式。政府在经济发展过程中，不仅统辖着社会公共事务，而且承担起了筹谋、主导社会经济发展，扶持和推动企业进步的责任，因而是“儒文化”圈国家和地区经济现代化历史进程的直接和主要的推动力。[①] “东亚模式”的本质内涵就在于，在共同或相近的历史传统或文化背景下，形成了致力于经济发展的“强政府”[②]。在这里，“强政府”是一种制度安排，它构成了东亚各国和地区推进现代化的共同的体制特征。这种体制是历史形成的，也是东亚各国和地区政府公共政策选择的结果。这种体制在过去的实践中显现出了明显的比较优势，其有效性一再被“雁形”发展的东亚国家和地区所证明。东亚各国和地区正是依靠这种体制迅速实现了和正在实现现代化。

东亚各国和地区普遍选取“强政府”的发展体制是有其历史缘由的。大部分东亚国家和地区都属于后发展的民族国家和地区。自第二次世界大战结束以来，这些国家和地区一般都经历了曲折而辉煌的发展历程。从实践的情况来看，由于大部分东亚国家和地区在反对殖民统治、争取民族独立的过程中形成了声望卓著的政治领导人及其领导

① 参见张国庆：《“东亚经济奇迹”的系统分析——关于“东亚政治经济学”的阐释》，载《南京大学学报》1997 年第 1 期。

② 李晓：《东亚奇迹与“强政府”》，经济科学出版社 1996 年版，第 14 页。

的庞大而组织严密的政党，所以，一体化的政治家—执政党—政府，从一开始就构成了东亚地区普遍的政治特色；与此相联系，“东亚模式”正是东亚国家和地区政府在20世纪60—80年代适应环境创新发展与自我更新的结果。在世纪之交，政府的意愿、能力及其有效性，再次成为东亚国家和地区最稀缺、最需要的公共资源。

毫无疑问，对任何崇尚文明与进步的后发展国家来说，现代化是最高的国家和民族利益所在，而任何现代化只有在相对稳定的政治和社会环境中才有可能实现。但是，现代化不仅是一种经济活动，更是一种与“传统”决裂的过程。在这种活动和过程中，政治秩序的某种失序几乎是不可避免的，而且，为实现现代化所做的努力愈大、经济发展的速度愈快，产生政治秩序混乱的可能性就愈大[①]，这就产生了一种破坏政治秩序与维护政治秩序的悖论，进而产生了公共政策的两难抉择。从成功地实现了经济快速增长的东亚国家和地区的实践情况来看，在工业文明阶段克服这一悖论的有效途径，就在于在实行市场经济体制的同时，建立起一个强大而高效的政府。这可以作两个方面的理解：

首先，以经济活动为基础的现代化要求有一个相对稳定的政治环境和社会环境。该环境的建立，是以存在一个强大的政府为前提的。这是实现经济快速增长的基本条件之一。“强政府”的政治意义在于：由于后发展国家的社会发展水平低下，不同的社会阶层或利益集团又都急于在既定的现代化过程中占有和获取尽可能多的利益，而不同的发展模式将直接关系到社会资源的分配和再分配，这就极有可能在事关国家发展道路的问题上形成社会性的、激烈的、通过政治理念冲突表现出来的不同社会政治力量的尖锐对立，使社会陷入失序的状态之中。这就需要一种强大而稳定的、享有广泛社会权威的政治力量，以国家利益的至上名义来调和矛盾、化解冲突，维持社会的基本的政治秩序，避免社会出现足以影响国家现代化进程的对抗甚至分裂。在东亚国家和地区，这种强大而稳定的政治力量就是一个坚定的政治领袖、一个组织严密的执政党和一个强大的中央政府。至于权威地位的形成方式和受尊重的程度，则取决于本国或本地区的历史缘由和现实力量的对比。“强政府”的经济意义在于：稳定直接关系到国际及国民资本的投入和

① 参见〔美〕塞缪尔·P.亨廷顿：《变化社会中的政治秩序》(王冠华等译)，三联书店1989年版，第37—54页。

再投入，而资本的投入对于后发展国家来说是启动现代化的决定性资源之一，亦是促使经济有效增长的主要方式。

其次，这一个政府必须是有着良好的实现社会整合、实现制度变迁的意愿和能力、有着卓越的公共行政管理能力的政府，具体表现为制定优化的公共政策的能力和坚定地执行公共政策的能力，并且，这种能力必须在实践中得到充分的验证，从而使政府的权威地位得到社会的比较普遍的认同和遵从。在这一方面，东亚国家和地区的政府，通过保持基本政策的正确性，为经济的高速增长创立了良好的基础①，实现了本国爆发式的社会经济的快速增长，从而令人信服地向其国民、亦向世界证明了既定国家领导体制的可靠性，证明了政府公共政策的合理性，证明了政府公共行政管理能力的有效性，以此获得了多数社会阶层或群体的理解和认同，进而为相对的国家政治稳定和社会安定创造了条件并与之形成了良性的互动。从 20 世纪 60 年代初到 90 年代初，除先期发展的日本外，东亚“四小龙”以及后来的“四小虎”等，均在世界范围内先后创造了最高或很高的经济增长率，其经济增长率比拉美和南亚国家快近 2 倍，比非洲撒哈拉以南地区国家快 5 倍，亦高于盛产石油的中东国家，超过了工业化国家。1960—1985 年间，日本和“四小虎”的实际人均收入增加了 4 倍多，其他东亚新兴国家增加了 1 倍多。② 这些进步是历史罕见的，并因此改变了世界经济的格局。“东亚模式”的历史意义就在于，它是后发展国家在工业文明时代快速实现国家经济现代化的、被实践证明或许是最为有效的一种制度选择。

但是，东亚金融危机及其引发的深度经济衰退表明，作为一种曾经被证明在经济成长性方面极为成功的制度选择，“东亚模式”——包括体制、政策、主体的关系及其作用机制等，与正在形成的知识经济或信息文明的时代存在着直接的、激烈的矛盾冲突，具体表现为东亚各国和地区的经济发展的速度愈快、规模愈大，知识经济的含量愈高、专业化分工愈细致、生产部类愈扩展，经济活动中的因素就愈多，诸因素的内在联系和相互依赖性就愈强，关系就愈复杂，与政府传统的管理理念、管理思想、管理原则、管理职能、管理体制、管理方式、管理手段和管理

① 参见世界银行：《东亚奇迹：经济增长与公共政策》（财政部世界银行业务司译），中国财政经济出版社 1995 年版，第 239—250 页。

② 同上书，第 3 页。

方法的摩擦和冲突就愈频繁、愈明显、愈激烈，矛盾也就愈严重、愈尖锐、愈难以解决，以至于正在形成的新的时代潮流，通过金融危机和经济衰退的方式，强制性地要求东亚国家和地区修正理念、转变观念，进而在重新确定政府责任和职能、重组政府体制、改变公共政策价值取向和公共行政管理方式的基础上，进一步完善市场机制、激活增长潜力、调整产业结构和经济增长方式，迎接新时代的挑战。在此意义上可以认为，东亚金融危机是时代变迁过程中的一种非秩序化的表现形式。面对这种具有深刻新时代涵义的挑战，东亚国家和地区需要的已不是局部的调整，而是同样具有时代涵义的制度创新。东亚国家和地区唯有如当初创造“东亚模式”那样积极进取、大胆创新，才有可能建立一种适应信息文明时代特点的、适应本地区特有历史和文化特质的、适应本国发展水平的行之有效的新制度。由“东亚模式”的本质特征所决定，这种制度创新只有从关于政府的制度创新开始，并在一种与社会良性互动的动态过程中才有可能实现。

三、制度创新与政府改革

人类社会正在发生时代变迁。创造与新的时代相一致的新制度，是世界各国和地区面临的共同问题。东亚金融危机说明，东亚各国和地区的制度创新的问题更为严峻、沉重和刻不容缓。制度创新是东亚各国和地区政府改革的核心问题。

新时代的主体特征可以用三句话来概括：信息化社会的时代已经到来，知识经济的时代已经到来，全球经济一体化的时代已经到来。从80年代开始，在观念上人们逐步认识到，“大规模生产标准化商品不再能带来高收益”[①]，追求高附加值的质量将成为经济进一步发展的目标，成为财富继续增长的同义词。因此，以转变观念为先导、以创新为主旋律，发达国家开始了一场新的经济革命。通过经济结构的调整实现产品的升级换代，实现产品从高产量到高价值的转换，进而提高国际竞争力，是这一场革命的主要内容。进入90年代以来，这一场革命的进程明显加快。自1993年美国政府率先提出NII(National Informa-

① 〔美〕罗伯特·赖克：《国家的作用——21世纪资本主义的前景》(上海市政协编译组等译)，上海译文出版社1994年版，第80页。

tion Infrastructure)即国家信息基础设施的建设不过几年,以信息高速公路、国际互联网为代表的信息技术革命,已使国家之间的开放程度空前提高,物流、人流以及资本、文化等的跨国界流动已经成为不可阻挡的潮流。在这样一个正在形成的新时代,网络正在联结全世界,信息正在取代资本成为最重要的战略资源,新的知识价值观正在形成,知识正在成为最重要的生产力、竞争力、驱动力,正在成为新的权利的来源。一个国家的信息水平和知识生产能力愈来愈成为衡量其综合实力的主要标志。① 伴随着这一场世界范围的、革命性的跃进,国家间的竞争日趋转向了知识经济能力的竞争,高技术、高附加值、信息产业构成了这种竞争的主要形式。资料显示,从1970—1990年,亚洲新兴工业化国家的资本、劳动力、技术进步对经济增长的贡献度分别为73%、17%、10%,而同期美国的同类指标分别为28%、19%、43%。② 这说明,亚洲新兴工业化国家和地区的整体技术水准,技术开发能力、技术转化和应用能力等技术进步能力,与西方发达国家相比较还有较大的差距。在此意义上可以认为,金融危机是东亚国家和地区为技术落后付出的代价。

按照"创新理论"的观点,在经济学的意义上,创新启于引入了一种新的产品等五种情况,概括起来说,可以归结为技术创新、市场创新、组织创新三种情形。盈利则是创新的动机。③ 新制度主义经济理论同样认为,制度创新的动机和目的,在于获取潜在的利益。在他们看来,制度是为了确定人们的相互关系而人为设定的一些制约,是一个社会的"游戏规则"。它由正式的法律和非正式的约束结合构成。制度与经济绩效之间存在着正相关的关系。④ 制度创新则是指在作为背景的社会基本制度确定的条件下,对诸如行政制度、教育制度、金融制度、公司制度等具体的现行制度进行变革。制度创新的逻辑过程表现为,市场的变动和技术的发展经常会改变特定制度条件下的收益与成本比,从而引起人们对收益与成本比的重新判断,进而产生制度创新的需求和提

---

① 参见〔美〕约翰·奈斯比特:《大趋势——改变我们生活的十个新方向》(梅艳译),中国社会科学出版社1984年版,第14—16页。

② 参见《中国证券报》1998年8月26日。

③ 参见罗志如等:《当代西方经济学说》,北京大学出版社1989年版,第565—571页。

④ 参见〔美〕道格拉斯·诺斯:《制度、制度变迁与经济绩效》(刘守英译),上海三联书店1994年版,第3—5页。

出制度创新的要求。但在计算结果纯收入为负数时——这是经常发生的，政府作为社会共同利益的代表者就成为制度创新的主要推动者。①

就东亚各国和地区的总体情形而言，制度创新的根本意义不在于改变基本的社会制度，而在于清理和扬弃那些过时、落后、错误的工业时代的"游戏规则"，系统地建立和发展适应信息时代要求的新的制度规范。在这方面，正确和充分认识现行制度的缺陷，是构建新制度的逻辑和政策的起点。东亚诸国和地区面临的与制度创新相关的问题包括：过分依赖外部世界、金融和制造业容量过大、技术创新动力不足、价值评判标准和体系落后、银行系统脆弱、裙带主义和"黑箱"运作盛行、基础设施薄弱、市场发育不全、市场规制保守、高等教育发展缓慢、社会保障制度滞后、环境污染严重、社会分配不够公正等。② 其核心问题则在于政府与市场的关系模式。在"东亚模式"条件下，市场是政府建立和培育的市场，市场规则是政府制定的规则，市场行为则是政府政策引导的行为。政府一直通过行政审批、出口配额、银行担保、税收增减、政府投资等行政行为支配着一些最重要的资源，影响着另一些资源的分配。因此，东亚国家和地区制度创新的核心问题，同样在于改变政府与市场的关系模式。

东亚国家和地区通过政府改革创制的根本目的，在于在信息时代、知识经济时代、全球经济一体化时代已经到来的新的历史条件下，随着国家或地区现代化发展目标的实现或初步实现且发展命题的内涵转变为可持续发展的问题，通过系统地调整和改变政府与市场、政府与企业、政府与公众的关系模式，重新锻造政府的能力，进而为实现可持续发展战略提供可靠的制度保障。从金融危机的深刻程度看，这种改革已不可能囿于个别政策或少量机构的调整，而必须作出系统、整体地设计，必须对政府的职能及其连带的行政体制、行政权力、管理方式和手段等作出全方位的重释和进行全面的改革。这是东亚各国和地区政府从行政发展走向发展行政、进而继续引导本国、本地区经济在信息时代实现可持续发展战略的唯一途径；创制的方向，则在于尽可能发挥市场

① See Lance E. Davis and Douglass C. North, *Institutional Change and American Economic Growth*, Cambridge University Press, 1971, pp. 41—42.

② 参见〔英〕卡拉姆·亨德森：《亚洲在衰落？》(朱宝宪等译)，机械工业出版社 1998 年版，第 7 页。

在资源配置方面的基础作用,逐步实现市场的自我引导,实现市场与政府功能的新的平衡。东亚各国和地区的制度创新将是一种历史的进程。在这一进程中,关于制度创新的理论描述和行为选择,有必要强调和确立两个方面的观念:

其一,东亚国家和地区过去没有、现在不必、未来无须照搬照抄西方国家政府适应信息时代的制度创新的模式,而必须走内生化制度创新的发展道路。因为,"从长期来看,使本国的传统制度适应新的功能比或多或少原样照办西方的制度更为有效"①。也就是说,东亚各国和地区的制度创新,必须以本国人民的现状、活动、需要、思想和信仰为基础,必须从本民族社会文化所铸就的思维模式和行动模式中吸取力量和创造力,必须使政府改革和社会发展的目标与本国的价值观念、真正需要和现有资源相适应,必须植根于特定的社会文化环境之中,并以该环境所特有的内生力作为制度创新的动力源。

其二,东亚各国和地区不能盲目自信,不能沉迷于昔日的辉煌,不能执著于缘起于20世纪60年代经济高速增长时期的理念和发展模式,以至于陷入日本历经十年仍未完成的"慢流"式改革的窠臼,而必须步入阶段式跳跃发展的创新道路。在这方面,日本的做法是教训而不是经验。在制度创新方面,"执两用中"的渐进主义的改革观仍然可以作为东亚各国和地区政府制度创新的基调。"度"在这里具有重要的甚至是决定性的意义。

四、理念重构与政府改革

对东亚各国和地区来说,在经历了惨痛的金融危机及其引发的深度经济衰退之后,通过全面的政府改革以实现制度创新,进而为国家和地区进一步实现现代化提供制度条件的紧迫性和重要性是显而易见的。问题在于,东亚国家和地区选取什么样的主导价值观,进而建立起系统的、合理的、可行的关于政府的理念和政府改革的目标模式。

尽管东亚各国和地区在发展水准、历史传统等方面存在着较大的差异,因而政府改革的宏观目标理所当然相应亦会存在较大的不同。

---

① 〔美〕西里尔·E.布莱克:《比较现代化》(杨豫等译),上海译文出版社1996年版,第5页。

但是，由于东亚各国和地区现代化的进程源自同一种发展模式，并且遭受金融危机及其引发的经济衰退的打击的情形类似，因此，其政府制度创新所面临的基本问题是相同的。在普遍的意义上，重释政府就是要根据本国和世界经济发展的客观诉求，校正和确定政府在广泛的经济生活、政治生活、社会生活、文化生活中的角色定位和角色规范，重新诠释政府的行政性质、行政目的、行政责任、行政行为方式等行政理念。就东亚国家和地区的情形而言，重释政府必须是一种公开的、规范的、系统的活动。其中，以下四个问题直接关系到关于改革的主导价值观，其重新定义是基本的、不可或缺的。

（一）政府的职能

不同的国家关于政府职能有不同的规制，问题在于既定的规制是否有利于国家的发展进步。东亚国家和地区政府职能重释的要旨在于改变传统的“政府替代”，转而由市场和社会发挥更为重要、更为广泛的功能。从发展的意义上说，政府的职能只在于那些社会管不了、管不好、不能管、不愿管的各类公共事务。其中，承认、维护市场在资源配置中的基础作用，是重释政府经济职能的核心问题，尊重经济主体“自主经营、自负盈亏、自我发展、自我约束”的独立法人地位，则是重释政府经济职能的关键所在。

东亚国家和地区重释政府经济职能的历史必要性和必然性之一，就在于随着市场主体的普遍发育成熟，而任其自由地选择经营方式和发展道路。[①] 政府的基本经济职能则相应转向通过制定和执行公共政策实施宏观经济调控，转向制定国家经济发展战略和发展规划，转向顺应市场制定和监督市场规则。但是，在强调市场作用的同时必须看到，政府与市场一样是不可或缺的。从成功发展的范例来看，“无论是近期的还是历史上的，都是市场与政府形成合作关系从而纠正市场失灵，而不是取代市场”实现的，“各国需要市场来促进增长，但它们也需要有能力的政府机构来发展市场”。因此，改变政府职能并不是意味着无限地削弱政府，而是要求“政府要发挥新的、不同的作用 ——不是作为唯一

① 参见李国鼎：《台湾经济高速发展背后的政策演变》，台湾东南大学出版社 1993 年版，第 101—103 页。

的提供者，而是作为促进者和管理者”①。东亚国家和地区政府职能的重释只在于改变传统政府职能的领域、范围、方式，改变其强制力、主导力、压迫力，而不是全面削弱政府的职能。这种“转变政府职能”而不是弱化政府职能理念是基于这样的认识：

自亚当·斯密创立以“经济人”理性假定为基础的自由主义经济学以来，关于“看得见的手”与“看不见的手”的争论一直是缠绕西方经济学的主要争论之一。东亚金融危机部分证明了“公共选择”理论的正确，即政府存在难以克服的缺陷。②

“囚犯困境”理论则证明③，个人的理性选择存在着局限性，同时，个人的理性会导致集体的非理性。因此，市场亦存在着难以克服的矛盾和缺陷，因而也是会失灵的。个体生产的精确化与社会生产的无序化所导致的生产过剩是市场矛盾和缺陷的主要存在形式之一。制度的意义就在于通过制定社会行为规则，减少个人行为的盲目性和不确定性，降低生产和交易成本，最大限度地弥补和修正个人理性的不足，实现社会选择的相对理性。政府则是制度的主要构成主体和存在形式之一。政府作为公共权力的委托主体，是制度创新、制度供给、制度变迁的主要推动者之一。当制度不能弥补和修正个人理性的不足、进而实现社会理性时，就需要通过制度创新——首先是政府改革恢复制度的功能。这一点对于后发展国家尤为重要。因为在相对的意义上，由于后发展国家广泛存在“二元体系”④，并且市场和市场主体发育不全、信息沟通不畅、基础设施落后，因而理性选择的程度更低，更需要政府通过特定的制度安排实现社会的集体理性。例如，在大多数东亚国家和地区，由于市场规范化的程度普遍偏低，导致企业的市场开发成本普遍偏高，因此，企业主动采用新技术、研制新产品、开发新市场的主观意愿普遍不足。这就需要政府通过制度创新提供有效的公共产品，形成有利于创新的社会环境，激发企业创新的意愿，进而提高企业的品质，有

① 世界银行：《1997 年世界发展报告：变革世界中的政府》(蔡秋生等译)，中国财政经济出版社 1997 年版，第 25、38、2 页。

② 参见〔美〕詹姆斯·M. 布坎南：《自由、市场和国家——80 年代的政治经济学》(平新乔等译)，上海三联书店 1989 年版，第 29—41 页。

③ 参见〔美〕保罗·A. 萨缪尔森、威廉·D. 诺德豪斯：《经济学》(杜月升等译)，中国发展出版社 1992 年版，第 924—926 页。

④ 参见罗志如等：《当代西方经济学说》，北京大学出版社 1989 年版，第 337—343 页。

力地参与国际竞争。

东亚国家和地区政府的社会职能可以表述为：通过制定和执行社会发展政策，从主要维护社会秩序转向维护社会正义与公平、实现社会均衡发展，包括适时制定和执行退休养老政策、医疗保健政策、安全和保险政策、环境和资源保护政策、住房政策、物价政策、教育政策以及道德重塑等。破除资源占有的垄断——尤其是借助公共权力实现资源占有的垄断、实现社会财富相对公平的分配、提高国民生活质量水准而不仅仅是富裕程度，是重释政府社会职能的基本问题。

（二）政府的公共权力

其核心问题是依法行政、依法治国的问题。这是因为，与漫长的封建社会的历史特征相一致，东亚各国和地区普遍缺乏根深蒂固的法律制度史。在追求现代化的过程中，这些国家和地区又较为普遍实行了政府主导或指导的发展体制，政府长期处于国家和社会生活的中心位置，同时以经济增长指标作为现代化的主要指标，以至不少东亚国家和地区的民主与法制的制度水准和运行机制，长期与其经济成就不相配合，事实上已经很难支持其经济的可持续的发展。从现象上看，政府某些机关及其官员自觉或不自觉的不良行政行为甚至不法行政行为，事实上已经构成了阻碍市场经济进一步完善和发展的主要因素之一。例如，日本大藏省的超强权力及其诱发的大藏省官员与金融界勾结的黑幕。[①] 类似与政府的不当公共权力直接相关的不法行政现象，甚至“黑金政治”现象，几乎在每一个东亚国家和地区都程度不同地存在，有些甚至是严重的。这说明，与政府职能的重新定位相一致，首先从理论上对政府的公共权力进行公开的反思是必要的。重新界定政府公共权力，强调政府的道德自律和舆论他律，并通过制度创新建立起行之有效的权力制衡制度，防止和反对政府权力的“黑箱”运作，实现政府公共权力及其运行机制的公开化，其中包括广泛建立和推行具有地区特色的关于政府官员的任期制、辞职制、轮换制、听证制、弹劾制、惩戒制等行政制度，是重释政府公共权力主要问题。

（三）政府的能力

在传统的意义上，政府能力包括汲取能力、调控能力、合法化能力、

① 参见《参考消息》1998 年 8 月 3 日。

强制能力四种基本的能力。[1] 在更为积极的意义上，现代政府能力主要是指现代国家的政府在既定的宪政体制内，通过不断制定得到社会普遍遵从的正式规则并积极引导更为广泛的非正式的社会规则，促进社会理性，维护社会公正和秩序，形成有效调节个人和公众行为的体制和机制，同时通过不断制定有效的公共政策与自身有效的经济活动以及为社会和公众提供良好的公共物品和公共服务，创造良好的社会环境，引导和促进本国社会快速、均衡、持续发展的能力。这种能力主要由三种能力构成，即正确地制定和有效地执行公共政策的能力，综合实施社会公共行政管理的能力，有效地向公众全面提供公共服务的能力。对东亚国家和地区来说，现在关于政府能力的紧迫问题，是需要对时代的变化作出更快、更有效的政府反应，而不只是作出反应。[2] 通过系统的政府改革实现制度创新，就是政府作出有效反应的主要形式。它同时构成了衡量政府能力的基本标准。

(四) 政府的公共行政管理方式

在重释职能、权力的基础上，相应改变政府的公共行政管理方式是必然的逻辑结果。其方向，是由传统的以政府的行政规制、行政命令、行政指示、行政要求、行政劝导、行政介入等行政干预为主的管理方式，转向经济、法律、行政、舆论并重的管理方式，变微观管理为宏观管理，变直接管理为间接管理，变单一管理为多元管理，变过程管理为目标管理，变自为行政为依法行政。

政府对社会经济生活的合理的导向和规制，曾经是东亚国家和地区昨日辉煌的主要的历史成因之一。可以预计，只要仍然处在民族工业相对弱小、市场经济发育不全的历史阶段上，东亚地区今日的复兴、明日的进一步发展，仍将取决于政府公共政策的质量和公共事务管理的能力及其有效性。只是，政府作用力的性质、范围、程度、方式、频率、时机、限度、机制、有效性、权威性等，将因为人们对这次东亚金融危机历史成因的分析而重新定位。

---

① 参见王绍光、胡鞍钢：《中国国家能力报告》，辽宁人民出版社 1993 年版，第 6 页。

② 参见〔英〕卡拉姆·亨德森：《亚洲在衰落？》(朱宝宪等译)，机械工业出版社 1998 年版，第 165 页。